本书获 2022 年度华东师范大学精品教材建设专项基金资助

国际中文教学概论

陶健敏　编著

上海大学出版社
·上海·

图书在版编目（CIP）数据

国际中文教学概论 / 陶健敏编著． -- 上海：上海大学出版社，2025.8. -- ISBN 978-7-5671-5220-5

Ⅰ．H195.3

中国国家版本馆 CIP 数据核字第 2025WF0970 号

策　　划　农雪玲
责任编辑　农雪玲
封面设计　倪天辰　柴佳琪
技术编辑　金　鑫　钱宇坤

国际中文教学概论
陶健敏　编著
上海大学出版社出版发行
（上海市上大路 99 号　邮政编码 200444）
（https://www.shupress.cn　发行热线 021 - 66135112）
出版人　余　洋

*

南京展望文化发展有限公司排版
江苏凤凰数码印务有限公司印刷　各地新华书店经销
开本 710mm×1000mm　1/16　印张 22.25　字数 364 千
2025 年 8 月第 1 版　2025 年 8 月第 1 次印刷
ISBN 978 - 7 - 5671 - 5220 - 5/H·442　定价 78.00 元

版权所有　侵权必究
如发现本书有印装质量问题请与印刷厂质量科联系
联系电话：025 - 57718474

总　　序

"智慧的创获、品性的陶熔、民族与社会的发展"是华东师范大学首任校长孟宪承先生提出的办学理念，也是我们今天卓越人才培养所秉承的座右铭。2020年11月3日由教育部新文科建设工作组主办的新文科建设工作会议发布的《新文科建设宣言》提出要"构建世界水平、中国特色的文科人才培养体系"，我认为这其中也包括要构建具有中国特色的国际学生人才培养体系。培养卓越国际学生是国际中文教育的办学目标。

随着改革开放以来的高速发展，中国在世界舞台上扮演着越来越重要的角色。古老中华的魅力、现代中国的活力和无限未来的可能吸引着越来越多的国际学生来华留学。来华留学已不再仅仅是短期的浸濡，而是接受学历教育，攻读学士、硕士、博士学位。据教育部统计，2018年共有来自196个国家和地区的492 185名各类留学人员在全国31个省（市、自治区）的1 004所高等院校学习。接受学历教育的有258 122人，占留学生总数的52.44%，其中本科生占67%（173 060人），硕士、博士研究生占33%（85 062人）。学历生首次超过语言进修生，这是一个标志性的转折，是改革开放至今的第一次转变（甚至是新中国成立以来的第一次），它意味着国际学生学习专业门类扩大和学历层次大幅度提高。

新时期的国际中文教育已经发生了巨大变化，人类社会的快速发展与变革，以及庞大的来华国际学生群体对人才培养和教学提出了更高要求。教材是教学的立身之本，是"传道、授业、解惑"之基础，也是学科建设的重要组成部分。再高明的演奏家如果没有乐器，再英勇的战士如果没有兵器，就真的如同巧妇难为无米之炊一般，因此教材建设事关重大，尤其是用于国际学生的教材建设。一直以来，国际学生学历教育的质量颇受诟病，原因之一就是缺乏系统的、高质量的乃至精品的教材。

华东师范大学国际汉语文化学院有着多年国际学生学历教育的历史和丰富的教学经验，编写过多种用于国际学生学历教育的优质教材，这次适时推出的"本科生语言与文化系列教材（国际学生用）"可以说是学院许多教师智慧与创新的结晶。这套系列教材主要包括两类且是开放的，一类是语言与语言教学，例如《国际中文教学概论》等，另一类是文化文学教学，例如《中国成语文化与运用》《中国诗词赏析与诵读》等。其中有些教材已经获得"华东师范大学精品教材建设专项基金"资助，颇有特色，例如《中国成语文化与运用》《中国诗词赏析与诵读》（文娟副教授）、《国际中文教学概论》（陶健敏博士），其他不少也在申请和计划申请过程中。

这个系列的语言与文化教材不是汉语作为二语学习的基础语言技能（听、说、读、写）训练教材，而是用于（本科）专业学习的。关于语言学习，其实有3种不同的含义：① 学习语言（to learn the language）（听、说、读、写、译的语言技能）；② 学习有关语言的知识（to learn about the language）（了解和掌握某种语言的规则系统等）；③ 通过语言学习（别的东西）（to learn through the language）。进入本科阶段学习的国际学生，理论上讲应该是已经掌握或者说基本掌握了汉语听、说、读、写、译的语言技能（即上述的①），进而能够用汉语学习本专业的知识和技能了（即上述的③，至于②，一部分是在学习①的时候接触到了，但作为系统的专业内容来学习，则是进入汉语言或汉语国际教育本科专业后进行的，比如关于汉语词汇、语法和语用的知识等）。当然随着专业学习的深入，对语言技能的要求也愈来愈高，比如学生需要大量阅读和深入理解语言、文学文化专业的文献，用汉语进行学术和学位论文的写作等。以往，有些院校的国际学生进入本科专业学习的门槛较低，学生甚至还需要花大量时间和课程去提高基础汉语能力，这非常不利于专业的学习。新颁布的《国际中文教育中文水平等级标准》，作为国家语言文字规范（GF 0025—2021）会促使这种情况的改变，专业内容主要是通过汉语来学习和掌握的。

语言本身就是文化，是文化的标示，同时它又是文化的载体。语言的承载和语言的使用无一不反映文化的产物（物态文化）、制度（制度文化）、行为（行为文化）和观念（心态文化）。这种"同现"使得语言教学与文化教学相辅相成。比如成语（这套系列教材中就有《中国成语文化与运用》），它反映的不仅仅是传统文化知识（历史典故），还体现了中国人千百年来为人处世的价值观和对自然与人类社会的认识；成语教学不仅是要学习者理解成语的内涵，还要让他们能在现实的交际与交流中恰当得体地运用。

古人云"文以载道""文以明道""以文化人"，若喻成今天的教材，可知其重要性。讲好中国故事、传播好中国声音、阐释好中国特色、展示好中国形象，没有好的教材是不行的。2020年华东师大国际汉语文化学院的汉语国际教育本科专业（中国学生、国际学生）入选"国家级一流本科专业建设点"，2021年学院的汉语言本科专业（国际学生）入选"国家级一流本科专业建设点"。一个学院有两个本科专业进入"国家级一流本科专业建设点"，这极大地鼓舞了教师们编写出更好更精的教材的热情。东风化雨，相信我们终会培养出更多知华友华的卓越人才，只要我们努力！是为序。

吴勇毅
2022年11月9日
于沪上苏堤春晓

序

随着我国对外开放的不断深化、综合国力的持续增强，中国的国际地位得到极大的提升。中国走向世界的路径广阔，作为中国融入世界、世界了解中国的重要平台，新时代的国际中文教育成为一门迅速崛起并正在不断发展的新兴学科。"国际中文教学概论"是国际中文教育学科的一门综合性、基础性的学科课程。这门课程的主要任务是着重讲授国际中文教学领域的基础理论、基本概念和基本方法，并对学科发展的趋势做出展望，为学生后续的深入学习提供大致的路径。

作为学科的起点，陶健敏老师新著的这部《国际中文教学概论》引领学生通过了解该学科的概貌，为进一步地深入探索打下全面而扎实的基础。全书充分体现了综合性、科学系统以及时代引领等几大特点。

本书开篇简要回顾汉语对外教学的发展历史，对当代国际中文教学的教学属性、学科属性和国际性这3个鲜明属性进行了阐发，明确了学科的3个基本维度和基础理论，帮助学生理解国际中文教学的现实意义和实践价值。本书进而对国际中文要素教学、技能教学等国际中文教学的方法与模式，以及课堂教学和现代教育技术进行了具体的论述。教学离不开教材，也跟教学反馈有直接的关系，本书专辟教材及测试与评估两个章节对此加以阐述。教学成功与否和习得密切相关，这方面的内容在"国际中文习得研究"一章展开了具体论述。

作为概论，本书基本覆盖了国际中文教学领域的各个部分，涵盖了该领域的基本知识，形成了一个完整的体系，很好地帮助学生建立起对该领域的基本认识。这种全面、综合的教学内容，有助于学生在理解的基础上掌握更多的知识和技能，未来更好地适应多元化的工作以及丰富多变的环境。

　　本书在全面介绍国际中文教学的基础理论和基本知识的同时，特别注重知识的连贯性、科学性和系统性。本书章节的排列从理论到实践，从教学到习得，从基本的教学技能到现代化教育技术，一以贯之，具有很强的连贯性。具体阐述中，例如从教学法的历史发展进程去认识教学法建构的理论模式和历史上主流的语言教学方法，同时结合国际中文教学实践，来认识当代针对汉语学习特点而形成的新型的教学模式，论述逻辑严密、条理清晰。半个多世纪以来，语言习得研究逐渐成为第二语言教学的重中之重。认识学习者习得第二语言的过程，探讨第二语言习得与第二语言教学之间的规律性联系，有助于提升第二语言的教学质量，并直接关系到第二语言教学的成效。本书在系统分析的基础上对此作了客观、深入的阐述。

　　本书在帮助学生构建系统的知识体系的同时，注重科学的分析论证，引导学生更好地理解和掌握学科的核心所在，训练学生的逻辑思维能力，培养他们的思辨力和创新能力。

　　具有鲜明的时代导向性，这使得本书独具特色。本书绪论，从中文走向世界的时代背景和中文教育的本土化发展两个方面很好地突出了国际中文教学的国际性特点，展现了鲜明的时代气息。后续各章节在叙述中持续推出学术领域的新动态和新研究。例如在国际中文语法教学部分着重介绍了"汉语格局+碎片化语法"教学模式和"三一语法"体系等新理论。在国际中文技能教学章节梳理了国际中文技能教学模式的发展，从"结构驱动的综合教学模式"到"技能驱动的分技能教学模式"，再到"产出导向法"（POA）的引入，体现了国际中文技能教学模式的演变和创新。在国际中文教材部分展示了国际中文教材正呈现出的开发本土性增强、编写科学性提升和多媒体化发展的趋势，对国际中文教材的新发展进行了总结和展望。近年来，国际中文教学开始积极尝试数字化的教育技术。本书在分析现代教育技术发展历程的基础上，重点探讨国际中文教学的多媒体教学技术等主要技术类型，以及数字化转型阶段的国际中文智慧教育。特别是通过具体的案例帮助学生理解如何在教学实践中去应用这些新技术，从而推动国际中文教学的未来变革与发展。

　　通过介绍学科的前沿动态和发展趋势，本书引导学生深入探索，激发学生的学习兴趣，训练他们的学术思维。通过多学科的知识融合与案例分析，提高学习的针对性和有效性，帮助学生建立独立思考的习惯、提升解决问题的能力。这种导向性的教学，有助于学生更加明确学习目标和未来发展方向，并进一步提高他们的综合素养和跨学科能力，为未来的深入学习和职业发展奠定扎实的基础。

跟健敏老师共事多年，又教授过同一板块的课程，时有切磋。健敏老师精通英语，常年教授国际学生的全英语课程。他翻译了美国著名学者库玛（Kumaravadivelu）教授的著作《超越教学法：语言教学的宏观策略》（Beyond Methods：Macrostrategies for Language Teaching）（北京大学出版社2013年版），深受好评。娴熟的英语使他能接触到大量国外相关学科的一手资料，从而形成广阔的国际视野。这部教材中众多新鲜材料和观点的提出与他的英语造诣是分不开的。

健敏老师多年担任"国际中文教学概论"课程的教学工作，对本领域教学与研究状况了解全面，对发展方向把握精准。一线教学中，健敏老师积累了丰富的经验。与学生面对面的交流，使健敏老师对教学对象有充分的了解，从而使教学更贴近学习者的所思所需，真正将专业理念、专业知识和专业技能落实到教学实践中，更好地帮助学生成长。

新春伊始，健敏老师发来《国际中文教学概论》全稿，希望我为全书作序。承蒙信任，欣然提笔，撰成数言。

是为序。

徐子亮
华东师范大学教授、博士生导师
2025年春日

目　　录

第一章　绪论 ··· 1
　第一节　中文对外教学的历史发展 ·· 1
　第二节　国际中文教学的属性 ·· 7

第二章　国际中文教学的学科理论基础 ·· 24
　第一节　语言是什么——主流语言学理论的解释 ························ 25
　第二节　语言学理论与国际中文教学 ······································· 31
　第三节　学习是什么——教育心理学理论的解释 ························ 35
　第四节　建构主义学习理论与国际中文教学 ····························· 40
　第五节　语言教学中的文化与语言 ·· 47
　第六节　国际中文教学中的文化教学 ······································· 51

第三章　国际中文的教学方法与模式 ··· 59
　第一节　第二语言主流教学方法 ··· 59
　第二节　典型的国际中文教学模式 ·· 73

第四章　国际中文要素教学 ··· 81
　第一节　国际中文语音教学 ··· 82
　第二节　国际中文汉字教学 ··· 88
　第三节　国际中文词汇教学 ··· 96
　第四节　国际中文语法教学 ·· 103

第五章　国际中文技能教学 ……………………………………………… 113
- 第一节　语言教学中的"语言技能" ………………………………… 114
- 第二节　国际中文技能教学模式的发展回顾 ……………………… 115
- 第三节　国际中文听力技能教学 …………………………………… 119
- 第四节　国际中文口语技能教学 …………………………………… 124
- 第五节　国际中文阅读技能教学 …………………………………… 130
- 第六节　国际中文书面表达技能教学 ……………………………… 137

第六章　国际中文习得研究 ……………………………………………… 144
- 第一节　语言的习得与学得 ………………………………………… 144
- 第二节　第二语言习得理论及其早期的发展 ……………………… 146
- 第三节　语言的输入、输出与互动 ………………………………… 158
- 第四节　学习者的个体差异与国际中文教学 ……………………… 166

第七章　基于课堂的国际中文教学 ……………………………………… 198
- 第一节　理解第二语言的课堂教学 ………………………………… 198
- 第二节　国际中文课堂教学的三部曲 ……………………………… 200
- 第三节　国际中文教学的课堂管理 ………………………………… 217
- 第四节　国际中文课堂在线教学 …………………………………… 228

第八章　国际中文教材研究 ……………………………………………… 242
- 第一节　国际中文教材编写的原则 ………………………………… 243
- 第二节　国际中文教材编写的理论基础 …………………………… 247
- 第三节　国际中文教材的类别 ……………………………………… 252
- 第四节　国际中文教材的评估 ……………………………………… 257
- 第五节　国际中文教材的新发展 …………………………………… 262

第九章　国际中文的测试与评估 ………………………………………… 269
- 第一节　语言测试的发展 …………………………………………… 270
- 第二节　语言测试的类别 …………………………………………… 273
- 第三节　国际中文测试的总体设计 ………………………………… 278
- 第四节　国际中文测试的质量评估 ………………………………… 290

第十章　现代教育技术与国际中文教学 …………………………………… 297
　第一节　现代教育技术与国际中文教学的数字化发展 ………………… 298
　第二节　国际中文教学的主要技术类型 ………………………………… 301
　第三节　现代教育技术在国际中文教学中的应用 ……………………… 315

第一章 绪 论

本章导读

汉语的对外教学有着悠久的历史。早期历史上，汉族与周边其他民族的语言交流促进了相互间的文化接触和融合，近现代的汉语对外教学在社会需求和理论进步的推动下，进入了科学发展的快车道。在这一章中，我们简要回顾汉语对外教学的历史发展，重点学习当代国际中文教学体现出的3个鲜明属性：教学属性、学科属性和环境属性。教学属性将帮助我们了解国际中文教学在教学层面上的基本特点；学科属性则有助于明确国际中文教学的学科定性，建构国际中文教学的学科研究框架；我们还将从中文走向世界的时代背景和中文教育的本土化发展两个方面来突出国际中文教学的国际性特点。

第一节 中文对外教学的历史发展

一、早期的中文对外教学

国际中文教学，即为来自非汉语母语的国家和地区的学习者提供中文作为外语或第二语言的教学活动。长期以来，我们习惯使用"对外汉语教学"这个叫法，笼统地指代在中国和海外所进行的汉语作为第二语言的教学。随着2008年3月《国际中文教学通用课程大纲》的出版，"国际中文教学"这个名称开始广泛使用。这个术语不仅包括了汉语言的教学，还涵盖了与之密切相关的更广泛的文化、文学和社会方面的教学内容。近年来，中文在国际交往中的作用越来越重要，中文学习的需求不断扩大，中文学习的环境和特点也发生了显著的改变。国际中文教学在理念、学科框架与内涵、教学方式与规模上都出现了许多重大的变化和调整。特别是，新冠疫情的爆发改变了国际中文教学的时代背景，疫情期间快速发展的远程网络教学，以及"后疫情"时代复杂多变的国际环境，正深刻地影响着国际中文教学的未来走向。

要了解国际中文教学的现在，把握它的未来发展方向，首先需要回顾中文对外教学和传播的历史发展脉络。汉语言文字是国际中文教学的主体内容，它是五千年中华悠久历史文化中一颗闪亮的明珠。早在漫长的先秦时代①，中国北方的黄河流域就已存在着被称为"雅言"或"夏言"的文学语言，北方话逐渐成为汉民族共同语形成的基础。而汉字从远古黄帝时代仓颉造字开始，经历了商周的甲骨文、金文，在秦汉时代出现了化繁为简、化圆为方、化弧为直的"隶变"，形成了古今汉字演变的重要分水岭。逐渐成熟规范的汉语言文字，为生活在不同区域的人们提供了表情达意的重要方式，而且作为一种重要的心理纽带，它也维系着距离遥远、方言不同的人们彼此之间的交流，促进了中华民族的团结统一、多元融合。

历史上，华夏民族和周边地域不同民族接触频繁，这促进了语言文化上的相互交流，也开启了早期中文的对外传播，汉语言文字成为不同族群之间友好交往的一种重要方式，也是一定历史时期族群关系、邦国交往的见证。据史料记载，早在公元前11世纪的商周时期，作为"殷末三贤"之一的箕子就带领五千多人，赴朝鲜半岛建立了箕子朝鲜，这在历史上称为"箕子王朝"，据记载，其带去了诗书礼乐、医巫、阴阳、卜筮、百工、技艺等。中古时期，建立了西夏王朝的党项族为了向发达的汉文化学习，于西夏乾祐二十年（1189）特地编写了汉语和西夏文词语的对照手册《番汉合时掌中珠》，这是中国历史上第一部用于第二语言学习的双语对照词汇手册。明末以前，对外的中文教学主要服务那些来中国求学的亚洲近邻国家的学习者。例如，隋唐时期，日本向中国派遣了大量的"遣唐使"，其中也包括不少来华求学的日本青年学生。他们历经艰险，渡海而来，研习汉语言文字和中华典籍，

---

① 中国历史分期中的先秦时代泛指公元前221年秦始皇创立秦朝以前的历史时代。

最终将唐朝的语言文化传播回日本。在这一阶段，还有来自琉球、暹罗、占城、高句丽等地的学生来华求学。他们一般在京城的国子监、太学等最高学府学习，主要学习《论语》《千字文》等，甚至还被允许参加中国的科举考试。当然，中国也有一些老师前往日本、新罗等国教授汉语，如日本史书《古事记》就记载，在西晋武帝年间（284年）王仁东渡日本，教授日本皇太子汉语。除此以外，随着历史上中国与周边国家和地区民间贸易、生活往来日益频繁，也出现了一些以日常生活为主题，突出交际功能的口语教材，如元末流行于高丽商人中的《老乞大》以及《朴通事》，它们是目前所知的最早的外国（或外族）人学习汉语的教材。

从明朝中后叶（16—17世纪）开始，欧洲大批耶稣教会传教士不远万里来到中国传教，由此引发了近代史上中西文明的一次大碰撞。传教士们为了能在中国顺利传布教义，促进中西文化交流，开始学习汉语言文字，并做出了许多开创性的工作。比如，来自意大利的传教士利玛窦（Matteo Ricci）就利用拉丁语对汉字注音，编写出《西字奇迹》一书，这形成了最早的汉字拉丁化的传统。此后，法国传教士金尼阁（Nicolas Trigault）对利玛窦的拼音方案进行了修正，出版了《西儒耳目资》，这是一部最早使用音素给汉字注音的字汇。明清时期，来华的欧洲传教士们不仅开发出许多适应他们中文学习的方法，而且也对中文展开了积极的研究和改造。例如，英国伦敦会传教士艾约瑟（Joseph Edkins）就为他的欧洲同事编写了《官话口语语法》。英国外交官威妥玛（Thomas Francis Wade）曾经在中国生活了40多年，他在1886年为当时英国驻中国公使馆的外交人员编写并出版了一部具有权威性的北京话课本——《语言自迩集》，这本教材语音、汉字、语汇、阅读并重，还包括了许多关于中国社会文化的背景注释。随着明清以来基督教和西方新兴的资本主义的不断东进，西方人来华学习中文出现了一阵热潮，与以往来自其他东方国家为主的学习者相比，他们的中文学习更具有多元的动机和创新的方法。

在16—18世纪，西方传教士们是中西文化交流的重要使者，他们不仅在中国研习中文、译介中国经典，同时也将中国的语言和经典文化传播到了欧洲大陆，对当时欧洲的社会生活和思想文化产生了深刻的影响。他们在与欧洲同行的书信往来中，介绍了汉字的字形和字义，传播了汉语语法，并向欧洲介绍了中文的学习方法。这为当时欧洲的汉学研究奠定了基础，也激发了一批欧洲学人对汉字、汉语的学习热情。其中，18世纪英国著名的东方学家威廉·琼斯爵士（Sir William Jones）的中文学习就是一个典型的例子。他对来自遥远的东方语言和文化抱有浓厚的兴趣，在接触了传教士们用拉丁语翻译的中国经典之后，他开始自学中文，常常到图书馆抄写汉字的偏旁、部首，还寻求各种机会向在英国的屈指可数的几名华人请教。经过三四年的学习，他的中文已有了一定的基础，能够尝试翻译《诗经》等古代文献的片段，同时他的汉字书法水平也有了明显提高。这样的学习经历既为他最终成为历史比较语言学的先驱奠定了基础，也反映了中文在近世欧洲的传播情况，形成了一种海外中文和中国文化传播的早期模式。

而在北美洲，中文教育出现在美国教育体系，也有近150年的历史。随着早期华人越洋过海来到美国参与建设和发展，中文教育几经沉浮，已从最初被主流教育体系排斥的民族语言，发展到现在覆盖人口超300万人，跃升成为全美第二大外语。中文教育不仅承担着为在美华裔子弟提供本族语言或"继承语"（heritage language）学习的机会，也作为重要的载体，面向非华裔族群介绍中国的历史、社会与文化。美国的中文教育由衰而盛，由弱而强，这背后隐现着特定时期国家政治、经济和军事等发展战略的因素，也体现了多元文化、身份、族群等社会因素互动的作用。

二、近现代的中文对外教学

清朝中晚期，在华的外国人，特别是西方传教士们，主要通过个体自学的方式学习中文。他们常常会聘请教授中文的家庭教师辅导学习，培养书法、阅读和背诵经典文章的能力。在民国初期，中国第一次出现了一些专门的语言学校。这些学校主要由在中国的西方教会组织开办，目的是帮助传教士们更好地学习汉语。比如，1913年美英基督教新教差会在北京成立了"华北协和华语学校"（North China Union Language School），他们聘请一些有名的西方汉学家开设研究性的核心课程，包括中国历史、中国社会、政府体系、宗教以及对外关系等。汉语是基础性课程，一般由两个部分组成：一是邀请外国的"中国语言专家"讲授语音、语法等语言知识。他们使用的教材是《汉文进阶》（Introduction to Literary Chinese），这是一本由俄国汉学家卜朗特（J. J. Brandt）编写的中文教材，课文内容包括了新闻、家信、小说、短文等，它们都使用了文白对照的方式，后面还附有英文译文、字词详解以及文言虚字用法的解释。语言知识课以后，学生们会以 8—10 人一组开展小组学习，并安排一名中国教师负责小组的语言操练或者一对一辅导。总体上，这一时期的中文教学主要按照语言知识讲解和语言技能训练分离的原则进行安排，这就形成了比较典型的讲、练分离的中文教学模式①。

在民国中后期，在华工作、生活的外国人主要聚居在上海、广州和重庆等大城市。出于工作和交往的需要，他们也接受了许多中文教学培训，但总体而言，那一阶段的中文教学并没有什么特定的教学机构和组织形式。与之不同的是，新中国的中文对外教学不仅将中文教学当作一门学科进行研究和发展，更从国家层面上把它看作是一项民族和国家的事业，给予了积极的鼓励和提倡，中文对外教学也由此掀开了新的历史篇章。

新中国成立伊始，由于受到二战后美苏两大政治阵营对峙的影响，中国主要与已建交的社会主义国家积极开展留学生交流项目，中文对外教学旨在为这些国家培养掌握中文语言技能、理解中国文化、熟悉中国社会的人才，同时也承担着为这些国家培养第一代驻华外交官的任务。1950 年 9 月，清华大学率先开设了"东欧交换生中国语文专修班"②，成为第一所成规模接收外国留学生来华学习的大学。这个专修班的办学目标明确：帮助东欧留学生掌握中国语文的一般能力，能对中国的政治、历史、文化及其他方面获得初步认识。这一时期，汉语对外教学不仅制定了规范的"两年教学计划"，还配备了强有力的教学管理队伍。1958 年，邓懿主编的《汉语教科书》③ 正式出版，这是新中国第一部在中国正式出版的供外国人使用的汉语教材，浓缩了 20 世纪 50 年代汉语教学的实践经验，奠定了对外汉语教学语法体系的基础。进入 20 世纪 60 年代，来华留学的外国学生国别逐渐多元化，除东欧一些国家外，还有法国、瑞典和西班牙等西欧国家，朝鲜、蒙古、越南等亚洲国家，甚至还有拉丁美洲国家（主要是古巴）。其中，来自非洲国家的留学生人数较多。同时，新中国也向友好国家外派中文教师，帮助他们建立专门的教学机构，培养和储备当地的中文教师师资。例如，著名语言学家朱德熙先生曾于 1952—1953 年赴保加利亚索非亚大学讲授汉语课，并编写授课讲义《华语

---

① 马国彦. 民国时期对外汉语教师角色考——从"华语学校"说开去 [N]. 中华读书报，2014 - 01 - 22.
② 该班 1952 年被并入北京大学，更名为"北京大学外国留学生中国语文专修班"。
③ 北京大学外国留学生中国语文专修班. 汉语教科书 [M]. 北京：时代出版社，1958.

教材》。该讲义由合作者张荪芬女士翻译为保加利亚文，并以《汉语教科书》为名于1954年在保加利亚出版。这是新中国第一部对外汉语教材，也是第一部由中国学者参与编写的国别类的对外汉语教材。在整个五六十年代，刚刚起步的新中国中文对外教学承担着服务国家对外交流与合作的任务，它既是一种外事或准外事的工作，也被视为国家、民族对外交往的一项神圣的事业。

在20世纪六七十年代的中国，中文对外教学曾受到"文化大革命"等政治运动的严重冲击，到70年代末随着中国改革开放时代的到来，才重整旗鼓，焕发活力。1978年，中国恢复接收外国留学生来华学习，当年共接收了1 236名外国留学生。1983年，成立了"中国教育学会对外汉语教学研究会"，自此，"对外汉语教学"成为一个广为使用的术语。自从1987年成立中国国家汉语国际推广领导小组办公室（简称"国家汉办"），中国开始从国家层面上集中各项资源，为世界各国提供汉语言文化的教学资源和服务，用以满足海外中文学习者的需求。扩大对外开放与交流，是这一时期中国政府的基本国策，这也反映在对外中文教学快速发展的成就上：一方面，来华留学的外国学生人数逐年增加。据中华人民共和国教育部统计，2018年共有196个国家和地区的492 185名各类外国留学人员在中国1 000多所高校学习。而根据中国《国家中长期教育改革和发展规划纲要（2010—2020年）》，在"实施留学中国计划，扩大来华留学生规模"政策指导下，到2020年外国来华留学总人数将达到50万人，这无疑为中文对外教学的发展提供了难得的良机。另一方面，中文教学也随着中国国家软实力的提升而积极走出国门，更好地服务于世界各国的语言文化交流。特别是从2005年首届"世界汉语大会"召开以来，中国的中文对外教学开始通过孔子学院和孔子课堂等平台在海外快速推广与发展。而随着2019年底召开"国际中文教育大会"，以及2020年7月成立中国教育部"中外语言交流合作中心"，中文对外教学进入了"国际中文教育"的新时代。中国国内的对外汉语教学、国外的中文作为外语或第二语言教学和海外华文教育三大组成部分整合在一起，共同推动着中文的国际传播。此外，海外中文教学正在蓬勃发展。目前，在美国居民最常使用的外语中，中文已位居西班牙语之后，排名第二。英国自2016年开始实施"中文培优项目"（Mandarin Excellence Programme）。而在"一带一路"沿线，东南亚、中亚、中东欧各国以及非洲、中南美洲各国的汉语学习需求增长迅速。据统计，在2016—2020年间，全球参加HSK（中文水平考试）、

YCT（中小学中文考试）等中文水平考试的人数已达 4 000 万人次。到 2024 年底，全球已有 85 个国家将中文纳入国民教育体系，国际中文学习者和使用者累计超过 2 亿人。①

第二节　国际中文教学的属性

国际中文教育是一项具有战略性、系统性、综合性的学科与事业，其重要使命就是为世界各国培养他们所需要的高素质的中文人才②，通过语言教育促进人文交流、深化国际理解，提升中文的国际影响力③。国际中文教学属于国际中文教育的核心实践环节，是近年来随着中文教学大规模走向世界而出现的新概念。在国际中文教育崇高使命的指引下，国际中文教学应致力于为汉语为非母语者，特别是为不同国家和地区的本土中文学习者提供优质高效的中文教学，这是它的核心任务。

解读"国际中文教学"的属性与内涵，我们认为需要从 3 个层次展开：第一，这个概念的根本属性在于教学，"国际中文教学"具备一切教学的基本特征；第二，它作为中文教学的一种形态，在学科性质上属于外语教学的范畴，具有第二语言教学的性质；第三，国际化的社会文化环境，是"国际中文教学"的重要实践场域。

一、国际中文教学的教学属性

"国际中文教学"是一种不同于汉语作为母语教学的教学类型，它具有教学的基本属性和特点。在中文语境中，我们所说的"教学"，可以被理解为一个并列复合词，包括"教师的教"和"学生的学"两个方面，分别对应了英语中的"teaching"和"learning"。但传统意义上来说，"教学"的重心更偏重教师一方，指教师有目的、有计划、有组织地进行知识传授、技能培养，引导学生学习和掌握文化科学知识与技能，提升学生综合素质，服务于

---

① 数据来自 2020 年 12 月 22 日中国教育部关于"十三五"期间教育对外开放工作情况的发布会和 2024 年 11 月 14 日中国教育部新闻发布会。
② 陆俭明. 国际中文教育的使命及其他 [J]. 云南师范大学学报（对外汉语教学与研究版），2024（1）.
③ 段鹏. 中文搭建交流桥梁——以高质量国际中文教育提升中华文化传播力影响力 [N]. 光明日报，2023 - 09 - 25.

社会发展。

  谈到教学，语言教师首先应当清楚要用什么样的教学理念来指导自己的教学实践。在教育的历史发展中，人们形成了各种各样的教育思想和理念，它们对不同时代的教育和教学实践都产生了积极的影响。在当代，最普遍、也最有影响力的教育思想，应该是"以学生为中心"，强调协作互动、知识建构的"建构主义"的教育思想。它已经成为国际教育普遍的共识，也在包括国际中文教学在内的第二语言教学领域产生了深刻影响。在这种教育理念的指引下，国际中文教师应该在中文教学过程中，整合学生们汉语听说读写的语言技能；通过加强课堂内外的社会关联，创造真实生动的语言运用情景，为学生提供真实的语言输入；重视对学生进行直觉启发，培养他们跨语言和跨文化的比较意识；同时，也要努力了解学生们的所思所想，加强师生和生生之间的协商互动，尽量缩小师生之间在语言教学感知和理解上的差距；国际中文教师应该努力为学习者创造中文学习的机会，帮助他们不断提升学习的动机和自主性。

  在教学实践上，课程教学一般包括了课程总体设计、教材编写、教学实施、教学方法和模式开发、教学测试等基本环节。就"国际中文教学"而言，首先需要根据学习者的不同水平和需求，设计不同级别中文教学的课程大纲。按程度水平的高低划分，语言教学课程通常会分成初、中、高3个等级，一些欧美国家制定的外语能力等级标准还会在此基础上细分出多个级别，这样可以更准确地帮助判断学生的学习水平，为他们提供最合适的外语学习课程①。有了课程水平的科学划分，还要根据不同级别语言技能教学的需要，设计不同的课程以及相应的教学大纲，如"初级汉语听力""中级汉语听说""高级汉语阅读""高级汉语写作"；或者是综合课程，如"高级汉语综合"等。在这基础上，教师需要进一步选择或编写相应的教材、准备教学材料。

---

① 如"美国外语教学委员会"（American Council on the Teaching of Foreign Languages，ACTFL）制定的外语能力等级标准，包括初级（Novice）、中级（Intermediate）、高级（Advanced）、优秀（Superior）和优异（Distinguished）5个等级，其中优异（Distinguished）属于受高等教育接近书面语的母语者范畴，在外语教学范畴中不做讨论。在初级（Novice）、中级（Intermediate）、高级（Advanced）这3个级别下面，根据测试者语言输出的质与量，又分为了几个子集，分别是初级低（Novice Low）、初级中（Novice Middle）、初级高（Novice High）；中级低（Intermediate Low）、中级中（Intermediate Middle）、中级高（Intermediate High）；高级低（Advanced Low）、高级中（Advanced Middle）、高级高（Advanced High）。

精心编写教案或教学设计通常是教师实施教学活动的第一步。教师需要结合教学目的,详细列出教学的重点和难点,并结合恰当的教学方法,做好不同任务与活动的时间安排,以及练习设计;在课堂教学过程中,教师还需要掌握、展现一系列教学的技能,比如,讲述和倾听的技能、提问和讨论问题的技能、非语言的表达技能、表扬与批评的技能、课堂组织与管理的技能、板书与多媒体运用的技能等。此外,课后的教学练习布置、批改和及时反馈,以及教学测试评价等工作也是教学的重要组成部分。在教育科技手段日益丰富的今天,教师们还需要熟悉并熟练掌握用于线上线下教学的各种技术工具,包括人工智能的应用软件。教师应根据实际情况,灵活运用混合式教学、翻转课堂等教学方法,以促进学生的自主学习和协作学习,并不断丰富教学手段。

教师的教学工作内容既复杂又具体,教师应该如何系统地认识并评价自身的教学工作呢?我们可以参考运用"教学档案袋"来实现这一目的。"教学档案袋"是20世纪80年代美国教师评价改革运动的产物,主要用来评价教师从事教学所需要的知识和技能等的专业发展水平。现在,越来越多的学校开始要求教师建立"教学档案袋"。"教学档案袋"是对教师的主要教学优势和成就的真实性描述,一般包括3个方面:第一"教师自我介绍类"。前面提到的教学理念、课程信息(课程名称、课程性质、学生基本信息等)、教学策略与方法、课程教学大纲(教学目标、教学方法等)等对教学资料的陈述就属于这一类。如果教师在教学中对课程做了修改,记录了教学活动改进的思考和措施,并对自己的教学创新和效果进行分析,这些也属于"教学档案袋"中的"教师自我介绍类"。第二,"来自他人的材料"。教师的教学不是教师一个人表演的"独角戏",它是在和其他老师及学生的互动过程中共同完成的。"来自他人的材料",主要是来自教师的同事、学生和教学管理部门提供的一些材料。比如,同事或教学管理人员的对该教师教学所做的课堂观察、听课记录、评语,学生对课程的评价,教师的教学荣誉或同事认可等。这就要求教师积极了解其他人对自身教学的专业评价和反馈,促进教学反思和自我评价,这有助于教师通过教学实践,不断提高自己的专业发展水平。第三,"教师的教学产品和学生作品"。比如,教师及课程对学生就业和进修方面的指导帮助、学生学习前后课程考试成绩、学生论文稿、学生的出版物或者在教师指导下参加的竞赛、准备的会议报告等。这些也与教师教学息息相关，是教师教学具体成果的体现。可见，教师的教学工作涉及教学内容、教学方法、教学对象、教学环境和个人专业发展的方方面面，国际中文教师应该借鉴"教学档案袋"的细致要求，从自身专业水平发展的角度，认认真真地做好中文教学的每一部分工作。

二、国际中文教学的学科属性

（一）国际中文教学属于应用语言学研究范畴

国际中文教学不仅是一种教学实践，具备教学活动的根本特征，而且经过几十年来对外汉语教学的科学发展，也建构起了相应的学科理论基础和研究框架。

在学科定位上，国际中文教学属于应用语言学的研究范畴。要了解这一学科属性，就有必要梳理应用语言学及其范畴中的一些基本概念。应用语言学是一门将语言应用于实践的研究学科。作为一门独立的学科，应用语言学的历史起步于20世纪中期，但是语言应用实践的历史却是非常悠久的。可以说，自从人类有了有组织的语言教学实践和传播，就已经开始了语言的应用实践。在狭义上，应用语言学常常指的就是语言教学，应用语言学"发展最充分的分支就是外语教学，有时这个名称似乎只指这个领域"[①]。不过，随着社会发展和学科交叉日益成熟，语言学与其他学科产生了紧密的结合，形成了许多崭新的跨学科研究领域。例如，语言学与社会学结合，产生了社会语言学，目的是研究社会因素的作用对语言变异可能产生的影响，以及将语言当作社会现象进行考察，进而描写和解释人的社会行为。在这基础上，还可以进一步和心理学结合起来，形成社会心理语言学。再如，早年计算机科学和模糊数学与语言学结合起来，共同解决语音的识别与合成、词类标识、歧义化解、自动翻译等问题。近年来，随着人工智能技术的快速发展，科学家们希望机器能够理解人类语言，能用自然语言的方式与人类交流，最终拥有"智能"，这就形成了自然语言处理技术（Natural Language Processing，简称NPL）。基础的自然语言处理技术同样需要对语言的音位、形态、词汇、句法、语义、语用、篇章等层级进行分析，这是实现机器翻译、对话问答和生成文档的前提。多学科的研究与实践表明，我们面临的很多问题并不能仅仅

---

① 戴维·克里斯特尔. 现代语言学词典 [M]. 沈家煊，译. 北京：商务印书馆，2000：23-24.

借助单一学科的理论和知识就能完美解决，必须通过跨学科的交叉研究，才能找到解决问题的新的突破。许多和语言有关的学科研究与技术发展为应用语言学的价值体现提供了机遇，应用语言学的内涵也在不断扩大。因此，在广义上可以说，应用语言学的目的是把语言学的理论、方法、知识应用于其他学科领域，解决某一单独学科无法解决的问题。

在应用语言学中，国际中文教学当然属于外语或第二语言教学的分支。所谓外语或第二语言，这是相对于母语或第一语言来说的。要理解外语或第二语言，需要先认识一下什么是母语，什么是第一语言。对于世界上绝大部分人来说，他们从小到大都是在本民族的单一语言环境中长大的，他们的母语就是"人在幼年时习得的语言，通常是思维和交际的自然工具"[①]。这个表述有两层含义，其一，他们的母语是他们最早习得的语言，也是最为熟悉，使用起来最主要、最完美的语言；其二，他们的母语或第一语言和他们的族群身份息息相关，母语也是他们的本族语。

不过，对于那些在多语环境中成长的人来说，情况可能会变得很复杂。例如，对于从小在美国长大的第二代、第三代中国移民家庭的孩子，他们的母语或第一语言是什么呢？这个问题可能并不容易回答。如果他们成长于自己的华人家庭，可能或多或少都接触过家庭长辈使用的汉语或地方方言，有些人可能会将自己家庭中使用的汉语看作是自己的母语。不过，在这种情况下，他们的母语可能并不是他们心目中的第一语言，因为汉语不是他们第一个习得的语言；或者说，即使他们孩提时代习得过汉语，但是由于长时间没有使用，他们的汉语水平比较低，而且汉语也不是他们日常生活中最主要的语言。对他们来说，把汉语看作是自己的母语，这在很大程度上反映的是他们对汉语的感情，以及他们对自己民族身份的认识。从这点来看，母语是联系自身民族背景的重要纽带，母语等同于民族共同语。而在他们心目中，第一语言更倾向于最主要、最熟悉、最完美使用的语言，那就是美国社会的主流语言——英语。另一种可能的情况是，如果他们认为自己从小到大就是在英语的环境中长大，与中国文化和汉语没有太多的联系，他们在身份意识上也更倾向于认为自己是个地道的美国人，那么他们就可能将英语看作是自己

---

① 联合国教科文组织. 本地语在教育中的应用：联合国教科文组织 1951 年专家会议报告 [M] //周庆生. 国外语言政策与语言规划教程. 北京：语文出版社，2001：513.

的第一语言，因为英语是他们生活和工作中最主要与最熟悉的语言。甚至也会有人把英语看作是自己的母语，对他们来说，母语可能与来自家庭的传承的语言并没有太大的关系，而是由自己新的民族身份意识所决定的。可见，关于母语、第一语言甚至是民族语的认识，带有很强的主观性，很难做一个简单的界定。

那么，什么是第二语言呢？如果从语言习得的顺序和水平来看，第二语言指的是在第一语言之后再学习的其他语言，与一个人所掌握的主要语言水平相比，第二语言一般层次较低、能力较弱。另外，第二语言可能是母语之外所掌握的某一种语言，也可能是第二、第三、第四等几种语言的集合概念。这是因为，它们都是一个人在习得了主要语言（第一语言）后的"其他语言"（additional languages），它们在语言习得水平和能力上都比不上第一语言，而它们在习得过程中又表现出很多共同的规律、问题和特点，这种共性要明显大于不同语言习得的独特性。

我们常常根据不同的语言学习环境来区分第二语言和外语。一般来说，第二语言的学习主要发生在目标语（或称为"目的语"，即所学的语言）的环境。它既可能发生在课堂内，也可能发生在课堂之外的社会场景中。比如，中国是中文的目的语环境，外国学生在中国学习中文，除了在课堂中接受有组织的语言教学外，更多地会在课堂外的真实的中文环境中去接触汉语、习得汉语。这种课堂内外的学习环境是第二语言学习所特有的。相对而言，外语学习主要发生在学习者的母语环境中，或其他不同于目的语的语言环境中。由于缺乏课堂外的真实的外语学习环境，外语课堂成了学习者接触这门外语的最主要的场所。例如，埃及学生在埃及本国学习汉语，那么汉语就被视为一门外语。理解这种区别是很有必要的。因为，语言学习环境的不同也带来了不一样的语言学习信息和效果。根据第二语言和外语的区别，我们在语言教学的性质定位上、在教材编写和教学方法的运用上都会有所不同。

从学科研究的角度来看，第二语言被普遍认为是一个较为科学规范的术语。这个概念有利于研究出第一语言之外其他语言学习的共同途径和规律，它还能帮助我们避免一些国家、民族、地区政治或历史事务的纠缠。例如，对于中国的汉族人来说，如果要学习朝鲜民族的语言，我们可以向生活在中国的朝鲜族学习，也可以到韩国或朝鲜学习。这是因为中国的朝鲜族、朝鲜以及韩国的语言虽然在发音、词汇、语法等方面存在一些差异，但都属于同一种语言。那这门语言对于汉族人来说,应该被称为外语还是外族语?实际上,这需要区别对待。对于汉族人来说,如果是向朝鲜族学习,那朝鲜族语是一门外族语,但不能称为外语,这是因为我们两个民族生活在共同的国家中,而外语更多地具有国别差异的含义。如果去朝鲜或韩国学习这门语言,它应被称为外语,因为这体现了国与国之间的差别。可见,同一种语言往往会因为民族、政治和历史的因素,有着不同的名称,比较复杂。外语、外族语等不同的名称会干扰我们对这门语言的性质和教学特点的认识。然而,对于汉族人来说,它们事实上都属于第二语言。第二语言是一个不受其他复杂因素影响的术语,它不仅反映第一语言之外其他语言学习的共同途径和规律,还有助于避免母语、外语、本族语等概念的困扰。因此,使用"第二语言"这个术语更方便、更清晰,也更为准确。

(二)国际中文教学的学科研究框架

第二语言教学包括语言教学的3个基本元素:语言教师、语言学习者,以及教学内容,即语言和文化。它们分别依托教育学理论、心理学理论以及语言学理论(包括心理语言学、社会语言学、人类语言学、文化语言学等),构筑学科的理论基础,这可以由一个三角关系图示呈现出来(图1-1)。国际中文教学正是在此基础上形成了自身研究的基本框架和内容。

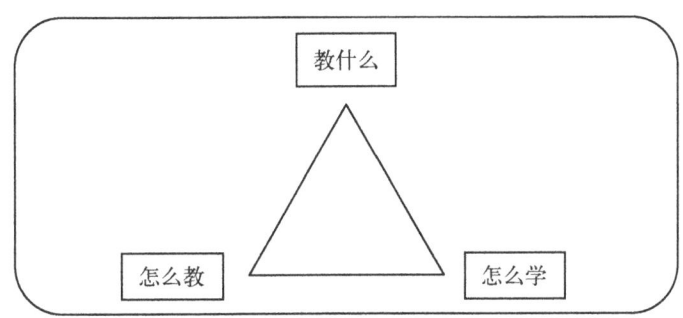

图1-1 语言教学核心概念的三角关系

教学内容意味着"教什么",然而要真正理解并把握语言教学中的"教什么",并不是一件容易的事。首先,语言教学虽然历史悠久,可是我们对所教授的语言感到既熟悉又陌生。一方面,我们高度重视所教授的语言,这是因为我们普遍认为,语言是决定我们选择什么样的方式进行教学的最重要因素;另一方面,我们对"语言到底意味着什么"又有着不同的见解。有人认为语言是一种社会符号,有人认为语言是一套结构体系,也有人认为语言是人与生俱来的,具有生物遗传特性,或者把语言看作是人与人进行交流互动的工具……这些各不相同的语言观催生出多样化的外语教学方法。具体到国际中文教学上,我们需要帮助学习者熟练掌握汉语听说读写的交际技能以及相关的汉语知识,使他们具备运用汉语进行得体交际的能力。可是,我们应该怎样来合理编排教学内容?是以语言功能为主进行编排,还是以语言结构为主进行编排?或者是以不同主题来组织教学内容?语音教学的难点和重点在哪儿?汉字要不要教?如果要教的话,学生应该掌握多少汉字,熟练掌握汉字的标准是什么?在中文教学中,应该怎样清晰、简明地阐释语法知识点?……这些关键问题关系着国际中文教学的顺利发展,必须认真对待并审慎回答。

处理好这些问题,离不开服务于中文教学的汉语本体研究。我们需要考察、描写、分析、解释汉语本身的语音、词汇、语法、语义、语用等各种现象,以及汉语在历史上、在不同区域中的演变和发展状况。同时,文化在第二语言教学中有着举足轻重的地位,它与语言有着"你中有我,我中有你"的密切关系。语言教学中必然也蕴含着丰富的文化信息,有学者还专门创造了"Linguaculture"或"Languaculture"[1],来凸显语言中的文化维度和文化信息。然而,我们即使认识到文化在语言教学中的重要性,也需要明确:文化应该以什么样的形式出现在语言教学的不同阶段?语言教学是以静态的文化知识产品为主,还是以动态的行为文化为主?应该教授的是语言现象中的文化信息,还是教授那些语言要素之外、作为补充内容的文化知识?国际中文教学应该教授中国的文化还是兼顾不同国家的文化?语言与文化是否有主次之分?文化教学该不该显性地成为语言教学的主要内容,还是应该用"润物细无声"的方式呈现?……所有这些问题,也都需要在国际中文教学实践中认真思考和解决。

语言教学中的"怎样教"有两层含义,第一层指的是具体的语言教学技巧和方法,包括课堂教学的组织与活动设计,目的是将语言知识与技能以更

---

[1] Michael Agar. Language shock: Understanding the culture of conversation [M]. New York: Morrow, 1994: 284.

有效的方式传授给学习者。在过去的一个多世纪，以英语作为第二语言教学为例，为了寻求最佳的教学方法，曾经涌现出十多种各不相同的教学方法。例如，强调通过对句型结构的反复操练来培养口语听说能力的"听说法"；强调通过发挥学习者认知能力，鼓励他们有意识地学习语音、词汇、语法知识，进而理解、发现并掌握语言规则的"认知法"；还有以语言功能项目为纲，培养学习者在特定的社会语境中运用语言进行交际的"交际法"；等等。这些主流的第二语言教学方法都得到了不同时期特定的语言学理论和心理学理论的支撑，带有较强的普遍性。20世纪五六十年代以来，这些教学法也在中文对外教学中产生了深刻影响，并催生出一些各具特色的中文教学模式。然而，中文教学界一直以来也有着"教学有法，教无定法"的认识。一方面，我们鼓励语言教学应遵循一般的教学规律，也就是"法"，通过各种专业的教学方法，极大地丰富语言教学的手段；另一方面，我们也认识到，任何一种语言教学法都应该服务于特定的语言和特定的学习对象，尊重特定的语言教学环境，符合相关的教学要求。特别是针对汉语这样一种以方块字为文字形式、带有声调的分析性语言，应当开发更加符合汉语实际、也更行之有效的教学方法。在这方面，赵金铭就提出应立足教学内容与教学方法之间深刻的内在联系，揭示附丽于汉语的汉语作为第二语言教学的教学法。他认为，对外汉语教学界多年总结出的教学口诀，比如"听说领先，读写跟上"，"妈麻马骂，汤糖躺烫"，"字不离词，词不离句"，"整体识字，先认后写"，"结构组块，词组本位，精讲多练"等，就构成了独特的汉语教学法思路[1]。

近年来，在第二语言教学中出现了颇有影响力的"后方法"教学理论[2]，这是一种超越传统语言教学法概念的教学思想。它深刻分析了传统语言教学法的特征，指出在20世纪的教学方法的时代，第二语言教学在以寻找最佳教学方法为目标的指引下，不断创造各不相同，甚至相互否定的教学方法，并不断地在这些教学方法之间做"钟摆"选择，然而实际的教学效果并没有得到显著提升。而且，在一味追求最好的教学方法的过程中，还隐藏着某种极大的危害：这些教学方法都是由教学专家基于主流的语言学和心理学理论开

---

[1] 赵金铭. 附丽于特定语言的语言教学法[J]. 世界汉语教学，2014（4）.
[2] B. Kumaravadivelu. Beyond methods: macrostrategies for language teaching [M]. New Haven, CT: Yale University Press, 2003.

发出来的，形成了"自上而下"的开发模式和培训模式。这样的教学方法即使理论正确，操作科学，但忽略了千变万化的实际教学情况，并不能"放之四海而皆准"；更严重的是，在传统教学方法模式的影响下，工作在教学一线的语言教师就如同流水线上的"装配工"，他们只能被动地接受教学专家的培训和指令，按照流行的教学方法的标准流程开展教学，慢慢地失去了根据具体教学情形，自主灵活运用教学方法的动力和能力。"后方法"理论声称"教学方法已死"，这并不是完全否定传统教学方法的作用和价值，而是希望我们能够跳出传统教学方法那一套固化的开发和应用模式，积极地倡导"教师赋能"，也就是说应当赋予教师教学自主能力和教学反思能力，在宏观教学策略和组织原则的指导下，鼓励教师根据具体的教学情形，灵活、动态、开放地运用不同的教学方法，努力实现"教学实践理论化"以及"教学理论实践化"，最终发展成为"反思型教师"和"专家型教师"。因此，语言教学中的"怎样教"的第二层含义就在于重新认识语言教师的地位和作用，重视他们的主观能动性，这是赋予教学生命力的根本保障。对于国际中文教学来说，由于不同国家和地区的中文教学环境与条件各不相同，学习者的学习需求与水平也存在着不小的差异，国际中文教师更应在尊重汉语语言事实和汉语教学标准规范的前提下，立足本土汉语教学的实际情况，灵活地开展汉语教学。

  长期以来，人们认为教师"教"是学生"学"的前提条件。中外历史上的语言教学大都遵循着"教师主导"的课堂教学模式。在这模式中，教师具有强势的主导权，他们是语言知识的传授者、教学活动的组织者、学习结果的评价者。他们相信学习行为是通过习惯而逐渐形成的。因此，他们在语言教学中，常常主观地为学生设定学习的进度和目标，机械地讲解语法知识，进行大量枯燥的字词句的记忆和操练。在这种认识下，在课堂上学习一门新语言的最好方法似乎就是"过度学习"，也就是说，学习者应该不断练习目标语言的新形式，直到能够熟练地掌握。传统语言教学重视学生的语法知识，重视他们对目的语语言形式的掌握，并不太重视学习者对意义的理解，也不太重视学习者是否能掌握并运用得体的语言表达形式，这就造成了许多"哑巴外语"的现象：学习者的"听说写"能力全面落后于"读"的能力。对于学习者语言学习中为什么会产生错误，传统的语言教学往往习惯从母语和目标语的对比差异中去寻找原因。然而，大量的语言教学事实也表明，这种语言对比的教学理念和方法并没有带来理想的教学效果，许多学习者的困难实际上来自语言之外。

大量的语言教学实践告诉我们，语言教学的成败取决于语言学习者的学习效果。第二语言教学应当高度关注学习者"如何学"，这就需要回答第二语言是如何被学习者有效习得的，习得过程中具有什么样的普遍规律和独特性。20世纪60年代，诺姆·乔姆斯基（Noam Chomsky）提出了儿童依赖先天的"语言习得装置"（Language Acquisition Device，简称LAD）来掌握母语的理论，从而将"天赋论"（Innatism）引入了学术界的视野。在"天赋主义"中，"语言习得装置"被认为是由先天的一般性语言原则组成的。第二语言习得研究相信通过重置学习参数，可以激发学习者的"语言习得装置"，进而更好地习得目的语。"天赋主义"的提出，使第二语言学习开始将研究重心转向学习者群体。尽管"天赋主义"的先天生理机制认识受到了不少质疑，但是关注学习者自身，特别是他们的学习心理，包括他们的学习年龄、学习动机、学习能力等学习者自身的因素，已经成为第二语言研究的重点，并在20世纪六七十年代逐渐产生出"偏误分析""中介语"等重要的语言学习理论。此后出现的"互动主义"（Interactionism）理论更指出，我们可以通过密切观察儿童与其照顾者（caretaker）之间的互动，以及照顾者所提供的支持，来解释儿童的语言是如何习得的。第二语言习得研究运用这个理论，突出了语言输入和输出的重要性，进一步强化了"学习者"作为当代第二语言教学主体的地位。

"教什么""怎样教"和"如何学"是国际中文教学最关注的3个基本问题，它们关系着中文的本体和文化特征、第二语言教学的宏观策略和国际中文教师发展、国际中文学习者的学习心理和习得过程等研究热点，构成了国际中文教学学科的基本框架。在过去20多年里，对外汉语教学学科建构同样认为这三者构成了教学理论研究的整体框架。那么，在这个框架中，"教什么""怎么教"和"怎么学"之间存在着什么样的关系呢？对外汉语教学研究的主流观点认为三者间存在着主次和先后之分：应当把作为第二语言或外语的汉语研究当作学科建构的"本"，首先重点研究"教什么"，其次研究"如何学"，最后研究"怎样教"[①]。这是因为，对外汉语教学的根本目标是帮

---

① 赵金铭.对外汉语研究的基本框架[J].世界汉语教学，2001（3）.

助外国学习者在尽可能短的时间里尽快地学好汉语。很多学者认为，只有把作为教学内容的汉语研究透了，才能总结出汉语的独具特点，进一步揭示出汉语和其他语言的共通之处；只有把作为教学内容的汉语研究透了，才能够针对外国学习者提出的许多意想不到的汉语问题，给出清晰易懂的分析和解答。这种认识在对外汉语教学的学科建构过程中产生了深刻影响。20 多年前，对外汉语教学学科建设刚刚起步，在"怎么教"和"怎么学"上，主要是引进并吸收英语作为第二语言教学的研究成果，较少具有自身的理论贡献。特别是，第二语言教学法在那时候正遭受广泛的质疑，因此，学者们认为只有把重点放在作为第二语言或外语的汉语本体研究上，才能凸显出对外汉语教学学科的特点，这是学科建设之"本"。然而，也有学者将汉语教师的专业培养与发展视为学科建构的重要抓手，视为对外汉语教学顺利开展的根本保障。在汉语国际推广的大背景下，对外汉语教学界曾经提出过"三教"的问题①，即教师问题、教材问题和教学法问题。这 3 个问题并不是独立存在的，而是相互扭结成一个当代汉语教学面临的整体性问题。在"三教"问题中，教师是问题的关键，教材和教学法都与教师问题密切相关。要解决"三教"问题，就要求汉语教师具有现代化的教育教学理念，尤其应当关注他们的基本素质和专业素质发展，这是决定教学法取舍的关键，也是教材编写质量和有效应用的关键。

在当代国际中文教学学科建构中，我们需要结合国际中文教学的特点和使命，重新思考这三者之间的关系。与传统的对外汉语教学相比，国际中文教学不仅要服务来华留学的外国学生，更要在中国之外的世界各国各地区开展中文教学。由于不同国家和地区的教学环境、条件与学习需求存在着很大的差异，学习者对中文学习的感受与体验也不尽相同。例如，在欧美地区汉语常被认为是一种最难学习的语言，母语为英语的学习者至少要学满 2 200 小时才能达到"精通"水平。此外，由于不少中文教师缺乏适当有效的教学方法，这就造成了海外初级中文学习者较高的弃学率。因此，摆在国际中文教学面前的首要任务，就是要求中文教师能够根据具体的教学需求和条件，灵活地运用教学手段来组织中文教学；能够激发并保持中文学习者对中国语言和文化的学习兴趣，在帮助他们掌握好汉语语言知识的同时，培养他们在

---

① 崔希亮. 汉语国际教育"三教"问题的核心与基础 [J]. 世界汉语教学，2010（1）.

实际的语言交际中能够灵活得体地进行交流的能力,做到学以致用,学有所成。这其中并没有现成的、一成不变的教学方法和模式可以遵循。国际中文教学的发展,很大程度上需要依靠本土中文教师,他们熟悉自身所处的语言和社会环境,了解各自的中文学习者的学习需求和特点,他们应该成为国际中文教学的生力军。因此,从现在开始就需要重点培育一批来自世界各地的本土中文教师,努力培养他们热心汉语教学和中国文化传播工作,具备扎实的汉语知识以及教学基础能力,熟悉并尊重本土汉语教学环境的特点,关注本土中文学习者的需求和学习方式,并能在教学中不断反思、积极创新,成为"后方法"理论所倡导的"反思性实践者"。

三、国际中文教学的环境属性

国际中文教学属于第二语言教学的研究和应用范畴,它的学习对象既有来华留学的外国学习者,更有中国之外,在世界范围内不同国家和地区学习中文的本土学生。可以说,国际中文教学天然地有着鲜明的跨文化、跨语言、跨国别的环境属性,或者说是"国际性"的时空特点。如何理解国际中文教学的"国际性"呢?我们认为除了从学科发展角度,积极实践当代主流的国际教育理念,加强与以英语为代表的世界第二语言教学学科理论和实践的交流与合作外,还可以从中文走向世界的时代背景和中文教育的本土化发展两个方面来考察。

我们需要立足全球化时代背景,从中国与世界各国日益紧密的交流、合作中去认识国际中文教学的"国际性"。"对外汉语教学的每一步发展,都跟国家的发展、国际风云的变幻,以及我国和世界的交流与合作息息相关。"[①]历史上,中国是东方的文明古国,拥有悠久的历史和灿烂的文化,与世界各国保持着广泛而深入的交往,语言和文化是双边交往的重要的联系纽带。过去大半个世纪以来,国际中文教学以对外汉语教学为前身,作为汉语国际教育和国际中文教育实践发展的工作核心,在促进中外人文交流、推动世界多元文明互学互鉴方面发挥了积极的作用。早在1988年9月召开的第一次全国对外汉语教学工作会议上,对外汉语教学就被赋予了"国家与民族的事业"

---

① 赵金铭.从对外汉语教学到汉语国际推广[M]//李泉.对外汉语教学学科理论研究.北京:商务印书馆,2006:1-38.

的重要定位，它需要承担起更好地服务于中国改革开放的大局，服务于国际社会对汉语和中华优秀文化的需求的光荣使命。自从2005年召开首届世界汉语大会，工作重心就将外国人"请进来"学汉语转变为汉语加快"走出去"，发展战略也从对外汉语教学转变为全方位的汉语国际推广。这符合中国在国力持续增强的同时，积极融入全球体系并在国际舞台上扮演越来越重要角色的需求。汉语教学的"走出去"也体现出我们以更自信、更开放的姿态，积极地参与全球语言和文化的交流，这是增加中外理解与互信的关键。世界通过与中国的语言和文化交流，可以了解中国历来秉持的"国之交在于民相亲，民相亲在于心相通"的睦邻友好政策，而中国提倡的构建"人类命运共同体"的理念已经越来越深入人心，"一带一路"合作也推动着大多数国家的中文教育（汉语作为外语的教学）在广度和深度上不断突破。在过去的20年，孔子学院和孔子课堂的建设经历了由快速增长到平稳运行的一个发展阶段。截至2023年底，中外合作机构在全球160个国家和地区共同建设着498所孔子学院和773所孔子课堂[①]。这是中国在和平的多元共生的时代，探索语言与文化国际推广和交流的重要举措，也是国际中文教学彰显"国际性"的重要平台。另外，我们也认识到汉语教学的"走出去"并不是一种单向的意愿，"更在于其他国家有无接纳的意愿与需求，这件事对其自身的核心利益有无益处（学习这种语言的价值何在），等等"[②]。我们需要秉持"双赢"的价值取向，尊重并了解其他国家的需求和接受度。比如，近年来兴起的"中文+"项目，就突出将中文学习与其他领域或职业技能的学习和培训相结合的重要性。它以中文教育为媒介，帮助不同国家和地区的学习者掌握更多与中文相关的知识、技能和文化，从而提升他们的全球竞争力和跨文化交流能力。在众多的努力中，中外合作推动中文教学进入各国或者说多数国家的国民基础教育体系，成为中文和中文教学走向世界的一个重要标志，这也是展现国际中文教学"国际性"的一个重要标志。经过多年来的努力，全球已有80多个国家将中文纳入了国民教育体系，包括在中小学甚至幼儿教育阶段开展中文作为外语或是双语的教学。在俄罗斯、爱尔兰等国，中文已经进入它们的高考体系。这标志着汉语教学从之前的"走出去"开始向着真正的

---

① 中国国际中文教育基金会. 全球网络［EB/OL］. ［2024-03-02］. https://cief.org.cn/qq.
② 吴勇毅. 国际中文教育"十四五"展望［J］. 国际中文教学研究，2020（4）.

"融进去",并且向着在所在国和地区落地生根,迈出了坚实的一步。国际中文教学开始进入一个崭新的重要发展阶段,也将更好地融入当代国际教育体系之中。

国际中文教育的国别化、本土化,也是国际中文教育的"国际性"的具体体现。所谓国别化、本土化,主要来自英语的"localization"这个概念,它往往与"全球化""国际化"相对应。比如说,在全球化的商业领域,跨国公司会在国际市场打造规范统一的产品标准,确保产品质量的可靠性和稳定性,但也会不断优化产品,使它能够更好地适应特定目标市场的需求,这体现了对不同国家和地区的特定目标市场文化的尊重与重视。在汉语走向世界的过程中,也会经历一个类似的过程。我们在教授标准的普通话和规范的汉字的同时,也应该重视不同国家和地区汉语教学的历史,尊重当地汉语教学的需求、特点和环境,这体现了国际中文教育的多元性和多样化,也是国际中文教育活力的根本。

汉语的对外教学非常重视国别化和本土化的发展。国别化的发展,主要体现在汉语教材等教学资源的开发上。早在1954年,著名语言学家朱德熙先生就与保加利亚的张荪芬女士共同编写出版了《汉语教科书》,这是新中国第一部对外汉语教材,也是第一部由中国学者编写的国别对外汉语教材。这部教材在保加利亚汉语学习者需求的基础上,重视汉语学习过程中母语的重要性,突出了保加利亚当地特色。很多课文反映了保加利亚大学生的日常生活,有的还结合了保加利亚社会生活,反映了保加利亚的国情[①]。近年来,汉语国际教育的持续发展要求我们不断提升汉语教材的质量,这就要求教材编写者不仅要熟悉汉语自身特点,还应该心中要有学生,要熟悉学生的学习环境,从贴近学习者的生活环境中去选取合适的教学材料[②]。这说明,汉语教材的编写应该在内容和形式上体现出所在地的社会文化特点,这可以帮助不同的汉语学习者运用汉语说好自己国家和文化的故事,提高他们汉语学习的动机和使用汉语进行表达的积极性。目前,国际中文教育非常重视国别化的理论研究与实践发展,希望能更好地从海外中文需求出发,在教材、课程、产品、服务等方面为中文学习者学习和使

---

① 董淑慧. 朱德熙、张荪芬编著《汉语教科书》评介 [J]. 世界汉语教学,2006 (4).
② 崔希亮. 汉语国际教育"三教"问题的核心与基础 [J]. 世界汉语教学,2010 (1).

用中文提供支持。

赵金铭指出:"汉语教师本土化之日,就是汉语走向世界之时。"① 中文教师是中文教学活动的设计师和实施者,他们的专业知识和技能、个人素质和职业生涯发展,在很大程度上决定了中文教学的成与败。国际中文教育的发展,需要大批个人素质优秀,能够适应国际中文教育形势发展的教师。如果仅仅依靠中国派出数量有限的中文教师或教师志愿者,这远远不能满足与日俱增的海外汉语学习需求。解决海外中文教师缺口,大量培养母语非汉语的本土中文教师是唯一的办法。这些本土中文教师有着天然的教学优势,他们来自当地熟悉的社会文化环境,了解当地的教育政策、风土人情和学习特点,能够通过不同教学方式,灵活多样地丰富海外中文教学。当然,本土中文教师的能力和水平也有着很大的差别,我们在鼓励教师本土化的同时,也应不断加大力度,提升国际中文教师知识结构和能力的国际化,帮助他们掌握坚实的汉语和中国文化的知识与能力,通过更广泛地了解世界文化,开拓国际视野,平衡好民族认同感和世界认同感,更好地服务汉语作为第二语言教育的国际化。

中文走向世界的国际化与国际中文教育的国别化、本土化,相辅相成,目的都是促进中文和中国文化更好更快地走向世界。通过多渠道、多方面的中文教育资源的整合与发展,我们可以帮助世界各地的中文学习者运用中文加强相互间的交流与理解,也能在这基础上,更好地帮助他们讲好中国故事,推进中国故事和中国声音的全球化、区域化和分众化表达。

 本章思考题:

1. 请介绍一下你们国家或选取某一个国家来谈谈汉语教学历史的基本情况。
2. 近20年来,我们使用了对外汉语教学、汉语国际教育和国际中文教育等不同的名称。请结合相关历史发展,来谈谈这些名称有什么不同的内涵。
3. 在应用语言学研究中,如何理解第二语言和外语的异同?
4. 请总结一下"后方法"理论的主要观点。

---

① 赵金铭. 何为国际汉语教育"国际化""本土化"[J]. 云南师范大学学报(对外汉语教学与研究版),2014(2).

5. 国际中文教学的学科研究框架建构主要包括哪些方面？它们相互之间有什么关系？

 本章主要参考文献：

1. 库玛. 超越教学法：语言教学的宏观策略［M］. 陶健敏，译. 北京：北京大学出版社，2013.
2. 马国彦. 民国时期对外汉语教师角色考——从"华语学校"说开去［N］. 中华读书报，2014-01-22.
3. 吴应辉. 国际中文教育新动态、新领域与新方法［J］. 河南大学学报（社会科学版），2022（3）.
4. 吴勇毅. 国际中文教育"十四五"展望［J］. 国际中文教学研究，2020（4）.
5. 赵金铭. 对外汉语研究的基本框架［J］. 世界汉语教学，2001（3）.
6. 赵金铭. 附丽于特定语言的语言教学法［J］. 世界汉语教学，2014（4）.
7. James Simpson. The Routledge Handbook of Applied Linguistics［M］. London：Routledge，2011.

第二章　国际中文教学的学科理论基础

本 章 导 读

　　国际中文教学具有第二语言教学的学科属性。"教什么""怎么学"和"怎么教"构成了这一学科的三个基本维度，也因此带来了学科的三个基础理论。对于国际中文教学来说，"教什么"不仅要求我们清楚地了解所教授的汉语和中国文化的基本特点，还应当时时问问自己"语言是什么"或者应该如何正确地定义语言，也就是说教师在教授语言的时候，是如何认识语言的本质的？这就需要从不同时代所形成的主流的语言学理论中去寻找答案，在教学中逐渐清楚地形成自己信奉的语言观；"怎么学"要求教师关注学习者用什么样的学习方法、学习策略来学习汉语，在学习汉语的过程中他们有什么样的内在学习心理？哪些有助于促进汉语学习？哪些又会影响汉语的学习？教师们只有真实地理解学习者的学习心理，才能针对性地开发出有效的教学方法，来帮助学习者更好、更快地学习汉语。归根结底，国际中文教师需要从深层次上去思考语言学习是如何发生的？或者说学习意味着什么？他们需要从教育心理学林林总总的学习理论中去寻找答案。国际中文教师在理性地思考"教什么""怎么学"的同时，也必然会思考"如何教"；他们对语言和学习的深刻理解，将有助于他们形成相应的教学理念，积极地寻找能够提升学习者学习效果的最佳的教学方法和策略。在本章中，我们还将了解第二语言文化教学的基本理论和方法，探讨如何处理好语言教学和文化教学的关系。

第一节 语言是什么——主流语言学理论的解释

一、语言研究中的几个基本问题

毋庸置疑,语言学对于第二语言教学以及第二语言学习来说,有着重要的作用。英国语言学家威尔金斯(David Wilkins)曾指出,语言学可以帮助人们认识语言的本质是什么,以及语言学习是怎样一个过程[①]。研究语言和语言学习的内在规律,能够启发语言教师,帮助他们遵循这些规律,更有效地规划和实施教学活动,从而实现教学效果的最优化。然而,过去人们常认为,语言学是对语言本质特征的研究,理论语言学与语言教学实践之间的关系不像表面上看来那么简单和直截了当,它们之间需要通过应用语言学进行斡旋与撮合。因此,应用语言学家或者语言教学专家在语言学理论的解释上,以及将语言学理论运用到语言教学实践上,有着很大的话语权。然而,随着语言教学"后方法"时代的到来,首先要破除的就是应用语言学家们对语言学和语言教学实践的话语垄断与人为割裂,语言教师应具备扎实的语言学理论基础,并不断探索如何将这些理论应用于自己的教学实践中,以寻求更有效的方法和途径。在这个过程中,语言教师需要形成自身的语言观,用以指导自己的语言教学实践,这本身就是语言教师实现"教学理论实践化、教学实践理论化"的应有之义。

语言对于人类来说意义重大。我们常说,人是社会动物,也是政治动物,但归根到底,人是一种语言动物。语言是人类所独有、独享的,它是属于人类最为内在的本质。然而,在人类发展的漫长岁月里,人们对于语言却是既熟悉又陌生。人们无数次地提出疑问:人类的语言从何而来?是如何起源的?是单一起源还是多源发生?世界各地、各族人民为什么说着不同的语言?世界语言种类成千上万,它们之间存在着什么样的关系,又是如何相互作用的?不同的语言在构造上为什么会千差万别?它们是否会影响语言使用者的思维?此外,很早以前,人们就开始对事物名称以及命名的方式产生了疑问:事物的名称是固有的,还是人起的?也就是说,词汇的意义与形式之间有没有必

---

① David Wilkins. Linguistics in language teaching [M]. Cambridge, Mass: MIT Press, 1972.

然的联系？……长期以来，探讨语言的起源、分布、类型、结构以及语言符号的特性等问题，一直是语言研究的核心领域，并且这些问题也触及了理解语言本质的根本性议题。

二、早期的西方语言研究

在西方，人们最早用宗教神话的方式去探讨语言的起源。比如，《圣经·旧约》中的《创世纪》第二章就谈到了上帝在造完天地后，用地上尘土吹气造人，名叫亚当。我们不清楚亚当是如何获得语言的，但亚当似乎是一个具有潜在语言能力的人，他一开始就能听懂上帝的语言指令："（上帝）吩咐他说：'园中各样树上的果子，你可以随意吃，只是分别善恶树上的果子，你不可吃……'"。上帝与人借助语言来沟通，而且使用的似乎是同一种语言。上帝把用土所造成的野地里各样走兽和空中各样飞鸟，都带到亚当面前，"（亚当）怎样叫各样的活物，那就是它（们）的名字。"在《圣经》中，上帝赋予了亚当命名的能力，而在亚当命名的时候，名称和各种活物之间也没有什么必然的联系。那个时代，人们对语言的起源充满着浪漫的想象，但是对于一个名字跟它表示的东西之间的关系，却已经从哲学层面上展开了认真的思考和辩论。

在古希腊时代，围绕着这个问题，就有所谓的"惯例派"和"自然派"之争。"惯例派"以亚里士多德（Aristotle）和他的学生为代表，认为词汇的意义与形式之间没有任何必然联系；而以斯多噶（Stoic）为代表的"自然派"则认为语言受自然支配，词天然地代表它们所指称的东西，比如象声词、声音象征词等等。这些不同的观点也形成了早期语言研究中的不同侧重点：在"惯例派"主张的基础上，产生了对语言系统性、规则性的认识，人们热衷于研究语言的规律性，分词类编词形变化表，用词的形态变化来规定词的语法范畴。而在"自然派"的基础上，人们强调语言基本上是没有规则的，比如名动词形变化就有不规则的例外情况；而且词形与词义没有一对一的关系，词义在孤立语境中不存在，而且随搭配的不同而变化；因此，他们对语言的起源和逻辑等哲学问题格外感兴趣。对事物及其名称之间的关系，战国时期的荀子在《荀子·正名》中也很早给出了他的思考和判断："名无固宜，约之以命。约定俗成谓之宜，异于约则谓之不宜。"这就是说，一个事物之所以获得一个相应的名称，这完全是任意的，是由社会群体共同约定的。一旦有了社会的约定，那么这个名称就不能随意更改了。可见，荀子有着类似于古希腊"惯例派"的观点，他们都认为名词制定具有任意性的特点。这种观点，在后来的发展中得到了越来越广泛的认可，比如，莎士比亚（William Shakespeare）在《罗密欧与朱丽叶》中有一句名言也说明了这一道理："名字有什么关系？把玫瑰叫作别的名字，它还是一样的芬芳。"这句话所表达的就是人们长期以来所坚持的语言的任意性原则。

语言教学是人类语言传承和文化交流的重要途径，它是伴随着人类社会的发展而不断演进的。要教授语言，首先需要清晰地认识和分析语言。在西方，从古希腊、古罗马时代开始，人们就积极地分析这些古典语言的语法结构。早在公元前一世纪，斯拉克思（Dionysius Thrax）就完成了西方第一部完整全面的语法书：《语法科学》（*the Art of Grammar*）。他将句子看作是语法描写的最大单位，词是语言描写的最小单位。从《语法科学》开始，西方语法研究对词的分类、构词方式，以及语言的性、数、格，时、体、态等基本语法特征进行了精细的分析。在早期西方语言研究中，这种语法研究的传统具有广泛的影响，对后世其他语言的研究产生了深远的影响，如拉丁语、英语、希伯来语等，都以它为模板开发出了不同的语法著作，这也进一步巩固了语法研究在西方语言研究中的核心地位和传统。随着文艺复兴时代的到来，特别是18—19世纪欧洲地区进入启蒙时代，各地的民族语言得到了极大的关注，呈现出蓬勃的发展活力。越来越多的人能够接触到欧洲其他邻近的语言。他们惊讶地发现，不同的民族语言的词汇之间似乎存在着许多发音和拼写上的相似性，有些甚至完全相同。比如，人们发现在词首辅音上，数字"三"在梵语、希腊语和拉丁语中都是 t，而"父亲"则都是 p。语言学家们发现这种系统的对应现象非常普遍，他们认为这不可能是某种偶然因素造成的。随着接触的语言越来越多，这种语言之间的比较也逐渐成为研究不同语言发展和相互之间关系的主要方法。1786 年，英国学者威廉·琼斯（William Jones）通过深入研究古印度的梵语，第一次提出梵语同拉丁语和希腊语存在着非常系统的对应关系，它们与欧洲大陆上的许多语言拥有共同的母语，或者说有着共同的起源。这一时期的语言研究者把各种相关的语言放在一起，进行共时的比较，再对语言发展中的各个不同阶段进行历时比较，试图找出它们之间在语音、词汇、语法上的对应关系和异同，这也就形成了19世纪西方的历史比较语言学。历史比较语言学将比较的科学方法引入语言研究中，以丰富的语言材料作为实证，积极地研究并证明语言之间的亲缘关系，探索语言的起源，找出语言发展、变化的轨迹，以及导致语言发展、变化的原因。从历史比较语言学开始，西方语言研究第一次进入了目标明确、方法科学的时代。同时，语言的客观比较和细致描写，帮助人们更深刻地认识到不同语言各自所具有的特点，这对语言教学也产生了积极的促进作用。

三、当代主流的语言理论和语言观

如果说，19世纪在西方语言学史上是一个至为关键的时期，它为此后百余年的语言科学的发展奠定了坚实基础，那么20世纪迄今的语言学发展，给我们带来了最为璀璨的语言研究成果。著名语言学家乔姆斯基（Norm Chomsky）在1997年的一次演讲中就曾说过，虽然目标明确的语言研究可以追溯至两千余年前的古典时代，当今重大的研究课题却只有短短40年的历史。

回顾过去大半个世纪的语言学发展，尽管探究人类语言共性特征、本质特征的理论层出不穷，但它们大体归结为3个重要的语言观：语言认知观、语言结构观以及语言功能观。它们分别关注语言的内在认知活动，语言的内部结构关系，以及语言的外在交流功能。语言具有内在生物属性，这和"语言认知观"密切相关。这一观点来自以乔姆斯基20世纪50年代开始建构的生成语法学派。简单来说，在回答儿童是如何习得母语这一问题时，乔姆斯基认为父母的引导和孩童的模仿固然重要，但父母提供给孩子语言学习的信息是极为有限的。而孩子之所以能通过有限的、零碎的语言接触，表达出他们可能从未听说过的语句，之所以能在没有系统学习母语语法知识规则之前，就可以在短时间内掌握并运用母语的组织规则……在乔姆斯基看来，这种现象是因为人类天生具备一种语言能力，这种能力是由大脑中一个特殊的"语言习得装置"（Language Acquisition Device，简称LAD）所赋予的。这是一种与生俱来的生物机能，或者说是一套复杂的语言"转换—生成"规则，在这些内在的规则系统的作用下，人类可以创造性地运用有限的规则生成无限的句子。生成语法学派致力于用规则和公式来表达这种语言生物组织的作用原理。在此基础上，涌现出如普遍语法原则、句子生成能力、先天语言获得机制、语言的种系遗传因素等崭新的语言理论，它们形成了广义的"生物语言学"或"进化语言学"的研究范畴。

"语言的结构观"来自有关语言状态或语言内部结构的研究。19世纪的历史比较语言学研究坚持认为，不深入研究语言的发生和发展，便无法认识语言的本质。到了20世纪初，著名语言学家索绪尔（Ferdinand de Saussure）认为语言具有动态与静态的双重性质。19世纪的语言学家大都采取单一的动态视角，忽视了从共时或静止状态去认识语言的特点。索绪尔认为共时研究很必要，需要独立进行。这是因为，当一个人说话的时候，语言只可能呈现为一种状态，他只是从一个语言系统中选取语音、词汇，形成话语，并不需要关心这个语言从哪里来，经历了什么样的历史变化。因此，索绪尔采用了独特的共时视角，把语言看作是一个在静止状态下，由相互牵制的不同要素构建而成的自足的结构系统。在这个语言系统里，每一个语言单位都是由它所处的地位，以及它与其他单位之间的关系来决定的。在索绪尔看来，这样的语言系统反映的是语言社团所有成员共同遵守的语言规则，而不是个人的言语活动。他把前者称为"语言"（langue），把后者称为"言语"（parole）。索绪尔认为，语言研究的重心是不受个人意志支配的、带有社会共性的"语言"的内部结构系统，这也是20世纪以索绪尔为代表的结构主义语言学的基本主张。此外，索绪尔还创建了符号学，认为语言符号是一个心理的两面体，一面是"能指"（signifiant），这是语音和词汇等形式，另一面是"所指"（signifié），指的是词语的物理形式（如声音模式）所表达的意义概念。能指与所指的联系是任意的，任意性是语言符号的第一原则，这是对语言形式和意义关系这一古老命题的现代阐释。总的来说，索绪尔的结构主义语言学表达了这样一种语言观：要清楚认识语言的本质，就必须摒弃外在动态变化因素的干扰，聚焦在语言的内部系统上，这时候语言所呈现出的就是一种静态的、结构层次分明的系统，这应该是语言学研究的全部。

如果我们打开一本当代普通语言学教程，不难发现，语言常常被经典地定义为"一种用于人类交际的任意性、口语性、符号性系统"。这个定义中有关语言的任意性、符号性、系统性以及口语性，无疑都来自索绪尔的结构主义语言观。索绪尔曾指出，口语是先天的、第一位的，是语言研究的对象，而书面语是后天的、第二位的，文字存在的唯一使命就是表现语言。值得注意的是，语言的这种定义还明确强调了语言所具有的交际属性。谈到语言的交际属性，很多人都会不假思索地把语言理解为用于人类交际的工具。不过，如果我们把语言当作日常使用的工具，语言就带有了物化的工具属性，这就好比我们把水的本质视为一种用于洗涤清洁的物质一样，过于肤浅，显然是无法满足人们对语言本质的深刻探求的。我们说语言具有交际属性，是想强调语言是在我们交际中自然发生的，语言与人类交际无法分开，某种程度来说，语言本身就是交际。关注语言的交际属性，也就是关注语言在实际运用中的运作方式，这体现了典型的语言功能观。著名语言学家韩礼德（M. A. K. Halliday）建立的"系统功能语言学"（Systemic Functional Linguistics），目的就是要了解语言内在的不同部分是怎样组合到一起，语言是如何作为一种交际方式在社会中运作，最终又是如何实现有意义的交流的。韩礼德认为，要认识语言就需要以社会作为必要条件。语言是社会人的有意义的活动，是做事的手段，是动作，反映着人与人之间的关系。在他看来，语言具有"人际功能"，这反映出典型的"语言功能观"的基本主张。

当代语言学理论在探索语言本质的过程中，涌现出上述3种主流语言观，它们有的聚焦语言的内在生物基础，有的把语言的系统结构或者语言的社会功能属性，当作语言本质最好的诠释。我们可以从"内"和"外"两个方面来看待这3种观点：语言的认知观展现了对人类语言共性特征的追求；而语言的结构和功能，则受到了社会、民族、文化、发展、传播等多种外在因素的影响，带有更多个性体征。这3种观点似乎彼此独立，各有侧重，难以融合。那么人们不禁要问，到底哪一种观点才能最深刻地反映语言的本质呢？事实上，试图在这三者之间分出一个高低轻重，并不是明智之举。这就好比我们如何认识"人"一样，人之所以称为人，我们显然不能说是人的生物基因更重要，还是社会文化属性更重要，因为这两者都是人之所以成为人的必要条件。我们既是生物的人，也是社会的人、文化的人。我们既有作为人的共同的生物特征，也有着个体的行为、心理、个性等特征，以及作为特定种群、族类、家庭、社团之成员的人的差异性属性。人的语言和人有着极为密切的关系，德国语言学家洪堡特（Wilhelm von Humboldt）曾把语言研究理解为"人的研究"（Menschenstudium）的组成部分，当我们认识到人的语言具有"内"和"外"、共性和差异时，我们就应当平衡把握，综合处理，全面认识，因为没有哪一种观点能够绝对代表性地反映出人的语言的真正本质。

第二节　语言学理论与国际中文教学

过去一个多世纪以来，西方语言学研究中所产生的语言形式观、认知观以及功能观，为我们开启了认识语言特点、洞察语言本质的大门。而在当代，语言学理论的发展步伐并未停止，在跨学科的视域下，涌现出的新理论不仅为我们在处理许多语言本体问题上提供了有益的启示和崭新的解决思路，而且还积极地支持着语言教学，这也为更有效、更具针对性地开展中文教学设计提供指引。

语言学理论与国际中文教学关系密切。一方面，开展国际中文教学，离不开语言学理论的支持。回顾对外汉语教学的历史，我们不难发现，语言学的主流理论在不同时期为汉语教学和教材开发提供了重要的理论支持。早在20世纪五六十年代，刚刚起步的对外汉语教学就特别重视基本词汇和语法教学。1958年出版的由邓懿主编的《汉语教科书》，是新中国第一部正式出版的对外汉语教科书，也是那个时代汉语教学实践的重要概括。它提出了较为实用、完整的汉语教学语法体系，并在教学中注重精讲多练，形成了以"结构"为纲的对外汉语教学的时代特点。这些理念和认识显然离不开结构主义语言学理论对汉语语法结构体系的支持。而自20世纪70年代以来，语言的功能研究开始推动第二语言交际语言教学方法的发展。英国语言学家威尔金斯早在1976年就为语言教学提出了"功能—意念"概念并制定了相应的大纲。所谓功能，指的是使用语言的目的，如询问、描述、表达态度等；而意念则是语言表达的概念意义，如时间、空间逻辑关系等。把"功能"和"意念"作为教学大纲的基础，这完全是以学习者语言运用的需要作为教学的出发点，体现了"系统功能语言学"倡导的语言的"人际交际"功能。对外汉语教学在20世纪80年代初，就敏锐地感受到了语言功能研究所带来的重大转变。邱质朴编写的《说什么和怎么说》是第一部完全以功能为纲编写而成的中级口语教材，它将语言的"功能"大纲引入了对外汉语教材编写之中，在功能项目的搜集、分类、编排、研究等方面反映了当时对外汉语教材的最高水平。从此，对外汉语教学在原有的"语法大纲"的基础上，又开始探索"功能—意念"大纲，与时俱进地进入了"结构""功能"并重的新时代。与此同时，基于语言功能学理论的"交际语言教学法"也逐渐成为对外汉语教学的主流方法。

另一方面，国际中文教学实践也促使我们关注许多汉语母语使用者"习焉不察"的语言现象。对于他们来说，主要是在母语环境中，通过幼儿时代对汉语语言信息的认知和内化习得了汉语，这是一种潜移默化的过程。母语者对本民族语言的规则往往都有种"只可意会、不可言说"的感觉。然而，在面对非母语者时，由于学习的环境、时间、年龄、方法等多种因素的不同，为了有效地教授这门语言，我们就特别需要清楚地梳理、辨析汉语的结构特点，更多地从非母语者的视角来认识这门语言的独特性。认识汉语的独特性，我们需要语言的对比理论做指导。

汉语是一门有着三千多年历史的古老语言。它既有维系中国文明连贯性、完整性以及不同地域民族情感交流的汉字体系，也有着处于不断发展和演变之中的民族共同语、方言以及繁复的书面语体系。长期以来，中国古代的学者关注汉语的"小学"研究，这包括文字、音韵和训诂（语义）3个方面。汉语的现代研究起步很晚，直到1898年《马氏文通》的出版，中国才有了第一部体系完整的语法书。这也是第一部有着明确中西语言对比思想的语法书，它首次提出了"助字，华文所独"的观点。100多年来，汉语的现代研究在西方语言学理论的基础上，取得了很大的发展，让我们认识到汉语许多独特之处，比如在语音上，汉语有区别意义的声调、简单严密的音节结构；在词汇上，现代汉语双音节具有优势，目前使用频率最高的现代汉语8 000个常用词中，双音节词就占70%以上；而从语素数量看，现代汉语又具备了最多样、最完整的合成词的构词形式。在语法上，汉语缺乏形态标记与形态变化密切相关，汉语虽然没有通过谓语动词词形变化表示"时、体、态"的语法意义，却有着一套表示时态的助词（如"着、了、过"等）；汉语词类没有形态标志，句子中也没有形态变化，无法通过词尾变化表示"性、数、格、级"等语法意义，它在句法结构上主要依靠语序和虚词的作用……这些汉语独特的语言现象为非母语者的中文教学带来了许多挑战。许多特殊句式，比如"把"字句、"存现句"、"比"字句等，一直都是中文教学的重点和难点；一些因语序不同而带来结构和意义差异的问题，如"一会儿再说"和"再说一会儿"，"不怕辣""怕不辣""辣不怕"等，也为中文学习带来了不少困难。

中西语言研究传统存在着极大的差异，客观上也为汉语本体研究带来了先天不足、起步较晚等问题，很多汉语语言现象至今也没有得到有效的解析。比如说，汉语中不少歧义现象令人费解，许多结构表达形式在某些场合成立，在有些场合却又不能成立。如在汉语里我们可以说"气得孩子的脸鼓鼓的"，可是"瞪得孩子的眼睛大大的"却不被接受。这些在母语中看似简单的语言现象，在国际中文教学中却变得非常棘手，如果一味地在结构形式上辨析，教师们会觉得不知道如何解释，学习者也往往困惑不已。不过，国际中文教学中出现的这些母语学习者感受不到的问题，也并不是一件坏事。这是因为，它们可以不断地为深化汉语本体研究提供新鲜的问题素材，在深入推动汉语本体研究的同时，也能提供有效的汉语教学思路和方法。不难发现，作为语言学研究的现代思潮，结构语言学、生成语言学和功能认知语言学，已经成为当前汉语研究的主要理论取向。近几十年来，许多新观点、新理论不断涌现。其中有些是与结构主义相关的新理论，如变化理论、配价理论、空语类理论、韵律理论、构式语法理论等，也有不少与语义关系密切的理论，如特征理论、约束理论、指向理论、范畴理论等，还有与语言运用相关的语用理论，以及与语言认知分析有关的认知理论等。近年来，这些理论不断地更新与发展，为我们尝试解析来自汉语教学的棘手问题，提供了崭新的思路和方法。

  例如，在汉语中，我们可以说"盛碗里两条鱼"，但是不能去掉里面的数量词"两条"，说成"盛碗里鱼"；同样，我们可以说"搁碗里3粒黄豆"，但是去掉了其中的"3粒"，"搁碗里黄豆"就又不能成立了。陆俭明曾运用语言结构理论，发现在这种带有直接宾语和间接宾语的双宾语结构里，如果间接宾语是一个处所宾语，并且是一个与行为动作相关的人或事物位移终点的处所时，那么直接宾语就一定得带上数量词。不然的话，这个句子在汉语里就不能成立。陆俭明总结认为，一定的语法范畴对一定的句法结构都会起一定的制约作用，这儿的数量范畴就是其中的一个语法范畴。[①] 这样的解释是在语言的结构理论基础上对汉语语言现象的高度概括，但是陆俭明自己也不禁提出疑问：数量范畴为什么会对这类双宾结构起制约作用呢？

---

① 陆俭明. 现代汉语中数量词的作用［M］//中国语文杂志社. 语法研究和探索（四）. 北京：北京大学出版社，1988：172–186.

对这个语言现象，有些学者开始从认知语言学理论中寻找合理的解释。简单地说，"语言的认知分析"主要就是从人的心理感知角度来分析语言现象。它运用一套心理分析手段，试图从语言外部，比如语言使用者的心理，去寻找对语言现象的解释。认知理论发展至今，已经提出了很多有影响力的概念和认识，比如说，语言的象征性、借代、主观性、有界无界等等，其中"有界"和"无界"就是认知理论的一个重要分析原则。这两个对立的概念主要来自人类最基本的认知体验。人最初是从自己的身体上感知什么是有界事物的，比如人可以呼气和吸气，可以进食和排泄等等。这些生理功能说明人的身体好像是一个"容器"，有着容器内和容器外（界内和界外）的区别。不仅如此，我们也可以认为有些物质内部不可以再分，它们是无界的，比如说"水"，不管怎么分割，分出的任何一部分都仍然是水，因此说水是无界的；而对于"书"来说，可以被理解为由书页、封面等不同部分组成的有界事物，书如果再分割的话，就不可能称为一本完整的书了。

这些来自人的生活的经验，按照认知理论的观点，"有界"和"无界"的对立也会在语言结构中有所反映：在名词上，可以表现为可数名词和不可数名词的对立；在量词上，表现为个体量词和非个体量词的对立。有界事物是可数的个体，或者是加上数量词修饰的名词，例如"两条鱼、4桶水、好些人"等；而有界的动作，则表示它在时间轴上有起始点和终止点，例如上句中动词"盛"有它动作的起点，而鱼到碗里则是动作的终点。沈家煊就是运用这样的认知理论来解释为什么"盛碗里鱼""搁碗里黄豆"不能成立的。他认为，名词的有界应该与动词的有界相互匹配，这是判断上面两个句子是否成立的根本。"盛"的动作是有界的，因此要求与有界的名词匹配，那就是"两条鱼"，而不能是无界的光杆名词"鱼"[1]。陆俭明在对比之后，也认为运用认知理论"有界""无界"的概念来分析这个语言现象，要比结构理论更深，更具有解释力。也就是说，它有助于解释在"搁碗里3粒黄豆""盛碗里两条鱼"这类双宾结构中，为什么其中的数量词不能缺少。由此可见，人类对客观事物的认识是无止境的，我们对语言中种种语法现象的解释，也需要从不断发展的语言学理论中去寻求更为合理的答案。

---

[1] 沈家煊."有界"和"无界"[J].中国语文，1995（5）.

第三节　学习是什么——教育心理学理论的解释

一、"教学"中教与学的关系

国际中文教学具有鲜明的语言教学属性。教学是人类自古形成的一种特有的人才培养的活动。要了解"教学"基本属性，我们可以先分析一下它在汉英语言中的基本表达方式。"教学"一词在汉语里是由"教"和"学"两个词素组成的："教"表示教师把知识或技能传授给学生；"学"则是学生在教师的指导下，能动地学习、系统地掌握知识和技能的过程。而在英语世界中，人们一般用 teach 来表示教师传授知识的行为，它源自古英语的一个动词"tæcan"，表示把所要教的东西展示（show）出来；而 learn 主要表示通过学习、指导或经验来获得知识、理解或技能。因此，人们常常将它们合成 teach and learn，来表示完整的"教学"的含义。由此可见，教学活动的产生离不开教师和学生这两大主体，他们的"教"与"学"的行为共同构建了教学的基本形式。

在汉语中，我们常说"教学相长"，意思是说教师通过教授知识技能，能帮助学生进步，而学生学习过程中遭遇到的困惑不解，也有助于教师不断反思并提高自身的教学水平。可见，在教学过程中，"教"和"学"就好比一枚硬币的正反两面，它们相互依存，相互促进。尽管教师的"教"与学生的"学"都很重要，但是我们认为教师工作的成效最终需要体现在学生的学习收获上。在这意义上，学生在学习过程中有收获、有进步，这应该是教师一切教学活动的出发点和归结点，也是评判教师教学工作是否成功的关键。一名优秀的教师，首先需要很好地了解学生们的学习需求、学习动机、学习目标、学习方法，以及他们的学习背景和可能存在的学习困难，这样才能针对性地安排合适的教学内容，开发并实践有效的教学方法来实现教学目标。如果教师不了解学习者以及他们的学习特点，那么再优秀的教师也会感到"英雄无用武之地"。对于国际中文教师来说，要想在世界各地多元文化的环境中从事好汉语教学工作，尤其需要了解背景各异的学生，了解他们不同的学习风格，努力践行"以学习者为中心"的教学理念。而要想在教学实践中做到这一点，他们就需要在教学理论储备上认真思考什么是"学习"，为什么在语言教学中要秉持"以学习者为中心"的教学理念。

二、当代主流的教育心理学学习理论

如何来认识学习呢?学习有什么样的特点和作用,又是以什么样的方式表现出来的呢?在过去的 100 多年中,从俄国著名的生理学家巴甫洛夫(Ivan Petrovich Pavlov)提出"条件反射理论",创立行为主义心理学派开始,人们对学习的本质展开了科学探求,并经历了一个从生理学向心理学转变的过程,呈现出丰富而又深刻的学习观。对于教育工作者来说,特别应该从教育心理学范畴中,去认识特定教育教学情境中的学习者的学习行为、学习方式和心理过程。

(一)行为主义心理学的学习观

人们在认识学习的过程中,首先注意到了学习与行为有关,学习会带来行为的改变。这个认识主要来自巴甫洛夫经典的条件反射理论。巴甫洛夫曾经设计了一个生理学实验,用来研究狗的唾液分泌机制。他发现不仅食物能刺激狗的唾液分泌,如果把一些铃声、光线与食物联系起来,经过反复训练,也会让狗受到刺激,产生唾液分泌。他认为,狗听到铃声后分泌唾液,并不是一种本能反应,而是经过后天的训练才出现的,是一种有条件的反射。这就是说,如果要激发或控制狗的唾液分泌行为,除了食物之外,还可以将本来与唾液分泌无关的一种中性刺激(如声响、光线等)与无条件刺激(即食物)结合起来,最终也能引起并调节狗的唾液分泌行为。他尝试着在不同频率的铃声下,以及食物与铃声是否结合的条件下,去分析狗的唾液分泌情况,在此基础上提出了条件反射的消退、泛化和分化等理论。巴甫洛夫用严谨的实验方法分析个体的行为变化的条件,为行为主义心理学的发展奠定了基础。20 世纪初,美国心理学家约翰·华生(John Watson)反对重视精神分析的心理学研究的传统。他在巴甫洛夫理论影响下,主张研究行为与环境之间的关系。他认为人的行为是有机体适应环境的全部活动,完全是由环境造成的。为此,他用"刺激"(S)和"反应"(R)分别表示引起个体行为的环境影响以及个体的行为变化。华生是行为主义心理学的创始人,他把行为主义的研究方法应用到了动物研究和儿童教养方面,产生了很大的影响。他曾经信心满满地说:"给我一打健康的婴儿,在我自己所设定的特定环境中教养他们,那么我愿意担保,任意挑选其中一个婴儿,不论其才能、爱好、倾向、能力、天资或种族如何,我都可以将他培养成为我所选定的任一领域的专家——医生、律师、艺术家、商人,甚至是乞丐和小偷。"[1] 他坚定地认为,外在环境在个体行为塑造上具有绝对的影响力。在他看来,这种行为变化主要表现为肌肉收缩和腺体分泌,完全不涉及个体的心理活动。

教育心理学的创始人桑代克(Edward Thorndike)被认为是一位站在行为主义学派边缘上的心理学家。他与巴甫洛夫和华生不同,在他看来学习的实质是个体在"刺激"(S)与"反应"(R)之间所形成的联结。他曾做过许多动物学实验来解释学习的实质和机制。在"小鸡走迷宫实验"中,他认为小鸡之所以经过多次反复尝试,最终能顺利走出迷宫,原因不在于它具有推理和观察的能力,而是因为小鸡通过不断的尝试,在一次次失败中慢慢确立了那些可以帮助它逃脱的有用行为。而在"饿猫实验"中,他在用木条钉成的箱子里,安装了一个能打开门的脚踏板。当门开启后,关在箱子里的饿猫就可以逃出箱子,得到箱子外的"奖赏"——鱼。在这个实验中,饿猫经过重复性的踏板尝试,最终能顺利打开箱门,吃到外面的鱼。这似乎又一次说明,能够自主活动的个体在目标驱动下,经过不断尝试,能够减少或消除无用的、错误的反应,慢慢形成正确的反应。桑代克在这基础上提出了著名的"试误说"。在他看来,学习的过程是一种渐进的尝试错误的过程。学习就是一种联结,是在有用的行为和行为的目标之间建立的一种联系。

在行为主义心理学的许多理论中,斯金纳(Burrhus Skinner)开创的"新行为主义心理学"将学习研究推向了巅峰。斯金纳别出心裁地设计了一种动物实验仪器,称为"斯金纳箱"。在这个实验箱中设有一个杠杆或按键,然后放进一只白鼠。白鼠可以在箱内自由活动,每当它压下杠杆或按键时,就会有一团食物掉进箱子下方的盘中,白鼠就能吃到食物。在实验中,斯金纳发现白鼠之所以会不断地主动按压杠杆或按键,是因为食物作为一种刺激或"报酬",对白鼠按压杠杆或按键的行为产生了一个强化作用。斯金纳把这种行为称为"操作性行为",这种行为不同于巴甫洛夫实验中那条狗的唾液分泌行为,那是由已知的刺激引起的反应,是一种"应答性行为"。而在斯金纳的实验中,那只白鼠的行为完全是个体自身发出的反应,与任何已知刺激物没有关系,斯金

---

[1] 约翰·B. 华生. 行为主义 [M]. 潘威,译. 北京:商务印书馆,2019:109—110.

纳把它称为"操作性行为"。他认为,动物的学习行为就是随着一个起强化作用的刺激而发生的。他把这个研究结果推广到人类的学习行为上,认为人类的学习行为也具有这种操作性条件反射的特点。斯金纳非常重视"强化"的作用,这是一个通过强化物来增强个体某种行为的过程,其中的强化物就是增加反应可能性的任何刺激。"强化"可以有两种基本形式:积极强化和消极强化。积极强化指的是通过获得强化物来加强某个反应,比如白鼠按杠杆可以得到食物;在日常生活中,父母的赞赏和表扬就是对孩子正确行为的一种积极强化。消极强化是指通过呈现不愉快的后果来否定某种不符合要求的行为,比如在杠杆上通电,可以阻止白鼠继续去按压杠杆;在日常生活中,父母的皱眉和批评对孩子来说就是一种消极强化,它能阻止孩子某些不良行为的发生。

20世纪60年代以来,还涌现出了以班杜拉(Albert Bandura)等人为代表所提出的新行为主义理论,被称为"社会学习理论",这是一种解释人在社会环境中学习的行为主义理论。研究者们通过一系列模仿的实验研究,认为人(特别是孩子)的社会行为是通过观察学习或模仿而获得的。在这个学习过程中,人们的行为会受到社会环境条件的制约。控制了环境,就能促使人们的社会行为按照预期的目标发展。

行为主义心理学研究的学习行为与那些以本能为基础的先天性行为不同,它主要是一种后天获得的经验性行为,是在一定的遗传因素的基础上,在环境作用下,通过生活经验和学习获得的行为。希尔加德(Ernest R. Hilgard)和鲍威尔(Gordon H. Bower)在《学习理论》一书中曾这样定义学习:"学习是(个体)通过对所遭遇情境的反应而使某种活动产生或发生改变的过程。"[1] 这个定义突出了经验的作用,它主要指外部的环境刺激、个体行为活动的练习,以及个体与环境之间复杂的交互作用。这种学习因此常被称为"联想学习",学习就是有机体在所受到的刺激与所作出的反应之间建立的联系。另外,这个定义也突出了行为变化的特征和表现:有些学习变化是直接反映在行为上的,而有些学习变化需要比较长的时间才能在行为上反映出来,这被称为"行为潜能的变化"。学习所带来的行为变化应该是积极的、正向

---

[1] Ernest R. Hilgard, Gordon H. Bower. Theories of learning (3rd ed.) [M]. New York: Appleton-Century-Crofts, 1966: 2. 按:希尔加德和鲍威尔也指出,这个定义中的一些术语尚未得到准确界定,使得整个定义并不令人满意,但它足以引起人们对"学习"所涉及的问题进行更深入的探讨。

的，它能代表着个体的进步和成熟。那些因为疲劳、创伤、药物、被动适应所引起的行为变化都比较短暂，而且整体行为水平会出现降低，因此，不能被理解为学习变化。

(二) 认知心理学的学习观

鲍威尔和希尔加德主要是从可以观察到的行为变化上，提出了他们的学习定义，这带有明显的行为主义心理学的色彩。然而随着20世纪后半叶掀起的学习心理学的认知革命，许多认知心理学家指出，个体内部的心理结构，如思维发生的变化，应该和行为的变化一样，都是比较持久的。学习因此也被定义为"是由于经验所引起的行为或思维的比较持久的变化"。这可以说是目前最被广泛接受的学习的定义。

认知心理学的发展，源自沃尔夫冈·柯勒（Wolfgang Kohler）早期对黑猩猩思维能力的有趣实验。20世纪初，柯勒曾在南非的特内里费岛对黑猩猩开展过一系列实验，并用电影记录下实验的过程。其中有一个"接竿实验"非常有名。柯勒把黑猩猩关在笼子里，里面有一粗一细两根竹竿，笼外放着香蕉。黑猩猩想要得到香蕉，就会拿起竹竿。可是竹竿不够长，每次都够不到香蕉。科勒发现，黑猩猩在尝试了许多次之后，有一次突然会把细竹竿的一端塞进了粗竹竿的孔中，这样就把两根竹竿连接了起来，最后用它顺利地把香蕉拨了过来。在另一个实验中，柯勒发现猩猩在徒手够不到挂在室内天花板上的香蕉时，会将地板上随意堆放的木箱堆放在一起，而后拿着木杆，爬上垒起的木箱，最终把香蕉打了下来。

在没有任何外在行为刺激的情况下，黑猩猩为什么会聪明地得到香蕉呢？柯勒认为，这一切似乎表明黑猩猩具有某种推理能力，它们能够根据目标和工具制定行动方案，而不是经过反复试错或者重复练习才掌握的。柯勒将这称为"顿悟学习"。所谓顿悟，指的是个体能突然察觉到问题的解决方法，这是通过学习者对特定环境中有关事物的形式，进行重新组织或重新构建而实现的。柯勒认为，只要个体能够理解整个情境中各种刺激之间的关系，顿悟就会自然发生。这就是柯勒的"顿悟学习理论"。"顿悟学习"也被称为推理学习，它是动物学习的最高级形式，是动物凭直觉对新生事物之间的因果关系做出判断的过程。动物行为研究发现，很多较高等的动物都有一些推理行为，比如把食物放在玻璃板后面，诸如苍蝇等昆虫，它们只会在玻璃板上兴奋地乱爬或是乱扑、乱撞，但对于狒狒、猕猴或猩猩等一些高等级的哺乳动物来说，它们能够很快发现阻隔，找出解决的办法，会认识到要获得食物就必须先绕过玻璃板，这也是动物顿悟的具体表现。

认知学习理论形成于20世纪六七十年代，它是一种通过研究人的内在认知过程来探索学习规律的学习理论。它把人当作学习的主体，重视人的主动学习，并不认为人的学习行为是对外在刺激的被动反应。它不是简单地关注外在可观察的刺激和反应的联结，而是推测不能直接被观察到的心理过程。认知学习理论重视学习者获取信息的过程，认为这是感知、注意、记忆、理解、问题解决的信息交换过程，通过了解人们如何有选择性地感知、注意、理解外界信息，来认识学习者的内在思考方式和过程。在认知心理学的理论认识中，一些形式的学习必须被解释为心理过程的变化，而不只是行为的外在变化。

在过去的一个世纪中，学习心理学的理论经历了从行为主义向认知主义的重大转变。我们认识到，学习的变化体现在学习者内在心理结构和外在行为的正向变化上。同时，学习的发生离不开客观情境所提供的信息，以及作为学习主体的个体与客体信息之间的双向交流。在这意义上，学习是个体（人或动物）以自己现有的知识、技能、态度等心理结构为基础，通过与客体信息相互作用，形成、充实或调整知识、技能和态度的过程，这种变化将会对个体在之后的相关情境中的活动水平和活动方式产生影响。

第四节　建构主义学习理论与国际中文教学

一、建构主义的学习理论

长期以来，传统教育普遍遵循"以教师为中心"的教育理念，强调教师在教育过程中的核心地位和权威作用。在中国的教育传统中，教师具有"传道、授业、解惑"的天职，教师的个人素质、知识和教学管理能力被认为是教育成败的关键，学生需要围绕着教师的指挥棒进行有序的学习。在这样的师生关系中，教师是教学的组织者、知识的提供者、学习成果的评价者，而学生则被动地成为教师教学的塑造对象。然而，在当代国际教育领域，认知主义心理学理论对教育理念和实践产生了深远的影响。"以学习者为中心"的教育思想开始深入人心，并在教育领域中得到了广泛的实践，这种转变主要得益于建构主义（Constructivism）学习理论的贡献。

建构主义是一种关于知识和学习的教育理论，它认为学习是学习者基于自身原有的知识经验，在社会文化互动中不断生成意义、建构理解的过程。在这个学习的过程中，学习者的学习不是被动的，而是具有鲜明的学习主观能动性。建构主义源自20世纪50年代让·皮亚杰（Jean Piaget）建立的儿童认知发展心理学。皮亚杰使用"图式"（schema）概念来指代心理认知活动的组织结构，把它视为个体对世界的知觉理解和思考方式。皮亚杰的研究认为，儿童自身认知结构的发展，离不开与周围环境的相互作用，他们是在这个过程中才逐步建构起关于外部世界的知识的。皮亚杰用"同化"与"顺应"来说明儿童与环境相互作用的两个基本过程。儿童在与环境的互动中，能吸收外部环境中的有关信息，将之结合到自身已有的认知结构中，这被称为"同化"，这是一个个体把外界刺激所提供的信息整合到自己原有认知结构中的过程；而当外部环境发生变化，原有认知结构无法"同化"新环境提供的信息时，就会引起儿童认知结构的重组与改造，这被称为"顺应"，个体的认知结构因外部刺激的影响而发生了改变。皮亚杰指出，"同化"带来了认知结构数量的扩充，而"顺应"引起了认知结构性质的改变。儿童作为认知的主体，就是通过"同化"与"顺应"这两种形式来达到与周围环境的平衡的。当儿童能用现有图式去同化新信息时，他处于一种平衡的认知状态；而当现有图式不能同化新信息时，平衡就受到了破坏，这时儿童将开始通过修改或创造新图式或者说顺应的过程，去寻找新的平衡。皮亚杰认为，儿童的认知始终处在"平衡—不平衡—新的平衡"的循环中，并不断丰富、提高和发展。

苏联心理学家列夫·维果茨基（Lev Vygotsky）也非常重视儿童的认知心理发展，他认为人类心理认知发展经历了一个由低级心理机能逐渐向高级心理机能转化的过程。在这个过程中，个体的心理受到环境与教育的影响。人类的生产劳动过程凝结着人类的间接经验，也就是社会文化知识经验，这使人的发展受到社会历史发展规律的制约，而不再像动物那样始终受生物进化规律的制约。由此，他提出了著名的"文化历史发展理论"：个体的学习是在一定的历史、社会文化背景下进行的，社会支持并促进了个体的学习发展。关于学习，维果茨基还提出了"最近发展区"（Zone of Proximal Development，简称ZPD）理论。维果茨基认为儿童有两种心理发展水平：一种是现有的智力任务水平；另一种是潜在的、或即将达到的智力任务水平。"最近发展区"

就是儿童在成人指导或更有能力的同伴帮助下，能够达到的潜在的智力任务水平与目前独立完成的智力任务水平之间的差异。这说明，要达到最佳的教育状态，教师就需要针对学习者现有的水平，考查他们当前解决问题的能力，然后提供他们具有较高难度的学习任务，使他们在他人适当的帮助下，能够逐渐发展出更高的智力任务水平。"最近发展区"这个概念非常重视教育和学习过程中社会互动的重要性，认为学习就是在社会互动和使用文化工具的过程中发生的。

建构主义的学习理论的核心就在于强调以学生为中心，强调学生对知识的主动探索、主动发现和对所学知识意义的主动建构。当代国际教育理念深受建构主义学习理论的影响，我们不再认为学习者的知识主要是通过教师传授而得到的，它是学习者在一定的情境（即社会文化背景）下，借助其他人（包括教师和学习伙伴）的帮助，特别是以"协作""会话"的方式，利用必要的学习资料，实现学习过程的最终目标——获得意义的建构，即真正独立地认识并理解事物的性质、规律以及事物之间的内在联系。因此，建构主义学习理论认为"情境""协作""会话"和"意义建构"是学习环境中的四大要素或四大属性。在建构主义的学习理论中，"协作"与"会话"是实现意义建构的必由之路。"协作"发生在学习过程的始终，它对学习资料的搜集与分析、假设的提出与验证、学习成果的评价以及意义的最终建构发挥着重要作用。"会话"是协作过程中一个不可或缺的环节。学习小组成员之间需要通过会话，商讨如何完成学习任务的规定计划；每个学习者的思维成果或智慧也需要通过会话方式而为整个学习群体共享。可以说，协作学习过程也是会话的过程，会话是达到意义建构的一个重要手段。

建构主义学习理论强调学生的认知主体性，倡导教学过程中教师角色的转变。这是因为学习者最终获得知识的多少，与他们根据自身经验，建构有关知识的能力密切相关，这并不取决于他们的机械记忆，以及背诵教师讲授内容的能力。因此，我们应当摒弃"以教师为中心"的理念，而突出"以学生为中心"，突出学生主动构建和内化知识的过程。从这意义上说，教师不再是单一讲授者，而应转变成为学生学习活动的引导者和促进者、学习过程中的协助者和参与者，成为学生学习的高级伙伴或合作者。教师应根据维果茨基提出的"最近发展区"理论，通过设计丰富的学习情境和活动，引导学生进行探究和思考，从而促进学生知识的主动建构。另外，学习者是学习的真正主体，他们应该是教学活动的积极参与者,以及知识的主动建构者。他们应当承担更多的管理自己学习的机会,积极地去探索并实现知识的意义建构。

"以教师为中心"或者是"以学习者为中心",这是传统与现代教育思想、教学观念的根本分歧点。在建构主义学习理论的作用下,人们越来越认识到,只有确立学习者的中心地位,才能帮助他们立足学习环境,主动而积极地探求知识的意义建构,实现真正意义上的学习的价值。当前,建构主义理论已日益与广大教师的教学实践普遍结合起来,成为国内外学校深化教学改革的指导思想。建构主义学习理论对学习者主体的关注,也促成了当代教育重心的转向,得到了20世纪五六十年代兴起的"人本主义心理学"的呼应和支持。人本主义,顾名思义,就是以人为本。对于教育而言,就是以学习者为根本。这就要求当代教育不仅要了解学习者内在的认知发展和建构,还要充分关注他们全面的发展,这包括了他们的情感、意志、精神、人格、道德以及体魄和技能。马斯洛(Abraham Harold Maslow)是"人本主义心理学"的创立者。他反对传统心理学以动物实验结果来推论人的行为的做法,而非常重视人的内在的尊严、价值和人格。马斯洛通过构建人的"需求层次理论",提出教育应以人的"自我实现"为最高标准,去努力实现一个人与生俱来的潜能、智能和天资,认为这是人的生命存在的根本意义。在这基础上,罗杰斯(Carl Rogers)进一步提出了基于尊重、真诚和同理心的"完人"教育观,也被称为"全人"教育观。

"全人教育"已经成为当今世界一项极为重要的教育理念。联合国教科文组织在1976年第16届会议上,曾经提交了一份名为《学会生存——教育世界的今天和明天》的报告。这份报告被誉为"当代教育思想发展中一个里程碑",它明确提出:"把一个人在体力、智力、情绪、伦理各方面的因素综合起来,使他成为一个完善的人,这就是对教育、基本目的的一个广义的界说"[1],也就是说,教育的最终目的在于培养完善的人。

二、建构主义学习理论的中文教学实践——以IBDP中文教育学习观为例

国际中文教学近年来在全球范围内迅速发展,这为先进的学习理论提供

---

[1] 联合国教科文组织国际教育发展委员会. 学会生存——教育世界的今天和明天[M]. 华东师范大学比较教育研究所,译. 北京:教育科学出版社,1996:195.

了多元的教学实践空间，也推动着中文教学与教育的深刻变革。其中，IBDP中文教育是一个值得观察与借鉴的范例。IBDP是"国际文凭项目"（the International Baccalaureate Diploma Programme，或称"大学预科项目"）的首字母缩略形式，它是由"国际文凭组织"（International Baccalaureate Organization，简称为IBO）为16—19岁高中学生开设的一整套和谐均衡的课程体系。"国际文凭组织"作为全球国际教育引领者，以培养具备"国际情怀"及终身学习能力的国际公民为目标，近几十年来取得了长足发展，声誉显赫。

"鼓励世界各地学生成长为既积极进取又富有同情心的终身学习者"，这是IBO的使命宣言。IBO着力强调在日益多元的世界中应致力于提供学生接受批判性思维、文化间理解和面对多种不同观点的国际教育。多元化的学科设置和理论实践并重的课程体系，确保了这一理念的顺利实施。为此，IBO精心设计了"水仙花型"课程结构，该课程体系由语言和文学研究（母语）、语言习得（第二语言）、个人与社会、实验科学、数学与计算机科学以及艺术等6个组别构成，还内含"知识理论""拓展论文"以及"创造、活动与服务"3项核心特色课程（图2-1），共同聚结为一个有机的整体，构成了一个均衡、和谐、相对完美的体系。其中，"IBDP中文B"的教学是典型的中文作为第二语言的教学课程。

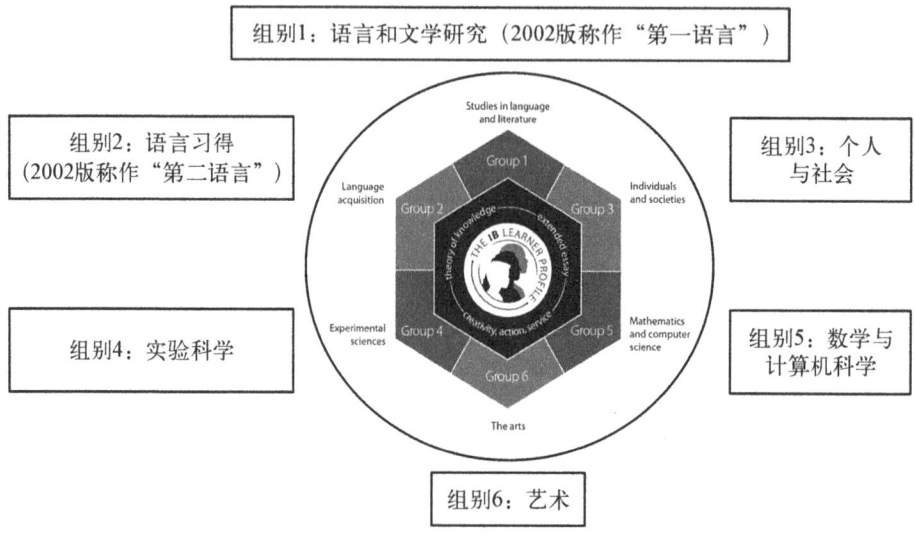

图2-1　IBDP的课程体系

"IBDP 中文 B"的语言教学不仅要符合中文作为第二语言的教学特点，同时也要积极践行 IBO"国际情怀"的人才培养理念，在教学和学习方法、原则上要体现出鲜明的建构主义和全人教育的理念。

"国际情怀"是 IBO 人才培养的顶层设计，也是最突出的教育特色，对包括中文教学在内的每一门课程都发挥着积极的指导作用。"国际情怀"以促进各国间的理解为根本，注重培养学习者的跨文化的同理心，而不是灌输某种现成的概念知识。IBO 立足文化的多样性，在培养目标中将"国际情怀"进一步具化为学习者所应具备的十大特质。学习者应具备开阔的胸襟，以批判的态度熟悉本民族文化和历史，尊重他人的价值观和传统；学习者应善于交流，使用一种以上的语言，以多种方式，充满信心、富有创意地进行自我表达。在语言和文化之外，应努力培养知识渊博、懂得关爱、积极探究、勤于思考、坚持原则、勇于尝试、及时反思和全面发展的学习者品质。这些特质既强调了学习者对待自我和他者文化的应有态度，以及学习者尊重和理解多元文化所需的知识储备、发展路径，更从全球化时代新世界主义文化的高度，提出了学习者应塑造的意志、情感与品德。它不仅要求学习者个体具备跨文化的意识和知识，更重在培养一种不断成长的同理心和持续深入的探究志向。IBO 教育体系致力于充分发展每一个学习者的潜力，从身体、社会、道德、审美和精神层面上，帮助他们去理解、改善并享受他们所处的环境。这种全人教育的理念，不仅为 IBO 课程教育体系奠定了理论基础，也为 IBO 确立了使命和志向："通过理解和尊重多元文化，建立一个更美好、更和平的世界。"

在"IBDP 中文 B"课程中践行"国际情怀"的理念，就是要培养学生们的全球参与意识、多语交际能力、跨文化理解能力和自我管理与研究能力。这些能力与意识在"IBDP 中文 B"教学中往往以"技能"的形式出现，涵盖了学习者认知、元认知和情感掌控技能。其中，认知技能或认知策略可以直接作用于语言学习，重在强调学习者所应具备的信息处理技能和思维技能，也就是"学习技能"通常所强调的反思和批判性思考。"IBDP 中文 B"教学强调学习者应通过书面、口头、艺术创作以及在线社交工具等多种方式进行常态的反思活动；学习者不仅要掌握语言记忆、理解与应用等低层次认知技能，更应进行分析、综合和评价等高层次批判性思考，具备一定的探究式学习能力，可以对有价值的信息加以比较、对照和验证，从而实现语言学习中的"概念性理解"。以校外评估的"表达技能—写作"为例，学生能否选择得体的文本类型、语体和语气，能否展示他们对受众、情境、目的、意义和变异等这些概念的理解，能否在应答中充分包含所选文本类型的惯用手法，这是"概念性理解"考查的重点，需要借助教学中经常性的批判性思考训练做支撑。IBDP 中文学习者只有在掌握阅读、写作和口语能力的基础上，懂得"为何"以及"如何"使用语言进行得体交流，才能成为真正意义上成功的语言交流者。重视学习者"认知技能"的培养，反映出 IBDP 课程对培养学习者"知识渊博、勤于思考、及时反思"等"国际情怀"特质的追求。

"IBDP 中文 B"的校外评估包括"写作、聆听和阅读"3 种形式，评估学习者以语言表达和接收技能为主的"交流技能"。校内评估以"互动交流技能：个人口头活动评估"的方式，评估学习者对一件视觉启发材料（标准课程）或一部文学作品的节选（高级课程）所作的个人表达或回应，并要求他们继续和教师进行一对一的讨论，然后根据教学大纲中列出的一系列主题进行综合对话，这主要是评估学习者的"社交技能"，评估他们是否具备通过人与人之间的社会协作，获得化解冲突、做出决定、解决问题、谈判协商及有效互动的能力。培养学习者的"交流技能"和"社交技能"，体现了"国际情怀"倡导的"善于交流"的学习者特质。培养这两种技能，很大程度上受到学习者"情感掌控技能"和"元认知技能"的影响。从策略角度看，"情感掌控技能"和"元认知技能"属于学习者的"自我管理技能"。"元认知技能"可以通过自我监控，帮助学生考察、了解和评价他们技能学习过程的有效性。"情感掌控技能"可以帮助学习者合理控制自身情绪、调整适应力与毅力，以及主观能动性等态度因素，有效应对各种挫折和困难。在"IBDP 中文 B"的不同教学和文化环境中，具有良好适应能力的学习者，往往体现出持之以恒、情绪稳定和自我激励的能力；同时，适应能力也意味着学习者要敢于从错误中学习，在错误中成长，这反映出"国际情怀"倡导的"勇于尝试"的学习者品质。

IBDP 在创建之初，就秉持建构主义教育思想，重视"以学生为中心"的教育方法。该项目基于"国际情怀"的理念，提出了学习者所应具备的特质和学习技能，制定了支撑大学预科项目的教学原则，这些原则既强调学习的关联性和与时俱进的重要性，也需要帮助学生将他们的学习与当地和全球背景联系起来。这些原则要求教学应当通过探究的方式而展开，教学中应注重对概念的理解；加强有效的团队合作与协作；开展因材施教，以满足所有学习者的需要；应重视在当地和全球情境中开展教学；要通过形成性和总结性评估，获得信息反馈。作为大学预科项目的重要组成部分，"IBDP 中文 B"的教学无疑需要在语言教学的各个环节忠实履行这些教学原则。在课程设计中，着重突出多样性、整体性和透明性 3 项重要原则。所谓多样性，一方面要求全面发展学生的接受性技能、表达性技能和互动交流技能；另一方面强调课堂开展形式多样的个人、结对和小组活动。在语言内容层面上，多样性体现为所在地区和国家一系列真实的口音，书面和口头的不同表达形式，以及适合"IBDP 中文 B"水平的所有类型的文本材料。所谓整体性，体现为课程开发的多元整合。中文教师首先要在文化主题和话题引导下，在课程设计中思考如何将体验式学习、反思性观察和持续性探究有机结合起来，鼓励学生从真实世界的事例中提出问题、概述问题，以小组形式合作利用资源，寻求解决问题的方案和路径，并逐渐形成自身的概念、观点甚至是理论。对于教师来说，应当注重语言、主题、文本材料、概念性理解之间的关联性。特别是通过概念性理解，既鼓励学习者建立课程内部以及不同课程之间的概念相关性，也要帮助学习者深入探讨每一个文化主题背后所蕴含的"重大思想观点"。而所谓透明性，这是对注重形成性和总结性评估的教学原则的呼应。在"IBDP 中文 B"教学的全过程中，教师有责任清楚地向学生传达课程的宗旨和目标、教学大纲的要求和评估标准；清楚地布置课堂和家庭作业，给予学生常规信息反馈以及进一步学习的方向和要求。除了在教学中鼓励学生探究、交流、思考、反思之外，中文教师也要实现教学角色的转变，中文教师在学生团队合作的探究过程中应该以促进者、协作者的身份出现，而不再只是简单的答案提供者。某种意义上，承担"IBDP 中文 B"的教师本身也应努力成为一名具有"国际情怀"的人。他们应该以身示范、全面发展，在教学中实践"国际情怀"所要求的坚持原则、懂得关爱、知识渊博、胸襟开阔、勇于尝试等特质。只有这样，中文教师与学习者才能在教学中实现真正意义上的教学相长，共同进步。

第五节 语言教学中的文化与语言

一、第二语言教学的文化转向

在第二语言教学中，文化与语言密不可分。然而，在语言教学的历史上，文化因素却长期被人们所忽略。以语言学支撑的外语教学从一开始就是以语言形式为核心，并不非常关注目的语的文化，对语言的文化内涵、对社会文化如何影响语言的理解和运用，也没有给予应有的重视和研究。斯特恩（H. H. Stern）曾经介绍了康奈尔大学的激进做法：第二次世界大战结束后，他们将外语教学从外国语言文学系分离出来，单独组织应用语言学者运用"听说法"和"军队法"进行机械性的语言形式学习。不过也是在那个时候，有些学者开始认识到，人类学和社会学也十分有用。在欧洲，一些学校的语言学课程开始设置"地区、国别教学"的跨学科项目，主要强调的是对该地区和国家政治、历史、地理和社会文化的研究。虽然语言学习只是其中的一个部分，但是语言学习和文化研究相结合的教学思想已不再陌生。20 世纪 60 年代中期，社会语言学首次把语言放到了社会与人类行为的大系统中去考察，研究并揭示语言与社会、语言运用与特定社会文化之间双向互动的关系，所获得的理论成果对第二语言教学界产生了重大的影响，最终引发了第二语言教学的文化转向。

特别是随着交际语言教学思想的发展，越来越多的应用语言学者意识到有必要将语言所存在的社会历史语境纳入语言教学之中，他们认识到诸如传统、惯例、时尚和思想观念等复杂变化的异质性文化因素时时刻刻会影响着第二语言学习者。"教语言就是在教文化"，"教文化也就是在教语言"，这是当代第二语言教学界的普遍共识。道格拉斯·布朗（H. Douglas Brown）曾经通过解读"后方法"教学理论，总结出 12 条当代语言教学中切实可行的教学原则，鼓励教师将自身的教学方法与课堂实践结合起来，创造语言教学的生机和活力。其中，他明确指出："每当你教一门语言时，你也会教一个复杂的文化习俗、价值观以及思维方式、感觉和行动方式。"[1] Michael Agar 甚至专门创制了一个词语 linguaculture（或 languaculture）[2]，强调语言和文化之间的重要关系，凸显语言中的文化维度和文化信息。

二、第二语言教学需要什么样的文化观

（一）文化的结构观

在第二语言教学中开展文化教学，首要问题就是要对"文化"有一个正

---

[1] H. Douglas Brown. English language teaching in the "post-method" era: toward better diagnosis, treatment, and assessment [A]. PASAA, 1997, Vol. 27, Article 1.

[2] Michael Agar. Language shock: understanding the culture of conversation [M]. New York: William Morrow, 1994.

确的认识。英国人类学家爱德华·泰勒（Edward Burnett Tylor）在 19 世纪 60 年代出版的《原始文化》一书中，率先提出了一个非常经典的"文化"的定义："文化是包括知识、信仰、艺术、道德、法律、习俗，和任何人作为一名社会成员而获得的能力和习惯在内的复杂整体。"[①] 在这个"文化"的定义过程中，泰勒通过列举文化的核心组成要素，形成了"文化"的产品化、层次化和结构化认知。在这基础上，文化人类学家马林诺夫斯基（Bronislaw Malinowski）将文化结构分解成物质、社会组织、精神生活 3 个层次，提出了著名的"文化三因子"的说法。

人们之所以一开始采用结构观去认识文化，这是因为"文化"在人类的历史文化进程中是一个古老又令人费解的概念，它内涵复杂，且具有不确定性，整个概念几乎不可定义。而文化的结构观可以帮助我们透过表面上的复杂现象，去更好地认识并把握"文化"内在到底构成了一个什么样的独创系统。为了将文化的结构观有效地应用于语言教学，斯特恩（H. H. Stern）曾经根据文化的结构和范畴，提出文化的两种类型：一个是广义的文化，或者说是"大写的文化"（Culture with a big C）；一个是狭义的文化，也称为"小写的文化"（culture with a small c）[②]。广义上，文化指的是人类在社会历史发展过程中所创造的物质和精神财富的总和。它包括物质文化、制度文化和心理文化 3 个方面。物质文化是一种显性的文化，涵盖了人类创造的各种物质文明；制度文化指的是社会生活中协调人与人之间关系的各种生活制度、家庭制度、社会制度；而心理文化指的是人内在的思维方式、宗教信仰、审美情趣。制度文化和心理文化都属于隐性文化。在斯特恩的认识中，狭义的文化，指的是人们普遍的社会习惯，比如衣食住行、风俗习惯、生活方式、行为规范等。

（二）文化是一个动词：行为文化观

狭义的文化或"小写的文化"关注的是我们每个人日常生活中的文化，这是交际语言教学时代对文化的特别认识。在"交际法"时代，第二语言教师需要帮助学习者从刻板静态的文化模式中走出来，逐渐帮助他们去接触、学习不同情境中充满变化和活力的目的语文化。斯特里特（Brain V. Street）

[①] 爱德华·泰勒. 原始文化［M］. 连树声，译. 桂林：广西师范大学出版社，1995：1.
[②] H. H. Stern. 语言教学的基本概念［M］. 上海：上海外语教育出版社，2000.

指出：文化是一个创造意义的动态过程，文化更多地具有动词的属性，而不仅仅只是一个名词①。文化本身就存在于人类历史文化的真实进程中，是一个不断成长变化的生命体，它不仅告诉我们文化是什么，更需要我们了解文化做了什么，又正在或将要创造什么。

在以交流为目标的语言教学中，如果将文化定义为一种意义的创造过程，这就需要通过语言使用者的言语行为和其他相关的练习去动态建构这种意义文化。在交际法时代的第二语言教学中，我们需要一种比"文化三因说"更为合理、也更具操作性的文化类型模式。其中一种模式来自20世纪90年代后期美国外语教育协会（ACTFL）制定的《21世纪外语学习标准》(*Standards for Foreign Language Learning in the 21st Century*)。ACTFL提出了21世纪美国学生外语学习应达到的五大目标，即交际（Communication）、文化（Cultures）、关联（Connections）、比较（Comparisons）和社群（Communities），简称"5C标准"。在这个标准中，虽然文化教学的内容被设定为"3个P"：文化观念（Perspectives，包括含义、态度、价值、观点等），文化习俗（Practices，即社会交往的各种形式），文化产物（Products，如书籍、工具、食物、法律等），但并不是鼓励教师们静态地呈现这些内容，而是要重视它们之间的联系，重视文化观念是如何在习俗与产物层面上得到体现的。

哈默利（Hector Hammerly）在《语言教学的综合》一书中曾提出一个独特的文化解读模式，文化在其中被分作"成就文化"（achievement culture）、"信息文化"（information culture）和"行为文化"（behavior culture）②。成就文化类似于"大写C的文化"，包括艺术、文学、音乐甚至科技领域的杰出成就，容易令人联想起文明成就；信息文化指普通人对自己国家的历史、地理、自然资源、环境、政治等主要领域的认识，这是关于一种文明、一个社会的重要信息，也是一个人应该具备的基本常识；而行为文化则更接近日常个体的生活，主要指大众广为接受的语言和身体行为，如通过言语行为或非言语行为所表现出的日常行事、待人接物的习惯，以及该文化体系对这些日常行为所作的价值判断。很多身处教学一线的教师和研究者发现，这种文化的解读与

---

① Brian V. Street. Culture is a verb [M] // D. Graddol, L. Thompson, M. Byram. Language and Culture. Clevedon: Multilingual Matters, British Association of Applied Linguistic, 1993: 23 - 43.

② Hector Hammerly. Synthesis in second language learning [M]. Blaine, WA: Second Language Publication, 1982.

分解，与实际的语言文化教学联系得更为密切，对课程开发也更为有效。

在过往的语言教学中，我们热衷将前两类文化纳入课程教学中，这也是中国文化课普遍涵盖的内容，是我们曾致力于编写文化大纲的主要立足点。相较之下，行为文化很少被提及，但是在语言教学中，行为文化的重要性并不亚于成就文化和信息文化。行为文化不仅可以帮助人们在现实生活中实现有效交流，理解对话中的文化内涵，并能提升学习者对文学、音乐、艺术等其他文化形式的了解。[①] 行为文化处于哈默利文化层次理论的最表层，体现在社会群体日常生活的方方面面。它具备以下几个方面突出的特点：首先是行为文化是有形的、具观的。成就文化和信息文化主要是由抽象知识和信息浓缩、概括而成的，而行为文化的载体是目的语文化使用者正常的言行举止。一般来说，它们所表达的意义不需要经过复杂的表述和对比就能让人们直观感受到。它的文化信息既可以通过简单的话语，也可以通过肢体语言的方式直接表现出来。例如在中国迎来送往的礼仪文化中，一个简单的欢迎宾客的场景就包含着握手迎客的肢体动作、目光神情和口头招呼等一系列连贯的言语与非言语的行为。更重要的是，这些有形的行为是可观察、可模仿的。汉语学习者可以将教材中的一些表达方式与这些行为有机地结合起来，在特定的交际场景中模仿再现，同时也可以体会中国人真实的日常生活行为。此外，行为文化是受一定规则支配的。多数行为所表达的意义具有特定文化的敏感性，这可以通过直观的行为表达，引起人们对显著文化差异的关注。例如，在有些社会文化中，当一个人进入商店、办公楼、学校或住宅的入口处时，如果后面有人跟随，他们往往会为后面的人扶住门，以便于他们通过，然后再松开。这种行为所展现出的善意和尊重，很容易鼓励其他人积极效仿和实践，这无形中也传递着交际文化中的某种基本价值。

第六节　国际中文教学中的文化教学

一、国际中文文化教学的困境

国际中文教学界历来重视文化在语言教学中的作用。吕必松曾指出，各

[①] 柯雪润. 教汉语, 教文化: 美国幼儿园至八年级汉语及中国文化课程设计 [M]. 北京: 北京大学出版社, 2013: 22.

民族的文化传统、社会习俗、心理状态、思维方式等都有自己的特点,这些特点必然要反映到民族语言及其使用上。外国人学汉语,如果不同时学习这些文化因素,就不能正确理解和使用汉语,就会在与中国人的交际中遇到障碍,甚至闹出笑话。① 在 20 世纪 80 年代初,当交际法教学思想刚刚进入中国国内的对外汉语教学界时,有学者主张从功能角度把语言教学中的文化背景划分成"知识文化"和"交际文化"②。知识文化主要以物质作为表现形式,与语言交际不直接相关,如文物、古迹等等;交际文化主要以非物质为表现形式,与语言交际直接相关,如汉语音、字、词、句中蕴含的文化信息。还有学者主张将文化分为文化因素和文化知识,这些都采取了一分为二的做法,并把文化简单划分到不同的水平阶段,譬如交际文化被认为主要出现在初级阶段,知识文化则出现在中高级阶段③。学者们主张文化教学在初级阶段所占的比重不应太大,在整个中文教学中的比重应该从初级到高级逐步提高。

20 世纪 80 年代末,在国内文化语言学研究的推动下,对外汉语界正式提出了"结构—功能—文化"相结合的教学路子,对外汉语教学界涌现出了前所未有的文化教学的热潮,一方面积极探索用于汉语教学的"文化大纲",另一方面提出并尝试了各种文化处理和导入的方式。这些行动背后,也带来了许多文化教学的困扰。首先,由于文化因素太庞杂,很难为语言教学编写出系统、概括性的"文化大纲";其次,尽管提出了各种文化教学的方式设想,但都摆脱不了文化和语言的生硬结合。例如,2005 年出版的面向美国中学生的某本汉语教材,在每一课设计中都包括语言和文化两部分内容。但是围绕第一课"打招呼"的语言功能教学,编者在文化部分安排的却是京剧文化。为了把京剧文化和语言结合起来,教材编写者让课文里的一个人物穿上了印有京剧脸谱的 T 恤衫,并在打招呼时加入了"脸谱"这个词。从实际教学效果看,这种文化跟语言的结合方式生硬,也不利于学生正确、轻松地掌握打招呼的交际功能表达。至于京剧文化能否帮助初级水平的学生学汉语,能否激发学生学汉语的积极性,也很值得商榷。随着汉语国际推广背景下孔子学院和孔子课堂的快速发展,文化一定程度上被扭曲和异化了。几年前,

---

① 吕必松. 中国对外汉语教学法的发展 [J]. 世界汉语教学,1989 (4).
② 张占一. 汉语个别教学及其教材 [J]. 语言教学与研究,1984 (3).
③ 张占一. 试议交际文化和知识文化 [J]. 语言教学与研究,1990 (3).
　赵贤洲. 对外汉语文化课教学刍议——关于教学导向与教学原则 [J]. 汉语学习,1994 (1).

孔子学院大多都采取了"汉语教学+文化"的课程类型。他们重视文化传播，却没有对文化的"核心价值"——"观念文化"给予充分重视，反而大力传播诸如"中国传统工艺""中国传统艺术""中国传统武术"等所谓的"器用文化"。"汉语教学+文化"演变成"汉语教学+书法""汉语教学+古筝""汉语教学+太极拳"，甚至是"汉语教学+剪窗花""汉语教学+包饺子"。这种课程设置的思路备受批评，甚至被指责是在努力满足海外一部分人对于中国的"文化猎奇心"。国内一些知名语言教学专家大声疾呼，汉语教学的核心任务在于语言教学，应该想方设法地帮助外国的汉语学习者尽快、尽好地学习、掌握好汉语，特别是汉语书面语。

语言教学中对文化采取的不同处理方式，生动地反映出第二语言教学界所遭遇的文化教学的困境，即语言文化的双重性（the Language Culture Duo），它构成了当代外语或第二语言教学的一个悖论：一方面，人们普遍认为外语教学中的文化和语言之间存在着必然的联系；另一方面，在长期的语言教学实践中，语言和文化常被视为单独存在的事物，相互剥离，形成了语言教学中"两张皮"的突出问题。语言文化"两张皮"的问题，普遍地存在于当前的中文教学中，特别是呈现出明显的"重语言、轻文化"的倾向，这又助长了汉语教学中的"语言工具观"的蔓延。陆俭明在批评汉语教学中出现"用文化技艺冲击乃至取代汉语言文字教学"①的倾向时，明确指出"文化教学不能成为汉语教学的重心和主流"。在这些学者看来，中华文化的传播无疑是应有之举，然而其传播途径是多方面的，主要依靠的是中华文化自身的厚重感、影响力，在语言教学中，文化不能僭越语言；文化教育应该是润物细无声的，应该是耳濡目染、潜移默化的。

二、国际中文教育文化教学的新发展

随着国际中文教育时代的到来，为了进一步满足海内外学习者了解中国和中国文化的需求，教育部中外语言交流合作中心组织专家学者策划并编制了《国际中文教育用中国文化和国情教学参考框架》（以下简称《参考框架》）②。国际中文教育时代的文化教学"更多具有文化通识教育或博雅教育

---

① 陆俭明. 汉语国际传播中的几个问题[J]. 华文教学与研究，2013（3）.
② 教育部中外语言交流合作中心. 国际中文教育用中国文化和国情教学参考框架[M]. 北京：华语教学出版社，2022.

的性质，强调培养学习者的知识、技能、国际视野和情怀、跨文化能力等综合素质"，还应"真实全面立体展现中国文化和社会的风貌和特点，促进民心相通和实现文明交流互鉴"①。以此为宗旨，《参考框架》将中华传统文化与当代中国国情联系在一起，以古今兼顾、立足当代的原则，在社会生活、传统文化、当代中国3个板块中归纳出31个二级文化项目，涵盖衣食住行、行为观念、历史文化遗产、当代政治经济制度等多个方面，尽可能地体现出文化项目的代表性。

某种意义上，《参考框架》虽然没有以"大纲"加以命名，但它的制定无疑具有纲领性和权威性，是"国际中文教育领域首部文化教学的纲领性文件"②。它的制定，为海内外大中小学、孔子学院（课堂）和其他中文教学机构在文化课程设置、课堂教学、教材编写、学习者文化能力测评等方面提供了重要参考和依据。《参考框架》又突出了文化大纲的教学指导性。《参考框架》规划了文化知识、文化理解、跨文化意识和文化态度4个维度，确定了文化教学范围，描述了文化教学目标和内容，列举了文化教学点，强调应结合学习者的认知特点来划分层级。它按照学习者的认知水平和教学方式，划分出初级（小学）、中级（中学）、高级（大学及成人）3个层级，力求体现中国文化和国情的多元性、动态性和深刻性，希望从古今传承、跨文化交流的维度来深入探讨并揭示中国文化的本质特征。

《参考框架》不仅从理论上探讨了国际中文教育领域的文化性质、内涵、教学内容和范围等基本问题，还为文化教学实践提供了很多新理念、新思路。《参考框架》提出讲授式教学与体验型学习相结合的文化教学模式，为国际中文教师提供了包括讲解、讨论、文化体验、艺术欣赏、跨文化比较、情景对话、角色扮演、数据和案例分析、问卷调查、采访与观察等在内的形式多样的教学活动类型。国际中文教师可以充分享有教学的自主权，可以根据特定教学环境的条件与资源、教学对象的认知水平和年龄特点，选择制定最合适的文化教学内容和活动，这也有助于教师更好地培养学习者对文化知识、技能、意识、态度的综合能力，帮助他们减少刻板印象和偏见，培养跨文化

---

① 祖晓梅. 文化教学的新理念和新思路——《国际中文教育用中国文化国情教学参考框架》解读［J］. 语言教学与研究，2023（3）.
② 马佳楠.《国际中文教育用中国文化和国情教学参考框架》的研制背景、意义及其内容特色［J］. 国际汉语教学研究，2022（2）.

的尊重和移情的态度。

《参考框架》的制定和实施，是国际中文教育领域的一件大事。作为国际中文教育领域第一部系统而独立的中国文化和国情教学的参考框架，它响应了全球化背景下国际教育对文化多样性和跨文化交流能力所提出的需求。它以指导和促进文化教学为目标，文化教学内容丰富，组合方式灵活多样，教学场景也不拘一格，具有广泛的适应性和灵活性。《参考框架》"适应中国文化和国情教学的多元途径"，也能够"满足中国文化和国情教学工作者的切实需求"[1]，契合了国际中文教育的新特点和新需求。随着《参考框架》的推广和实施，它将给长期处于困境中的文化教学注入新的发展动力，明确新的发展方向，也将有力推动中文教育的国际化发展，更好地促进中国文化的全球传播。

三、体演文化教学：文化教学的新尝试

在第二语言"交际法"时代，美国俄亥俄州立大学的吴伟克（Galal Walker）教授创立并发展起来一种独特的语言教学法，名为"体演文化教学法"（the Performed Culture Approach）。这是一种主要服务于文化差异较大的非目的语环境下的外语教学方法，鲜明地体现出"以文化为中心"的设想，试图扭转长期以来第二语言教学"以语言为中心"的做法。吴伟克认为，与汉语复杂的发音系统和书写系统相比，文化才是美国汉语学习者面临的最大的挑战。他将"文化"定义为"人们如何行事"[2]。他认识到，中美两国社会文化差异巨大，外语学习者缺少目的语社区的语境体验，因而提出外语学习的重点应放在"行为文化"的教学上，语言是"行为文化"的重要组成。吴伟克强调"行为文化"，也就是母语者日常行事、待人接物等习惯及其隐含规则，应当成为初中级语言教学阶段的重中之重。在"体演文化教学法"看来，外语学习的最终目的是帮助学习者懂得如何使用语言来为人处世，帮助他们"形成一种在外语文化的环境中使用外语进行互动的记忆"[3]。因此，

---

[1] 马佳楠.《国际中文教育用中国文化和国情教学参考框架》的研制背景、意义及其内容特色[J]. 国际汉语教学研究，2022（2）.

[2] Galal Walker, Mari Noda. Remembering the future: Compiling knowledge of another culture [M]//Galal Walker, Mari Noda. Reflecting on the past to shape the future. Lincolnwood: National Textbook Company, 2000: 187-212.

[3] 吴伟克，王建琦，杨双杨. 体验文化教学法若干原则（下）[J]. 国外汉语教学动态，1994（3）.

"行为文化"被当作了语言教学文化的主体样态。

"体演文化教学法"强调以"体演"的教学方式去学习并掌握目的语的"行为文化"。这个方法强调行为的"体演",也就是强调语言学习是一个"体验""表演""运用""实践"和"体会"的综合体。大量运用戏剧、文化等元素,在语言教学中突出动作行为特性的表现手段,这是"体演文化教学法"的主要特色。"体演文化教学法"将人类的言语行为类比成戏剧表演,同样具备时间、地点、人物、观众和脚本等五大要素,这些要素构建起了一个个真实而具体的语言文化场景。课堂内外的语言教学就应该创设尽可能接近真实的模拟语境,帮助学习者以"身临其境""身体力行"的方式去学习、"体演"目的语以及相关的行为文化,逐步发展与母语使用者成功交流的技能,并在将来帮助他们在目的语环境中建立起牢固的人际关系,积累并整合关于目的语文化的世界观。

那么,在汉语作为外语的教学中如何进行"体演文化教学法"呢?一般来说,它遵循"教师备课""师生示范""学生演练""纠错反馈"等步骤。首先,教师在准备教案时,要把语法点和语言功能点放在实际的语言活动情境中,要考虑人们在什么时候、什么样的场景中会对什么人说这样的话,也就是要考虑语言使用的得体性、流利性和准确性。比如,在设计中国人过年过节期间互赠礼物的情境时,不仅要帮助学生掌握"新年快乐""请笑纳""小小心意,不成敬意"等祝贺语或客套表达,也应该帮助学生熟悉赠送礼物的行为,以及行为所表达出的中国人的文化礼节。在实际教学中,一般将语言教学按1:4的比例分成"讲授课"与"体验课",课堂教学以对话表演、学生情境表演和练习操练为主。中文教师既是导演、观众,也要为学生表演准备所需的道具;有时候,教师也可能参与学生的表演过程。老师既可以单独示范,再请学生演练;也可以师生共同示范,再邀请学生进行"体演"。学生要尽量做到语言、动作与之前预习的视频或文本相一致。在学生表演时,老师还要关注学生的语言表达、语气、动作,看看他们是否能真实地理解与目标语相应的行为文化,并通过"体演"的方式,言行一致地自然表现出来。在评价方面,教师可以在学生演练过程中暂停表演,及时纠错,或等待表演结束后再作总结、纠错。教师不仅要提供反馈评价,还应该特别提醒学生注意并理解其中的目的语文化信息。

总的来说,"体演文化教学法"将中国古代哲人提倡的"知行合一"的理念落实到了语言教学之中,有效地结合了语言与文化的关系,在第二语言文化教学中做出了积极有效的创新和实践。"体演文化教学法"提供了一种全新的教学理念和操作方法,在汉语综合课以及口语等分课型教学中得到了积极的实践响应。而且,随着国际中文教育的蓬勃开展,"体演文化教学法"也开始走向世界,在印度、苏丹、肯尼亚、泰国、韩国等国的中文教学中得到了积极的实践。

 本章思考题:

1. 自从 20 世纪 50 年代西方语言学掀起"乔姆斯基语言革命"以来,语言学研究形成了形式派、功能派和认知派 3 个主要理论派别,请扼要谈谈它们各自的特点。
2. 陆俭明提出,语言研究的一个主要目的,就是要对种种语言现象作出尽可能合理的解释。请结合具体的例子谈谈你的理解。
3. 请谈谈行为主义心理学的学习观与认知心理学的学习观有什么根本的不同。
4. 为什么说"以学生为中心"是建构主义学习理论的核心?
5. 请谈谈你是如何理解 IBDP 中文教育的学习观的。
6. "文化是一个动词",你是如何理解这个表述的?
7. 请谈谈什么是大写的文化,什么是小写的文化。
8. 有学者指出,在国际中文教学中"文化教学不能成为汉语教学的重心和主流"。你是否同意这个观点,为什么?
9. 你认为"体演文化教学法"的最主要的特点是什么?

 本章主要参考文献:

1. 刘润清. 西方语言学流派(修订版)[M]. 北京:外语教学与研究出版社,2017.
2. 陆俭明. 汉语国际传播中的几个问题[J]. 华文教学与研究,2013(3).
3. 陆俭明,沈阳. 汉语和汉语研究十五讲[M]. 北京:北京大学出版社,2016.

4. 吴伟克,王建琦,杨双杨. 体验文化教学法若干原则(下)[J]. 国外汉语教学动态,1994(3).

5. Hector Hammerly. Synthesis in Second Language Learning [M]. Blaine, WA: Second Language Publication, 1982.

第三章　国际中文的教学方法与模式

本章导读

在第二语言教学与研究中，教学法指的是教授语言知识和促进语言能力发展的方法和策略。它的目的就是培养学习者的听、说、读、写和交际能力，帮助他们更快、更有效地学习和掌握第二语言。在本章中，我们将回顾语言教学法的产生，从教学法的历史发展过程中，去认识教学法建构的理论模式和历史上主流的语言教学方法，并结合国际中文教学的实践，来认识传统的对外汉语教学模式，以及当代针对汉语学习特点而形成的一些新型的教学模式。

第一节　第二语言主流教学方法

一、理解"教学法"

教授一门外语或者第二语言，我们总要思考应该遵循什么样的思路或者采用什么样的方法才能合理地安排教学材料，有序地组织教学，使语言教学有所成效。然而，在漫长的人类社会历史发展中，外语教学似乎总是以一种自然、本能的方式进行着，人们缺乏对外语教学的有效组织，也缺乏教学方法研究的自觉意识。在西方，人们直到中世纪末才开始对外语教学法展开理性的探讨,而在中国,外语教学方法的研究也只有逾百年的历史。19世纪以来,人类社会在现代科学原则和技术运用推动下,开始进入提质增效的工业化时代。科学发展的成就,让我们有理由相信以往许多无法处理的难题和任务都能找到解决的方法。既然我们借助铁路、航空技术的进步,能在短短数小时内跨越过去要几个月才能完成的长途旅行,那么我们也希望能在先进的理论和技术支持下,大大缩短学习一门外语的时间。因此,通过科学的方法来提升外语学习的效率,成为当代外语教学研究的一个重要目标,这也使得过去的一百年成为第二语言教学的"教学法"的世纪。

一般来说,外语教师在长期的教学实践中,通过观察、分析和反思外语习得的事实、过程,可以结合经验,总结或推导出外语学习的某些规律,并在这基础上设计出合理的教学方法。这是一种"由下而上"的源自教师个体实践的经验总结。然而,这样的方法经验主要来自教师的主观判断和个性化实践,并无基础的理论做指导,也很难进行大规模的借鉴和推广,因此这并不被视为科学的教学方法。实际上,在现代外语教学法的演进过程中,人们似乎更倾向于以"科学"的名义,强调外部因素和条件对教学法的创新与实施所带来的影响及其限制。其中,流行的语言学、心理学理论,以及日新月异的教育技术手段,为产生新的外语教学方法提供了理论和实践应用的条件支撑。回顾西方外语教学历史上出现的形形色色的教学流派和方法,包括从最初的"语法—翻译法"到今天盛行的"交际法",以及计算机辅助教学法等等,它们都在不同历史时期指导并影响着语言教学。在第二语言教学寻求最佳教学方法的过程中,呈现出此消彼长的发展态势。到了20世纪70年代,随着应用语言学的快速发展,教学法研究已经成为一个成熟而独立的学科。它们大多基于形式主义、认知主义和功能主义等主流语言学理论,以及行为主义心理学、认知心理学等主流心理学理论,发展出了各具特色的语言教学法流派。比如,以语言结构理论和行为主义心理学为基础的"听说法"(Audiolingual Method);以语言交际功能为出发点的"交际法"(the Communicative Approach)、"情景教学法"(the Situational Method)和"任务教学法"(the Task-based Language Teaching);还有以语言认知为重心,强调人的思维和情感在语言发展中的基本作用的"暗示教学法"(Suggestopedia)、"沉默教学法"(The Silent Way)、"全身反应法"(Total Physical Response)以及"认知教学法"(the Cognitive Approach)等等,不一而足。

我们在这儿所谈的外语教学法或第二语言教学法，主要来自以英语为第二语言的方法研究与实践。在教学法的研究中，我们注意到这些主流方法采用了不同的英文名称，比如 Approach，Method 还有 Methodology，甚至是 Technique，这些术语表达的是外语教学法体系研究中具有不同层次和关系的不同概念，体现出教学法的理论性、体系性和操作性。然而，它们在中文中却都对应着一个"法"字，换句话说，中文里的"教学法"的概念似乎具有多层含义，需要区分和辨析。首先，"教学法"是一个抽象的概念，指的是笼统的教学实践，包括教学方法的理论基础和相关研究，也就是说，只要和"如何教学"有关的内容都属于这个范畴，在这意义上，它对应着英语术语 Methodology。其次，"教学法"也可用来指某种具体的方法体系，它既以相应的语言和语言教学本质作为理论基础，又涉及了它们在第二语言教学领域中的应用，这对应着英语术语"Approach"。而英语中的 Method 常常被译为"教学法"，它主要是指为达到既定语言学习目标而在课堂上使用的具体规范或模式，可以用于不同的教学环境和不同的教学对象。如果我们使用"教学法"来指各种具体的课堂教学方法，比如课堂活动、任务、练习等，那么它实际上对应着英语术语 Technique，强调的是课堂教学方法中的一种具体的技巧手段。由此可见，教学法体系（Methodology）就好比一把大伞，涵盖了兼有某种具体理论及其应用的教学方法流派（Approach），进而包括了多种各具特色的教学模式或方法规范（Method）；在此之下，又包括了各种课堂教学中灵活运用、行之有效的活动、练习等安排（Technique）。举例来说，"交际法"就是一种当代外语教学中最为主流的教学法，以强调语言交际功能为中心，它又产生了诸如"情景教学法"和"任务教学法"等方法模式。虽然后两者的具体操作过程和方法各有不同，但它们的理论基础都在于突出学习者的第二语言"交际能力"。

二、早期的第二语言教学方法

（一）"语法—翻译法"（Grammar-Translation Method）

一说起外语教学方法，大家都把"语法—翻译法"视为最古老的外语教学法。顾名思义，这种教学法把母语和目的语的书面语法视为教学重点，重视运用翻译的方法进行两种语言的书面转换。几百年来，"语法—翻译法"是欧洲学校教育最常用的外语教学方法，最初主要用来帮助学习者学习古希腊文和拉丁文这类古典语言。这些语言被称为"死"语言，因为人们的日常语言交流已经不再使用它们，它们只是作为一种用于了解古典思想和文化的语言媒介而存在着。因此，教授这些语言的教师往往注重的是它们的书面语，注重书面语"规范"的语法规则和语言表达，所使用的语言材料以古老、过时的例句为主。教师们在课堂教学中使用的是本族语，或者是学生们熟悉的母语，翻译成了最重要的教学方法，教师安排大量的笔头翻译和写作练习来检验学生对目标语语法规则的掌握情况。如果在外语课堂教学上采用这种方法的话，大体上都会按这样的过程来组织教学：先教字母的发音和书写，然后系统地讲授词法和语法，最后阅读原文。在语法课教学中，教师先讲目标语语法规则，再举例句，然后再要求学生将它们逐字逐句地翻译成自己的母语，通过两种语言之间的互译，来巩固对目标语语法规则的理解。

在学习或教授第二语言时，人们会很自然地采用语言对比和翻译的方法来帮助熟悉目标语言的组织方式，也就是语法。因此，18世纪以来，这种教学法就在许多国家的外语教学中占据主导地位，即使在现代的外语教学中，它也依旧占有一席之地，常常出现在课堂教学之中。然而，这种教学方法的特点和弊端都非常明显，它把语言的语法知识当作外语教学的重心，通过机械的翻译方法来帮助学习者掌握语法规则，熟悉目标语的书面文本，严重忽视了活跃的口头语言交际的需要，无法满足现代外语教学中对学习者在真实交流环境中灵活、准确、自如地运用交际能力，以实现信息交流的需求。

（二）"直接法"（Direct Method）

有感于古典的"语法—翻译法"存在着种种不足，在19世纪末20世纪初的法国和德国出现了一种直接运用外语讲练的教学方法，人们称它为"直接法"，也有人把它称作"改革法"或"自然法"。它所改革的就是传统"语法—翻译法"重视书面翻译、语法分析的做法，以及使用母语进行外语教学的方法。

"直接法"不依赖翻译，而使用具体的实物、图片等，突出了语言和外界事物或经验之间的直接联系。运用"直接法"的教师认为，过度依赖翻译，只会让学生的母语干扰他们的目的语学习，也无法帮助培养学生直接运用外语思维的能力。而如果改用直观的手段进行教学，特别是用于鲜活的口语教学，将有利于调动学生的学习积极性，有利于培养学生的言语能力。这可以被理解为"直接法"与"语法—翻译法"的最大的不同。在以口语为目标的教学中，教师们最喜欢用那些可以直接感知的语言材料，鼓励学生通过模仿的练习方式学习目的语，而对于那些必须掌握的语法规则，主要是通过直接接触和练习当代通用语言材料，然后通过归纳法来理解和掌握的。

从外语教学方法的历史发展来看，"直接法"无疑具有革命性的一面。它的出现第一次改变了"语法—翻译法"一统天下的传统，而围绕口语教学，积极探索了许多非翻译的、行之有效的言语训练的方式，这种方法在儿童的外语或第二语言学习的初级阶段广为采用。然而，由于它过于激进地排斥母语在第二语言教学中的应有作用，也带来了不少消极影响。比如，由于"直接法"强调学生自主地建立目的语和事物之间的关系，老师解释并不多，这对于那些儿童学习者来说，本身认知尚不健全，再加上完全摒弃了他们的母语，"直接法"似乎并不利于学生对目的语的理解。此外，老师们久而久之还会发现，学生的目标语口语水平虽然会得到明显的提升，但这是以牺牲他们书面读写能力为代价的。在运用"直接法"的第二语言教学中，老师们并不太重视学生读写能力的培养，这限制了学生们对复杂语言现象进行合理理解和解释的能力；而过多突出直接感性认识，以及机械的模仿和重复，也会限制学生们发挥学习的主动性。不过，瑕不掩瑜，"直接法"因教授当代通用的活的语言，特别是注重培养学生的口语能力，被公认为是教学法史上具有里程碑意义的一大进步，成为后来的"听说法""视听法""功能法"等外语教学法的发端。

从历史发展的角度来看，19世纪末20世纪初"直接法"的出现标志着外语教学法目的的重大转变。外语教学法产生的根本目的当然是教会外语学习者一门外语，哪一种方法能最高效、最有效地实现这一目的，无疑会被认为是最佳的教学方法。那么如何评价外语学习者真正意义上获得了一门外语呢？是他完美地掌握了外语的语法规则，还是他具备了流利自如的外语口语能力？事实上，不同时代，人们对外语学习目的评价并不完全一致，这也就造成了教学方法测定尺度的不确定性。因此，我们在认识到"直接法"为外语教学带来的创新变革的同时，也要客观地理解"语法—翻译法"的作用和价值。回到传统外语教学时代，教师们在教授拉丁语、希腊语时，运用这一方法的目的，主要是培养学生们古典文化的修养，通过讲授复杂的语法规则来帮助学习者进行智力上的训练，而口语交流能力并不是他们所追求的主要目的。正因为如此，我们也不因"直接法"的出现而抹杀"语法—翻译法"的历史价值。

三、20 世纪中叶的教学法

（一）"听说法"

20 世纪 40 年代末和 50 年代初，在美国出现了一种名为"听说法"的外语教学方法，风靡一时，影响深远。这种教学法的出现并非偶然，它符合了特定历史背景下的外语教学的需求。据说，"听说法"起源于第二次世界大战期间美国军队的一项外语培训项目，当时美国在太平洋战场与日本作战，美军士兵需要懂得如何与敌军官兵对话，并能在太平洋诸岛上和操不同语言的当地居民打交道。如何快速培养军人基本的外语口语交流能力，成了当时最现实、最迫切的外语教学需要，因此，这一方法也常被称为"军队法"（Army Method）。

这一教学法源自战时培训的实际的教学经验，但是战后的 20 世纪 50 年代，随着大量海外移民来到美国，如何有效教授他们英语成了美国外语教学界的一大挑战。美国的一些外语教学专家对前期的"军队法"做了进一步的理论诠释和模式设计，形成了以"句型操练"为主要教学内容的"听说教学法"模式。这种教学法的建构，完全得益于当时占主导地位的结构主义语言学理论对语言本质的认识，而它所采用的操练方法则是建立在行为主义心理学的基础之上，因此，"听说法"可以说是第一个真正意义上的应用语言学理论在外语教学实践中的应用成果。

"听说法"之所以用"听说"命名，这是结构主义语言学理论的影响结果。结构主义语言学一反以往语言研究以书面语为中心的做法，而是以口语作为研究重点。结构主义语言学家认为，口语是语言的主要表现形式，而且人类都是先学会说话，然后才学习如何阅读和写作的。因此，结构主义语言学坚持"口语是第一性"的观点，并将"听说领先"设为"听说法"的主要教学原则。在结构主义语言学理论中，语言是由音位、语素、词、短语、句子等各个相互关联的成分按层次组成的一个结构系统。其中，由基本句法和语法框架构成的句法结构系统是最重要，也是最复杂的。"听说法"将这种语言系统观引入教学之中，具体表现为以句型为中心来安排语言材料以及语言技能的训练。另外，行为主义心理学所讲求的"刺激—反应"的理论也投射到了"听说法"中,使这种教学法把语言视为一种习惯。整个外语教学的过程就是一种通过"刺激—反应"而形成新的语言习惯的过程。因此,围绕句型进行反复的模仿、操练、记忆、重复,成了教学过程中的主要实践活动。

"听说法"将语言视为一种有结构的习惯性的行为,这需要通过"刺激—反应"这一过程,经过模仿和重复学得。在这教学过程中,教师们会利用母语和外语对比的方法,将对比差异最大的语言点当作外语学习的难点和重点,进行针对性训练。以句型为核心,能让学生在起步阶段就能通过有效的语言材料,获得比较自然的外语语音和语调,获得基础的听力理解能力,能以基本的句子形式进行语言输出,学以致用,这就有了比较明显的外语学习的获得感。这些自然都是"听说法"的可取之处,既有坚实的理论基础,又有科学规范的教学应用,教学效果也有目共睹。不过,这种教学法的不足也很明显。它过于强调对句型的机械操练,学生很难理解其中的语法规则并举一反三,同时也容易忽视对词汇和语义的分析,学生们很难自主地做出有创造性的、有意义的语言输出。此外,师生的关系在"听说法"教学中显得僵硬刻板,有违我们现在所提倡的"以学生为中心"的教育理念。"听说法"的教学指挥棒是在教师的手中,教师是外语学习的指挥者、决策者、监督者和评判者。在"听说法"的教学中,常常由教师决定教学内容、教学进度,决定学习方法,安排练习活动,也由教师来判断学生语言输出的对与错。由于该方法强调语言的准确性,因此教师对于学习者的错误往往会采取一种"有错必纠""一纠到底"的严格做法。这显然是一种"以教师为中心"的教学方法,现在看来,它把学生视为教学活动的被动接受者,极少考虑学生们的学习心理和感受,这并不利于调动学生的学习积极性。

(二)"认知法"

"听说法"教学特色鲜明,益处和弊端让人有目共睹。针对它的一些不足之处,20世纪60年代中期,美国也曾出开发出一种名为"认知法"的外语教学方法。"认知法"的产生,首先是外语教学对20世纪60年代全球科学技术迅速发展、各国间文化交流日趋频繁的积极响应。人们开始意识到流行一时的、以发展口语能力为主的"听说法"已不能适应新时代高水平外语人才的培养需要了,因此需要一种更为有效、更能满足现实需要的新的教学法来推动外语教学的变革。"认知法"的产生得益于这个时代以乔姆斯基语言观为代表的语言理论以及心理学家皮亚杰所提出的认知心理学理论。著名语言学家乔姆斯基提出的"转换—生成语法"把语言的内在能力放在研究的首要地位。他通过对孩童母语习得机制的分析，认为儿童语言能力是一种内在的先验能力，反映了他们对自身母语的内在认识，有助于理解语言的本质，具有创造性。他认为我们应研究人的内在性的语言，即人脑对语法结构的认识，而不是人的具体的言语行为，以及音义结合的词句等外表化的语言，他对语言的具体使用也并不重视。这种语言观与当时兴起的认知主义心理学的观点有异曲同工之妙，都极为重视学习者的语言学习的内在心理认知过程。因此，在采用"认知法"进行外语教学时，教师应引导学习者基于已有知识，通过分析和学习语言规则，有意识地掌握外语的语音、词汇和语法模式，这成了外语教学的核心目标。

由于"认知法"采用了"语言本质上是一种创造性活动"的语言观，因此，在"认知法"的外语教学中，发展学生的语言能力，使他们能像孩童习得母语那样，用有限的语言规则来创造出交际中所需要的句子，成为外语教学的根本目的。这种教学法很重视语言规则的理解，不过它认为语言规则不是来自教师的讲解与操练，而是需要学习者通过大量真实、有意义的语言输入，自我发现规则并创造性运用规则，这就包含了他们对目标语语言规则的理解和判断。"认知法"认为，外语学习者通过理解、归纳出所学语言的规则，就能够用外语生成句子并对句子做出反应。与"听说法"明显不同的是，"认知法"教学重点从外在的教师主导和句型操练，转向了学习者内在的认知和规则的自主归纳。这种由外而内的转变，体现出了"以学习者为主体"的教学理念，以及学习者内在因素在外语教学中的决定性作用。这也给教师带来了新的教学挑战：外语教学应如何让学生在真实的交际、情景等言语活动中自觉地、有意识地进行语言操练，并通过对语言知识的理解，形成自我的语言知识，进而有效地掌握和运用外语。这要求教师不再遵循"听说法"中先听说、后读写的传统模式，而是要让听、说、读、写4种语言技能并行发展，以确保学生得到均衡的语言技能训练。同时，要充分尊重学习者的认知过程，这就要求教师能容忍学生所犯的语言错误，因为犯错是任何人学习外语都会经历的一个过程，它反映的是学习者对目标语知识"假设—验证"的理解性过程。外语教师不要看到学生的错误输出，就急于纠错，而更多的是要把握学习者的主要错误，帮助他们分析、疏导，帮助学习者获得最好的理解和运用。总体来说,"听说法"的外语教学尊重学习者的主体性,注重外语学习过程的情景化、交际化,在激发学习者的学习动机和保持学习者的学习积极性方面,有着以往教学法不可比拟的优势。

当然,从某种角度来说,"认知法"是一种比较理想的外语教学方法,对教师和学习者都提出了很高的要求。仅仅提供规则、训练和运用,是否足以帮助学生实现目标语抽象规则的内化,这本身就相当存疑,毕竟影响外语学习的因素还有很多,而学习者的个体差异性导致他们在目标语规则内化程度上无法获得整齐划一的结果。事实上,这种教学方法在真实的外语教学实践上并未实现广泛的推广,也没有产生广泛的影响。

四、20 世纪 70 年代以来的主流教学法

(一)"交际法"的产生背景与主要理念

20 世纪 70 年代,欧洲各国在传统的政治、经济、军事等方面联系日益增强,同时也不断加强科技、文化、教育等领域的相互合作,作为"欧洲联盟"(即"欧盟",European Union)的前身,"欧洲共同体"(European Community)的出现开启了欧洲一体化的历史进程。在这背景下,采用创新方法来加强外语人才的培养势在必行。英国一些学者认为要促进各国之间的交往,外语教学就应努力培养具备语言交际能力、能满足实际交际需要的人才。这就要求外语教学不仅要培养学生能用正确的外语语音和语法结构来表达思想,还要能在各种不同的语言环境中正确、得体地使用外语,实现有效沟通和理解。确定了这一教学背景和目标,"交际法"便应运而生了。近半个世纪以来,世界经济文化的全球化进程日益加深,随着不同语言文化背景的人们之间的交流需求日益增长,这种交往的潜力得到了极大的激发和释放,这有力推动着外语教学进入"交际法"的时代。培养外语学习者的语言交际能力,成为当代外语教学的首要目标。需要指出的是,"交际法"在某种意义上并不是一种标准化的教学过程和评价方式,而更主要地体现为一套以培养学生"交际能力"为核心的教学理念,它有着坚实的理论基础和创新的教学原则。在"交际法"时代,培养"交际能力"成为众多以交际功能为核心的教学方法的灵魂。

在现代外语教学法的开发和应用进程中,每一种成熟的教学法都有着相应的语言学理论基础,用以确证该教学法的合理性,"交际法"也并不例外。

外语教学重视学习者的"交际能力",这不仅来自现实的需要,也有着语言理论的深层次反思。我们知道,"认知法"立足于乔姆斯基对"语言能力"的理论研究。在他的认识中,一个人的语言能力首先表现在他能否造出合乎语法的句子。在乔姆斯基的早期研究中,他将语法研究和语义分析作了鲜明的切割,提出了著名的"句法自治"(autonomy of syntax)的观点,即合乎规则的句子不是必须有合理的意义,这是因为语义和人们对世界错综复杂的认知纠缠不清,而且语义也不是一个独立的系统,难以进行全面的研究。相反,他认为语言中的所有句子都可以由一系列规则推导生成,比如:SP——NP+VP,NP——DET+N,VP——V+NP 等基本规则。他认为,只要通过这些规则,我们就可以产生出一系列符合语法的句子。基于此,他曾举了一个著名的例句:"Colorless green ideas sleep furiously."从语法角度来看,这句话是由 NP(Colorless green ideas)+VP(sleep furiously)构成的,完全符合语法的规则;但这句话无疑是没有意义或者语义荒谬的。我们如果从语义搭配角度来看,colorless 与 green 相互矛盾,而 ideas 与"颜色词"一般情况下是不可搭配的。这个例子说明,仅靠语法规则是不可能生成完备的、可接受的句子的。或者说,学习一门语言,除了相应的语法规则外,我们还必须学习如何正确、恰当地使用那种语言,这就要求我们语言学习者具备使用那种语言进行交际的能力。正是认识到了这一点,1970 年美国社会语言学家海姆斯(D. Hymes)提出了"交际能力"(Communicative Competence)这个概念。他认为,对于一个学语言的人来说,他的语言能力不仅在于他能否造出合乎语法的句子,还应包括他是否有恰当地使用语言的能力。也就是说,外语学习者必须掌握在具体的语境中恰当地运用语言进行交际的能力,而获得交际能力,就需要掌握语言的社会交际功能。

"交际法"从这一时代蓬勃发展的社会语言学中汲取了养分,社会语言学把社会交际功能视为语言最本质的功能。因此,"交际法"以交际功能作为主要的外语教学内容,它把语言意义、语言功能结合起来,放在了教学最重要的位置上。首先,在教学内容上,要求教师打破传统以语言形式(语法结构)为纲的做法,而是以意念(如数量、时间、次数等)和交际功能(如打招呼、邀请、询问等)为纲。在运用"交际法"的外语课堂中,教师不应将语言简单地理解为一种语法结构的知识,而是一种用于获取信息、交换信息的重要手段;同时,教师所运用的各种教学材料都应突出真实性,它们应该是来自现实生活的真实材料,将这些真实材料运用到"交际法"的各种实际任务之中,才能够凸显教学过程的现实性和交际化。事实上,"交际法"的教学过程需要被理解成一个交际过程,而只有在交际的过程中,学习者才能真正地学会外语。相应地,这带来了"交际法"的第二个重点:教师在教学中应尽力突出语境的真实性、交际性,尽量根据学生的需求,选择教学内容,确定具体的教学目标。教师应结合具体而真实的交际语言环境,训练学生们的听、说、读、写能力,使他们能够主动地、创造性地学习和运用语言。此外,外语"交际法"必然要求"以学生为中心"来组织课堂教学,学习者是课堂交际活动的主体,教师应努力为他们创造有意义的交际情景,安排各种交际活动,将交际功能和语言的各项机能有机结合起来,以鼓励、宽容的方式引导学生在各项交际活动中主动、恰当、灵活地学习和运用目的语,进而获得各种交际技能。

(二)"交际法"的主要类型

"交际法"的形成和影响有一个发展的过程。随着20世纪70年代"意念—功能教学大纲"(Notional-functional Syllabuses)的出现,第二语言教学经历了一个由语法概念和语言功能并重,向以语言交际功能为主,在交际过程中学习语言结构的转变。在这过程中,语言教学重视以"任务"的形式来帮助学习者获得语言的交际功能。根据"任务"在教学中所发挥的不同作用,第二语言教学实践出现了弱式"交际法"和强式"交际法"两种主要类型。

那么应该如何来认识"交际法"中的"任务"呢?我们先来看看被称为"任务辅助语言教学"(Task-supported language teaching)的弱式"交际法"。这种教学方法的主要内容包括两个部分:一是教师讲解目的语语法概念,二是教师组织操练目的语语言功能。教师往往按照"讲解—操练—运用"(present-practice-produce)3个传统教学的步骤进行教学(因此,也常被称为"3P教学法")。首先,教师会通过例子来讲解分析新的语言知识,然后结合新的语言点知识,指导学生完成相应的语法练习,只是到了最后的"运用"环节,才由学生通过"任务"的形式来自由运用所学的语言知识。不少教师很熟悉这种教学方法,应用起来得心应手。不过,这种教学方法虽然标榜为"交际法",但其主要目的还是帮助学生积累语言知识,而不是真正意义上的语言运用能力。"任务"被弱化成了一种辅助性的教学活动,其交际性质和特征并不显著,主要表现为以语言点为中心而设计的语法练习任务,有时甚至被简化为一种语言练习活动。这种教学方法并不能有效帮助学生在真实的交际情景中,通过被动的语言操练,主动得体地运用所学的语言。因此,这种弱式的"交际法"是否能有效实现"交际法"的理念和思想,常常被人所质疑和诟病。

真正意义上的"交际法"应该是强式"交际法",它也被称为"任务为中心的语言教学"(Task-based language teaching),或简称为"任务型教学法"。这种教学方法兴起于20世纪80年代,被认为是交际语言教学哲学思想在课程中的具体体现。"任务型教学法"首先对"任务"性质和特点作了明确的界定。一般来说,我们可以把"任务"分成两类:一类是我们在日常生活、工作或娱乐中所做的事情,它们是真实世界中的任务,具有非技术性、非语言性的特点。而另一类则是教育性任务,也就是我们在课堂中完成的任务。"交际语言教学法"运用的任务就是教育性任务,它可以被理解为一系列有教学目标指向、能促进学习者运用目的语来完成信息理解、加工和问题解决的课堂交际或互动性活动,它注重语言形式和意义的统一。著名语言教学专家纽南(David Nunan)曾这样定义"交际语言教学法"中的"任务":"任务是一种课堂活动,它要求学习者能够理解、运用对目的语,并能运用目的语进行自我表达,产生互动;同时学习者的注意力应当集中在如何运用语法知识来表达意义上,任务的目的是传达语言的意义而不仅仅是掌握语言的形式。"[1] 他还指出,语言教学中的任务应该具有完整性,应包括任务活动的起始、发展和结束。可见,在"交际法"的"任务"的设计和实施过程中,应当高度重视"任务"的交际性或互动性,这种任务往往需要多人小组或集体完成,需要教师和学生、学生和学生运用目的语来进行互动交流、合作完成所设定的任务。在"交际法"中,我们不能将"任务"简单地等同为语言练习。一般来说,语言教学中的练习有着明确的语言学习的目的,无论是选词填空,还是短语造句等,它们的结果都是语言性的。而"交际法"中的"任务"往往会产生非语言性的结果,比如根据城市地图选择或设计达到目的地的最佳路径,或根据同学们的才艺特长的调查来决定如何安排一次新

---

[1] David Nunan. 任务型语言教学 [M]. 北京:外语教学与研究出版社,2011:4.

年晚会等，显然，这些任务带来的结果具有非语言性的特点。而且，在完成这样的任务过程中，因为赋予学生完成任务的自主性、创新性，因此任务完成的结果并不一定完全按照教师的设想而出现，任务具有开放性和不可预知的特点。

"任务型教学法"有着自身完善的教学步骤。它一般按照任务开展的时间先后顺序，遵循"任务前"活动、"任务中"活动和"任务后"活动3个步骤。

（1）在"任务前"活动阶段，教师以"任务"为课堂活动的中心，设计与安排课程。在"交际法"根本目标的指导下，教师既要充分认识"交际法"教学中"任务"的本质特点，又要明确"任务"教学应当以学生为中心，也就是说"任务"应当与学习者需求相结合，与学习者的认知能力以及语言的承受力相结合；"任务"要兼顾课堂教学缺乏真实语言环境的实际情况，帮助激活学习者已有的语言知识，促进自主性学习。在这个阶段，教师可以由简到繁，由易到难，层层深入地设计多个任务，构成任务链；同时，应特别重视新的语言点的教学，向学生清楚说明与任务有关的生词和语言形式，注意与学习者已有的目的语知识联系起来，激活他们的兴趣和背景知识，这有助于他们顺利完成后续的任务。

（2）在"任务中"活动阶段，教师主要组织学生完成任务。这些任务一般有3种类型：信息差活动、推理差活动以及观点差活动。学生们按照不同的任务性质和要求，通过自行组队设计完成任务的方案，其中完成任务的活动类别是多样性的，比如在合作中进行沟通问答、匹配活动、讨论和决策、对话或角色扮演等，这能很好地激发学生们的认知策略、情感策略、人际策略、语言策略与创新策略。此外，在任务完成的过程中，师生们都应加强语言技能的掌握和应用，关注语言的流利度、准确性和复杂性，特别是引导学生关注"语言焦点"，要求他们在完成任务的过程中有意识地运用与任务相关的语言特征。此外，要协调好师生、生生之间的关系，尤其要重视学习者之间的合作与协商。教师可以遵循"脚手架原则"（scaffolding），在提供必要支持的前提下，引导学生自主进入任务情景中，分析和解决问题。

（3）在"任务后"活动阶段，教学主要包括分析和操练两个部分。首先由学生通过公开表演或汇报的形式来展示任务的完成过程和成果，并作自我评价和生生评价，目的是鼓励学习者注重学习过程与成果，更深入地认识自我，探索提升个人知识和技能的机会。在这一阶段，教师的反馈也极为重要，教师会评价整个任务的执行效果，在语言运用方面注重准确性、得体性（但并不鼓励过度流利性），并组织学生结合语言点进行针对性操练；更重要的是，教师还应从整体角度考虑任务的综合循环的意义，考虑是否需要重复任务，或者进一步延展任务活动，以便提高和巩固教学效果。

我们按照"任务型教学法"包含的3个步骤，以"参观美丽的校园"为任务主题，设计一个中文课堂的教学任务。在这个教学任务中，学习者需要通过实地参观校园，介绍参观过程中的所见所闻。

（1）在"任务前"环节，教师应激活学生背景知识，引入相关词汇和语言结构。教师通过导入话题、展示校园图片等方式，激发学生对该任务的兴趣，同时提供与之相适应的词汇和表达方式。比如，教授"喷泉""林荫道""雕塑"等描述校园景物的词汇；练习有关的方位词和句式，让学生意识到汉语方位语序的特征，如"在……的左边""靠近""位于……的中心"，以及"A在B的+方位词""A+方位词+是B""某地有什么东西"等基本句式；教师可以让学生在5分钟内看一张校园地图，让学生预测参观校园时的路线，以及可能看到的主要景物和活动，想想这些地方的位置应该如何表达。

（2）"任务中"环节，这是执行任务，实际使用语言的环节。教师可以安排学生分组参观校园，通过拍照、做笔记或画图等方式，记录下他们认为美丽的景点。重点应鼓励学生在参观过程中使用中文与同伴交流。

（3）"任务后"环节主要是关注"语言焦点"，巩固和提升学习者的语言运用能力。学生回到教室后，每组分享他们的参观记录和照片，讨论每个景点的特色和参观时的感受。教师可邀请各小组同学或代表轮流向全班介绍他们的参观印象。教师应根据学生的分享，重点引导他们聚焦语言，关注在描述校园景点时使用的关键词汇和表达方式，同时进行针对性的词汇和句型练习，看看谁的表达最准确、最精彩。"任务型教学法"也很重视对任务完成情况的评估，这包括：① 学习者自我评估，学生可以反思自己在参观过程中的语言表达和交际能力；② 学习者同伴评估，小组成员之间的相互评价，关注彼此的参与度和合作情况；③ 教师评估，教师根据学生的参观记录、分享内容、课堂汇报和语言使用进行综合评价。

总的来说，"以任务为中心"的"任务型教学法"制定了"以学习者为中心"的教学大纲，设计了"以意义为中心"的教学活动，选择真实的语言学习材料，营造生活化、交际化的多元场景，重视学习者的语言表达能力，以及情感因素和认知能力发展。同时，也努力解决一些语言教学中长期存在的矛盾，比如语言课堂教学与语言自然习得的冲突、语言形式和语言意义的冲突、提高准确性和提高流利度的冲突、发展语言能力和发展交际能力的冲突、注重学习结果与关注学习过程的冲突等等。上面的任务案例设计表明，合理的任务设计与执行能够有效地调和与平衡这些矛盾。学习者可以通过参观活动更深入地了解和欣赏自己的校园环境，并能聚焦语言，在真实的语境中使用中文进行交流。此外，这样的任务活动也有助于培养学生的观察力、表达能力和团队合作精神，一举多得。可以说，"任务型教学法"既突出了"交际语言教学法"的全新理念，又兼顾传统教学方法的一些优势，形成了具体而实际的操作方法。因此，"任务型教学法"已成为当下外语教学领域广受欢迎的教学方法之一。

第二节　典型的国际中文教学模式

一、理解"教学模式"

"教学法本身就是一种教学模式，或者教学法由先后多个教学模式组成"[1]。在上一节我们谈到，如果以英语中的 method 指代"教学法"，它主要指为达到既定语言学习目标而在课堂上使用的具体规范或模式，因此，method 也可以被理解为"教学模式"。回顾第二语言教学历史的发展，从早期的语法—翻译法、直接法、听说法，再到自然法、认知法等等，实际上，这也描绘了第二语言教学模式的演进和变化。20 世纪 70 年代以来，"交际法"产生了巨大的影响，我们看到这一教学法范畴下演变出许多教学类型或教学模式，它们都以功能语言学理论和社会语言学理论作为共同的基础理论，比如"任务型语言教学法"，也可以称为"任务型语言教学模式"，还有诸如"结构—功能模式""意念—功能模式""互动模式"等等。教学模式的发展与创新成了第二语言教学理论和实践发展的一个重要内容。

从教育学的一般意义上来说，教学模式是沟通教育学理论与具体教学实

---

[1] 马箭飞. 汉语教学的模式化研究初论 [J]. 语言教学与研究，2004 (4).

践活动的中介和桥梁，是"在一定理论思想指导下，为实现特定教学目标而设计的、比较稳定的教学程序及其实施方法的策略体系"①。具体来说，一个完整的教学模式应该包括以下5个基本要素：① 具有特定的教学思想或理论基础。理论依据是反映教学模式内在特征的一个因素。② 教学目标。它是对教学活动所带来的教学效果的预估和设定，具有方向性和制约性。③ 教学程序，或者说是操作步骤。它是教学活动在时间线上所展示的具体的过程、顺序。其中的内在逻辑性、程序的稳定性很重要，当然也并非一成不变。④ 实现的条件。一个教学模式要和具体的教学实践环境相结合，应充分考虑各种发挥效力的条件，包括作为教学主体的师生、教学内容、教学技术手段以及具体的教学时空和文化环境等，只有这样，一个抽象的教学模式才能发挥其应用的最优化的方案效力。⑤ 评价。评价也被认为是教学模式的一个必要的环节，它包括评价的方法和标准等，不同的教学模式都有其相应的评价手段和标准。② 除了上述5个要素以外，近年来的一些研究还指出，管理是教学模式不可或缺的一个要素，教学模式所设定的实施步骤和操作程序，不能仅仅停留于纸上谈兵，我们需要在具体的教学过程中建立强有力的管理机制，形成与之配合的管理体系，才能真正发挥教学模式的有效性。当然，这种管理机制也存在着宽严之分，在实际教学中有的教学模式有严格的教学操作程序和管理体系，而有的则相对宽松，具有弹性。③

不断发展的教学模式是特定阶段出现的教学理论与教学实践经验的有机结合。总体上，它具有规范性和相对的灵活性的特点。对于第二语言教学模式来说，它应能适时捕捉并接受主流的教学理论，以规范、严谨的教学流程指导具体的教学实践，确保教学思想或理论得以贯彻实施。严谨的内在逻辑性、具体的可操作性是凸显理论效应的关键。对于很多新手教师来说，学习和实践具体规范的教学模式，可以强化他们理论与实践相结合的意识，而且具体可循的教学步骤和规范也可以让他们在短时间内切身感受到最有效的教学方法、操作技术，明白什么是可行的，什么又是无效的，进而能够不断积累自身的教学知识和经验；同时，通过对教学模式进行积极评价，也能促进他们的教学反思和提升。因此，教学实践中规范严谨的教学模式常被视为一

---

① 李雁冰. 简论教学模式 [J]. 山东教育科研，1994（3）.
② 马箭飞. 汉语教学的模式化研究初论 [J]. 语言教学与研究，2004（4）.
③ 刘颂浩. 中国对外汉语教学模式的创建问题 [J]. 华文教学与研究，2014（2）.

种培养和发展教师的有效手段。另外，教学模式的相对灵活性，不仅表现在管理的宽严之别上，更在于它具有鲜明的环境意识特点。任何一种教学模式，都必须考虑所在环境的具体特点，没有哪一种理论建构之上的教学模式可以"包打天下"，可以"放之四海而皆准"。在具体教学实践中，既要充分遵循特定教学模式的特点，又要尊重具体教学环境的特点：了解教学所发生的宏观社会与文化环境，熟悉教学对象的特殊性，包括学生们的家庭社会背景、教育经历、学习动机、需求和方式方法等。某种意义上，实际的教学是一种平衡的艺术：我们既要贯彻教学模式的理念和程序，又要了解并尊重这些特殊的教学因素，把它们作为贯彻教学模式理念和程序的相关参数，做好两者之间的协调与平衡，才能真正发挥教学模式应有的价值和作用。

二、国际中文教学模式的新发展

对外汉语教学模式的开发和应用历史悠久，可以追溯到20世纪50年代新中国对外汉语教学的起步阶段。在相当长的对外汉语教学实践中，围绕着汉语技能的综合教学或是分离教学，形成了传统对外汉语技能教学的典型模式。这一部分内容，我们将在本书第五章第二节"国际中文技能教学模式的发展回顾"中进行讨论。

20世纪末以来，国际中文教学模式出现了多元化发展的态势。这些教学模式来自中国以及美国等其他国家的中文教学界，有的教学模式围绕着某种教学法而建构，如"汉语交际任务教学模式"[1]；有的则围绕着独具特点的汉语教学项目而展开，如久负盛名的美国"明德模式"；有的则是反映当代外语教学理念的教学模式，如美国的"AP（Advanced Program）中文教学模式"。更多的则主要针对汉语本体而建构，如"词汇强化教学模式"[2]，它主张利用汉语词汇规律和学习记忆规律，通过取消中级阶段的精读课，重点加强词汇教学速度，帮助学习者集中记忆生词，提高汉语学习效率。在语法教学方面，也出现了"以虚词为核心词汇"的语法教学模式等[3]。接下来，我们将结合上述几个方面，来认识一些当前在国际中文教学领域具有影响力的

---

[1] 马箭飞. 以"交际任务"为基础的汉语短期教学新模式[J]. 世界汉语教学，2000（4）.
[2] 陈贤纯. 对外汉语中级阶段教学改革构想——词语的集中强化教学[J]. 世界汉语教学，1999（4）.
[3] 李晓琪. 关于建立词汇—语法教学模式的思考[J]. 语言教学语与研究，2004（1）.

典型教学模式。

(一)"以字为本位"的教学模式

围绕着汉语中汉字的独特性探讨以及对教学的影响,国际中文教学出现了"以字为本位"的教学模式①。我们知道,传统的汉语教学模式大都是"以词为本位"的,也就是说以词汇而不是汉字作为基本的教学单位。词汇跟汉字同步学习,或者说随文识字,这就带来了两个问题:如果把汉字作为单纯的书写符号,附属于词汇教学的话,汉字不能形成独立的概念,学生也无法系统地掌握汉字的知识,当他们学习汉语双字词和多字词时,由于缺乏独立汉字辨义的意识和能力,就无法通过在大脑中单独存储和提取字义来联想词义,从而增加了词汇学习的记忆难度,降低了词汇学习的效率。此外,"以词为本位"的教学模式与所谓的"语文一体"的教学模式相关联,教师教说什么话,就教写什么字,不仅无法按照汉字形体结构的特点由易到难地进行汉字教学,而且长期在教学中不严格区分口语和书面语,不系统介绍口语体语言和书面语体语言的区别,使学生无法灵活得体地进行语体转换。

1989年,法国学者白乐桑在与张朋朋合著的汉语教材《汉语语言文字启蒙》中,明确提出"字本位"教学模式。这本教材在欧洲有多种语言的版本,具有一定的影响力。该教材吸取了以往以词汇为重点的中文教材的使用经验和教训,鲜明地提出应以常用汉字为教学重点,鼓励学生掌握汉字和以字组词的方法,通过汉字拓展出大量的词汇,这样他们可以在短时间内快速提高词汇量。与之相呼应,吕必松进一步提出了"语文分离的教学模式",也主张"字本位"的教学,希望能扭转传统"语文一体"的教学弊端②。围绕着汉字教学,也有学者曾提出"先学听说",再集中识字写字的教学模式③。"先学听说",主张语、文分开;而在集中汉字学习时,主张先集中识字,再书写汉字的顺序,做到读写分开。这种模式来自汉语为母语学习者的经历,目的是为外国学习者探寻一条有效的汉字学习的模式,这种"先语后文"的对外汉字教学模式在教学实践中得到了广泛的认同和运用。

---

① 白乐桑,张朋朋. 汉语语言文字启蒙 [M]. 北京:华语教学出版社,1997.
② 吕必松. 谈谈基于"字本位"的组合生成教学法 [M] //中国教育学会教育实验研究分会汉字文化教育研究中心. 识字教育科学化论文集粹,2006:3-7.
③ 崔永华. 从母语儿童识字看对外汉字教学 [J]. 语言教学与研究,2008 (2).

（二）"汉语交际任务教学模式"

这是一个针对短期汉语教学的特点和问题而提出的教学模式。在中国，短期汉语教学的周期一般安排在 8 周以内，具有短期、强化、速成的特点，教学目标在于如何在短时间内帮助学习者尽可能地获得汉语知识和技能。由于它的教学周期相对来说比较短，因此在教学目的的设定上，不可能面面俱到，而一般会重点强调某一个特定范围和某一项特定的汉语技能；在教学内容上，主要选择学生日常生活、学习、交际中最常用、最急需的功能和话题，选择使用频率高、最常见的语言要素；而教学组织上，它往往强调动态设计教学实施方案，通过强化手段来实现教学的高效率。

马箭飞提出的"汉语交际任务教学模式"[①] 主要针对短期汉语教学模式的特点和问题，通过借鉴交际教学法中的任务式大纲模式，根据"功能—意念大纲"以及汉语语言交际的实际需要，用一系列交际任务项目来体现语言的交际内容；按照由易入难、由简入繁的方式分为初、中、高三级。根据交际任务的主题特征，他把初级项目分为基本交际类、生存类、社会活动类、个人信息类和综合信息类等 5 个大类，具体描述为 100 个交际任务项目。中级项目分为基本交际类、生存类、社会活动类、个人信息类和综合信息类等 5 个基本类。高级项目分为基本交际类、社会信息类、文化信息类和媒体信息类等 4 个基本类，在此基础上进一步描述许多具体的交际任务项目。总的来说，这个教学模式主张以交际任务为教学组织单位，让学生通过大量的交际性操练，掌握相应层级和数量的汉语交际任务项目，进而有效提高学生的汉语交际能力。

（三）美国"明德模式"

美国"明德模式"是美国明德学院（Middlebury College）打造的一种成功的短期语言教学模式。美国明德学院每年暑假在校园开办明德暑校（Middlebury's Summer Language Schools），目前提供 10 种不同的外语培训项目，其中"明德中文暑校"开设于 1966 年。"明德中文暑校"经过多年的发展，在办学理念、教学管理方式、教学方法等方面已经形成了一套成熟、成功的教学模式，对中国国内的汉语教学产生了较大的影响。

---

① 马箭飞. 以"交际任务"为基础的汉语短期教学新模式［J］. 世界汉语教学，2000（4）.

这个模式在整体办学理念上突出学以致用、情景教学、授人以渔、真实语料、实际运用、以学生为中心，定期严格测试①。具体体现在中文教学上，非常重视培养学生的语言能力，特别是强调听说方面的操练，要求语音准确，正确掌握句子结构；认为教学内容应该切实反映目标语的文化内涵，这直接体现在了教材内容的编写和选择上。这个模式根据学习者汉语水平和教学内容，一共分为5个年级，在一到三年级对应开设初级、中级、高级汉语课程，初级以实用性、趣味性的教学内容为主，中高级教材话题则富有争论性；这样的设计安排被认为能满足美国学生好奇、喜欢迎接挑战的学习心理。四年级开设文言文课程，五年级则开设中国思想文化课程。此外，还提供许多诸如书法、话剧、太极拳等语言和文化方面的课外兴趣活动。

明德模式坚持以沉浸式教学为内核，运用反复操练、重视听说为核心的教学方法。为了尽可能地营造接近目标语的环境，减少学习者母语的干扰，这一模式要求入学的学生签订"语言誓约"，保证只使用汉语作为交际语言，甚至在宿舍、食堂都努力营造中文环境，同时严格控制英语报刊、电视、广播的影响。为期9个星期的教学采用了密集课程安排的方式，上午有大小班课，下午有辅导课，晚上是补习课，每天还要安排4—5小时的学生预习和复习，这些学习任务体现在总成绩的评估上：每天的听写占30%；每天作业占20%；周考占30%；两次大考（第五周、第九周）占20%。整个学期的课程和学时相当于大学一学年。同时，学习的作业量也较大，学生每周要结合课堂讨论内容完成作文和录音，并交由教师批改。总体上，"明德暑校"的中文教学模式带有鲜明的"听说法"教学特点，同时也融入了语言功能和文化的要素，大致体现了20世纪90年代末对外汉语教学所提出的"结构—功能—文化相结合"的教学法路子。

作为一个典型的短期或强化教学模式，明德模式的另一个突出的特色在于管理方面。它采用了一套独特的管理系统和严格的管理措施，一切工作都以提高学生的语言学习效率为中心。除了目标语环境外，该模式还注重优质的师生比，一般为1∶4；通过教师集体备课，确保同一年级的教学保持步调一致；同时，还提供繁简对照的中文教材，帮助他们获得能够认读繁简两种字体的能力。这一模式也非常重视学生的反馈与评价，学生要对每一位教师

---

① 张喜荣，田德新. 美国明德学院的中文教学［J］. 世界汉语教学，2004（1）.

和整个项目进行期中和期末两次书面评估，也有机会和校长进行一对一面谈，这有助于学校随时听取学生对教学和管理的反馈，并将这些反馈及时传达给行政部门或相关教师，以便落实到具体的教学改进和教师培训招聘等环节。这样严格高效的管理机制成为这一模式有效运作的立足根本。

美国"明德模式"在教学理念、课程安排、教学方法和评估、教学管理等方面形成了独具一格的模式特色，培养出的学生在汉语水平上得到了广泛的好评，在国际上形成了很好的口碑，进一步证明了这一教学模式的有效性。同时，"明德中文暑校"也培养出不少具有丰富课堂教学实践经验的汉语教师。很多学者认为这一教学模式、教学技巧可以丰富国际中文教学的模式建构，并能提供许多有价值的参考经验。当然，这一教学模式也有一些问题值得我们思考，比如它过于强调学生的听说能力，而在读写能力训练上显得不足；"操练模式"比较机械单一；在集体备课上，重视了协调一致，却忽视了教师的个性和创造性等，这些都需要我们在实践借鉴中加以甄别和选择。

 本章思考题：

1. 如何理解第二语言教学法所具有的理论性、体系性和操作性？
2. 请谈谈"听说法""认知法"和"交际法"的语言观和语言教学的主要目标。
3. 如何正确理解"任务型语言教学"中的"任务"？在教学中如何才能体现"任务型语言教学"的真正价值？
4. 请按照"任务型教学方法"的3个步骤，以"餐厅点餐"为主题，设计一个角色扮演任务，或者以"采访一位你尊敬的老师"为主题，设计一个采访任务。
5. 请介绍一种你熟悉的国际中文教学模式，并谈谈它的主要特点。

 **本章主要参考文献：**

1. 刘颂浩. 中国对外汉语教学模式的创建问题［J］. 华文教学与研究，2014（2）.
2. 马箭飞. 汉语教学的模式化研究初论［J］. 语言教学与研究，2004（4）.

3. 吴勇毅. 汉语作为第二语言/外语教学模式的演变与发展 [J]. 华东师范大学学报（哲学社会科学版），2009（2）.
4. 张喜荣，田德新. 美国明德学院的中文教学 [J]. 世界汉语教学，2004（1）.
5. David Nunan. 任务型语言教学 [M]. 北京：外语教学与研究出版社，2011.
6. J. C. Richards，T. S. Rodgers. 语言教学的流派 [M]. 北京：外语教学与研究出版社，2008.

第四章 国际中文要素教学

本章导读

国际中文教学重视汉语本体要素的教学，以培养学习者综合运用汉语的能力为核心任务。本章以语音、汉字、词汇和语法为国际中文教学的核心要素，分别介绍了它们的主要特点，总结了行之有效的教学原则、模式、方法和技巧。在语音教学方面，本章总结了汉语音节以及汉语作为声调语言的特性，讨论了语音教学精确度和流利度相结合，重视语音对比和偏误分析等原则，具体介绍了演示、模仿、夸张、带音等语音教学方法。在汉字教学方面，结合汉字的历史演变、数量、结构特点和属性，讨论了汉字教学应重视辨析"汉字文化圈"与"非汉字文化圈"的学习者背景和需求，采纳"先语后文"和"认写分流"等模式。在汉语词汇教学方面，本章强调了词汇的重要性，讨论了汉语词汇所具有的双音节化倾向和合成词优势等特点，概述了立足语境和基于语体的基本教学原则，并介绍了相应的教学方法和技巧。在汉语语法教学方面，本章不仅描述了汉语语法所具有的孤立语特性、词类与句法成分的一对多关系，以及量词的丰富性等特点，还讨论了语法教学的实用性、针对性、细化原则，着重介绍了"汉语格局+碎片化语法"教学模式和"三一语法"体系等新理论。

国际中文教学应当高度重视中文本体要素的教学。陆俭明曾指出，中文教学的"核心任务与内容是汉语言文字教学，其出发点和终极目标是让国外愿意学习汉语的学习者,学习、掌握好汉语,培养他们综合运用汉语的能力"①。我们要了解第二语言的教学方法,就要积极地思考并探索如何将有效的教学方法应用于中文教学之中,帮助"零起点的外国汉语学习者在最短的时间内能尽快、最好地学习掌握好他希望学的而且是应该学习掌握的汉语"②。

  赵金铭曾指出,语言教学最为基本的问题是要解决教什么的问题③。对于国际中文教学来说,所教授的就是中国国家通用语言文字,即普通话和规范汉字。普通话是汉语的标准语,以北京语音为标准音、以北方话为基础方言、以典范的现代白话文著作作为语法规范。而汉字是记录汉语的文字,是汉民族共同使用的文字,《中华人民共和国国家通用语言文字法》确定"规范汉字为国家通用文字"。因此,规范的汉字以及汉语普通话的语音、词汇和语法是汉语本体教学的根本要素,是汉语学习者学习并掌握汉语的基础。2021年3月公布的《国际中文教育中文水平等级标准》更明确提出"以音节、汉字、词汇、语法四种语言基本要素为衡量中文水平的基准",称为"四维基准"(Four-dimension Benchmarks)④。

第一节 国际中文语音教学

一、汉语语音的特点

  我们以汉语的音节作为基本单位,来分析汉语的语音特点。汉语历来看重音节的分析,这是因为汉语本身就是一种单音节特性很强的语言。在意义上,汉语音节是汉语基本的表意单位,汉语的每个单音节都有意义,都是最小的音义结合体。在形式上,汉语的音节构造简单,规律性强,而且音节分明,易于辨析。不过,与世界上许多语言是由元音和辅音一次性组合构成的音节系统不同,汉语的音节是一个声韵调系统,它先组成声母、韵母,再与声调组成音节,可以称为二次组合系统。

---

① 陆俭明. 汉语国际教育与中华文化国际传播[J]. 同济大学学报(社会科学版),2015(2).
② 陆俭明. 汉语国际教育与中华文化国际传播[J]. 同济大学学报(社会科学版),2015(2).
③ 赵金铭. 对外汉语研究的基本框架[J]. 世界汉语教学,2001(3).
④ 中华人民共和国教育部、国家语言文字工作委员会于2021年3月24日发布《国际中文教育中文水平等级标准》,见 http://www.moe.gov.cn/jyb_xwfb/gzdt_gzdt/s5987/202103/W020210329527301787356.pdf.

汉语的"声母"相对简单，它是一个辅音单位，指的是一个音节开头的那个辅音。而"韵母"比较复杂，它由元音和某些鼻辅音组合而成，指的是声母后面以元音开始的整个部分。汉语普通话里的韵母主要由元音构成，既可以包括一个元音，如："饿"（è [e^{51}]）、"路"（lù [lu^{51}]）；也可以由两个或三个元音构成，如："到"（dào [dao^{51}]）、"表"（biǎo [piao^{214}]）；还可以由一个元音和一个鼻辅音共同构成，如："饭"（fàn [fan^{51}]）、"方"（fāng [fang^{55}]）。如果汉语的韵母只包含元音，那么单韵母元音是主要元音；如果复韵母是由两个元音组成的，开口度大的元音就是韵母的主要元音；在三合元音的复韵母中，开口度最大的元音处于中间，是韵母的主要元音，如"坏"（huài [huai^{51}]）里的元音。汉语的韵母只有 n [n] 和 ng [ŋ] 两个鼻韵母，它们都处在音节的末尾，形成一个闭音节。如果汉语韵母不包含鼻韵母，那么就形成了数量众多的开音节。在传统的汉语音韵学中，汉语音节的韵母可以分成韵头、韵腹和韵尾三个部分，韵腹是一个汉语音节成立的关键，它是韵母里的主要元音。在韵腹之前的元音称为"韵头"或"介音"，主要指 i [i]、u [u]、ü [y] 三个元音，而韵尾则限于 i [i] 和 u [u] 两个元音。

汉语是声调语言。声调表现在音高上，汉语主要通过声调的高低升降来区别意义。汉语普通话共有22个声母（包括零声母），以及38个韵母，而在实际使用中，只有404个声韵结合体（即音节）[①]。有限的音节数量需要搭配不同的声调，才能更好地区别意义。汉语普通话共有4个声调，分别是"阴平""阳平""上声""去声"，简称"四声"。在汉语拼音方案里，这4个声调分别用"-""ˊ""ˇ""ˋ"4个"调号"来表示，调号需要标注在一个音节的主要元音上，如：还（huán [huan^{35}]）。在语音学中，常用"五度标记法"来标注声调的高低，以5度为最高，1度为最低，"阴平"（"-"）标注为55高平调，"阳平"（"ˊ"）为35的升调，"上声"（"ˇ"）为214的降升调，"去声"（"ˋ"）为51的高降调。汉语音节的声调是固定的，但是在几个音节连读时，有的会出现变调的情况。一个典型情况就是当两个上声连读时，前一个上声会变成类似阳平的35调，比如"美好"，其中"美"的读音近似于"梅"，是一个阳平字；在另一种典型情况中，当读作去声的

[①] 卢偓. 现代汉语音节的数量与构成分布 [J]. 语言教学与研究，2001（6）.

"不"字出现在另一个去声字前,它会读成近似阳平,如"不是""不够",其中"不"变读为"bú"。此外,轻声、儿化等也是普通话语音的特征。

二、汉语语音的教学

(一)汉语语音教学的基本原则

首先,在汉语语音教学中,我们要重视发音的精确度和流利度,将"语流教学"与"音素教学"结合起来。

国际中文学习者主要是通过汉语拼音来学习汉语语音的。我们借助语音学知识可以准确说明《汉语拼音方案》中的语音。同时,现代语音实验方法和技术也可以帮助学习者习得理想的标准发音。学习者如果能够掌握规范标准的汉语发音,这将有助于在实际的口头交际中更准确地表达自己的想法,也能更容易被他人理解。此外,准确发音还能培养学习者的汉语语感,感受到汉语音节和音韵的特点,这有助于他们掌握好汉语的语音和语调,提高中文表达的流利度。

长期以来,汉语的语音教学主要集中在基础汉语教学阶段,一般采用"音素教学"来突出发音的精确度。这种教学方式要求先从汉语单字声母、韵母和声调等音素开始,安排专门的时间[1],由易入难地帮助学习者掌握一个个音素的发音,再逐渐过渡到词组、句子和会话练习上,帮助学习者尽可能地掌握汉语普通话语音系统的规律和发音特点。然而,在实际的语音教学中,发音的精确度并不是最重要的。这是因为,一方面,很多学习者的母语发音有自身的特点,与汉语发音相比,存在较大的差异。要让学习者精确掌握汉语发音,这几乎是不太可能的,更何况很多汉语母语者也并不能够完全掌握准确的发音。另一方面,如果在语音教学中过分强调汉语发音的准确度,还可能会给学习者带来心理上的负担,抑制他们对汉语语音材料的吸收和消化,影响他们的学习兴趣。事实上,即使学习者的汉语发音有时候不是那么精确,也不会明显影响他们和汉语母语者进行正常的口头交际。比如说,在汉语普通话中,塞音只存在送气与不送气的对立,不存在清浊的对立。从送气与不送气对立的角度来看,如果把一个汉字的送气 [p^h] 发成了不送气

---

[1] 在20世纪50—60年代的对外汉语长期班教学中,一般会专门安排两周左右的"语音学习阶段"。到现在,这种安排还在一定程度上继续应用着。

[p]，那么这个字的意思就可能发生变化，比如"篇"（piān[pian55]）和"编"（biān[bian55]）。但是，如果将不送气清音替换成浊音，并不会区别意义，很多汉语母语者大都听不出来。因此，如果英美的汉语学习者把这个汉字的清塞音[p]发成了浊塞音[b]，没有人会认为它变成了另外一个字，因为很多人根本听不出来发的是[b]。

相比之下，在汉语语音教学中，越来越多的人认为流利度比精确度更重要。流利度主要指汉语口头表达的速度、说话的连贯性和自然度。说一口流利的汉语可以帮助学习者更好地表达自己的想法，在自然的交际中准确地理解他人的表达。许多第二语言教学研究者和教师认为，学习一门外语，重要的是能够熟练地使用所学的语言，准确得体地进行交流，同时让别人能够听懂，并且听得明白。在这种认识的影响下，国际中文语音教学也开展了"语流教学"。与"音素教学"不同，"语流教学"不再专门安排集中的语音教学阶段，而是帮助学习者先简单了解《汉语拼音方案》以及其中的声母、韵母和声调，然后把语音教学融入课文教学中。它主要从会话入手，在含有完整句子的会话练习中训练并纠正学生的音素发音。在"语流教学"中，帮助学习者通过长短不等的语流形式，获得自然、流畅、准确的说话能力，成为汉语语音教学的最终目的。我们主张"语流教学"与"音素教学"相结合，以语音学习的流利度为主，兼顾语音的精确度，并将语音学习贯穿于中文学习的始终，这既能为国际中文学习者打下坚实的汉语语音基础，也有助于他们掌握良好的汉语语流表达能力。

其次，在汉语语音教学中，还要贯彻"因材施教"的原则。这就要求我们根据学习者的不同水平、语音学习的心理和生理特点，特别是他们的母语和汉语语音体系上的异同点，开展针对性教学。

我们一般采用对比分析的方式，把汉语语音系统和学习者的母语语音系统进行充分比较，找出相似或不同的地方，帮助教师判断不同母语的学习者在汉语语音学习上会出现哪些问题，如何能够更容易、更有效地解决这些问题。例如，针对英语背景的汉语学习者，我们可以系统比较一下汉语声韵母和英语的辅音与元音。这可以帮助发现很多细微的差别：比如说，汉语[b]、[p]、[m]、[f] 4个唇辅音在和元音[o]组合时，发出的音并不是一般认为的[bo]、[po]、[mo]、[fo]，而是在唇辅音与元音[o]之间有一个短暂的过渡音[u]，有点类似于[buo]、[puo]、[muo]、[fuo]。而且这儿的元音［o］要比国际音标的定位元音［o］低一些，是一个介于半高和半低之间的后元音[1]。再比如，［h］在英语中是一个喉擦音，但在汉语拼音中它是舌根擦音，这种差异对比可以帮助汉语学习者避免将汉语拼音中的［h］发成英语里的喉擦音［h］。通过对比，我们还发现汉语声母中 j［tɕ］、q［tɕʰ］、x［ɕ］这 3 个腭化舌面辅音和英语中的［ʃ］、［tʃ］、［ʒ］、［dʒ］等腭化辅音并不完全相同，在汉语语音教学中需要特别注意它们特殊的发音部位。另外，普通话的舌尖后音 zh［tʂ］、ch［tʂʰ］、sh［ʂ］、r［ʐ］是汉语特有的辅音，它们有着非常明显的卷舌特点，这对于很多国际中文学习者来说都是学习难点，需要针对性的强化训练。

在汉语语音教学中，我们也常运用偏误分析方法，对特定语言背景的中文学习者进行发音偏误的调查统计。例如，一项针对 22 名泰国学生录音文本的听辨判断和部分样本的声学分析研究[2]，发现泰国汉语学习者在汉语声调学习上存在着阴平不够高，阳平和去声会出现较长的预备段的现象，从而延长了整个音节；他们发的上声调值不是标准的［214］，而总以［211］的形式出现。泰国学生在汉语声母发音上的问题，主要出现在舌根音 k、h，舌面音 j、q、x，舌尖塞擦音 z、c 和卷舌音 zh、ch、sh、r 上；韵母的主要偏误发生在单韵母 o、e、ü，舌尖前元音 -i［ɿ］、舌尖后元音 -i［ʅ］，以及复韵母 ɑo、ei、ie、uɑ、uo、üe、iu、ui，鼻韵母 ian、üan、un、ün、-ng，儿化韵 er 上。这样的偏误分析可以帮助了解泰国学生汉语语音偏误产生的主要原因，比如：母语及方言的影响，《汉语拼音方案》引起的偏误等，这要求教师为泰国汉语学习者提出针对性的语音教学对策。

（二）汉语语音教学的主要方法

长期的汉语语音教学实践积累了许多行之有效的教学方法和技巧。除了上面所说的对比法，也就是把学习者的母语和汉语语音系统中的相关音素进行比较外，汉语语音教学还常使用演示法、模仿法、夸张法、带音法、拖音法、固定法、分辨法等。我们这儿介绍几种常用的语音教学方法。

演示法：演示法指的是教师以直观、形象的方式向学生展示汉语的发音

---

[1] 林焘，王理嘉. 语音学教程［M］. 北京：北京大学出版社，1992：48.
[2] 蔡整莹，曹文. 泰国学生汉语语音偏误分析［J］. 世界汉语教学，2002（2）.

部位、发音方式。演示法有很多不同的表现方式。通常，教师们会直接向学生们演示自己发音时的口型，比如开口度的大小、舌位的高低、圆唇的程度，以及嘴唇的收拢或前突等样子；教师除了直接用口型演示外，还可以用手势来配合演示。比如，用大拇指和食指圈成一个圆圈，表示圆唇；用大拇指和食指伸直成一条细缝，表示不圆唇；把手指轻轻放在喉头上，帮助学生感受声带是不是在颤动；还可以用手部的指示来强化声调的训练。许多老师还喜欢用纸片等实物进行演示，他们常把纸片放在嘴前来表现气流的强弱，用来区分汉语的吐气音和不吐气音。此外，教师们还可以利用汉语拼音的声母表、韵母表来讲解声母和韵母，用四声升降图来演示声调的变化，或者用传统的板书和现代技术进行动画演示，这些都是有效的演示方法。

模仿法：模仿法分个别模仿和集体模仿两种方式。个别模仿，就是请单个学生模仿教师的发音，这样可以方便教师准确了解每位学生的实际发音情况，及时发现并纠正他们的问题。不过，在课堂教学中进行个别模仿，可能会引起学生情绪紧张，比较好的做法是把个别模仿和集体模仿结合起来。集体模仿是让全班学生或部分学生一起重复教师的发音。集体模仿几遍后，再转为个别模仿，这样可以提高学生开口率，也不会引起学生紧张。

夸张法：教师在展示发音部位、发音方法和指导学生听音、发音时，可以适当运用形象夸张的方式，加强学生对特定发音的印象。比如，教师发［a］时可以配合手势，把嘴尽量张大些，说明这个音开口度最大；而在发［i］时，将嘴角用力向两边扯；发［ü］时，可以将嘴唇用力向前突出，这种夸张的方式可以促进学生理解和正确模仿。教师还可以在发复合韵母时，将韵腹部分的响度提高一些，用来区别韵腹与韵头、韵尾；也可以通过刻意拉长发音过程，来显示多个音素构成复合韵母的过程。

带音法：有经验的教师在教授新的汉语音素时，会帮助学生先读一读已学过的或学生母语中相似的音素。只要改变发音部位或发音方法，就可以顺利引导学生发出新的音。比如，在教授汉语［z］、［c］、［zh］、［ch］、［sh］、［r］等辅音时，考虑到绝大多数国家没有这样的辅音，但都有［s］这个音，教师常常使用以旧带新、以易带难的"带音法"，先帮助学生掌握好［s］音，然后让他们在擦音前加上一个用舌尖成阻和破阻的动作，这样就可以发出塞擦音［z］；在［z］的基础上，要学生用力吐气，这样就可以发出塞擦吐气音［c］。同样，在掌握好［s］音的基础上，将舌尖稍稍卷起，就可以发出［sh］音；而在［sh］的基础上成阻和破阻，就可以比较容易发出［zh］音；再在［zh］的基础上，要求学生吐气，这样可以发出［ch］音。对于［r］音的学习，教师常会要求学生先发出［sh］音，然后用手指头轻轻放在喉头上，感受声带颤动，这样就可以很自然地发出［r］音。

第二节　国际中文汉字教学

一、汉字的特点

（一）汉字的演变与数量

中国的汉字是世界上最古老的文字之一，也是迄今为止持续使用时间最长的文字，有着6 000年左右的历史。汉字在历史的发展中，曾经历了甲骨文、金文、篆文、隶书、草书、楷书、行书的演变过程。这是书写工具和材料变化带来的结果，也体现出汉字逐渐简化、便于书写的发展趋势。在目前的中文世界中，通行简体字和繁体字两种字体。20世纪中国进行了文字改革运动，在1986年发布的《简化字总表》中一共收录了2 235个简体字，它们是《中华人民共和国国家通用语言文字法》界定的"规范汉字"。而那些在简化汉字运动中被替代的字常被称为"繁体字"，它是汉字隶变后到20世纪这两千多年来中国人通用的中文书写标准。目前，在中国的台港澳地区依旧在使用繁体字或存在繁简体并存的现象。而在中国大陆，我们常见到一些文物古迹、书法篆刻等也都保留或使用繁体字。

汉字在历史的发展中，曾出现了80 000多个汉字，不过常用的汉字只有几千字。比如，2013年正式发布的《通用规范汉字表》共收录8 105个汉字，其中常用字6 500个。据统计，3 000个最常用汉字可以覆盖99%的书面资料。因此，对于汉语为母语者来说，一般掌握3 000—5 000个汉字就可以满足日常的读写交流。而对于汉语为非母语者来说，也需要掌握一定的汉字量才能满足基本的交流需要。在2021年正式实施的《国际中文教育中文水平等级标准》中，初中等——六级共收录了1 800个汉字，高等七—九级另收录1 200个汉字。这说明，如果要达到高级水平的话，共需要掌握3 000个左右的常用汉字。

（二）汉字的结构特点

与世界上许多文字相比，汉字辨识度很高，它是由笔画构成的方块形符号，因此也常被称为"方块字"。中国古人很早就根据汉字的结构特点，总结出汉字的造字规律。东汉时期的许慎在他编写的《说文解字》中就归纳出6种造字方法，即"六书"：象形、指事、形声、会意、假借和转注。在前面4种主要的造字法中，"象形"和"指事"是独立纯正的造字方法，一般用于不能分割的独体字，比如象形字"日"、指事字"七"等；而"形声"和"会意"是不同部件组合而成的方法，一般用于合体字，比如形声字"清"、会意字"信"等。汉字的最小构成单位是"横、竖、撇、捺、提、点"等笔画，笔画组合在一起可以形成偏旁部首、独体字和其他不成字部件，这些是构成合体字的基础部件。合体字是汉字的主要形式，大概占了汉字总数的90%以上。

学习汉字，就需要了解合体字构成的一些基本规则，这包括书写汉字时笔画的走向和出现的先后次序，也就是比较固定的"笔顺"，以及合体字的常见组合方式。汉字笔画一般按照"先横后竖，先撇后捺，从上到下，从左到右，先外后内，先外后内再封口，先中间后两边"的顺序书写。合体字在组合上，常见的有：上下结构，如"哭""尖"；左右结构，如"情""轨"；半包围结构，如"同""造"；全包围结构，如"囚""回"；上中下结构，如"赢"；左中右结构，如"辩"；"品"字形结构，如"晶"等。

（三）汉字的属性

汉字具有文字的基本属性，它是记录和表现汉语的符号。不过，汉字又有着许多与众不同的特性。一般来说，世界上绝大多数文字属于表音文字，或者叫作拼音文字，它包括记录音素的音素文字，比如英文和法文；以及记录音节的音节文字，比如日文的假名。然而，汉字在漫长而复杂的演变过程中形成了音、形、义的统一体。在意义表达上，绝大部分汉字都有相对明确的意义，因此汉字常被称为表意文字。也有学者从语素角度来认识汉字的性质。语素是语言中最小的音义结合体，汉字就是记录汉语语素的符号，因此汉字被定性为语素文字，或者是一种"单体型意音文字"，既具有提示性的表意功能，也具有提示性的表音功能。不过，由于一些汉字中的假借字本身没有意义，它们通过同音借字的方式，借用了声音相同或相似的另一个具有意义的汉字来表示，比如甲骨文中的"北"字，看上去像两个人背对背的样子，而"北"字本身并不能把"北方"的含义象形地表示出来，因此就借用了语音相同的"背"字来表示"北方"。这些假借字就被称为音节文字。这样看来，汉字既有语素文字的性质，也有音节文字的特点，因此，综合起来，可以称汉字为"语素—音节文字"①。关于汉字性质的探讨，虽然还没形成统一的认识，但有一点是清楚的，那就是它和普通语言学研究的、以希腊字母为原始型的表音文字体系不一样，表意的汉字"对汉人来说……是观念的符号；在他们看来，文字就是第二语言"②。

此外，汉字也被认为是中华文化的重要组成部分。在历史上，统一规范的汉字书写形式，帮助我们跨越地域和方言差异的隔阂，成为来自不同民族和地区的中国人相互交流的重要纽带与载体。汉字的创制过程，反映了中国人对世界和自身的独特的认知心理；汉字在历史的发展中，呈现出了艺术化的书法表现形式，融入了丰富的中国文化信息，展现了中国文化独特的魅力。瑞典汉学家高本汉（Klas Bernhard Johannes Karlgren）就曾说，"（汉字）它是中国文化的脊梁"。针对20世纪初中国出现的汉字拼音化运动，他更一针见血地警告："为了这点微小的收获，中国人就会失掉他们对持续了四千年的丰富的文化典籍的继承权。……中国人抛弃汉字之日，就是他们放弃自己的文化基础之时。"③

二、汉字的教学

（一）汉字教学的目标和基本原则

汉字是中文的一个基本要素。在《国际中文教育中文水平等级标准》中，汉字被设定为用来衡量中文水平的一个基准④。全面发展学习者的汉字能力，是国际中文教学的一个主要目的。一个学习者的汉字能力的高低，决定了其整体的汉语能力。那么，什么是汉字能力呢？汉字能力可以理解为学习者"用汉字进行记录、表达和交际的能力，包括写、念、认、说、查等五

---

① 裘锡圭. 文字学概要［M］. 北京：商务印书馆，2013：16.
② 费尔迪南·德·索绪尔. 普通语言学教程［M］. 高名凯，译. 北京：商务印书馆，1999：51.
③ 高本汉《中国的语言和文字》，牛津大学出版社1923年出版，转引自帕默尔. 语言学概论［M］. 李荣，等，译. 北京：商务印书馆，2013：118.
④ 《国际中文教育中文水平等级标准》设定了以音节、汉字、词汇和语法4种语言基本要素为衡量中文水平的基准。

个要素"①。也就是说，汉字教学应当帮助学习者正确书写汉字的字形，包括笔画、笔顺和空间结构，这是"写"的能力要求；学习者需要根据汉字形体，准确念出它所承载的字音，这是"念"的能力要求。汉字教学还要帮助学习者根据字形提示的意义信息，辨认并区别字义与词义，这是"认"的能力要求。有时候，当教师在课堂上提出"某字怎么写"时，有学生会用手在空中比画，而有的可能会简单地说这个字怎么写，不过这就要求他们具备必要的汉字基础知识，并能对汉字进行口头描写，这就是"说"的能力。而汉字的"查"的能力，指的是学习者能用汉字的工具书，比如《新华字典》等，根据笔画、笔顺、部首、拼音的排序方式进行检索、查看，不过这几乎不是教学重点。总的来说，在国际中文教学中，教师们普遍重视学习者对汉字的"认、念、写"的能力。汉字教学的任务，就是要以现代汉字形、音、义的构成特点和规律为教学内容，培养学生的认读和书写能力。

广泛而深入的对外汉字教学形成了一系列教学原则和方法。这些原则主要围绕学习者的需求和汉字的本体研究中的几对重要关系而展开。

第一，汉字教学要区别"汉字文化圈"和"非汉字文化圈"，根据学习者来源进行分流。对外汉字教学一直将来自"非汉字文化圈"的学习者当作重点对象。许多外国汉语学习者所遇到的汉字难读、难写、难认等问题，主要就来自这些母语大多为拼音文字的学生。而对于来自日本、朝鲜半岛以及越南等国家的中文学习者，他们常被视作来自"汉字文化圈"。处在"汉字文化圈"中的这些国家历史上曾使用过汉字，而且到现在他们的语言还与汉字有着关联，这些国家的中文学习者一定程度上都有汉字基础。相比之下，这两类中文学习者在学习汉字方面有很大的不同，比如说他们在认知汉字的过程、书写汉字的基础上就有较大的差异。因此，在汉字教学中常常会将他们分流，重点针对无汉字背景的学生，先强化汉字认读，加强他们的"字感"，然后再进行书写训练。而对于"汉字文化圈"的学习者，则需要认识到他们的汉字也有自身的独创性。中国的一些汉字在日本汉字中就有或多或少的书写差别，如"樱、图"在日本汉字中写成了"桜、図"；而有些日韩汉字在字义上也与中国汉字不完全相同。即使"汉字文化圈"中不同国家的汉字字形和字义相同，但在读音上却差别很大。只有充分重视区别这些汉字

---

① 施正宇. 论汉字能力[J]. 世界汉语教学，1999（2）.

在音、形、义各方面的异同，才能有效降低汉字偏误出现的几率。

第二，汉字教学要梳理"语"和"文"的关系，以"先语后文"模式为主。对于汉语为非母语者来说，汉语首先是一种交际工具，它包括了听说（"语"）和书面（"文"）交际两个方面。汉字教学是中文教学的重要组成部分，开展汉字教学，就需要正确处理好"语"和"文"的关系。在国际中文教学实践中，出现了两种主要教学模式："语文同步"和"先语后文"。"语文同步"也称为"随文识字"，它是在教授课文的同时进行识字，目的是让学生在学习课文的过程中认识生字，把识字教学与语文课堂教学紧密结合起来。这也是汉语作为母语的教学中常常采用的方法。国际中文教学实践也常采用这种方法，同步呈现课文和汉字教学的内容。不过，这种方法强调了汉字与课文内容的一致性，而违背了识字教学应该遵循从易到难、从简到繁的基本规律。比如说，按照功能编写的国际中文初级教材第一课，往往需要教授打招呼和表示感谢的表达方式，学习者要同步学习"你好""谢谢"这样的汉字，难度不小。因此，"语文同步"教学方式受到了很多质疑，它被认为是造成汉字教学效率不高的一个主要原因。近10多年来，很多学者开始在初级汉语教学中倡导"先语后文"的模式，将汉字教学分成3个步骤：首先，在汉语教学之初，先教授汉语口语，不教汉字，不写汉字，但不回避汉字；其次，当学习者学习了汉语语音，并具备基本的汉语口语基础后，再开始认读汉字，只认不写；最后，当学习者认识一定数量汉字后，开始要求他们描汉字，边描边写，慢慢地开始独立写汉字。同时，进入听说读写综合训练阶段，培养学习者中文综合运用能力。① 与"语文同步"相比，这种模式一方面大大降低了汉语初学者在汉字学习上的难度；另一方面，也符合他们学习的基本目的：更希望掌握作为交际工具的汉语，听说要比书面交际更重要。

第三，汉字教学要坚持"认写分流，多认少写，先认后写"的原则。国际汉字教学包括汉字认读和书写两个方面。"语文同步"的教学模式要求汉字认读和书写要同步进行；而现在采用的"先语后文"模式则主张"认写分流"：认读在先，书写在后，多认少写，这体现出汉字认读与书写的层次性，也符合学习者对汉字的认知过程。事实上，很多研究都支持这种教学原则。

---

① 赵金铭. 初级汉语教学的有效途径——"先语后文"辩证[J]. 世界汉语教学，2011（3）.

比如说，有的研究采用实验方法，比较"认写分流"和"认写同步"两种汉字教学方法的效果，发现前者在识字、写字效果上都比"认写同步"要有优势①。也有学者针对"非汉字文化圈"的学习者，提出初级阶段汉字教学应实践"初期多认少写、中期多认多写、后期认写合流"的教学模式②。在充分认读汉字的基础上，开展汉字书写一般要遵循由易到难的原则，先从简单的笔画、部件、独体字开始，再逐渐增加汉字的难度和复杂性。其中，以部件作为汉字教学的基本单位，越来越成为国际汉字教学的一种新趋势。有学者主张应该在汉字教学中，将"基本字"和"基本部件"结合起来③。基本字指的是笔画不多，但有较强生成能力的整字，包括独体字、笔画少但构字能力强的整字等。基本部件包括偏旁、部首和其他有意义的部件等。在汉字教学中，先教构字能力强的独体字或别的"基本部件"，后教由它们组成的生字，这被认为是最理想的教学方式，因为教师可以利用汉字及其构件提供的形、音、义信息，帮助学习者获得对汉字的正确认知。

（二）汉字教学的技巧和方法

汉字教学也有着多种多样的技巧和方法。如果按照汉字"认读"与"书写"分流的方式进行教学，我们可以从这两方面总结一些常用的教学方法或技巧。

在汉字"认读"方面，帮助学习者正确辨析并记忆汉字的形、音、义，这是教学的根本目的。教师首先需要运用不同的方式向学生展示汉字。"看图识字"是初级阶段最常见的一种方式，教师通过图片或自己制作的卡片、闪卡等形式，向学生展示汉字的读音、字形、字义。这些卡片往往一面带有图画和相应的汉字，另一面则是拼音，这便于加强学生对汉字音、形、义的认知联系。教师还可以利用传统板书或者某些应用软件向学生展示汉字的笔顺、笔画和部件，让学生直观地了解每个汉字书写的全过程。

当然，教师在展示汉字的同时，还需要向学生讲解分析汉字，特别是根据汉字的形体结构、读音和意义，帮助他们准确识记汉字。汉字总体上是一种表意体系的文字，它的形体具有一定的表意特点。虽然在漫长的汉字演变

---

① 江新. "认写分流、多认少写"汉字教学方法的实验研究 [J]. 世界汉语教学，2007（2）.
② 姜丽萍. 对外汉语教学论 [M]. 北京：北京语言大学出版社，2008：217.
③ 崔永华. 关于汉字教学的一种思路 [J]. 北京大学学报（哲学社科版），1998（3）.

过程中，形体表意的特点已经不是那么明显，但仍有一部分汉字可以由形关联意义。因此，很多教师会适当地利用《说文解字》中的"六书"理论来培养学生对汉字字形和字义关系的认识。比如说，很多初学者都是通过象形字来认识"水""火""日""田"等汉字的。

在国际中文教学中，无论采用"随文识字"还是"先语后文"的教学模式，一般都遵循"由词到字"的教学顺序，汉字学习是随着词语学习而进行的，这就形成了汉语学习者"因词学字"的特点。因此，在初级汉语教学阶段，教师们还常使用"看图连词""连词识字""组词接龙"等方法，灵活多样地增加汉字复现率，帮助学习者将汉字准确地联系相关的词语、实物和意义。比如说，在"看图连词"中，教师可以通过多媒体将相关词语（可带拼音）和实物图片放在一起，让学生连线，这样可以帮助学生认读词语中的汉字，联系词语的意义。在"连词识字"中，教师可以事先把一组词语拆分成汉字，请学生整理这些排列无序的汉字，重新组合成相应的词语。在"组词接龙"中，教师可以给出一个词语，比如说"学生"，请学生根据这个词语中最后一个汉字"生"，组成一个新的词语，如"生活"——"活动"——"动物"等，教师可以请学生说出新组合的词语，同时在黑板上板书这个词语，帮助学生认读这些新词语中的汉字。

很多汉字在音、形方面相似，实际却并不是同一个字，这很容易引起记忆的混淆。因此，当学生有了一定的汉字基础之后，有经验的教师会采用"系联法"教学。这种方法要求教师按照"由简而繁、由易而难"的识字原则，把在形、音、义各方面有相似、相关或相反关系的汉字系联起来，在合适的教学时段帮助学生进行总结。"系联法"可以用于"形近字"的辨析，教师采用"因形而联"的方法，把字形相近的汉字放在一组，比如"木—术""未—末""热—熟"等，帮助学生比较、分析这些字细节上的差别。教师可以利用相同的形旁（义符）来系联一组字，比如："手——打、扔、提、抓、拎、握"，这可以帮助学生强化识记和理解不同汉字的字义。对于声母、韵母或音节不容易区分的汉字，教师可以采用"因音联字"的方法，把它们放在一组中，比如："宾—拼""胖—棒""饭—半"等，这可以帮助区分声母不同但韵母相同的汉字。"盆—朋""金—经""连—良"等可以帮助区分声母相同但韵母分别是前鼻音韵母和后鼻音韵母的汉字。有的教师还会将音节相同的汉字系联起来，帮助认读字音，同时区别字形和字义，比如：

"请—清—情—晴"等。有些则会在字义的基础上，把意义有关联的字或词语联系起来，组合成词，这种组词扩展的方法可以称为"因义而联"。比如："树—柳树—樟树—杉树—松树—柏树"，这是以某个字（如"树"）为基础，组合成相应的词族。相似的，"难—难过—难听—难看—难忘—难写—难说"，这是一种同构类推的方法。同义、反义和同类联想的系联也常常用在汉字教学中，比如：（同义系联）"美—好，贫—穷，帮—助"；（反义系联）"高—低，长—短，胖—瘦"；（同类联想）"手—脚—腿—臂—肘"等。总体上，"系联法"在学生积累了一定的汉语字词量的基础上，能帮助他们加强记忆，温故知新，展开联想，使他们系统地学习和掌握汉字的读音、形体结构、意义与用法。

有了良好的汉字认读基础，还需要加强汉字的正确"书写"。汉字书写主要是对汉字笔画、部件、笔顺以及不同部件之间的架构进行书写练习。传统上，可以参照汉语母语者学习汉字时常用的描红、临摹、抄写、手指在空中比画书写等方式，这些是正确练习汉字书写的基础。我们可以结合前面汉字展示的方式，帮助学生练习汉字书写。比如说，看图识字的时候，也可以要学生一边读出正确的读音，一边在空中比画书写，加强对汉字的印象。在板书上写字的时候，教师可以适当放慢书写速度，让学生跟着汉字笔顺进行书写练习。

汉字书写练习需要反复强化，但这并不是盲目和机械的，而需要教师唤起学生在书写中对汉字架构的准确认知，及时总结因为书写不当造成的"错字"或者"别字"等情况。在汉字书写中，常见的"错字"是指在汉字的笔画、笔形或结构上写错了的字，错字现象包括了笔画偏误、部件偏误和结构偏误。比如，把"说"的"讠（言字旁）"写成了"辶（走之底）"；在"吃"的口字旁中间加了一笔，写成了"日"字；"样"字的右边由三横变为了两横等等，这些都属于"笔画偏误"。"部件偏误"指在书写过程中增添或遗漏了一个或多个部件，比如名字的"字"漏掉了整个"宀"（宝盖头）部件；把"缺"字的"欠"部写成"矢"等等。"结构偏误"指汉字部件空间位置不准确，比如把上下结构的"多"字写成了左右结构；或者汉字各组成部件比例失调，比如把"说"写成左右两部分一样大小。在汉字书写中，学生也常出现"别字"的情况，他们往往会用同音或近音的汉字来替换正确的书写，比如把"小时候"写成了"小时后"；或者用形近字替换正确的书写形式,比如把"真"写成"直",把"在"写成"左"等等,这都说明学生对汉字记忆不牢固,在书写时容易产生混淆。因此,在汉字书写练习中,教师要帮助学习者通过反复操练和有意识的观察分析,及时发现汉字书写的偏误,分析可能的原因,帮助他们准确地掌握汉字的书写形式。

在国际汉字教学实践中,教师和研究者们还开发并运用了许多汉字教学的辅助教学工具。近年来,一些现代技术和移动设备被应用于汉字学习中。比如说,应用程序 Skritter 提供了一种笔画教学的新模式,它帮助学习者跟随每个笔画的动画演示顺序,在屏幕上书写汉字;它还有汉字的字义、声调和拼音的提示功能。中文学习者还喜欢使用 Pleco 这款中文词典应用程序,Pleco 包含了主要的汉语词典的内容,方便学生索引,并结合每个单词或汉字,展示正确使用的例句,同时提供拼音和翻译。在汉字教学技巧和游戏活动方面,更是五花八门。比如系列汉字教学辅导教材《汉语课堂教学技巧与游戏》①、《汉字突破》②、《汉语课堂教学技巧 325 例》③ 等,提供了许多在教学中切实可行的汉字教学方案。在海外汉字教学中,不少教师自创汉字教学的游戏活动,比如将音乐节奏与书写汉字同步的方法,鼓励学生一边唱出自己的旋律和节奏,一边匹配汉字书写的速度;或者要求学生用头部、肩膀、腿、脚,甚至臀部等肢体动作在空中写字等等④。这些方法有利于减少传统汉字教学的枯燥感,增强学生学习兴趣。面对各种各样的汉字教学技巧和方法,我们一般遵循"注重结果,不管途径"的理念,只要这些方法或技巧有利于学习者准确认读、识记和书写汉字就值得尝试。

第三节 国际中文词汇教学

一、汉语词汇的重要性及其特点

词是语言中最小的、能独立运用的、有意义的语言单位,是最小的造句

---

① 周健. 汉语课堂教学技巧与游戏 [M]. 北京:北京语言文化大学出版社,1998.
② 周健. 汉字突破 [M]. 北京:北京大学出版社,2005.
③ 周健. 汉语课堂教学技巧 325 例 [M]. 北京:商务印书馆,2009.
④ Bo Hu. Teaching Chinese Characters: What We Know and What We Can Do [M] //Chris Shei, Monica McLellan Zikpi, Der-Lin Chao. The Routledge Handbook of Chinese Language Teaching. London: Routledge, 2019: 225 – 237.

单位,是语言的基本材料。词汇和语音、语法构成了语言的 3 个基本要素。人们将词汇看作语言的主体,这是因为语音是词语的具体读音的综合体现,而语法是词语具体用法的高度概括,"离开了词语也就没有语言可言"[①]。词汇教学在国际中文教学占据着举足轻重的地位。这是因为汉语是一种缺乏词形变化的语言,主要依靠词与词的意义组合来表达意思,因此,词汇的重要性非常突出;另外,词汇是文化和语用的信息载体,是交际的核心内容,在汉语中最能体现中华民族文化特征的就是词汇。

那么现代汉语的词汇具有什么样的基本特点呢?我们可以从词汇的构成和性质来分析。

第一,汉语词汇具有明显的双音节化倾向,双音节词占优势。在古汉语中,单音节词占优势,现代汉语中也有单音节词,它们大都是历史上的传承词。现代汉语中两个或两个以上音节的多音节词是主体,双音节词占了绝大部分。据统计,在使用频率最高的 8 000 个现代汉语常用词中,双音节词占了 71%,其次是单音节词,占 26%,而那些大都来自外来音译词的三、四、五等多音节词只占 3%。双音节词的出现,主要是在原有的单音节词前或后加上一个成分,比如:"桌—桌子""花—花朵""舌—舌头"等;或者是把两个意义相近或相关的单音节词合在一起使用,成为双音节的合成词,比如"眼睛""道路""幸福"。当然,有些双音节合成词也来自多音节词的音节脱落或压缩,比如"地下铁—地铁""百合花—百合""高速铁路—高铁""社会保险—社保"。现代汉语词语出现双音节发展趋势,很大程度上与词语表意的明确性和运用的简便性有关。汉语单音节词存在很多同音异义异形的问题,在口头交际中容易引起混淆,表意不够明确;而那些来自外来音译的多音节词,不方便记忆,使用起来也比较烦琐,所以在汉语发展中大都出现了双音节化。比如:democracy 最开始在汉语中被翻译成"德谟克拉西",后来被双音节的"民主"替代;telephone 以前被音译成"德律风",后来被双音节的"电话"替代,这样的演变凸显了词语使用的简便性。

第二,合成词在汉语双音节词中占绝对优势。合成词是由两个或两个以上的词素构成的词,它主要有 3 种方式构成:① 重叠,指词根的重叠,如"哥哥""悄悄"。② 派生,在词根前面或后面加词缀,如前缀"阿"放在词

[①] 胡明扬. 对外汉语教学中语汇教学的若干问题[J]. 语言文字应用,1997 (1).

根"姨"前,构成合成词"阿姨",后缀"子"放在根词"椅"后面,构成"椅子"。③ 复合,指两个不同的词根的组合,如"奔跑""习得""彩云"等,复合词是汉语合成词的主体。根据复合词的构造类型,还可以进一步分为"并列式",如"朋友""游泳";"主谓式",如"地震""夏至";"偏正式",如"白板""飞快";"动宾式",如"担心""发言";"补充式",如"提高""说明"等。

第三,现代汉语的词汇缺乏形态变化。汉语和印欧语系的各种语言差异很大,在那些语言中,词与词的组合会产生词形变化或屈折变化,表示性、数、格、时、体、态、人称等不同的语法范畴。但是汉语的词类基本上缺乏这种明显的形式标记,这就使不同词类之间的界限比较模糊,而且有些词本身又属于不同的词类,比如"发明"在"爱迪生发明了电灯"中是动词,但在"电灯的发明"中又可以作为名词。这属于汉语的"兼类词"。不过,它虽有不同的语法功能,但在一种具体的语言环境中仅表现出某一种具体的语法性质。而对于"聪明"这个形容词来说,它的词性比较明确,一般对应句子中的定语成分,比如"他是一个聪明的孩子"。但是,由于缺乏词的形态变化,它在不同的句子环境中,也可能会充当不同的句子成分,比如在"现在的孩子越来越聪明了"这句话中,"聪明"成了句子的谓语;而在"他总是喜欢用小聪明来解决问题"这句话中,"聪明"变成了句子的宾语。这说明汉语的词类和句子的成分之间的关系并不像印欧语那样一一对应,而给人一种"满天飞"的感觉。如图4-1①所示:

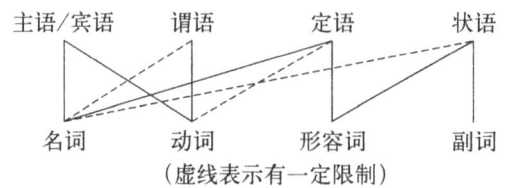

图4-1 汉语词类与句法成分一对多

第四,虽然汉语中双音节或多音节词居多,但在实际使用过程中,存在着词语区分上的困难。比如说,"随地吐痰者"里面可以划分出多少个词?

---

① 陆俭明. 再论汉语词类问题——从沈家煊先生的"名动包含"观说起[J]. 东北师大学报(哲学社会科学版), 2022 (4).

它整体是一个词,还是一个短语?即使母语使用者也会有不同的判断标准。这种分词的困难对于汉语为非母语者来说,感受尤其明显。出现这种问题,是因为汉语的句子不像英语那样,存在着词与词之间的空格,而这种空格在印欧语系中是词语天然的分隔符号。在古代汉语中,通常一个字就表达一个概念,一个词往往就是单个汉字,字与字之间存在天然的空格,所以当时并没有分词书写的必要。但是,随着现代汉语中双音节和多音节词汇占大多数,一个字不再等同于一个词,而汉语句子的分隔符依然存在于字与字之间,它并不能天然地分隔词语,这就带来了现代汉语句子中词与词分界的模糊性。

二、汉语词汇的教学

(一)词汇教学的目标和基本原则

在国际中文教学中,词汇教学的根本任务是"根据教学大纲的要求,在有关词汇知识的指导下,掌握一定数量的汉语词汇的音、义、形和基本用法,培养其在语言交际中对词汇的正确理解和表达能力"[①]。这对汉语学习者的词汇量、词汇的运用提出了基本要求。在词汇量方面,根据《国际中文教育中文水平等级标准》三等九级的量化指标,汉语学习者在初等一级就需要掌握500个词汇,到初等三级词汇量需要达到2 245个,到中等六级须达到5 456个;如果要达到高等七—九级的水平,词汇量需要在5 636个到11 092个之间。词汇学习任务是繁重的,学习者不仅要掌握词语的形音义和基本用法,还要了解构成词语的基本的语素意义以及语素构词的方法,需要了解词语的常用搭配和固定结构;在掌握词语的概念意义、感情色彩和句法功能的基础上,还要了解词语的语境知识和文化意义,甚至汉外词汇的对应情况。有了这些词语的知识,学习者还要能够在具体的交际环境中,结合具体的语义、句法和语用要求,进行组词造句,这是词汇学习的最终目标。此外,教师如果能够帮助学生形成一定的词汇学习策略,比如能够根据上下文或者通过构词语素进行词义的猜测,能够从同义、反义、书面、口语等方面对汉语词汇进行有意识的归类,或者对各种词汇进行强化记忆等等,这些策略都能有效提升学习者词汇学习的自主性。

汉语词汇教学的实践中曾经总结出很多重要原则。我们可以根据汉语词

---

① 刘珣. 汉语作为第二语言教学简论[M]. 北京:北京语言大学出版社,2002:160.

汇的特点和教学目标，提出以下几条基本原则：

首先，要重视汉语词汇语素构词的特点，加强字词之间的联系。一方面，从汉语词汇构成来看，大都是由各种不同类型的语素单独或者组合构成，合成词的意义一般可以从语素的意义去推导，具有很强的理据性。另一方面，汉语的词汇是由汉字表现出来的，汉字也被称为语素文字，因为绝大部分汉字都是独立的成词语素，比如"天""地""人"等。因此，汉语词汇教学应该结合构成词汇的汉字的音形义，帮助学生分析词汇的基本语素和构成方式，这样学生会更乐意掌握一定数量的语素和构词法，快速扩大词汇量。

其次，要立足具体语境进行词汇教学。利用语境进行词汇教学有很多好处：汉语的词汇具有语境敏感性，由于缺乏必要的形态特征，同时存在一词多义的现象，具体的词性和意义需要在特定的上下文语境或交际情境中才能明确。除了依据语境来判断词性外，一个词的搭配对象、感情色彩也需要在不同的语境中多样化地展示给学生，这样可以不断丰富他们的静态和动态的词汇知识。利用语境进行词汇教学，还可以在意义和用法上更清楚地辨析一些容易混淆的词汇。比如，"关于"和"至于"都可以用来引出一个话题，我们可以告诉学生"用'关于'的句子只是一个话题，而用'至于'的句子是谈论另外一个话题，它是谈完了一个话题后，要转入第二个和前面有关系的新话题时使用的，而且要放在第二个话题的前面"。这样的解释似乎有些抽象，对学生来说不是那么容易理解。如果我们把它们放在两个典型的句子中进行比较分析，就可以直观地分析归纳出它们在意义和使用上的异同了。此外，教师还应当积极利用文本的上下文语境，帮助学生主动推测生词词义，这有利于学生摆脱词典，养成独立阅读的习惯，提高自身阅读理解能力。

最后，要在词汇教学中结合不同语体，帮助学生区分口语词汇和书面词汇。汉语在历史的发展中，曾长期存在着重文轻语、文言不一致的现象，造成了书面语与口头语的分离。随着白话文的兴起，越来越多带有口语色彩的词语出现在现代汉语词汇中，它们通俗、易懂、生活气息浓厚，比如"吃""高兴""打听"；而这些意思在书面语中往往会选用比较庄重、文雅的方式，比如"用餐""愉悦""咨询"来表达。如果学习者能了解并区分词汇在不同语体上的差别，就可以避免出现口语词和书面词混淆、杂糅的问题。在词汇教学中注重区别书面和口语词汇，既可以提升学习者的汉语词汇量，增强得体使用词汇的能力，也能够在整体上不断提高他们的汉语运用水平。

在词汇教学的研究和实践中，还有很多重要的原则值得借鉴。比如要在教学中合理安排词汇的科学复现，这有助于学习者加强词汇记忆，做到熟能生巧；要注重汉语词汇负载的文化信息，汉语的词汇经历了悠久的历史发展，汉民族的思想观念、政治制度、风土人情等等都沉淀在词汇中，如果能在词汇教学中结合文化背景进行分析和比较，可以更好地提高学习者对中国文化的认知和理解。此外，词汇教学中还应当避免通过简单的翻译，建立汉语词汇和其他语言词语之间"一对一"的对应关系，毕竟不同词汇在附加色彩和文化内涵上存在着不同程度的差异，这些差异显然是无法通过简单的对译就能表现出来的。

（二）词汇教学的技巧和方法

在中文教学中，词语通常是随着教学单元的课文而出现的。我们可以按照教学的顺序来讨论如何在教学中展示词汇、讲解词语，以及安排词语的相关练习。

一般情况下，教师利用教学 PPT 或通过板书形式，展示课文的词汇，包括词汇的汉字书写形式和拼音；而对于一些形象性比较强的生词，可以通过图片、实物等方式展示。在初级阶段的教学中，教师也可以使用词语卡片的方式，先认读拼音，再认汉字。对于当天要学习的生词，教师会进行示范朗读，并请学生跟读，这主要是帮助学生掌握词语的正确读音。教师也可以邀请学生轮流或集体认读生词，重点是检查学生是否真正掌握了词语的读音，必要时教师也要对重点词语进行词义的解释。不过，从学习者对词汇习得的认知角度来看，我们也可以在词汇展示方面做些调整。如何能有效地帮助学习者感知一个生词，关键是如何能引起学习者注意这个词语的特征，并在头脑中留下鲜活的印象。有研究发现[1]，教师在向学习者展示生词的书面形式、拼音和英文翻译的时候，如果先呈现汉字，5 秒钟后再呈现拼音和英文翻译，这种展示方法比同时将词汇的音形义呈现给学生效果更好。这是因为先呈现汉字形式可以引发学习者对汉字音和义的记忆或猜测，这种好奇心能使他们对 5 秒钟后出现的拼音和英文翻译产生更多的注意。而同一时间把音形义都

---

[1] K. K. H. CHUNG. Effective Use of Hanyu Pinyin and English Translations as Extra Stimulus Prompts on Learning of Chinese Characters [J]. Educational Psychology, 2002, 22 (2).

呈现出来，会分散学生的注意力，降低他们的感知效果。

教师讲解词语的主要目的是让学习者理解词语的意思，这可以用非语言的方式对词义进行形象说明，也可以直接用学生的母语进行翻译和解释，或者用汉语解释词义。当然，有经验的老师会常常鼓励学生调动他们以前所学的字词知识，去主动理解新字词的意义，或者结合上下文的线索，去猜测词义。要发挥词汇学习"猜测法"的作用，就要重视从语素的角度解释词义。我们知道，绝大多数汉语合成词是由两个以上的语素构成的，构成词的语素的意义和整个词的词义有着密切的关系。然而，很多学习者是以整词的方式理解词语意义的，比如"竞争"被简单对应成英语的"competition"，学习者就无法理解这个词语中的"竞"和"争"分别是什么意思，当他们遇到"竞赛""斗争"时，往往不能直接与已学过的"竞争"产生意义上的联系。如果能适时地帮助学习者理解"竞"和"争"的字义或语素义，那可以让学生对这个词产生更深刻的理解，避免整词记忆带来的死记硬背或囫囵吞枣。同时，适当地分析词汇的语素义，还有助于辨析相关的近义词。汉语中很多包含相同语素的双音节近义词，比如"竞争""斗争"，它们在词义上并不完全等同，这是因为其中有一个语素造成了词义的差异。因此，"语素教学法"能够针对性地帮助学生从构词语素的角度去区别词汇的意义。

除了解释和说明词汇意义外，教师在讲解词汇时，还要帮助学习者掌握词语的使用方法，包括词语的搭配、句法功能、感情色彩、语体色彩等等。教师可以通过举例来提供一些词语的固定搭配。比如解析汉语的"穿"和"戴"时，教师会告诉学生"穿"主要指把衣服鞋袜等套在身体上，是在身上加上十分重要的东西；而"戴"主要是把东西加在头、脸、颈、胸、臂、手等处，这些是在身上加上可有可无的东西。然而，除此之外，最好的区别方法就是给出固定的词语搭配方式："穿—穿衣、穿裤子、穿衬衫、穿袜子、穿鞋……""戴—戴手表，戴领带、戴眼镜、戴项链、戴手环……"另外，当我们说词汇的句法功能时，我们主要看这个词语在句子中充当句子成分的能力以及它与其他成分搭配的能力。比如，趋向动词"上"和"起"都可以放在动词后面做补语，表示动作由低起点向上的含义，但是它们又有些不同："上"表示由低到高，有一个"起点—过程—终点"的意义，后面要接处所词宾语；而"起"只表示"起点—过程"向上的意义，后面的宾语主要是动作支配的事物。这样，教师可以通过图示的方式，以及举例的方式来区分这两个趋向补语。比如"爬上山""抬起头"。

教师的词汇讲解有助于学习者进一步理解、内化所学的词语，内化程度取决于他们对字词的记忆程度，而词语练习是促进内化的关键。教师设计和开展词语练习，目的是加强学习者对词语进行识别、辨别和应用的能力。识别词语的练习，就是帮助学习者识别、记忆词语的读音、意义和书写形式。"词语听写"就是一种典型的词语识别练习。当然，教师还可以利用图片、动作和实物让学生说出词语，比如"做动作、猜词语"的游戏练习；或者进行同义词、近义词的联想和辨别练习，常见的"选词填空"就是一种典型的词语辨别练习。在词语应用环节，常见的练习方法是利用词语完成句子、独立造句甚至是使用指定的词语进行成段表达。教师可以给出指定的词语，并说明具体的语言环境，请学生利用词语进行人物对话，也可以给出与某个主题相关的一些词语，请学生进行口头表达，比如要描写一套出租公寓的情况，教师会给出"房东、出租、套、公寓、卫生间、厨房、卧室、客厅、楼"等词语，学生可以使用这些词语这样来描写出租公寓："房东要出租一套公寓。那套公寓有 2 个卫生间、1 个厨房、3 个卧室，还有 1 个客厅。公寓在 3 号楼。"有效的词语应用练习，是一种词汇生成训练的方法，目的是帮助学习者尽可能地掌握词语的句法和语义知识，在恰当的语境中自信、准确、创造性地使用词语。

第四节　国际中文语法教学

一、汉语语法的特点

语法指的是一种语言的架构规律和规则。同世界其他语言比较，特别是与印欧语的语法相比，汉语的语法有比较突出的独特性。一般来说，汉语语法的特点主要体现在以下几个方面：

首先，从语言类型学角度来看，汉语是一种孤立语，也被称为分析性语言，它和形态丰富的屈折语相比，缺乏严格意义上的形态变化，汉语主要通过语序、虚词等语法手段来表示语法关系和语法意义。汉语的语序比较固定，不能随意调换。比如主语要放在谓语前面，补语放在述语后面。如果语序不同，结构和意思也会不一样，比如"要我说"和"我要说"。汉语的虚词种类丰富，有助词、连词、介词、语气词等，它们可以用来表示不同的句法关系；此外，汉语还有"啊""吗""呢"等丰富的语气助词。虚词的使用比较灵活，有时候，虚词的有无会产生不一样的结构和意思，比如"说好"和"说得好"。而有时候一些虚词在运用时也常常可以省略，这在结构助词"的、地、得"的使用上，就体现出很大的"弹性"。例如，"优秀的学生"可说成"优秀学生"，"飞快地奔驰"可说成"飞快奔驰"。因此，汉语也常被称为是一种"弹性"的语言。

其次，在印欧语中，词类与句法成分之间是一一对应的关系，然而汉语词类和句法成分之间并不存在简单的对应关系，而是一对多的关系。除了副词一般只用作状语外，其他的词类都可以作不同的句法成分。例如，"幸福"一词在"我很幸福"句中是"谓语"；在"真正的幸福应该是无忧、无虑、无病、无灾"中，"幸福"是主语；而在"他们在家乡幸福地生活着"和"她脸上露出了幸福的笑容"中，"幸福"又分别是状语和定语。汉语的词类与句法成分之间一对多的对应关系，我们已在本章第三节第一部分"汉语词汇的重要性及其特点"中做了分析。

最后，汉语的量词非常丰富。量词是表示人、事物或动作行为的单位的词，有名量词和动量词两大类。名量词主要是从名词中分化出来的，一般放在名词前面，比如"头、匹、条"等，我们可以说"一头牛""三匹马""两条蛇"；而动量词主要是从动词（或部分名词）中分化出来的，一般放在动词后面，比如"次、顿、遍"等，我们可以说"去一次""吃一顿""看三遍"。而对于其他很多语言来说，这种复杂的量词使用现象却是很少存在的。

二、汉语语法的教学

（一）汉语语法教学的目的和原则

在国际中文教学中，语法教学的目的是使汉语学习者"了解汉语语法的特点，掌握汉语语法的规律，以便正确地使用汉语，发展语言交际能力，有效地提高汉语水平"[①]。在这目标的引导下，语法教学需要遵循一些普遍认同的原则：

---

① 赵金铭. 教外国人汉语语法的一些原则问题［J］. 语言教学与研究，1994（2）.

第一,要让学习者正确认知和运用汉语的架构规律和规则,我们就要明确语法教学的内容。由于学习对象不同,汉语作为第二语言的学习者所学习的汉语语法应该是一种教学语法,它"注重实用、能力、语法项目的分界、语法规则的细化和解释的简明通俗、语法单位的组合"[①]。这就要求语法教学首先要重视实用性,要从语言学习的实际需要出发,不能过多地进行语法理论探讨。比如说,在讲授"把"字句时,除了帮助学习者认知"把"字句的句型结构外,重点是帮助他们了解在什么情况下用"把"字句,在什么情况下不能用"把"字句,"把"字句和"主—动—宾"句、"被"字句等等在表意上有什么区别,常见的"把"字句运用偏误是什么。

"实用性原则"直接体现在语法教学项目的选择与处理上,也就是语法点或语法项的设计、编排上。在教材编写和教学中应该选择哪些语法点?如何确定语法点的难易程度?怎样按照先易后难的基本原则进行语法点的教学排序?这些都是国际中文语法教学常常需要探讨的问题,也体现出语法教学的"针对性原则"。针对性原则要求根据学习者水平层次,阶段性地安排语法项目,也要针对具体的语法点来安排具体的教学处理方式。国际中文教学一直在积极探索建立一个科学系统的语法教学大纲。从 20 世纪末《对外汉语教学语法大纲》问世以来,出现了一些很有影响力的规范和大纲,比如《汉语水平等级标准与语法等级大纲》,它将教学语法分成初、高、中 3 个水平,设定了甲乙丙丁 4 个级别,包括了语素、词类、词组、句子和句群 5 个层次(或称五级语法单位)。2021 年颁布的《国际中文教育中文水平等级标准》根据三等九级的设计,安排了 572 个规范性的语法点。近两年来,还有学者在已有教材、大纲语法项目的大数据分析上,把所有语法项目纳入句子平台框架,编写出了《对外汉语教学语法初级大纲》《对外汉语教学语法中级大纲》《对外汉语教学语法高级大纲》《对外汉语教学语法书面语大纲》和《对外汉语教学语法口语大纲》,在这套汉语语法大纲系列中,语法大纲不再局限于语法知识本身,语法项目的选定是以学习者语言能力的培养为目标的[②]。

[①] 周小兵. 汉语第二语言教学语法的特点 [J]. 中山大学学报(社会科学版),2002 (6).
[②] 该语法大纲系列是国家社科基金重大项目"对外汉语教学语法大纲研制和教学参考语法书系(多卷本)"(17ZDA307)的大纲系列的成果,除《对外汉语教学语法高级大纲》外,目前都已出版。

第二，语法大纲呈现的是规范的语法项目的编排，而这些语法项目进入教学实践中，还需要遵循"复式递升"的原则，也就是说要重视一个语法项目在不同教学阶段的重复，并且在难度上要逐渐递增，形成一种由低到高、循环梯阶性的教学方式。比如，在趋向动词的教学上，可以在第一阶段先教授"上、下、进、出、回、过"等趋向动词的用法，这些词和人们的空间动作有关，具有单纯的动作含义，便于学习者理解。而对于"来、去"这样的趋向动词，它们主要与趋向空间和听说者位置的远近有关系，意义要复杂一些。在学习了这些趋向动词的基础上，再安排引入补语的概念，讲授"来、去"的实义空间趋向补语用法。在这之后，我们再安排学习趋向动词的引申用法，以及一些像"看来""看起来""看上去"等特殊用法。

第三，在语法教学中，我们还应遵循"细化原则"，也就是说要注重语法规则的细化。对于国际中文学习者来说，如果只是介绍语法的一般规则是不够的，有时候需要不断深化和细化，分析出小类的选择条件，这样才可以帮助学习者避免出现类推和类比的偏误。比如说，在介绍程度副词时，如果只说明它是对一个形容词或者副词在程度上加以限定或修饰的副词，一般放在被修饰的形容词或者副词之前，这是不够的。在教学语法中，还需要将程度副词细分为"相对程度副词"（如："很、非常、相当、有点、比较、稍微"等）和"绝对程度副词"（如："最、顶、完全、绝对、十分"等）两类。当学生生成了"她比我很/最聪明"这样的偏误时，我们知道在双项比较的"比"字句中，只能用相对程度副词，使用绝对程度副词是不正确的。而当学生出现了"他比我越发努力了不少"这样的偏误时，我们要明白"越发"作为相对程度副词，只用在同一个人或物在不同时间点上的比较，比如可以说"在学习上，我比两年前越发努力了"，但"越发"不能用在双项的比较上。因此，在程度副词的教学上，应该对它作进一步分类，结合不同的程度副词，详细说明它们的具体用法，最好能结合一些典型的偏误进行充分的说明。

第四，在长期的国际中文语法教学实践中，我们还总结出了许多有效的教学原则，比如"简化原则"，这要求尽可能用简单、浅显、明了、感性的方式来讲授那些复杂、抽象、理性的语法规则。我们在讲解某些句法结构的要点时，常常会使用清晰的结构公式加以展示。比如，讲授副词"正/在/正在"时，我们会说明它们指的是动作在进行过程中，不包括开始和结束，它的结构公式可以表现为:"正/在/正在+动词(持续)+着/呢"。我们也常常结合生动的图片,来展示语法点适用的具体情境,组织语法点操练;或者也可以通过简单明了的简笔画,来对比或展示某些语法点之间的主要区别。比如,在讲解上文提到的趋向动词"上"和"起"的区别时,我们不仅要告诉学习者事物在发生"上"和"起"的动作后,空间状态上会有所不同,更可以如图4-2所示那样,以简笔画方式来展示它们的区别。

图4-2　趋向动词"上"和"起"的简笔画演示

在教授汉语语法时,语言之间的对比也很有帮助。特别是,通过和典型的印欧语对比,我们可以帮助学习者重视汉语的一些独特现象。比如,和印欧语强调的主谓一致关系不同,汉语的主语和谓语之间关系比较松散,中间往往可以停顿,而且主语后面还可以加上"啊、呢"等语气助词,并和谓语分开(这儿的"主语"也可以被理解为"主题")。类似的例子还有很多,这都值得我们在教学中通过语言间的对比,更准确地加以解释。在强调语言差异的同时,语法教学也要利用语言之间的共性特点来帮助学生理解某些汉语语法项目。世界上的语言虽然千差万别,但是某些语法结构在表层差异之下,也有着共同的深层语义结构,这是乔姆斯基提出的"普遍语法理论"的基本思想。比如说,在教授汉语'存在句'时,传统的方式习惯使用"主—谓—宾""施—动—受"的教学思路。然而,有学者借用"构式语法理论",将这个句型分解成"存在处所+存在方式+存在物"的语块构式,通过对比世界上5种语系中的12种主要语言,发现这些语言都有表示"存在"的构式,它们都由"存在处所""两者链接"(包括链接成分"有"和/或"存在方式")、"存在物"这些语块构成。它们之间的主要区别是语块顺序上存在不同。这样,教师可以通过激发学习者的认知共性,帮助他们理解所学句式的意义。比如说,教师会这样向学生说明:"我们说什么地方有什么东西,一定会有一个地方——'墙上'或'门外';一定会有什么东西或人——'地图'或'三个孩子'。在汉语里,我们就用'存在句'来说,例如'墙上有地图','门外有三个孩子'。'存在'的意思是'有';'存在句'就是表示某个/些地方有什么人或东西。"在这个基础上,教师再来帮助学生认识汉语"存在句"中的一些独特性:汉语体现"存在处所"的语块只能是一个表示处所的成分;表示"存在物"的语块一定是一个名词性成分,往往带有数量成分,而且不表示特指①。

（二）语法教学的方法和技巧

在这些教学原则的指引下,为了帮助学习者更好地理解并运用汉语语法的基本规则,语法教学开发了许多行之有效的教学方法和技巧。除了常见的通过图示、图片或者简笔画方式以及 PPT 演示等技巧进行语法教学外,教师们经常采用"3P 教学法"的模式,按照"句型展示、讲解+机械练习+交际练习"的程序组织句型教学。在这儿,我们重点了解近年来一些有代表性的方法模式,其中有些带有实验探索性质,比如"汉语格局+碎片化语法"② 教学模式;有些则在理论与实践发展上已日益成熟,并产生了广泛的教学影响,比如"情景教学法与'三一语法'"。

"汉语格局+碎片化语法"作为一种新的语法教学模式,思考的是如何更合理地呈现汉语作为第二语言教学的语法,如何在通用汉语教材中编排语法项目。这种新型的语法教学模式认为,绝大部分将汉语作为第二语言的学习者,特别是成人学习者,已在头脑中形成了自身母语的语法体系。因此,当他们开始学习汉语语法时,教师如果按照由易到难、由简到繁、由少到多的传统方式,那只能提供一个零散破碎的语法架构,教师应该提供学习者一个完整简明的汉语语法的基本框架,帮助他们获得汉语语法的基本认知,即"语法格局",这是"用最简单的方法,基于汉语语法本身的特点和汉语与印欧系语言语法的对比而建立的、给学习汉语的外国人揭示出的简明汉语语法基本组织与结构"③。另外,面对自然语言中出现的大量的语法事实,这个模式主张"碎片化语法教学",强调对语言事实的深化和细化,不断丰富"语法格局"。这就有些类似前面提到的"细化原则",比如,在介绍汉语"语法格局"时,学习者会了解到"我是中国人"这样的"名词谓语句"。不过,

---

① 苏丹洁,陆俭明."构式—语块"句法分析法和教学法 [J]. 世界汉语教学, 2010 (4).
② 赵金铭. 汉语作为第二语言教学语法: 格局+碎片化 [J]. 语言教学与研究, 2018 (2).
③ 赵金铭. 汉语作为第二语言教学语法: 格局+碎片化 [J]. 语言教学与研究, 2018 (2).

什么样的名词可以用作谓语？这需要通过"碎片化语法教学"去细化解决：在汉语中只有那些具有一定的形容词性质，用来表示年龄、籍贯或容貌的名词，才可以用作谓语。如果说"语法格局"呈现出相对"静"的特点，那么"碎片化语法"就处在一个动态发展的状态中，因为它不像以往那样，严格遵从语法大纲的设计，按照语法点数量和难易度的规范来安排教学顺序，而是主张从"语法格局"的框架出发，从交际的需要出发，依据语法项目的实际使用频率，尽可能地展现自然语言中经常出现的常用语言事实，包括一些新兴的语言事实。比如，有些教材中出现了"很中国""很淑女"这样的语言表达，其中程度副词"很"被用来修饰名词，这似乎不太符合已有的语言规范，却在现代汉语的使用中既活跃又普遍。这种新的语言事实反映了什么样的新规则呢？该模式认为只有在"碎片化语法"教学中我们才会进一步细化分析。因此，"碎片化语法教学"主张建立一个动态标注的语法知识语料库，或者说，建立一个能够包括在汉语自然语言使用中出现的各种汉语语言事实的教学语法知识库，并针对里面大量的语法项目，制作MOOC微型课件，为教师的教学提供参考。虽然"格局+碎片化语法"的教学模式目前还停留在一种理论创新与实践探索的阶段，但是它的大胆主张将改变以往在教材和教学中按照规范的语法点分级、排序、讲授的做法，也将改变传统的以结构主义为主的语法教学的做法，从而有了更多功能主义的倾向。

在语法大纲的指引下，汉语语法教学主要以静态的语言结构知识作为教学重点，这可以说是结构主义时期的产物。不过随着功能语言学和认知语言学的兴起，"情景语言教学法"开始应用于语法项目的教学中。特别是在初级汉语综合课的实践教学中，教师常常创设一些学习者熟知的生活情景，帮助他们理解和掌握语法与句型的使用方法。例如，汉语"把"字句的核心语法功能是说明处置及其结果，教学的关键是让学生理解应该在什么时候使用"把"字句。在"把"字句教学中，就非常适合创设一些情境进行操练。比如说，教师可以创设房间布置、搬家等生活情景，发出一些包含了"把"字句的位移指令，让学生把听到的内容记录到示意图上；或者结合一些图片、实物来创设像烹饪、游戏等活动，要求学生使用"把"字句，来详细说明活动的具体步骤；教师也可以结合课堂中的具体情景，让学生边说边完成一些带有汉语"把"字句的动作指令，比如说"请把书打开"，"请把门关上"，"请把笔放在桌子上"等等。

如果不加区别的话，语言教学中也常常使用"语境"或"情境"来指代"情景"，强调这些场景要贴近生活实际，是真实的或者是模拟真实的，主要用在有目的的语言交际活动中。随着情景或语境在语法教学实践中的广泛应用，汉语语法教学研究中出现了一种新型的第二语言教学语法体系——"三一语法"，它将语法的形式结构、功能作用和典型语境有机结合起来。"三一语法"体系提出了一种独特的教学语法语境观："语境也是语法"。它认为，教语法就是教语境化的语法知识，教语法就是教用法，就是教语境知识的结构化概括。"三一语法"把语境要素纳入教学语法范畴中，重点说明不同的语法项目应该用在什么语境中。这个语法体系为不同的语法项目提供了典型的语境，主要从概括性语境、场景性语境、用例性语境来分析某个语法项目的具体使用方法。比如说，对于"被"字句来说，它的概括性语境是"跟承受某种结果有关的"语境，它的场景性语境可以被设置为"东西遭到损坏、偷窃等"，"受到欺骗、批评等"，"被吵醒、召回等"3种，而用例性语境与这3种场景性语境相对应，可以分别通过"昨天我的自行车被（人）偷走了。""她被男朋友骗了。""我一大早就被外面的鸟叫声吵醒了。"等例子，体现出具体的使用语境。① 与我们常常使用的情景化语法教学相比，"三一语法"体系从理论和实践上对语境做了更深刻的分析和诠释。在"三一语法"体系中，语境是"基于学习者的认知经验和习得阶段而确定的、与特定语法项目的结构形式和功能作用相匹配的、最典型与/或最具代表性特征的教学语境，语境知识既是语法知识形成的依据，也是语法知识的具体化表现"②。这种语境观为"三一语法"在汉语语法教学实践中的广泛推广，为汉语语法教学方法的创新实践提供了强大的理论支撑。

 **本章思考题：**

1. 汉语中的轻声和儿化音对非母语者来说是一个难点，教学中应如何强调和练习这些语音特征？

---

① 冯胜利，施春宏. 三一语法：结构·功能·语境——初中级汉语语法点教学指南［M］. 北京：北京大学出版社，2015：5.
② 施春宏，陈振艳，刘科拉. 二语教学语法的语境观及相关教学策略——基于三一语法的思考［J］. 语言教学与研究，2021（5）.

2. 针对汉语语音中的难点，如送气音与不送气音的区分，教师应如何设计针对性的发音练习？

3. 在国际中文语音教学中，如何利用现代技术（如人工智能语音识别工具）来辅助发音训练？

4. 请设计一些创新的汉字教学活动或游戏，以提高学生的参与度和学习兴趣。

5. 汉字的笔画顺序对于外国学生来说是一个难点，你有哪些有效的教学方法来解决这个问题？

6. 学生在汉字书写中常见的偏误有哪些？教师应如何提供反馈以帮助学生纠正这些偏误？

7. 汉语中的新词汇和网络用语更新迅速，教学中应如何及时纳入这些新词汇，并教授学生理解和使用？

8. 请了解"伴随性词汇习得理论"（Incidental Vocabulary Acquisition），并思考可以通过哪些方法，将该理论有效地融入国际中文教学中。

9. 在国际中文词汇教学中，可以利用哪些词汇学习策略来提高学生的词汇学习效率？

10. 在初级和中级的国际中文教学中，"把"字句应该如何合理地分级引入？

11. 请整理汉语能愿动词"能"与"会"的主要偏误类型，并讨论它们的教学要点。

12. 有学者认为，教语法离不开教语境，请谈谈你的观点。

 本章主要参考文献：

1. 齐沪扬. 对外汉语教学语法［M］. 上海：复旦大学出版社，2024.

2. 裘锡圭. 文字学概要［M］. 北京：商务印书馆，2013.

3. 苏丹洁，陆俭明. "构式—语块"句法分析法和教学法［J］. 世界汉语教学，2010（4）.

4. 万艺玲. 汉语词汇教学［M］. 北京：北京语言大学出版社，2019.

5. 赵金铭. 初级汉语教学的有效途径——"先语后文"辩证［J］. 世界汉语教学，2011（3）.

6. 赵金铭. 汉语作为第二语言教学语法：格局+碎片化［J］. 语言教学与研

究,2018(2).
7. 周健. 汉字教学理论与方法[M]. 北京:北京大学出版社,2007.
8. 周小兵. 汉语第二语言教学语法的特点[J]. 中山大学学报(社会科学版),2002(6).

第五章　国际中文技能教学

本章导读

在这一章中，我们以全面视角探讨国际中文教学"听、说、读、写"四项基本技能的训练与培养。首先回顾了国际中文技能教学模式的发展，从"结构驱动的综合教学模式"到"技能驱动的分技能教学模式"，再到"产出导向法"（POA）的引入，体现了国际中文技能教学模式的演变和创新。语言技能不仅是语言能力的基础，也是交际能力的核心。国际中文教学应注重各项技能间相辅相成的关系，并根据学习者需求和教学目标进行合理调整。本章详细讨论了国际中文听力、口语、阅读和写作技能中的各项微技能和相应的教学策略、方法和技巧。听力技能教学应以提高学生对汉语声韵调的识别能力为重点，通过语音感知、话语理解和信息储存三个阶段的训练，帮助学生准确捕捉和理解所听到的信息。口语技能教学应从话语计划、话语结构建立和言语计划执行三个阶段，去提升学生组织语言、表达思想和进行口头交际的能力。学生的阅读理解和分析能力培养，应注重"语言图式"和"内容图式"相结合，加强字词辨识、句法理解、语段分析和文化背景知识的整合。在写作技能教学上，应侧重语言层次的训练，包括词汇选择、句子构建和语篇组织，以及如何将思想转化为符合中文习惯的书面表达。

第一节　语言教学中的"语言技能"

吕叔湘先生曾说，"学习语言不是学一套知识，而是学一种技能"①。语言学习要掌握的技能，就是语言技能，主要指的是"听、说、读、写"4种基本技能，它是一个人的语言能力的重要组成部分，具体来说，是一个人在使用语言过程中需要具备的听力理解能力、口头表达能力、文本阅读能力以及书面表达能力。我们知道，每一种语言都有相应的语音、文字、词汇、语法等语言要素，它们独立于语言的使用者，客观地存在于语言中；然而，语言的技能却总是和具体的语言使用者联系在一起的，它的作用就是把客观存在的语言要素转化为个人的语言运用技能，帮助语言使用者表达个人思想情感，获取并传递语言的交际信息。语言教学不仅要提供学习者相应的语言要素知识，培养要素知识的运用能力，还要训练基本的语言技能。语言知识和技能训练同等重要，都是语言教学目标的重要体现。

"听、说、读、写"语言技能的训练是第二语言教学的一项重要内容，但是这4项语言技能之间存在什么样的关系？在实际的语言教学中，我们应该如何开展这些技能训练？这些问题与各项技能的性质、所教授语言的特点，以及具体的语言教学目的有关。首先，这4项语言技能各有侧重。一般来说，听和读的技能被合称为"接受型/输入型技能"，或者是"理解型技能"，它们指的是语言使用者对输入信息的接收、理解的能力；而读和写的技能被合称为"创造型/输出型技能"，或"表达型技能"，它们主要帮助语言使用者处理输入的语言信息并进行信息的表达和传递。虽然这些技能性质、特点各不相同，但是它们是一个整体，共同构成了一个人语言能力的基础。如果一个人要获得基本的语言能力，这4项技能是缺一不可的。在国际中文教学领域，"听、说、读、写"构成了语言交际能力的核心要素。它们不仅满足了初学者在日常生活中的基本社交需求，而且随着语言水平的逐步提升，这些技能也使得学习者能够在多样化的情境和话题中，以规范、流畅且恰当的方式进行社会交往。这些基本技能共同参与了每个人语言水平在不同阶段的发

---

① 吕叔湘. 吕叔湘语文论集 [M]. 北京：商务印书馆，1983：315.

展，并且在不同的水平阶段都需要得到有序和全面的发展①。不过，各项语言技能相互之间虽然存在着相辅相成的关系，我们也希望它们能得到相对均衡的发展，但在实际的语言教学中，它们很难得到同步、全面的发展。从母语的自然习得顺序来看，"说"是一个人语言交际的开始和基础，我们往往是先获得听说的能力，再逐渐培养书面上的读写能力。这种认识也深刻地影响着"交际法"时代的第二语言教学，"听说领先、读写跟上"成为第二语言教学的基本共识。此外，在语言教学中，由于语言学习者对不同技能有着不同的需求，加之具体教学目标的影响，在培养 4 项基本技能时，也会出现不同的侧重和选择。特别是在中文教学中，有些学习者的主要目的是获得中文的口头交际能力，而并没有强烈的汉字和书面语言学习的需求，因此在面向他们的中文教学上，我们需要结合他们的学习需求和教学目的，合理调整和安排相关的技能训练。

第二节　国际中文技能教学模式的发展回顾

一、以"结构驱动的综合教学模式"为开端

在中文作为第二语言的教学中，语言技能教学始终是重中之重。从 20 世纪 50—60 年代处在草创时期的对外汉语教学开始，"听、说、读、写"4 种语言技能就已成为教学的重要内容。某种程度上，对外汉语教学在发展之初，正是围绕着语言技能教学，形成了传统的"结构驱动的综合教学模式"。

新中国的对外汉语教学起步于 1950 年成立的清华大学东欧交换生中国语文专修班，这是中国第一个专门从事对外汉语教学的机构。1952 年它并入北京大学，改名为"外国留学生中国语文专修班"。20 世纪五六十年代的对外汉语教学，深受苏联语言学理论的影响。马克思主义经典语言学观认为，语言的语法构造和基本词汇是语言的基础，是语言特点的本质。因此，对外汉语教学一开始就强调以词汇和语法为中心，认为汉语的基本词汇和系统的语

---

① 在 2021 年颁布的《国际中文教育中文水平大纲》所设定的"三级九等"的框架中，除了强调"听、说、读、写"技能在汉语学习的全过程的作用外，还从中等水平，即第四级标准开始，突出了"译"的能力，要求学习者在达到最高水平等级（第九级标准）时，具备专业翻译能力。

法知识学习是教学的主要内容与目标。同时，美国结构主义语言学理论也对对外汉语教学产生了影响。这一时期，中国翻译出版了赵元任先生的《北京口语语法》，这是第一部运用美国描写语言学方法来处理汉语的著作，它注重从结构出发进行语法分析。随着1958年《汉语教科书》的出版，对外汉语教学明确了以句法为中心，重视词类和句子成分分析的教学原则。总体上，这一时期的对外汉语教学遵循了"以结构为纲"的教学路子，形成并采用"结构驱动的综合教学模式"。

所谓综合教学模式，是指汉语教学在初级阶段往往只开设一门综合课或精读课、采用一套综合性的教材，全面综合地承担"听、说、读、写"4种语言技能教学。在课堂上，一般由一位老师上语法课（以句型为主），另一位老师上课文或者负责操练，当进入一定教学阶段后，再慢慢过渡到使用汉语直接授课。教师在教学过程中基本都是先讲解语言知识，然后再围绕语言知识组织语言材料加以练习，这也被称为"讲练—复练"模式。教师们所用的教学方法并不单一，而是混合着翻译法、直接法、对比法以及综合法等多种手段。例如，在教学起步阶段，考虑到外国学生无法听懂汉语教师的中文讲解，常常采用汉语教师主讲并配备翻译的所谓的翻译法，或者由会外语的教师直接用外语讲课，这也体现了直接法教学的特点。对外汉语教学一开始就重视汉语的特点，教师们往往通过语言对比的方法，帮助学生认识汉语词序和虚词用法的重要性。只有在经过相当长一段时间的教学后，才开始分口语、听力、阅读、写作的单项技能教学，这就形成了20世纪80年代前期的"讲练—复练+小四门①"的模式。而对于这4种技能，对外汉语教学遵循"听说突出、读写跟上"的原则，它将"听说"置于"读写"之前，以听说带读写。在具体教学中，鼓励学生在看书之前，先进行听说训练，再进行阅读或写作训练。这种教学模式重视语法知识的讲解，强调学生语言学习的准确性和技能的熟练性，但是语言实践并不重视学生是否能够顺利完成交际任务。

二、"技能驱动的分技能教学模式"的流行

"结构驱动的综合教学模式"曾经是对外汉语教学普遍采用的教学模式。

---

① 在对外汉语教学综合模式中，"小四门"是泛指除综合课以外的其他和"听、说、读、写"语言技能有关的汉语课程。之所以叫作"小四门"，是因为这些课程与综合课相比，占用课时较小，属于综合课的补充，处于次要地位。

然而，在后续的对外汉语教学实践中，人们越来越感受到，中文作为第二语言教学效率不高与这种单一的教学模式不无关系。因此，从20世纪80年代中期开始，对外汉语教学积极思考并探索教学模式改革，努力提高中文教学的成功率。在20世纪70年代功能语言学理论的推动下，语言的功能研究和应用受到广泛重视，培养学生的语言"交际能力"逐渐成为第二语言教学的主要目标。对外汉语教学开始将"功能"引入教材开发之中，在教学中形成了"功能"与"结构"并重的教学法原则。

就对外汉语教学来说，在教学中有效处理"听、说、读、写"4种语言技能，成为教学模式改革的一种主要思路。通过对以往4种技能综合教学的反思，对外汉语教学开始尝试"分技能教学"。人们认识到这4种语言技能互不相同，各有特点，这就要求在教学中针对性地运用不同的训练方法和学习方法，并遵循一定的教学顺序。特别是在交际法语言教学时代，考虑到以往的"综合课""精读课"一般不会针对口语和书面语进行区别性训练，人们突出了对学习者听说交际能力的重视。从20世纪80年代中期开始，对外汉语教学普遍推行"技能驱动的分技能教学模式"。这种模式主张教学应先分语言技能进行训练，然后再按照语言技能训练的要求来组织、编排教学内容。最初，它采取的是"一套三本、三门课、四种技能分摊训练"的模式，这儿的"一套三本"指的是一套包括了读写、听力、说话3种单项专门训练的教科书，但它们拥有"共核"，即共同的教学主题、词汇和语法点。实际上，这讲求的是"合"与"分"之间的平衡。而所谓的"三门课"指的是这3本教材的对应课程：读写课、听力课、说话课。很明显，"听说读写"4种语言技能分布在这三门课中。总体上，"技能驱动的分技能教学模式"以培养语言交际技能作为首要的教学目标，顺应了交际法语言教学时代的根本要求。

目前，"分技能教学"已成为中国对外汉语教学普遍施行的教学模式，然而围绕着"分"与"合"，也存在着不少的争议。如果说，综合技能的教学模式不能兼顾各种技能的特点的话，那么，"分技能教学"模式实际上也存在着自身的问题。一方面，按语言技能分课型的做法，在实际教学中并没有带来显著的教学效果，反而造成了实际语言技能训练严重不平衡；另一方面，按照"一套三本"的教学初衷，读写、听力、说话的教材应该紧密围绕内容的共核，比如以精读课内容为共核，其他课程能够针对性地分技能复练和巩固，这就需要有一套非常科学规范的系列教程，方便教学使用。然而，目前大多数分技能教材并不理想，很多学校为此多采用不同系列的教材搭配使用，不同技能训练各行其道，内容差异大，难以体现"一套三本"所追求的"合"与"分"之间的平衡。针对这些问题，近年来也有学者提出了新的教学模式构想，大概可以分为"教学模式整体构建"和"单一技能教学模式构建"两大类。比如，"口笔语分科、精泛读并举"的对外汉语教学模式构想[1]。在这模式中，综合训练课被分为口语和笔语两门课，两者各有侧重，互为补充，目的在于快速提升学习者中文的口头和书面语表达能力。不过，由于教材在编写上存在相当难度，目前还很少见到适应该模式的教材的面世推广。再比如专门的"听力教学模式"[2]，它以交际语言能力为框架，将听力训练分为语音训练和意义训练两种类型，但是由于语言本身是一种音义结合体，如何在教学中有效区分并结合语音训练和意义训练，也很难形成共识。

三、"产出导向法"带来的新尝试

通常来说，语言的听读技能属于输入型技能，而说和写，包括译的技能属于输出型技能。在早期的对外汉语"结构驱动的综合教学模式"中，就已经形成了"听说突出、读写跟上"的原则，重点放在了先输入、后输出的技能培养上，也就是听和读先行开始，之后才是说和写。然而，这种模式受到了近年来出现的"产出导向法"（Production-Oriented Approach，简称POA）的质疑和挑战。POA教学法由中国的外语教学界首创，在国际中文教学界也产生了积极而深远的影响。[3] 这个创新的外语教学方法的基础是"输出驱动假设"，认为输出比输入对外语能力发展的驱动力更大，以输出为导向的综合技能训练比单项技能训练更富成效[4]。POA教学法所提出的"输出驱动"有着更为丰富的含义：一方面POA教学法在"输出"（Output）的基础上，进一步提出了"产出"（Production）的概念，这是因为用"产出"不仅包括说和写，还能进一步包括口笔译；另一方面，POA教学法所提出的"输出"

---

[1] 鲁健骥. 口笔语分科　精泛读并举——对外汉语教学改进模式构想 [J]. 世界汉语教学，2003（3）.
[2] 刘颂浩. 对外汉语听力教学新模型 [J]. 暨南大学华文学院学报（华文教学与研究），2009（2）.
[3] 文秋芳. 构建"产出导向法"理论体系 [J]. 外语教学与研究，2015（4）.
[4] 文秋芳."产出导向法"与对外汉语教学 [J]. 世界汉语教学，2018（3）.

或"产出"不仅仅指的是语言的输出型技能,还包括了用于输出驱动的任务、内容和材料。POA 教学法以"输出驱动"为出发点,首先就是要扭转"先输入、后输出"的常规教学顺序,让学习者在先尝试输出的过程中,意识到输出的困难,然后由教师针对输出的目标和学生产出的困难,来提供相关的输入。也就是说,通过在输出不足中产生的"饥饿感",来激发学生的学习欲望。这也意味着 POA 教学法会将说、写、译的技能放在比听和读更重要的位置上。不过,POA 教学法虽然突出"输出"领先,但并不意味着输出和输入之间存在绝对的先后顺序。POA 教学法主张在"输出驱动"的同时,也要加强"输入促成",为学习者适时提供恰当的输入,以帮助他们更好地实现语言产出的学习效果。

总体上,"产出导向法"以"输出—输入—输出"的创新设计,颠覆了传统的"先输入、后输出"的语言教学顺序,增加了听说读写语言技能的训练重心和顺序的调整可能性,从而可以更有效地践行它倡导的"以学习为中心""学用一体""全人教育"的理念,也有效地调动了学习者的学习动机和参与性,并通过"以评促学",实现"驱动—促成—评价"的完整循环。近年来,国际中文教学积极应用 POA 教学方法,这种方法在创新中文教学材料和教材编写使用上[1],以及在汉语口语教学的行动研究中[2],都取得了良好的验证效果,为国际中文教学中的语言技能训练提供了新的思路和操作借鉴。

第三节　国际中文听力技能教学

一、汉语听力训练的微技能

对于一个人来说,听是我们感触这个世界的开始。从母语习得的角度来看,婴儿从呱呱坠地开始,就已经暴露在声音的环境中,并能逐渐对周遭的声音及其意义产生有效的生理性和理解性反应。在日常生活中,听懂话语和表达话语是实现交际必不可缺的两个方面,但是比起表达话语来说,听懂话语似乎能够更有助于保持话语交际的连续性。

---

[1] 桂靖,季薇."产出导向法"在对外汉语教学中的应用教学材料改编[J]. 世界汉语教学,2018（4）.

[2] 鲁文霞,朱勇. 产出导向型汉语口语教学中的驱动环节研究[J]. 世界汉语教学,2021（3）.

听力理解是第二语言教学的重点，也是许多学习者的难点。由于第二语言采用了不同于学习者母语的语音编码体系进行意义传递，因此，学习者听力理解的培养重点就在于辨别语音和理解意义两个方面。从认知心理学角度来说，听力理解是"人们利用听觉器官对言语信号接收、解码的过程"[1]，一般被分解为语音感知、话语理解和信息储存3个阶段。听力技能的训练主要是围绕这3个方面来开展的，一个主要任务就是探索可应用于不同阶段的训练方法和技巧，它们对应着听力理解的各项"微技能"（Microskills）。[2]

在语音感知阶段，听力理解主要解决语音分辨的问题。学习者需要熟悉汉语中的声韵调、停顿、重音和语气等。能够根据语音的不同排列组合和声调的变化，准确辨别不同的意思。在语音的连贯输入中，学习者首先需要从辨别单双音节的词语开始。在中文教学中，教师可选用常用的但发音相近的词语进行辨析练习，比如："资源（zī yuán）／支援（zhī yuán）""北方（běi fāng）／比方（bǐ fāng）"等，这既可以进行近似的声韵母的辨析，也可以进行声调的辨析。在这基础上，再逐渐过渡到对句子以及对语段的感知上。比如，"南京的雨真大"和"南宁的鱼真多"是两个包含了不同语音排列组合的句子，要帮助学习者在不同音节中既分辨出声母上的差异（"京"和"宁"），也要分辨声调的差异（"雨"和"鱼"），以及韵母的差异（"大"和"多"）。学习者需要通过准确辨别语音，快速地感知单词的意义，进而感知整个句子的意思。

在话语理解阶段，需要发挥学习者的信息检索能力。在感知语音后，学习者需要调动已有的认知能力进行语音解码。这种认知能力包括了人的思维判断能力、推理能力和联想猜测能力等。认知能力有助于形成积极的听力理解学习策略，并转换为有效的刺激手段或练习形式，帮助学习者完成听力理解的任务。进行语音解码，还需要学习者具备相应的目标语语言能力，这包括词汇能力、语法能力、语用能力和交际能力等。听力理解教学鼓励学习者在听力理解过程中对相关词汇和内容主动进行联想与猜测。比如，在听力对

---

[1] 杨惠元. 汉语听力说话教学法［M］. 北京：北京语言学院出版社，1996：25.
[2] 1978年，英国语言学家John Munby在《交际教学大纲设计》（*Communicative Syllabus Design*）一书中首次提出"微技能"（Microskills）概念，他把听、说、读、写每一种语言技能进一步分解为更小的语言技能。微技能是各项语言技能的内核，熟练掌握各项语言技能中的微技能，是形成强大的语言交际能力的基础。

话中"A：你昨天去哪儿了？B：我头发有点长，我去理发店理发了。"如果听的人没有学过"理发店"这个词语，他也可以从大脑已储备的语言知识中提取出"商店""酒店"等词语，大致理解"店"的含义，特别是结合了"头发有点长"的理解，就不难猜测出"理发店"的意思了。再比如，在听力对话中"A：这部电影真让人倒胃口。B：我不这么认为，我觉得挺有意思的。"显然，说话双方对电影表达了不同的态度，如果能够理解"有意思"的表达，那么在理解陌生表达"倒胃口"时也就不会那么困难了，这是利用了反义表达进行猜测的策略。

学习者通过感知语音信息，迅速检索和理解信息之后，还需要将这些信息在短时记忆中快速储存记录下来，并经过编码、巩固和存储，形成自己长时记忆的一部分，以备进一步的提取和使用。在听力理解的信息储存阶段，重点是要强化学习者的记忆储存能力。记忆是听力理解的基础，学习者需要拥有良好的短时记忆能力，捕捉并留存听力中的关键信息。然而，短时记忆容量有限，又很容易遗忘，因此，有些学习者会通过刻意训练"强记""心记"等方法来加强记忆储存能力，但更多的时候会在训练中提高"边听边记""边听边写"的能力，也就是在听的过程中，利用单词、符号、图标、箭头等方式，快速记下可辨识的关键信息，这样可以把一瞬即过的语音信息转变为可长时间保存下来的文字信息，方便随时查阅和复习，这也就是中国俗话所说的"好记性不如烂笔头"的意思。在听力理解教学中要帮助学习者养成"边听边记"的习惯，首先要帮助他们形成良好的"边听边记"的方式，比如要掌握一套规范的笔记符号，可以用汉字或拼音，或自己熟悉的其他文字、符号，这种记录符号系统可以因人而异，但关键是要能辨识，能减少书写难度。比如，有些教师要求学习者每听一句话，就记作一行，这样便于听后的整理和理解。在中文听力教学中，还要特别帮助学习者针对其中的数字读音，使用阿拉伯数字进行快速笔记。此外，教师要帮助他们懂得如何"听记"关键的信息。一种方法是根据句子的语法结构来确定并记录关键实词，或者根据语流中的重音、语气、停顿、语调等，判断说话人强调的内容，这些包括对话中的时间、地点、人物、事件等重要信息。

除了上述常见的用于听力技能训练的方法和技巧外，有经验的教师还常常帮助学习者训练"听后模仿能力"，也就是通过模仿朗读，来掌握语言的流利度，熟悉其中的语音和关键词汇，这有助于学习者加强词汇和句子的记忆，并对它们的语音信息做出快速反应。也有的教师会帮助学习者在听后及时进行概括总结，帮助学习者聚焦听力话语中的关键信息和主要内容，捕捉并理解听力文本中的主题。总体上，针对听力理解过程中的不同阶段，我们在教学实践中开发了很多行之有效的"微技能"。事实上，微技能涵盖了汉语听、说、读、写、译等各个方面，为我们展示了语言学习和运用过程中所需要具备的各种细微而具体的技巧与能力。掌握好这些微技能，对于提高学习者的汉语总体水平至关重要。

二、汉语听力课堂教学

教师在课堂中组织听力教学，除了帮助学习者掌握上述听力微技能外，也要结合不同的教学目标和教学材料，选用恰当的教学方式。汉语听力能力的培养是一个渐进的过程，需要分层次、分阶段进行。这就需要根据不同级别的能力要求，认真设定教学目标。就教学目标来说，2021年颁发的《国际中文教育中文水平等级标准》（以下简称《等级标准》）对各级学生应达到的听力水平做了详细说明[①]，这些指标可以被视为听力教学的依据和目标。

具体到各级别的听力技能要求上，《等级标准》以语言能力和话题任务内容为基础，做了进一步界定。例如，初等三级要求"能够听懂涉及三级话题任务内容、以较长单句和简单复句为主的对话或一般性讲话（300字以内）。对话或讲话发音基本标准、语音清晰、语速接近正常（不低于180字/

[①] 该标准在提出听力技能具体要求之前，先对各级的语言能力和话题任务内容做了明确说明，它们是理解听力技能（也是说话、阅读和写作等技能）要求的前提。我们参考《等级标准》中设定的初等三级、中等六级和高等九级的标准，从语言能力、话题任务内容两方面，来具体了解大纲对初、中、高水平的各项语言技能提出的共同要求。（1）在语言能力上，"初等三级标准"要求学习者"能够准确认读三级语言量化指标涉及的音节608个、汉字900个、词汇2 245个、语法点210个"；"中等六级标准"要求学习者"能够准确认读六级语言量化指标涉及的音节908个、汉字1 800个、词汇5 466个、语法点424个"；而在完成高等阶段的学习时（"高等九级"），学习者"应掌握音节1 110个、汉字3 000个、词语11 092个、语法点572个"。（2）在话题任务内容上，"初等三级标准"话题涉及出行经历、课程情况、文体活动、节日习俗、教育、职业等。能够完成与之相关的交际任务，如能与人交流有关传统节日出行安排和节日习俗，能发出较正式的口头或书面邀请，并回应他人的邀请等。"中等六级标准"话题涉及社会交往、公司事务、矛盾纷争、社会新闻、中外比较等。能够完成与之相关的交际任务，如能在非正式场合谈论历史、文化等方面的中外差异，能大致读懂社会新闻并做出评论。而"高等九级标准"话题涉及学术研究、政策法规、商业贸易、国际事务等。能够完成与之相关的交际任务，如能参与正式场合的商业谈判，与对方交流辩论，能读懂政策法规、研究报告等正式语体的文件，并能充分得体地发表评论。

分钟)。能够通过语音、语调、语速的变化等辅助手段理解和获取主要信息"。中等六级要求"能够听懂涉及六级话题任务内容的对话或讲话（600字以内），对话或讲话发音自然、略有方音、语速正常或稍快（220—240字/分钟）。能够规避话语中的语病、修正等因素的影响，较为准确地理解说话者的真实意图。能够基本理解对话或讲话中涉及的文化内容"。而高等九级则要求"能够听懂涉及九级话题任务内容、语速正常或较快的各类语言材料（800字左右）。能够分析推断所需信息，准确理解所涉及的社会文化内涵"。

  课堂听力教学需要使用合适的听力材料，并认真考虑听力教材的编写、选用和听力材料的来源等问题。听力教材除了要符合实用性、交际性、知识性、趣味性、科学性、针对性等一般教材的编写原则外，重点应放在语料和练习的设计上。在语料方面，要考虑语料语体（口语体还是可兼用书面体）、语料的长度（如长语料应限制在600—700字以内）、语料的形式（语句、语段和语篇）、语料的难度以及语料题材的多样性等方面；而在练习设计上，应当围绕听力理解阶段性过程，既要巩固语言知识，也要进行听力微技能的针对性训练。此外，练习形式的多样性、趣味性和练习量的充足性，也都是听力教学需要考虑的方面。听力材料的选择应当反映出教师对学生普遍存在的听力难点的认识。比如说，汉语近似的音和调、生词、长句、语速、习惯表达和背景知识等被认为是造成学生听力理解困难的主要原因[1]，这就需要教师在听力材料选择和课前教学设计中，做好充分的准备工作。

  一般来说，听力课堂教学分为"听前"课堂准备和热身练习，"听时"开展课堂师生互动，完成听、讲、练的基本活动，"听后"安排针对性的理解训练，结合课上所学的内容和技能训练，运用新的听力材料，布置课后作业。在这3个教学环节中，"听时"环节集中了课堂听力技能教学的主要活动。它一般以学生先听、教师后讲，学生听、练相结合的方式进行安排，不过教学顺序也并不拘泥于此，也可以相互交叉，比如边听边讲、边听边练、讲练结合等；在听、讲、练各环节的教学时间安排上，也要按实际需求灵活调整。讲解是听力课教学的重要一环[2]。听力课上，教师应该讲解、分析和说明必要的语言知识，同时也要做好与突出"听"的特点的讲解内容之间的

---

[1] 杨惠元. 汉语听力说话教学法 [M]. 北京：北京语言学院出版社，1996：38.
[2] 李红印. 汉语听力教学新论 [J]. 南京大学学报（哲学·人文科学·社会科学），2000（5）.

平衡。此外，训练量和听力的播放速度、方式也都是教师在"听时"环节需要考虑的细节。教师可以根据实际情况，在时间比重上合理安排"精听"和"泛听"。"精听"的目的是通过仔细聆听、反复聆听，帮助学习者获取准确、精细的信息，而"泛听"则可以帮助学习者获得概括性的信息。许多教师会将"泛听"作为课后练习布置给学生，让学习者沉浸在充分、可理解的听力材料中，培养他们的目的语语感。值得注意的是，在"听时"教学过程中，教师应当兼顾听力与其他语言技能的关系，可以有意识地将听和其他基本技能相结合。比如，请学生听完一个语段或语篇后，让学生进行口头概括总结，或学生相互间根据自己的理解来表达各自的看法。这既能帮助学生充分理解听到的内容，也能交流、丰富各自的见解，练习口头表达能力。此外，学生边听边做笔记，听后回答问题或写出书面梗概，这也有助于将听和写的技能相互衔接起来。

第四节　国际中文口语技能教学

一、汉语口语训练的微技能

"听"和"说"是两个关系密切却又截然相反的行为过程。认知心理学认为，"听"是言语信息的输入过程，"说"则是言语信息的输出过程。"说"并不是一个纯粹的语音发声过程，而是一个对言语信息进行编码、转换和传递的过程。当一个人产生说话的欲望时，他首先会形成思维内容，而后运用语言知识对思维内容进行编码，从储存在大脑记忆库中的言语信息中找到合适的词语，并通过一定的结构顺序，使之转换为具有句法结构的言语信息。在将思想信息转换为言语信息后，就进入"说话活动"的第二个阶段，需要将言语信息转换为语音代码和生理的运动代码，也就是通过人体的发音器官的肌肉活动，将内部语言转换成有声语言，接着通过声波的传导，将信息传送到听话者的耳中。

第二语言的口头表达也遵循着同样的说话活动过程，要提升汉语学习者的口头表达技能，就有必要充分认识这个话语表达的全过程。这个过程可以被分解成3个阶段：话语计划、话语结构的建立、言语计划的执行。[①] 人的口

---

① 徐子亮. 汉语作为外语的认知理论研究 [M]. 北京：华语教学出版社，2000：250.

语表达能力是一个复杂的能力系统,要帮助学习者提升汉语的口头表达技能,就需要结合话语表达的 3 个阶段去认识其中的微技能,并探索各种有效的提升口头表达技能的方法和技巧。

在话语计划阶段,汉语学习者需要根据自身的交际目的来产生说话的欲望,计划自己说话的方式和内容。说话的欲望是自然而然产生的,一般并不需要特殊的能力训练。说话活动有两种基本的话语类型:会话和独白。会话是在谈话双方之间进行的,包括了如何开始会话、如何依次讲话(如一问一答)、如何结束对话等。这需要说话者和听话者共同遵循交际情境中的会话"合作原则"。也就是说,说话者要掌握一定的语用交际能力,懂得遵守礼貌性、得体性、真实性、适量性、信息性、相关性、明确性等基本的会话原则。独白有叙述性和讲演性两种形式,叙述性独白需要在话语计划阶段准备好所要叙述的事件的内容、次序和相互关系;讲演性独白就需要计划话语表达的观点、论据和结论。这需要说话者掌握较好的逻辑思维能力和分析判断能力。

在话语计划阶段,重点是确定说话的思想和内容,接下来需要将话语的思想言语化,形成话语结构,这就过渡到了话语结构的建立阶段。这个阶段包括"成分计划"(词、词组)和"句子计划"(命题内容、言外内容、主题结构)两部分。我们知道,从思想到话语,需要尝试从心理词库中提取合适的词语,并按照相应的语法规则将思想内容具化为有意义的词组或句子。其中包括了一些重要的口头表达微技能,比如:高速组织语言内容的能力,正确选词造句、组句成段的能力,恰当选取表达方式的能力等等。这就要求学习者在口头表达之前,积累一定量的词汇,掌握基本的语言组织规则,以及相应的文化背景知识。词语是语言表达的重要物质基础,提升口头表达的技能,需要以词语练习为着眼点。国际中文口头表达技能训练始终要将积累词汇、扩大词汇量作为贯穿教学全过程的一项重要训练活动。围绕词汇的"音""形""义""用",教师可以通过精讲多练,结合实物、图片、表情、手势动作等直观手段来加强词汇的存储刺激;同时,也需要通过反复练习,反复使用,多次提取,帮助学习者加强记忆,克服遗忘。词汇练习的方法多种多样,比如利用生词表进行认读,"指物说词""动作演示说词"的直接法、词组搭配法、词义猜测法等等,更多的方法可以参照本书第四章"国际中文词汇教学"部分。组词成句,考察的是学习者的语法能力,教学应着眼于帮助他们获得大量可使用的语法规则,特别是句法规则,使他们能够运用这些规则将词语组合成符合正确规范的句子。口头表达技能的高低，很大程度上体现在学习者是否能说出结构完整、搭配得当、关联紧密、意义明确的句子，而且还要确保这些句子使用得体恰当，符合特定交际场景的需要。在句子练习中，这要求教师不仅重视句子的基本结构形式，更要把重点放在句子的"用法"上。句子讲解和练习方式也有很多选择，常规的模式就是按照典型的"3P教学法"，先从句型展示开始，而后进行机械练习，再进行相应的交际练习。此外，句型替换练习、词—词组—句子的扩展练习、看图说话练习、交际对话练习等等都可以为口头表达技能打下良好的组词成句、组句成段、组段成篇的基础。学习者要能按照意义或逻辑关系，排列组合多个句子，形成语段或语篇。关键在于整体把握意义，合理使用连接词、省略、替代等。"读后复述"是最常使用的训练方法。条件合适的情况下，也可以组织学生进行故事接龙、即兴演讲、口头报告等活动，来进一步提升成段的口头言语输出。

在言语计划的执行阶段，主要是说话者调动发音器官，将所建构的句子用语音形式表述出来。这关系到语音切分、虚词系联等方面，也涉及停顿、语气、语调等超语音成分的处理，以及发声器官的肌肉运动。在这一阶段，学习者需要掌握善于运用声音技巧的微技能，这就需要通过大量的语音练习来提升。在国际中文教学实践中，我们开发了多种语音练习的技巧和方法。示范和模仿是语音教学最常用的方式，教师可以用夸张演示、对比正音、及时纠音等方式，突出发音的特点，帮助学习者掌握正确的发音部位和方式。例如，在声韵调练习上，可以着重对比几组易混淆的"难音"，比如送气和不送气音，舌面音、舌尖前音和舌尖后音，前后鼻韵母等，通过直观方式，加强学生对四声的调值感知。声韵调的单项练习还要和语流训练结合起来，要注意句子的整体训练和对语速的把握，毕竟在语流中确保声韵调的正确才是语音教学的关键。更多汉语语音训练的方法，还可参照本书第四章"国际中文语音教学"部分。

二、汉语口语课堂教学

在汉语教学中，口语课在整个课程设置中占据重要地位，从初级到高级均有开设。这就要求不同水平和级别的口语课在教学目标上应兼顾相互之间的关联性和区别度，同时体现出科学的递进性。《等级标准》依据从低到高的水平设置,在9个不同级别对"说"的能力做了扼要说明,这为汉语口语课堂教学设定教学目标,选用合适的教学材料和教学方式提供了参照。该说明一方面突出了"说"在语言能力上的支持条件,另一方面强调了"说"要达到的基本能力目标。我们参考《等级标准》中设定的初等三级、中等六级和高等九级的标准,来了解不同级别的口语语言能力和说话技能要求。第一,口语课教学与同级别的其他语言技能教学一样,共享本级别的语言能力和话题任务内容,均要求达到本级语言量化指标设定的目标。第二,《等级标准》对3个级别的口语技能做出了清晰的界定。在发音和语调上,初等三级要求"发音基本正确",中等六级在此基础上要求"语调比较自然",高等水平则提出"发音准确,语调自然"。在口头表达的话语形式上,初中高三级分别提出成句、成段和成篇的表达能力。具体来说,初等三级要求"具备一般的口头表达能力,能够使用少量较为复杂的句式进行简单交流或讨论"。中等六级要求"具备一般的成段表达能力,能够准确使用复杂的句式详细描述事件和场景,进行较为流利的讨论和简单的协商"。高等九级提出要"具备良好的语篇表达能力和灵活运用语言的能力"。此外,中等六级和高等九级对于口头表达的流畅性、逻辑性做了进一步要求:中等六级要求能"较充分地表达个人见解和思想感情,表达顺畅,用词丰富,基本得体,逻辑性较强"。高等九级要求"能够完整准确、流畅得体地表达思想和见解,内容充实,逻辑严密",并且还要求学习者能"灵活运用修辞手段增强口头表达效果,体现较强的跨文化交际能力"。

在口语教材选择上,目前尚未有依据《等级标准》编写的口语教程面市,但是在实际的教学中,口语教材品种繁多,不乏不同时代按照当时通行的标准大纲而编制出版的成熟经典的口语教材。例如,用于对外汉语短期强化训练的《汉语口语速成》,是一套服务于短期来华留学生,以培养他们口语交际技能为主的系列教材。它依据"汉语水平等级标准"设定的初、中、高三级五个水平的标准编写,也参考了相应的词汇等级标准,用以适应短期学习的不同需求。该系列教材共出版 5 册:《入门篇 上/下》是零起点,包括初步语音、语法知识;《基础篇》《提高篇》《中级篇》分别要求掌握 800 词、1 500 词和 2 500 词;《高级篇》要求掌握 3 500 词。另一套较有影响力的口语教材是《体验汉语口语教程》。这套教材共 10 册,分初级(4 册)、准中级(2 册)、中级(2 册)、高级(2 册)4 个等级。这套教材是以《高等学校外国留学生汉语教学大纲·长期进修》为基础确定教学等级，依据《汉语国际教育用音节汉字词汇等级划分》确定难度，并参考《国际中文教学通用课程大纲》的"国际中文教学话题及内容建议表"确定教学主题和教学内容。汉语口语课教学应选用经典成熟的口语教程，这不仅是因为它们编写科学规范，大多一版再版，确保了教学内容与时俱进，而且还会在教学内容、形式和学时安排上给予师生合理的建议，并配套了丰富的教学资源。以《体验汉语口语教程·准中级1（第2版）》为例，该教材包括12个正课和2个复习课，建议在正规课堂教学中安排16周的教学时长，每个正课学时为8课时；同时也为每课提供二维码教学资源，供教师灵活选用。此外，汉语口语教材类型多样，除通用型教材外，还有一些特殊用途的汉语口语教材，如商务汉语口语教材等，可供教学选择。

口语课堂教学包括新课、复习或练习课等设置。我们以新课为例来了解口语课教学的结构和过程。口语课新课一般分为"新课前""新课教学"和"新课后"3个基本环节。其中，"新课教学"是口语课新课的核心部分。

在"新课前"环节，教师主要为新课教学做好教学组织工作，重点检查学习者对前课知识和技能的掌握情况，解决学习者在之前学习中遇到的主要问题。"新课教学"环节围绕传授新的语言知识、训练新的口语技能而展开。教师一般会以话题导入方式进入新课，常用的方法就是"以旧知促新知"，结合学习者已有的认识体验，比如熟悉的生活场景和经验，帮助理解新导入的话题。教材课文是教学内容的主要来源，它为学生提供了交际练习的范本。教师需要结合课文"讲练生词""讲练语言点"，这包括本课的重点词语、口语交际的固定格式和话语衔接形式等，也包括这些语言知识的具体使用方法和场合。具体到"生词讲练"上，教师常常先领读生词，要求学生跟读，关键是要求声、韵、调准确，而后进行生词讲练，帮助学生了解生词的意义和基本用法，再通过扩展组词等练习去熟悉词语的搭配和语法功能。这一过程中要重视师生间的问答互动，这本身就是口语技能训练的基本方式。"课文讲练"和"综合练习"是"新课教学"的重要环节，教师常常先让学生听一遍课文，了解学生对所学生词的反应，帮助他们大致熟悉课文内容，而后会组织课文朗读。一般是教师领读，学生跟读或分角色朗读，语音语调准确、语速自然、语句流畅是朗读的关键。接着是根据课文内容回答问题，学生在熟悉课文内容，巩固所学词语和句式的基础上，将进入"综合练习"的环节，这包括用于训练成段表达能力的课文内容复述，重点句式的替换，以及适当的自由表达等练习，如会话练习、辩论或讨论等练习活动。"新课后环节"主要是帮助学生巩固和强化已学知识与技能，一般包括总结和作业布置两个任务。"总结"就是要求教师突出当课所教授的重点词语、基本句式、功能项目和文化知识，引起学生的注意，并通过多种课后作业来复现这些教学重点。课后作业也应布置学生预习新课，并根据不同水平的教学需要，逐步提升作业难度，比如在中高级阶段常会布置学生口头报告等任务。

丰富的口语教学带来了丰富的口语教学模式。在初中级口语教学实践中，涌现出不少行之有效的教学模式。例如"体验式教学模式"，其特点就是设置真实化的交际情境，让学生有身临其境之感并在真实情境中体验，训练口语技能。当然，这些情境大多是生活学习的场景，需要契合初级口语课以基本生存语言为主的特点。再如"任务式教学模式"，这是将任务型教学法应用于口语教学的一种模式创新。教师基于课文内容，为口语课设计贴近生活、难易适当的各类型任务，帮助学生了解完成任务所需的词语和句式以及合适的使用场景。而学生则通过相互协助的方式，查找信息、交流信息，提交结论以完成任务。口语教学因任务形式的多样性，可以呈现出多种口语训练的活动方式。例如，教师向学生展示一幅校园地图，而后将学校不同建筑物的照片分发给学生，布置的任务是让学生在地图上找寻与图片中建筑物对应的具体方位，并把图片贴在相应的地图位置上。学生可以以问答方式，彼此交换信息，集体完成任务。这就是典型的"信息差任务"。再比如，教师可以在口语课中布置任务，让学生讨论"周末的安排"，请学生分组讨论一个最佳的安排计划，并说明原因，然后请各组派一个代表向全班口头说明他们的观点，这是典型的"观点差任务"。在"任务式教学模式"中，还有"推理型任务""比较型任务""陈述性任务""问题解决型任务"等多种任务形式，能有效调动学生互动交流和课堂参与的积极性，帮助学生提升口语表达能力，增加开口率。在这些口语课教学模式创新的基础上，近年来针对线上教学的快速发展，也出现了"实境直播短期中文教学模式"[1]，

---

[1] 丁安琪，王维群. 实境直播短期中文教学模式的构建与实践研究［J］. 国际中文教学与研究，2021（4）.

它突出线上实境教学任务的真实性和互动的多元性。这虽然还未成为典型的口语课教学模式，但其中的实境直播互动环节为在线口语技能的训练提供了新的尝试。

第五节 国际中文阅读技能教学

一、中文阅读训练的微技能

阅读是提取书面文字信息的一种重要形式，也是人们学习和接受知识的一种重要活动，对于许多受过教育的人来说，通过阅读所获得的知识要大大多于通过会话所得。那么，人们是如何通过阅读获取书面的文本信息的呢？有效的阅读是一种纯粹的逐字逐句进行意义识别的视觉信息加工过程吗？还是一种读者凭借已有经验，通过上下文线索的提示，对文本内容做出推断、预测、验证、修改的意义理解过程？随着 20 世纪 60 年代以来认知心理学理论的发展，"图示理论"（schema theory）很好地解释了阅读和理解的心理过程。"图式"指的是主体拥有的认知结构，它用来描述人们在认知和理解世界时所依赖的心理结构或框架。"图示理论"认为，读者进行阅读时既需要借助"语言图式"（linguistic schema），即语言的语音系统、句法系统和语义系统，通过逐字逐句的理解来重建书面语意义，也需要借助"内容图式"（content schema），即个人的先期的经验和相关的背景知识，对阅读文本信息进行再次加工和理解。也就是说，有效的阅读实际上是这两种加工模式相互作用的过程。在"图示理论"的阐释下，读者通过阅读文本的语言信息，先期获得了对文本内容和意义的初步了解。与此同时，头脑中相关的内容图式被不断激活，与文本中的语言图式相互作用，帮助读者全面深入地把握文本理解。

阅读理解是一个"语言图式"和"内容图式"相互作用的过程，这不仅适用于母语的阅读过程，在第二语言教学的阅读理解中更具解释力。在汉语阅读教学中，学习者普遍遇到词汇量不足、语法知识不完备、对汉语固定表达方式不熟悉、缺乏相关背景知识等问题，这些关乎阅读理解的问题，也大都可以从"语言图式"和"内容图式"两方面去解决。我们需要从这两个方面，针对性地加强阅读理解微技能的训练。

从语言图式方面来看，我们在遵循一般阅读技巧的同时，要特别重视汉语汉字的特点，以及由此带来的一些特殊的阅读技巧。首先，要加强汉语字词辨识能力，利用汉语字词结构特点来推测字词意义。教学发现，学习者在阅读中常常出现的词汇量不足的问题，一部分原因是和他们汉语语感不强、字词切分困难有关。汉语字、词以及短语之间存在复杂的界限关系，很难梳理清楚。很多汉语学习者在阅读线性的中文时，常常会出现断词错误或者字字停顿的现象，这给阅读带来了不小的问题。要解决好阅读中的字词切分问题，我们先要了解汉语学习者常使用什么样的策略来提取词汇，为什么会出现字词切分引起的偏误。研究发现，"优先提取熟词"是他们运用最为普遍的一种策略。由于汉语学习者熟悉度高的词语一般都是以整词的方式进行加工的①，他们往往会在新句的理解中先入为主以整词、熟词为基础进行理解，这可以有效提高阅读的速度和理解的程度，但也带来了偏误出现的风险。比如："上海的非常住人口在1 000万人以上。"如果学生第一时间提取熟词"非常"，那么要提取"住人口"这么一个非词就会显得很奇怪，他可能会停顿，犹豫，再读，延长了阅读时间；如果不怀疑"非常"的正确性，那么最后就可能带来阅读的误解。在解决字词切分困难的针对性训练中，① 学习者除了需要努力增加词汇量外，还要强化分词断句的练习，加强汉字结构知识、语素构词知识来确定词界。汉字一定程度上仍然属于表意文字，特别是形旁标注意义类别的功能还很强大，阅读者需要具备良好的汉字结构知识，在阅读中用来猜测字义；而汉语单音节词以单一语素的汉字形式出现，双音节词汇多为两个语素意义的结合，一般可以见字明义。因此，基于汉语字词构词方式去合理猜测字词含义，能够在阅读中跨越生词障碍。② 要在阅读中辨识汉语字词，还要训练学习者有效利用句法结构的基本知识，比如助词"的""地""得"可以分别提示"定—中""状—动""动—补"的结构关系。③ 一定的节奏韵律知识也有助于确定词界。比如，汉语单双音节的词组合在一起，常见的节奏模式是"1+2"，如"吃快餐"，一般多为动词性；"2+1"，如"电影院"，一般多为名词性；"2+2"，如"五颜六色"，一般是并列结构。④ 我们可以借助上下文来帮助字词辨识。比如在"白天鹅在水里游来游去，到了晚上都关在笼子里"一句中，是切分成"白天+鹅"还是"白+天

---

① 冯丽萍. 中级汉语水平留学生的词汇结构意识与阅读能力的培养［J］. 世界汉语教学，2003（2）.

鹅"？似乎都成立，但这显然是一个对比性的句子，上下文提示中出现的"白天"和"晚上"是一对反义的词语，因此理解为"白天+鹅"才是合理的。再如，"尊重人才是最重要的"这是一个歧义句，切分成"尊重+人/才"还是"尊重+人才"会带来截然不同的理解，而这只能通过上下文语境才能理解真正的含义。

在书面文本阅读中，学习者应具备区别汉语书面语和口语的能力。初、中级的汉语教学侧重听说技能的训练，教材中的课文大都是口语对话体，而汉语长期存在着言文不一致的问题，虽然这一问题在白话文通行的当代已大为改善，但是两千多年的文言文传统已经沉淀在了汉语书面语的表达中，具有言简意赅、用词准确精练、含义隽永深刻的特点。文白夹杂的现象常常出现，再加上一些新闻、科技、法律等特殊文体的表达方式，这也增加了汉语书面语阅读的困难。因此，我们需要针对性地强化书面和口语体表达的对应训练，比如"越来越"（口语）—"愈发"（书面），"一些"（口语）—"若干"（书面）；针对性地加强各类典型文体的阅读，并在阅读文本分析中，加强口语和书面语句式、语法和语体风格差异的比较。

此外，我们也要提升学习者使用标点符号理解汉语语义的能力。中国的现代标点符号系统是在西式标点符号的影响下出现的，已有100多年的历史。规范使用的标点符号可以辅助传递语义信息，比如，汉语标点符号中独特的顿号，表示的是句子内部并列的词或词组，顿号前后的成分在语义上是并列关系。汉语的破折号后面出现的语句的内容一般具有注释性或说明性。而引号除了直接引用他人的话语外，有时候所引的词语可能带有特殊的含义。比如，"这个'高明'的主意，真是让人哭笑不得"这句话中的"高明"的含义与"了不起，（见解）明智独到"恰恰相反，表示说话者认为这个主意并不高明，甚至可能很愚蠢，带有讽刺的意味。

阅读理解还要求学习者具备对语段、语篇的分析理解能力。标题或主题词往往说明了段落和整个语篇的主要内容，阅读训练可以针对性地训练学习者对标题、主题句的准确解读，把握汉语语段和语篇的主旨。学习者也要掌握一些指示语或形式关联词的意义和功能，比如表示"补充"的"此外、除此之外"，表示"总结"的"综上，综上所述"等，这有助于在阅读上推测或把握全文的逻辑层次和主旨意义。此外，中、高级水平的汉语学习者还需要通过高质量的阅读和教学分析，去掌握语篇结构模式，把握篇章脉络。比如说，要熟悉中文记叙文的顺叙和倒叙，说明文的时空描写方式和事理剖析的逻辑顺序，议论文的并列、层进、对比等结构模式。

学习者在阅读理解的过程中，还需要激活自身的内在知识、概念、文化和社会经验等认知结构或"内容图式"，与阅读文本中的特定信息建立起对应关联，以此加深理解相关主题或发现自身所需弥补的背景知识。在阅读过程中激活自身的"内容图式"，学习者就需要培养根据语境捕捉语义的能力。一方面，能够根据文本本身的环境，比如上下文语境，段落或篇章的文体、结构去捕捉相关信息；另一方面，要熟悉目的语的社会文化环境，包括历史、民族、习俗、地理等内容，并结合文本语言信息去理解其中的关键概念或主旨。例如，当一个学生阅读关于"中国环境保护"的文章时，如果他们已经有了关于可再生能源等概念的"内容图式"，并对中国经济快速发展下的环境发展有切身的体验，他就能将文本信息与已知信息联系起来，更容易理解文章的内容；当读到"绿水青山就是金山银山"的表达时，也更能理解"环境保护与经济发展并行不悖、相辅相成"的中国式的环保理念。相反，如果学生缺乏某方面的背景知识，他可能需要更多的指导来建立相关的"内容图式"。比如说，在中、高级汉语水平的阅读文本中出现这么一句话："防暑清热毒，多喝绿豆汤。"这句话并没有解释什么是"热毒"，为什么夏天要喝绿豆汤，但是我们中国人一般都能理解，这是因为中医文化中普遍存在着饮食养生，"药补不如食补"的健康理念，而生活中也有很多"绿豆甘凉，解暑止渴"的体验，这些能帮助我们填补材料理解上缺失的信息。对于汉语为非母语的学习者来说，他们或许能看懂句子中的每个字词，但如果有些人从没有"热毒""喝绿豆汤解夏暑"体验的话，他们可能很难在阅读中建立起"防暑解毒"和"喝绿豆汤"之间的联系。所以说，在第二语言的阅读理解中，语言知识固然重要，但背景知识对阅读理解的作用，有时也很关键。汉语学习者如果能广泛接触和体验中国的社会文化，加深对中国社会的认知和理解，将能更有效地提升中文的阅读理解水平。

二、中文阅读课堂教学

阅读的过程不仅能让学习者获得语言知识，提高表达能力，更能进行科学思维的训练，增强文学艺术的鉴赏能力。阅读也被认为是培养语感的最佳途径，是重要的第二语言习得方式，因此，阅读教学在国际中文教学中举足轻重。①

上好中文阅读课，首先要明确教学目标和教学要求。《国际中文教育中文水平等级标准》从阅读的语言基础、话题任务内容、阅读技能等方面，为中文阅读教学的初、中、高水平分别做出了明确的界定②。在阅读技能上，对阅读文本的长度和速度做了区别性要求：3个级别的阅读速度分别是每分钟不低于120字、180字和240字；阅读文本长度限定在从初等三级的300字以内到中等六级的900字以内，而高等九级未对文本长度做具体要求。在文本解读分析等微技能上，重在意义理解和文本内涵的挖掘。初等三级要求"能够理解简单复句，读懂叙述性、说明性等原材料，理解文章大意和细节信息；利用字典、词典等理解生词意义。初步具备略读、跳读等阅读技能"。中等六级要求"能够厘清语言材料的结构层次，准确理解内容，撷取主要论点和信息；能够通过上下文猜测词义、推断隐含信息，基本理解所涉及的文化内容；具有较强的跳读、查找信息、概括要点等阅读技能"。而高等九级要求"能够熟练掌握中文的思维与表达习惯，综合运用各种阅读技能，深刻理解文章的思想与社会文化内涵"。

从教学目标和要求来看，阅读课教学有两大任务：一是帮助学习者理解文本内容、主题、结构、关键信息和观点；二是培养学习者的阅读理解技能，这能帮助他们有效地从文本分析中获取信息，理解作者的观点。而从阅读课的教学过程来看，一般也分成阅读前、阅读中和阅读后3个部分，它们有着各自不同的教学任务。在阅读前，教师会根据教学需要，选择性安排课文导入、讲练汉字、讲练词汇、讲练语法点、技能训练等环节；在阅读中，教师会布置阅读任务，安排课文阅读，组织课文练习，并针对性地讲解课文和相关词汇；在阅读后阶段，教师会进一步拓展阅读理解的练习或相关语言练习，做好文本阅读的总结，并布置课后作业。阅读课常常利用不同的训练方式来加强阅读理解技能教学。以"阅读中"阶段为例，教师常用通读、细读、略读、查读等4种方式开展课堂阅读教学。

（1）通读，这是阅读教学中最常用、最重要的一种方式，它指的是将文

---

① 李如龙. 论对外汉语的阅读教学［J］. 国际中文学报，2012（1）.
② 关于阅读技能的语言基础、话题任务内容，具体可参考本章第三节第二部分"汉语听力课堂教学"相关脚注内容。

章从头至尾进行整体性阅读，目的是了解全文的大意，并能注意其中的一些细节。通读常常有时间限制，通读之前教师一般会通过问题给出一些阅读提示，学习者要在规定时间内尽量完成全文阅读，并能找到问题的答案。在通读过程中，学习者一般不能查阅词典，遇到生词要尽量猜测词义；阅读时间结束后，教师会和学生讨论问题答案，并总结课文大意。

（2）细读，也叫精读，不仅要求学习者逐字逐句理解字面意义，还要求他们能理解言外之意，把握文本细节，做到读懂、读透。在细读前，教师会提供话题导入或背景知识介绍，而后组织学习者进行默读，并理解全文大意，找出相关问题的答案；在细读教学中，教师会安排学习者进行分段阅读，通过细节性问题或关键生词理解，鼓励学生尽可能读懂文本细节，之后会进行针对性分析和讨论，并组织学习者朗读课文。

（3）略读，也称泛读，就是快速浏览文章。通过关注文章标题、开始段、结尾段等信息集中的部分，去获取文本大意。在这一过程中，学习者需要有经验地、选择性地进行跳读，而忽略其中的细节。略读一般都是限时阅读，文本较短，阅读前会有相应简单的理解性问题，学习者需要通过快速阅读，获取信息并回答问题。略读中，一般不设生词部分，教师也无须讲解生词或语法。

（4）查读，就是在阅读文本中快速定位并查找所需要的信息，特别是查找事实、数据、定义、人名、地点等具体信息。比如说，在训练查读方式的教学中，教师向学习者介绍新版的高铁时刻表，包括它的编排方式和特点，然后要求学习者在规定时间内查找所需要的信息，例如，找出3趟最快的由北京开往上海的高铁信息，这项训练目的是提升学习者在最短的时间内获得准确信息的能力。找到目标信息后，查读的过程也随之结束。

从阅读技巧和策略角度来看，这4种方式集中出现在"阅读中"阶段。其中，"通读"与"细读"都强调了预测和推断的能力，以及概括大意、猜测词义、反思和复述的能力；"细读"更突出识别重要细节、情感分析、文本分析、推理和解释的能力。"略读"比较突出概括大意、评估和判断的能力，而"查读"较为重视标注和笔记的能力。当然，在"阅读前"阶段的课文导入部分，也可以重点训练学生的"预测和推断"能力，在"阅读后"阶段的总结环节，重点可放在"猜测词义"能力上。从阅读知识角度来看，包括汉字、词汇和语法在内的语言文字知识贯穿"阅读前""阅读中"和"阅读后"3个阶段，重点当然是"阅读中"阶段的针对性讲解和练习环节。"阅读前"的课文导入环节非常重要，有关的文体和文学知识、主题领域知识和社会文化背景知识大都体现在这个环节中。①

中文阅读课需要配备教学理念先进、内容覆盖广泛、编写形式多样、结构安排合理、技能训练丰富的教材。在中文阅读教学实践中，教材数量充足，类型多样，不断推陈出新。在新中国的对外汉语教学发展中，阅读教材始终在各类教材研发与编写中占有重要一席。据不完全统计，从20世纪60年代赵元任先生编写的《中国话的读物》系列阅读教材至今，国内外出版的各类中文阅读教材不下200种。② 其中，《中级汉语阅读》③、《初级汉语阅读教程》④、《中级汉语阅读教程》⑤、《新编初级汉语阅读教程（博雅汉语精品教材）》⑥等是不同时期的代表性教材。它们在编写创新上都做出了各自的努力，反映出中文阅读教学不断发展的教学理念和方式。以《中级汉语阅读教程》为例，它认为阅读教学的成功在于阅读技能的培养。为此，与以往阅读教材多以主题单元结构编写的方式不同，该教程采用了技能单元结构，以技能训练为主线安排课文，并对阅读技能尽可能地进行了细化，教程将阅读技能分成词语、句子理解、段落理解、全文大意概括、抓标志词、预测、扩大视幅、组读等11个项目。此外，该教程选用具有时代新意的实用性语料，语料信息涉及从电话到银行，从租房到找工作，从学习到休闲娱乐等内容，这些都与来华留学日常生活密切相关，目的是通过阅读加强留学生们的汉语言语交际技能的培养。随着中文阅读需求的多元化，中文阅读教材也涉及了不同的专业领域，如商贸汉语阅读教材、汉语报刊阅读教材、中国文化读本、科技汉语阅读教材等等。分级阅读标准的制定和国际中文分级读物的编写出版也已成为一个热点，这为少儿汉语阅读教材的编写提供了科学的依据。国际中文阅读教材是讲好"中国故事"的重要媒介。近年来，围绕"讲好中国故事、传播好中国声音"，重构中华文化经典，对中华文化内涵和核心价值进行现

---

① 郑艳群，王艳. 基于教学结构和过程的汉语阅读理解理论模型［J］. 国际中文，2024（6）.
② 魏午林. 对外汉语阅读教材发展历程研究［D］. 兰州：兰州大学，2019.
③ 刘颂浩，等. 中级汉语阅读［M］. 北京：北京语言大学出版社，1997.
④ 张世涛，刘若云. 初级汉语阅读教程［M］. 北京：北京大学出版社，2002.
⑤ 周小兵，张世涛. 中级汉语阅读教程［M］. 北京：北京大学出版社，2008.
⑥ 张世涛，刘若云. 新编初级汉语阅读教程（博雅汉语精品教材）［M］. 北京：北京大学出版社，2018.

代话语的重新表述与阐释，成为国际中文阅读教材编写的新方向，也赋予了中文阅读教材展示国家形象、增强文化自信的新使命。

第六节　国际中文书面表达技能教学

一、语言层次训练：书面表达技能训练的重心

书面表达指的是通过规范的书面语言表达个人思想的活动。从广义角度看，它包括两个方面的内容：一是书写，特别是汉字的书写；一是笔头表达或应用性的创作。随着第二语言学习者语言能力的逐渐提升，书面表达的重要性也越来越突出。然而，在"听、说、读、写"各项技能中，书面表达具有要求高、难度大的特点，是中文学习者各项语言能力中普遍薄弱的一个环节。对于中文学习者来说，书面表达的难，首先在于书写的形式。用书面形式来表达，就必然需要具备良好的汉字书写（或电写①）能力，而汉字的难学成了许多学生汉语写作的"拦路虎"。不过，书面表达的难，更体现在第二个层面上，也就是应用性的写作难度高，"写什么"和"怎么写"，这是母语或第二语言写作都要面对的最重要的问题，也是我们重点探讨的问题。"写什么"和"怎么写"反映出写作的心理过程，了解这个过程，就有助于进一步认识国际中文写作教学的训练重点和方向。

在本章第四节"国际中文口语技能教学"中，口头表达的过程被分解成"话语计划、话语结构的建立、言语计划的执行"3个阶段，也即"说什么"和"怎么说"的问题。从认知心理学理论来看，书面表达也存在着类似的心理过程。①"写什么"可以被理解为一个思想形成的过程，它的起点是"话语动机"，也就是在大脑中有了写什么的初步想法，然后这个想法逐渐具体化，产生"语义初迹"②。接下来，需要经历思想的语言化，也就是"怎么写"的阶段。不过，"怎么写"并不是将大脑中的想法直接付诸书面的文字表达，而是要经历从语言的深层结构向语言的表层结构转

---

① 汉字电写，即电子化书写汉字，是指利用电子设备（如电脑、智能手机等）进行汉字输入和处理的过程。
② 语义初迹指的是语言表达的起点，它是由表述动机引发的一个潜在的语义关系体系，是形成话语的基础。

换的过程①。语言的表层结构指的具体的语言形式，包括语音、文字、词汇、句法等形式。语言的深层结构就是语言的意义，它以命题的形式存在②，是一种深层的语义形式，表征的是意义而不是语言的表层形式。一个命题就是一个概念的断言，包括一个由动词或形容词构成的谓语，以及与谓语发生关系的名词或代词（也被称为"论元"）构成③。有时候，在深层结构中，几个命题之间也可以通过不同的逻辑关系连接起来，比如，"他在比赛中获胜""他打破了纪录"和"他之前受伤了"是3个独立的命题，分别表达了一个完整的思想。在深层结构中，它们的语义是多层次的，但是当它们从深层结构向表层结构转换成一个完整的句子形式"他不仅在比赛中获胜，而且还打破了纪录，尽管他之前受伤了"，它们利用"不仅……而且……"和"尽管"等关联词连接起来，转变成了线性的语言表达。

　　对于写作来说，这两个过程都很重要。特别是，母语写作训练的重心常常放在构思和谋篇上。但是对于第二语言学习者来说，最大的挑战可能不是写什么，而是怎么能把脑海中的想法，用符合中文习惯的编码形式自然、顺畅地表达出来。他们更需要在写作中解决汉语语法和词语的搭配问题，段落层次上的句与句之间的逻辑关联问题，语篇上的主题表达和结构问题。有研究指出，如果能在第二语言的写作教学中，针对第二阶段的心理过程（即从深层结构转向表层结构）进行训练，那么，写作的难度将会大大降低④。对于国际中文写作技能训练来说，重点显然要放在第二阶段的转换能力上，也就是要加强中文写作技能的语言层次训练，主要包括词汇训练、句子训练、语篇衔接与连贯训练等内容。当然，随着学习者中文书面表达能力的发展，训练的目标将更为全面，在语言运用能力之上，还要加强他们的文体知识、语篇意识、表达能力和逻辑联想能力。

二、国际中文课堂写作教学

　　针对在华外国学生的中文写作教学可以分初级、中级、高级3个阶段，

---

① 诺曼·乔姆斯基. 语言与心理［M］. 牟小华，侯月英，译. 北京：华夏出版社，1989：18.
② 诺曼·乔姆斯基. 语言与心理［M］. 牟小华，侯月英，译. 北京：华夏出版社，1989：18.
③ 比如："小明吃了一个苹果。"可以被理解为一个命题，其中"吃了（表示动作）"是谓语，而和这个谓语有关的"小明"（即动作的执行者）、"一个苹果"（动作的承受者）是这个命题的论元。
④ 陈贤纯. 对外汉语教学写作课初探［J］. 语言教学与研究，2003（5）.

开设"基础写作""应用文写作""文学创作""学术写作"等 4 类课程。然而，在实际教学中，多数只开设"基础写作"和"应用文写作"两门课，初级阶段一般从第二学期下开始，每阶段延续一年。语言层次的训练是初、中级中文写作技能训练的重点，需要符合语言单位由小到大的阶梯式安排。《国际中文教育中文水平等级标准》围绕语言层次训练（包括汉字书写和词句能力），结合写作应用任务，对初、中级水平的中文写作能力提出了具体要求。

（1）初等：以初等三级为例，在汉字书写方面，要求能掌握初等手写汉字表中的 300 个汉字，要较为熟练掌握汉字笔画和笔顺的书写规则以及各类标点符号的用法，并能正确抄写汉字，速度不低于 20 字/分钟。在词句能力上，要求从最基本的简单词语和常用单句的使用开始，最终具备能使用简单的句子，进行简单的书面交流。在写作应用任务上，要求能填写最基本的个人信息，书写便条（一级），在规定时间内能介绍与个人生活或学习密切相关的基本信息，且字数不低于 100 字（二级），能书写邮件、通知及叙述性短文，字数不低于 200 字，且语句基本通顺，表达基本清楚（三级）。

（2）中等：以中等六级为例，在汉字书写方面，要求能掌握中等手写汉字表中的汉字 400 个，能够较为熟练地分析汉字的结构。在词句能力上，要求能够使用较长和较为复杂的句式进行语段表达。要在规定时间内，能完成常见的叙述性、说明性、议论性等语言材料的写作，字数不低于 600 字，且用词要求恰当、句式准确、表达通顺连贯。还要求能运用常见的修辞方法。在写作应用任务上，要求能完成多种应用文体写作，格式正确，表达规范。

（3）高等：高级水平的写作技能训练重点主要体现在应用文体的多样化和对谋篇布局的逻辑结构要求上。以高等九级为例，要求能够手写高等语言量化指标所要求书写的汉字，要求能够撰写包括一定篇幅及篇幅较长的应用文、说明文、议论文和专业论文（七—八级），能够完成学位论文及多种文体的写作（九级）。在高等的 3 个级别中，还要求写作观点明确、层次清晰、语句流畅、格式正确、表达得体、逻辑清楚，并能正确运用比较丰富的成语、习用语和多种修辞方法。而最高的九级标准还要求言之有物，富有文采。这几乎与汉语为母语的高水平写作要求相当。

从《国际中文教育中文水平等级标准》对"写"的分级要求来看，包括汉字书写和词句在内的语言能力训练贯穿初中级阶段教学，是高级阶段汉语写作教学的基础。也就是说，从初等一级开始，书面表达训练就已经成为国际中文教学的一个主要内容。不过，在不同中文水平的写作教学中，教学目标不同，教学侧重点也存在着差异。比如说，单独开设的中文写作课多以语段表达作为教学的起点与重点，以语篇表达为目标。对于这样一堂典型的写作教学课，一般可分为"写作前""写作中"和"写作后"3个基本教学环节。"写作前"环节主要包括导入、知识讲解、范文分析、练习、总结等内容，重点应放在写作相关知识的讲解和范文分析上，这个环节主要提供在具体写作任务实施前的一些预备性的写作指导。"写作中"环节是实施写作行为并完成文本作品的实践过程，重点安排作文布置、学生写作，教师的启发构思对于学生写作也有积极的影响。有时候，教师在"写作中"环节也会及时提供必要的反馈和修改意见。"写作后"环节的重点自然是教师反馈，包括教师的书面批改意见和课堂上的总结评价；许多教师会重点评析典型习作，或者组织学生互评互改，或者师生共同分析并修改习作中普遍存在的问题，并辅以必要的知识讲解和练习。

在中文写作教学中，出现过许多有影响的教学模式、方法和技巧，比如说"控制法""自由写作法""语段形式法""交际法""任务型写作教学法""过程法""综合法"等等①。近年来，基于"产出导向法"理论，有学者从输入、输出和评价反馈3个方面构建了对外汉语写作课教学的新模式②。一些新颖的教学辅助手段也为中文写作教学的创新发展提供助力，比如有研究就将人工智能工具引入学术汉语的写作中，并证明它在帮助学生确定选题、把握核心文献、改进摘要、校正语言和预测反方观点等方面能发挥积极作用③。在众多的方法模式实践中，我们重点介绍中文写作教学的"过程法"与"写长法"。

在常见的写作课教学结构中，写作前后两个阶段的范文讲解和分析，以及对学生模仿范文写作而生成的习作进行点评修改，是教师开展写作教学的重点，不过它较少关注学习者写作的各个具体环节。而"过程法"的提出，

---

① 罗青松. 对外汉语写作教学研究 [M]. 北京：中国社会科学出版社，2002：21-64.
② 许希阳，吴勇毅."产出导向法"理论视角下的对外汉语写作教学模式之探索 [J]. 华文教学与研究，2016 (4).
③ 李姝姝，王佳. ChatGPT 在学术汉语写作教学中的应用探讨 [J]. 海南师范大学学报（社会科学版），2024 (2).

是基于"写作就是一个过程"的认识，它认为写作学习本身是一个渐进的过程，需要教师监督指导，更要突出学生为中心的理念，要激发学生在写作过程中的协商、表达和发现，需要他们主动参与对文章立意、结构和语言表达的有意义学习。一篇作文的过程写作会经历写作准备阶段、起草阶段和修改阶段3个基本过程。在准备阶段，教师首先应帮助学生筛选写作话题，确保话题对学习者而言不感到陌生，能够表达个人的知识和观念；然后是进行文章构思，可以通过启发、自由写作或思维导图等方法来整理归纳思路，在此基础上完成写作提纲，教师还可以根据需要提供学生相关词语和写作的参考资料。在起草阶段，教师应重点帮助学生阅读借鉴范文，组织学习各种有效的写作知识和方法；学生完成草稿后，应鼓励他们进行1—2次的修改，专注语言准确性，也要重视文章的整体结构和内容的表达。学生互评有助于学生之间的相互学习，也常常被纳入草稿修订的环节。修改阶段主要是教师对学生习作进行批改后，学生结合教师的修改意见对全文进行的再修改。从整个学期的写作教学来看，学生可以把多轮写作修改而成的习作整理成册，教师也可以组织"汇展"，甚至"出版"学生的习作作品，以此为整个学期写作教学"过程"画上完美句号。在国际中文教学中实践"过程法"写作模式，将有力地贯彻"以学生为中心"开展写作教学的理念，它注重学生的学习需求分析，注重写作过程中师生之间的协商性，能大大提升学习者主动参与中文写作的积极性，并提升他们中文写作的成就感，同时也对教师的全程性组织管理和修改评价提出了更高的要求。[①]

中文写作教学中的"写长法"来自一种外语学习和教学理念，目的是通过设计真实的写作任务，激发学生的写作欲望和热情，同时通过调节作文的长度要求，逐步增加写作量，通过写长作文来提高外语写作能力以及整体的外语学习能力。这是因为，写长可以加快知识向运用层面转化，帮助学生超越自我，开拓思路，挖掘学习潜力。[②] 在具体的教学实践中，"写长法"要求学习者具备一定的汉语语言基础，主要适用于中级的中文写作教学。"写长法"鼓励学习者写长（每篇的字数）、写多（写的篇数）、适当写快，这是它的教学指导思想。在整个教学环节，教师需要精心设计不同的体裁和作文命

[①] 杨俐. 过程写作的实践与理论[J]. 世界汉语教学，2004（1）.
[②] 王初明. 外语"写长法"[J]. 中国外语，2005（1）.

题,精心挑选范文作为引导,采用肯定优点、间接改错的情感激励手段作为主要的评价方式,以课内布置、课外写作为主,适当辅以当堂快写的方式进行。"写长法"的操作要点,就是要将中文写作能力标准转化成更具体的一些量化指标,这包括作文的体裁范围、数量、篇数,单篇长度量,单篇汉字、词汇、句法等,以及学期、学年总指标。其中,体裁范围、数量、篇数和总字词量几个指标最重要。为此,教师在批改每篇作文时,都会在第一页顶端注明字数。"写长法"应用到中文写作教学中,已产生了积极的效应。有研究报告称①,经过一个学年80学时的教学训练,留学生可完成约22篇多种体裁和命题的作文(每篇字数底线从500字起步,发展到1 200字),这种进步是相当显著的。为更好地发挥"写长法"的教学效应,有些教学还会配套"听后写"、课后日记等任务,夯实学生的中文写作基础,并提升他们坚持写作的信心。

 本章思考题:

1. 请描述从"结构驱动的综合教学模式"到"技能驱动的分技能教学模式"的演变,并分析中文教学产生这种变化的原因和影响。
2. 请谈谈"产出导向法"的教学理念,并分析教学流程各阶段的主要特点。
3. 国际中文听力教学应着重训练学生哪些方面的微技能?在培养这些微技能方面,又有哪些有效的听力教学策略?
4. 将现代数字技术与国际中文听说教学相融合,我们可以提出哪些互动性高和个性化强的听说训练的创新方法?
5. 请谈谈国际中文口语教学中"实境直播短期中文教学模式"的创新特点。
6. 在培养学习者电写汉字能力的教学中,教师应采用什么样的有效教学策略?
7. 请谈谈查读技巧在提高学生中文阅读能力上有什么具体效果。
8. 除了本章介绍的"过程法""写长法"等方法外,你还了解哪些有效的中文写作教学方法?

---

① 宗世海,祝晓宏,刘文辉."写长法"及其在汉语二语写作教学中的应用[J].世界汉语教学,2016(2).

本章主要参考文献：

1. 陈贤纯. 对外汉语阅读教学16讲［M］. 北京：北京语言大学出版社，2010.
2. 柯传仁，黄懿慈，朱嘉. 汉语口语教学［M］. 北京：北京大学出版社，2012.
3. 李如龙. 论对外汉语的阅读教学［J］. 国际中文学报，2012（1）.
4. 李晓琪. 对外汉语听力教学研究［M］. 北京：商务印书馆，2009.
5. 罗青松. 对外汉语写作教学研究［M］. 北京：中国社会科学出版社，2002.
6. 文秋芳. "产出导向法"与对外汉语教学［J］. 世界汉语教学，2018（3）.
7. 杨惠元. 汉语听力说话教学法［M］. 北京：北京语言学院出版社，1996.
8. 郑艳群，王艳. 基于教学结构和过程的汉语阅读理解理论模型［J］. 国际中文，2024（6）.
9. 周小兵，张世涛，干红梅. 汉语阅读教学理论与方法［M］. 北京：北京大学出版社，2008.
10. 宗世海，祝晓宏，刘文辉. "写长法"及其在汉语二语写作教学中的应用［J］. 世界汉语教学，2016（2）.

第六章　国际中文习得研究

本章导读

　　过去半个多世纪以来，语言习得研究已然成为第二语言教学的重中之重。随着"以学习者为中心"的教育理念深入人心，第二语言教学认识到语言教学的成效，归根结底取决于学习者对目的语的掌握程度。认识学习者如何习得第二语言的过程，将有助于提升第二语言的教学质量。本章主要结合第二语言习得研究的主要成果，探讨它们将如何推动国际中文教学的发展。本章共分三节，首先解析了语言的学得和习得的异同，界定了第二语言习得理论，结合具体实例分析，重点围绕"对比分析理论""偏误分析理论"和"中介语理论"的主要思想和特点，扼要介绍了第二语言习得理论及其早期的发展；然后，探讨了第二语言习得研究中的语言输入、输出和互动理论；本章重点结合与二语习得成绩相关系数较高的几个学习者个体差异，重点分析国际中文教学中的学习风格、动机、学能和学习策略研究及其对教学的作用。

第一节　语言的习得与学得

一、母语的习得与学得

　　语言伴随着人类的历史，也伴随着我们的一生，而语言学习则是我们获得这一珍贵礼物的根本途径。人类的语言学习存在"习得"与"学得"两方面的因素。一个人呱呱坠地，刚刚来到人世间，就已经开始了语言的学习。研究发现，一个月左右的新生儿发出的声音就已经有了抑扬的调位变化，并混入个别辅音，开始伴有高兴、饥饿、冷热、不快等感情色彩。差不多在4个月大的时候，婴儿能够自发地在大人引逗下，发出一些与母语中如 [a]、[o]、[e] 相近的音素。慢慢地，孩子可以理解一些最简单的话语，他们能随着妈妈的声音而产生注意，跟随方向。比如，妈妈说"爸爸呢"，孩子会转头向着爸爸或用手指爸爸；当妈妈笑着对孩子说"笑一下"的时候，小孩子往往也会开心地展示出笑脸。在1岁左右的时候，孩子便会开始主动模仿大人，发出一些简单的音节。可见，孩子从出生开始，就已经在一个语言信息丰富的环境中接触、学习自己的母语，只是这个过程很大程度上是在一种不知不觉中（当然，有时也是有所知觉的）的状态下进行的，我们称之为"习得"，这种语言学习和我们一般理解的语言学习并不一样。

我们常说的语言学习，也称为"语言学得"，一般发生在学校或其他具体教育教学机构的活动中，它以获得有关语言的知识、规则和能力为目的，并力求在高层次上能够规范、净化这种语言，这是一个需要有意识参与、意志努力和巧妙思考的语言认识过程和学习过程。而"语言习得"就像婴儿在母语环境中自然地获得自己的语言一样，总体上是以一种无意识、自在的方式获得某种隐含着的语言知识、语言规则，最终获得的则是语言运用的交际能力而不是系统的语言规则、知识或语言的审美鉴赏能力。

二、第二语言的习得与学得

如果孩子是在母语环境中下意识地有效地习得了自己的语言，那么第二语言的学生又应该如何掌握第二门语言呢？我们可以从中获得什么启示？换句话说，我们能不能，或者说应不应该在第二语言的课堂中去尝试复制孩子们获得母语的经验呢？这种设想似乎是很有吸引力的。事实上，第二语言教学界早在20世纪50年代初就从理论与实践上展开了对第二语言习得的探索，而所得出的答案也似乎是肯定的。20世纪80年代，美国应用语言学家史蒂芬·克拉申（Stephen Krashen）区分了习得（Acquisition）和学习（Learning）的差别，明确主张第二语言教师应该专注于习得而不是学习，提出了著名的"可理解性输入"理论（Comprehensible Input Theory），认为应该尽可能地为第二语言学习者提供有趣、有意义,同时便于理解,又有一定挑战性的目标语语言输入,这样能有效提升第二语言学习效果。大范围的教学实践表明,这种以"语言习得"为中心的理论主张的确在很大程度上改变了以往过度重视语法教学,造成哑巴外语局面的教学传统,让第二语言教学焕发出了崭新的活力。

当然,在第二语言教学实践中,我们认识到仅仅依靠"可理解性输入"式的"习得"是远远不够的,对于年长一点的孩子和成人来说,尤其如此。因为他们有着年龄较小的孩子们并不具备的强大的学习意志力、注意力和记忆力,有着过往积累的语言基础知识和能力,以及社会认知能力,而且他们对于语言学习也有着超越交际能力或需求的不同目标。因此,一个充实的第二语言课堂不仅要让学生们在目标语言信息丰富的环境中接触可理解的语言,也应提供他们机会去激活他们的既有的语言知识,提供他们学习语言和运用方法的机会,并让他们能感悟到特定语言背后相关的文化和思维方式,这就需要"语言学得"发挥作用了。因此,对于童年之后的学生来说,"语言习得"和"语言学得"在获得目标语言的过程中各有作用,互为支持,不可或缺。

第二节 第二语言习得理论及其早期的发展

一、什么是第二语言习得理论

随着第二语言习得(简称"二语习得")研究的发展,第二语言教学界越来越倾向于将二语习得作为一个总称,用来指"在自然或接受指导的环境中有意识或无意识地学习母语之外的一种语言的过程"[①]。这也是一个学习者目的语知识系统发生变化的过程,它与语言学习者个体的习得心理机制、习得的方式策略、语言学习环境有着很大的关系。因此,二语习得的理论需要系统地探讨二语习得的本质和习得的过程,描述学习者是如何获得第二语言的,以及解释为什么学习者能够获得第二语言。

二语习得理论研究起步于20世纪50年代初,尽管学科历史并不悠久,

---

① Rod Ellis. 第二语言习得研究(第二版)[M]. 上海:上海外语教育出版社,2013:5-6.

但是在短短几十年间，涌现出不少有影响力和解释力的理论流派与假设学说，对当代包括国际中文教学在内的第二语言教学产生了积极的影响。早期的二语习得主要是从学习者母语与第二语言的关系展开研究的，重点关注母语或第一语言对第二语言的作用和影响。20世纪五六十年代出现了"对比分析法"（Contrastive Analysis），它以行为主义学习理论为基础，主张从语音、语法等层面，细致地对比学习者的母语和所学的目的语的异同。后来，这个方法在教学实践中广受质疑，特别是随着行为主义学习理论受到批评，"偏误分析法"（Error Analysis）以及中介语（Interlanguage）理论开始出现，中介语被认为是第二语言学习者在学习的过程中自己建立起来的一套独立的语言体系，而"偏误分析法"通过对学习者语言输出中出现的"偏误"进行系统研究探源，对学习者的中介语进行了独特的描述，这在早期阶段开拓了二语习得研究的领域。

二、语言的"对比分析法"

假设你是一位将汉语作为第二语言的学习者，当你开始学习汉语的时候，你一定会好奇汉语拼音的拼读规则，也一定会觉得汉语的语法有些捉摸不定，这时候，你会不会不自觉地把汉语和你自己的母语相互比较一番呢？如果你是一位来自英语国家的学习者，你会发现汉语声母里，像[f]、[m]、[n]这些音和英语里的[f]、[m]、[n]辅音发音并没有什么区别，[f]无论是在汉语还是英语里，都是唇齿音，也都是清的擦音；[n]都是浊的齿龈鼻音；[m]都是浊的鼻音，而且都是双唇音。这样的话，你是不是觉得学习它们很容易呢？相反，如果和自己的母语比较，你会发现，汉语声母里有些音如[zh]、[ch]、[sh]在英语里没有发音部位相同的对等的音。你刚开始接触，会觉得发音很别扭，不习惯这样的发音。此外，你会发现汉语的声调总是很难把握，因为你自己的语言不是一种声调的语言。如果你是来自日本的同学，你又会发现汉字虽然看上去很亲切，但和日本汉字在结构、意义和书写上似是而非，容易混淆。对于这些完全不同或者似是而非的地方，你肯定会花费更多的时间来仔细区别，也会提醒自己它们是汉字学习中特别需要注意的地方。很多同学都是在主动的语言对比中，去发现类似的问题的。实际上，对于外语学习者来说，有意识地对比目标语和母语，不仅仅是一种语言学习的经验，其实也是一种有价值的学习方法。而对于语言教师来说，它也不失为一种好的教学方法，因为它可以帮助教师确定目标语教学中的重点和难点。比如说，对于以英语为母语的汉语学习者来说，汉语中的量词和助词很特别，在英语中并没有一致的对等项，学习者往往要花费很大的努力才能掌握好这些语言知识点，因此，教师也会把它们当作汉语教学的重点和难点来对待。

20世纪50年代，世界各国很多移民来到了美国，他们大都有着强烈的英语学习的需求。如何能帮助他们能够更快更好地掌握英语，这对许多英语教师来说是一个亟须回答的问题。当时，有几位知名的美国语言教学专家，像密西根大学英语学院院长查尔斯·弗莱斯（Charles Fries），还有罗伯特·拉多（Robert Lado），就认识到对比是一种普遍而且有效的方法，并且认真思考了对比方法背后的深层次的理论问题，提出了著名的"对比分析法"。他们认为，一个人在学习一门外语的时候，会受到来自母语的干扰（interference）。如果能够把所教授的目的语和学生的母语在语音、词汇、语法等方面进行细致的对比，通过对比的结果就可以判断这种干扰会带来什么样的影响。如果对比发现两种语言有相同的地方，或者相似的地方，对于学习者来说就应该很容易掌握，那么它们在学习中就会产生"正向迁移"（positive transfer）。比如说，对于以英语为母语的汉语学习者来说，汉语的基本语序是"主谓宾"结构，这和英语的"SVO"一致，那么他们的母语背景就会使汉语的基本语序学习变得容易。相反，如果通过对比发现两种语言有完全不同的地方，或者说有比较明显的似是而非的地方，那么这些会产生"负向迁移"（negative transfer）。比如说，汉语形容词中"红红火火""亮晶晶""碧绿碧绿"等独特的重叠形式，就被认为是汉语学习的一大难点，也是教学的一个重点。

在"对比分析法"看来，语言对比似乎具有很高的预测价值，它可以帮助判断目标语学习中可能存在的难点和重点，母语的干扰甚至还可以帮助解释学习者为什么会出现错误。拉多曾经在他的《跨文化的语言学》（*Linguistics across Cultures*）一书中说："学习外语到底容易或困难，关键就在于母语与外语的比较。类似母语的部分就比较容易学，不同的部分就比较难学。"查尔斯·弗莱斯（Charles Fries）对这个方法充满信心，甚至提出如果要编写目标语学习的教材的话，那么首先要对学习者的母语和目的语进行科学的描写与仔细的对比，在这个基础上才能编写出最有效的教材。

他们还在理论基础上论证了"对比分析法"的合理性。"对比分析法"是建立在结构主义语言学和行为主义心理学基础之上的。结构主义语言学的主要任务就是客观详尽地描述人类的语言，分析这些语言的结构特征。语言可以被分解成很多的小片段或单位，它们又可以通过系统的描述和比较分析，被重新组合成为一个整体，这为语言之间的层次对比提供了基础。20世纪四五十年代流行的"听说法"是第二语言教学主流的教学方法，它在组织语法教学的时候，就是通过对比学习者母语和目的语，把两种语言中差异很大的结构作为重点，根据难易程度来安排句型学习和操练的。另外，"对比分析法"从行为主义心理学理论中找到了理论根据。行为主义心理学强调重复的刺激—反应行为，认为语言习得是由习惯组成的，语言学习的错误往往是由坏的习惯形成的。如果通过语言对比，预测学习者的错误，那么就可以帮助他们避免坏习惯的养成，从而更好地掌握目的语。

有了强大的理论基础，再加上丰富的对比经验，"对比分析法"的支持者信心十足，开始建构起一套严密的方法程序：第一步是以语法体系为基础的语言描写；第二步是选择，也就是选择一定的语言项目、规则或结构进行对比；第三步是找出两种语言可以比较的关系点或语言项进行对比；第四步就是预测可能出现的难点或错误。总的来说，"对比分析法"似乎很理想，有不少好处：一方面可以帮助教师搜集掌握丰富的语言素材；另一方面，可以帮助教师在教学过程中按照对比结果的难易程度来科学地安排教学，还可以运用这种方法，鼓励学习者自觉地运用他们原有的知识，通过主动对比，来促进外语学习。然而，第二语言教学的实际情况却告诉我们，"对比分析法"在理论和实证研究上存在着很多致命的不足。大量的第二语言教学实践表明，"对比分析法"预测学习者错误的能力是有限的，这个方法似乎并不具有那么显著的预测效果，通过对比预测的语言学习难点，对于很多学习者来说却并不是太大的问题，而很多学习者感受到的困难，对比却并未预测出来。同时，专家们希望在对比基础上编写出设计科学的教材，然而，在第二语言的实际教学中这些教材往往因为多语学生的混班学习而变得无法运用。在理论上，学者们后来发现"对比分析法"存在着一个巨大的逻辑漏洞："对比分析法"局限在结构主义所描述的语言表层结构特征上，语言范畴是缺乏心理现实基础的，也就是说，语言之间的差异是结构上的不同，并不等于学习者的困难，因为困难是一种个体的心理感受。语言之间的极大的差异不一定会导致学习上的极大的困难。

除了这些问题外,还有不少研究者指出,"对比分析法"按照两种语言结构差异的程度来决定学习者遇到困难的程度,这并不科学。因为,有些时候两种语言的相近之处,也会给学习者带来意想不到的困难。比如说,汉语和韩语中都有一些同形词,它们书写形式相同或相似,但在词义、词性、用法搭配上不同,很多以韩语为母语的汉语学习者常常会因为韩汉字词同形或相似,而受到母语更多的负迁移的影响。此外,从现代以"学习者为中心"的理念来看,这种方法很大程度上并不重视学习者的主观能动性、创造力和语言能力,只是把学习者当作被动接受学习安排的对象,这明显有违我们这个时代第二语言的教育理念。

三、"偏误分析"和"中介语"理论

(一)"偏误分析"理论

在国际中文教学中,教师们如何来了解学生们的学习状况和可能遇到的问题呢?可以肯定地说,大家都会觉得练习和作业是检验学生们目标语语言知识与能力的一个重要手段。学生们在外语习得过程中不可避免地会出现错误。教师们批改学生们的作业,或者与学生们口头交流的时候,对学生们语言输出中的一些错误可能会特别敏感,都把纠正学生们的错误当作教师的一个根本责任。当然,不同的教师对于学生的错误有着不同的认识,比如说:学生语言学习中所出现的错误是不是不可容忍的?纠正错误会有哪些好处呢?教学中发现错误,是不是要及时纠错,是不是有错必纠?有哪些纠错的方式是合理有效的呢?又有哪些纠错的方式是并不合适,应该避免的呢?

这些是每一位国际中文教师都需要思考的问题。然而,对于第二语言教学研究来说,学习者的错误有着更为重要的价值,研究他们的错误也有着更重要的意义。20世纪60年代发展起来的"偏误分析"理论,对学习者的错误进行了性质分析,提出了错误分析的基本原理,系统地分析了二语习得过程中错误发生的成因,并在这基础上提出了纠错的意义和原则,为当代第二语言教学实践提供了有力的指导和帮助。

回到20世纪"对比分析法"盛行的时代,很多来自教学一线的研究报告却反映许多学生的语言学习错误与他们的母语负迁移关系不大,母语带来的干扰比重差不多只有50%,这一方面质疑了"对比分析法"声称的错误源

自母语干扰的说法，另一方面，也促使学者们深入探讨语言学习错误的性质和根源。著名的应用语言学家科德（S. P. Corder）在他的《学习者错误之重要意义》一文中，指出错误是不可避免的，人类学习本身就是一个包含犯错误的过程，每个人的母语学习过程，也都会犯无数的错误[①]。科德第一次从语言教学的角度，指出分析学习者的错误有3个作用：第一，对于教师来说，如果对学习者的错误进行系统的分析，他们可以了解学习者对目的语熟悉的程度，发现学习者在向目的语接近的过程中已到达了哪个阶段，还剩下多少需要继续学习的内容。第二，对研究者来说，他们可以通过学习者的错误了解学习者是如何学习语言的，了解学习者在学习过程中所使用的学习策略和步骤。第三，对于学习者自己来说，"错误分析"也很有必要，因为我们可以这样假设：学习者犯错误其实是他们为了习得目标语而使用的一种学习策略，是用来表达他们对目标语本质进行假设的一种检验方法。

进行"偏误分析"，首先要清楚什么是"偏误"，是不是所有的"错误"都可以理解为"偏误"？事实上，我们所犯的错误有很多类型，比如"失误"，像那些偶然产生的口误或者笔误，就不能算作"偏误"。可以设想一下，在大会上面对很多人讲话时，由于紧张，一不小心把"感谢大家的出席"说成了"感谢大家的光临"，这对于操本族语的人来说，并不是不清楚"出席"和"光临"在语义与语用上的差别。他一旦意识到，应该可以马上自我纠正，这种错误实际上并不反映说话人的语言能力问题。而我们所说的"偏误"，是第二语言学习与习得的一个重要概念，主要指说话人因为没有很好地掌握目标语而出现的一种规律性、经常性的错误，它很难由说话人自己意识到，也不容易自我纠正，"偏误"实际上反映的是说话人目标语能力的不足。比如，汉语学习者说"同学经常帮忙我"，"去年王先生结婚了李小姐"，显然，他没有很好地掌握"帮忙""结婚"等离合词的用法，这些都是汉语学习中出现的典型"偏误"。

当然，有时候我们也会感到判定一个偏误并不容易。比如，有汉语学习者说："她常常放衣服在沙发上。"如果按照"把"字句的使用要求，表示通过某个动作使某个特定事物的位置发生移动，就要用"把"字句："她常常

---

① S. P. Corder. The Significance of Learner's Errors [J]. International Review of Applied Linguistics in Language Teaching, 1967, 5 (1-4).

把衣服放在沙发上。""她常常放衣服在沙发上"这句话显然是因为没有掌握"把"字句正确用法而造成的偏误。但是，在实际的交际中，如果汉语学习者说"她常常放衣服在沙发上"，这似乎并不妨碍理解，也不影响交际，甚至可以这样认为：说话人之所以用动宾的方式"放衣服"来替代"把"字句，是因为学习者巧妙地回避了自己对"把"字句掌握的不足，这可以被理解为是一种成功的汉语学习策略——"回避策略"。此外，在一些实际交际的语篇组织中，我们会听到这样的汉语表达："我回家，她吃苹果，看电视。"实际上，说话人要表达的是"当我回到家的时候，她吃着苹果在看电视呢"。学习者的语言听上去像电报句一样，只有实词，省略了虚词。如果从虚词习得的考察角度来看，这当然是偏误；但在真实的交际中，说话人虽然不能非常得体地使用汉语进行交流，不过使用这种方式并没有明显影响交际和理解，这倒不失为一种巧妙的语言交际策略。

在二语习得研究中，"偏误分析"是如何进行的呢？早期的方法主要是从大量真实的语料中搜集偏误，做好整理、归类工作。其中一种方法就是进行偏误类型的描写。我们可以按语音、词汇、语法等不同方面的偏误来分类，也可以根据误用、泛化、遗漏、错序等偏误的形式来分类。比如："他是非常聪明（　）。"正确表达应该是"他是非常聪明的。"我们可以把它归为"遗漏"，这反映出说话人对"是……的"结构掌握得不好。又如，我们经常听到汉语学习者汉语量词使用不准确，像"一个笔""三个手机"等，这可以被认为是量词"个"的泛化使用。再如："我去学校一起和他。"这是典型的"错序"偏误。

我们进行偏误分析，主要目的是想了解并判断学习者在某一个学习阶段所遇到的或经常出现的语言问题，分析问题产生的原因，然后来帮助完善我们的教学，使学习者更好地习得语言。在描写偏误类型的基础上，我们发现语际偏误、语内偏误、认知偏误、训练偏误等是最主要的偏误来源。我们说"语际偏误"主要产生在母语对目标语的影响过程中，它们是由母语负迁移引起的。比如，当一个英语为母语的汉语学习者说"有55本中文书在这个资料室。"很明显，这个偏误是由于学习者直接将英语语序迁移到目标语表达中产生的。再如："我这个年没回国。"正确表达应该是："我这年没回国。"说话人在习得汉语"量词"的过程中，渐渐形成了使用量词的意识，但由于不了解某些量词的准确使用，而泛化了量词"个"的使用，这种偏误往往被认为是"语内偏误",它是在目的语的发展过程中由于目的语知识的负迁移而产生的。研究发现,在目的语初级阶段的学习中,语际迁移带来的偏误是最主要的偏误;而在向高级阶段发展的过程中,语内迁移逐渐增多,语际迁移一般会越来越少。我们再来看一个偏误的例子:"我今天没去了游泳。"正确表达应该是:"我今天没去游泳。"这在形式上似乎就是在"没去"后面误加了一个"了"字,属于"误加"偏误。但深层次上,很可能是因为学习者习惯认为动词后要有一个表示过去的后缀,这可能是来自母语体系下形成的认知规律,这个认知规律与目的语的语言规则出现了矛盾,因而产生了"认知偏误"。对于"训练偏误"来说,它往往与教师讲授不准确、教材编写不当容易产生误解、教学训练不足等有关。比如教师在讲解"附近"时,如果只是简单地说是"靠近,不远的地方",而没有和"旁边""边上"等词语作距离比较的话,那么学生就很可能会说出"在杯子附近"这样的错误表达。中文教材中有些过于简单的生词汉英释义,也常常会造成英语为母语的学习者的误解。比如,"我去见面他"是一个很常见的偏误,汉语"见面"是一个离合词,而不是及物动词,但是在教材的词汇表中"见面"常常被简单地翻译成及物动词"meet",这可以被理解为典型的"语际偏误",但实际上也很可能是这样粗略的翻译造成的"训练偏误"。在实际的语言习得过程中,还有不少其他原因也会造成习得的偏误,比如母语和目的语称谓文化的差别,会影响初级汉语学习者对用作量词,用于指人,表示尊敬义的"位"的掌握。

我们了解了偏误的性质和偏误产生的多种因素,那么"偏误分析"对于二语习得来说,到底有什么作用呢?我们认为,这至少在教学实践方面会产生积极的影响。在教学实践中,当我们遇到学生出错的情况时,怎样纠错是比较科学的呢?以往,受到行为主义刺激—反应学说的影响,改错被认为是二语习得的一个必要条件,主张语言教学应该给予学生明确无误的反馈,纠正学生的错误就是帮助他们改正不好的习惯,建立正确的习惯。而在"偏误分析"理论看来,应该从学习者的角度出发去客观分析偏误,学生输出的偏误有特殊的价值,可以帮助认识偏误背后很多影响语言习得的因素,这就要求教师除了以积极的态度来对待学生语言习得中出现的偏误外,还应该掌握一套纠正错误的方法,清楚在什么时候、用什么样的方式能够发挥纠错的最好的效应。一方面,教师在什么时候纠正错误需要有一些基本的标准。比如说，学生的错误是否影响了正常的理解与交际？如果并不直接影响的话，可以采取间接的方式去纠正，当然如果问题比较严重，影响了交际理解，那就需要及时准确地指出来。教师还应该知道，学习者对新的语言知识点都有一个了解、消化和掌握的过程，并不是教师教授了，他们就能在第一时间完美习得，总有一个过程，这就要求教师尊重学习者语言发展的不同阶段，不要操之过急，要适时地把握最佳的纠错时机。此外，有经验的教师也会根据不同的学习者的不同特点和要求来纠错，他们需要了解学习者对于纠错的态度与反应，过于强势和直接的纠错可能会让一些学习者产生紧张和害怕的情绪。当然，教师的纠错还要与教学的目标、内容、重点结合起来，如果有些是因为教师教学不当而产生的"训练偏误"，那还是应该在第一时间纠正比较好。另一方面，在纠错的方式上，教师应该采用正面鼓励的形式，帮助学习者最大可能地自我发现偏误的存在。教师可以用交流、协商等互动方式，诱导学生自我纠错，并及时提供他们必要的澄清反馈。培养学生自己改正错误的能力，这其实就在帮助他们获得发现问题、分析和解决问题的能力。我们来看下面一个初级中文教学中出现的纠错的例子：

师：今年你多少岁？
生：今年我 17 岁。
师：今年你哥哥多少岁？
生：今年我哥哥 20 岁。
师：你哥哥比你大多少岁？
生：哥哥比我 3 岁……哥哥比我 3 岁大。
师：哦，你哥哥 20 岁，你哥哥比你大 3 岁，是吗？
生：是，哥哥比我大 3 岁。
师：好的，你哥哥比你大 3 岁，（问其他同学）你呢？你今年多少岁？你比他（指向第一个学生）大多少岁？

这是一个教师在中文课上组织学生练习"A 比 B+adj+多少"的句型的对话场景。教师发现学生表达时，可能因为过多注意了年龄差的计算和中文表达，而忽视了整个句型结构的正确表达，也或者是因为没有完全掌握好这个结构，弄错了正确的结构顺序，所以产生了"哥哥比我 3 岁大"的错误。这个时候，教师没有急着严肃地指出并改正错误，而是以自然对话的形式，在与学生进行交流的过程中，提供正确输入的机会并重复正确的输出，让学生能够意识到自己的偏误并改正。教师的这种纠错方式是隐性的，很大程度上避免了对学生自信心和自尊心的伤害。在这个纠错的过程中，教师还可以重读"你哥哥比你大 3 岁"中的"大"字，通过加强语调的教学技巧来帮助学生发现错误，意识到自己的表达与教师的句子不一样，从而改正自己的错误。

（二）"中介语"理论

"偏误分析"对于二语习得研究很有价值。偏误为习得研究提供了重要的线索，有助于人们从根本上改变对偏误的认知和态度。如果针对学习者的目标语言输出进行动态追踪，我们不难发现每个学习者在不同的语言习得阶段都会呈现出带有不同特点的语言习得偏误，在某一阶段所出现的偏误可以反映出学习者建构起来的不够完美的目标语知识系统。而从历时的角度来看，如果把不同阶段的偏误相互连接起来，我们大体上可以形成一个学习者独有的、不断接近或达到目标语知识和能力的完美状态的一个语言系统，我们把它称为"中介语"。"中介语"这个概念最早是由塞林格（Larry Selinker）于 1972 年提出的，描述的是第二语言学习者语言系统的一种分离状态，它在结构上处于母语和目的语之间的中间地位，因此被称为"中介语"[1]。我们说它是一种独立的语言系统，这是因为这种语言系统既独立于母语又独立于目标语，是一个包括了学习者个体在语言习得过程中形成的语音、词汇和语法等多个语言结构的完整体系。"中介语"这种语言系统并不是一成不变的，而是随着学习者学习的发展，逐渐向目的语的正确形式靠拢，这体现出"中介语"的动态性，因此，"中介语"也可以被理解为一种母语向目标语过渡的语言变体。此外，"中介语"还被认为是一种属于第二语言学习者个体的语言，它是学习者通过自身的努力，在第二语言学习过程中不断地对目标语的语言现象进行观察、理解、归纳和推论而形成的语言系统。学习者个体形成自身"中介语"的过程，事实上也能反映出他们的第二语言学习的心理过程。随着对"偏误"展开探源，我们发现语际迁移、语内迁移或者说目标语

---

[1] Larry Selinker. Interlanguage [J]. International Review of Applied Linguistics in Language Teaching, 1972, 10 (3).

言规则的泛化、训练引起的迁移，再加上作为学习策略出现的"回避"策略以及语言交际策略的运用，实际上都在揭示学习者的二语习得的认知心理过程。比如说，语内迁移反映的是学习者把母语语法规则转移到目标语学习中的一种有选择的心理过程；而当学习者回避使用"把"字句，将"他把书放在桌子上"说成"他放书在桌子上"时，其实反映的是他意识到自己无法正确使用"把"字句，或者害怕用错，而尝试用其他简化或者回避的方式来完成表达的一种心理过程。"偏误分析"帮助我们透过学习者表面语言输出或言语行为的问题，去认识学习者二语习得的潜藏在深处的心理过程。

我们知道，中介语作为一个语言系统，处在逐步向目的语靠近的动态生成过程之中。学习者会不断调整自己的语言，努力向目的语靠近并希望自己的语言水平也能和目的语母语者一样。但这并不是说学习者的中介语始终是在正向发展并不断提高的。实际情况是，真正能达到这个理想状态的二语学习者恐怕只有5%左右①，绝大部分人在习得的过程中就会在某一个阶段停滞不前了。无论他们如何努力，似乎都不会有什么明显的改变。这不仅表现在目标语言的整体习得上，也出现在目标语言具体项目的习得上。例如，在汉语语音习得上，正确掌握声调，特别是半三声的变调，让学习者感到非常困难。我们知道，如果两个三声相连，前一个需要读出三声的后面一半（上声变成阳平），也就是要变成二声。例如："语法 [yǔ fǎ]"读成"鱼法 [yú fǎ]"，"好马 [hǎo mǎ]"读成"豪马 [háo mǎ]"。但是学习者常常出现这样的偏误："我不去""我不会"被说成"阳平+上声+去声"，也就是说把第二个字变成了三声，该变的没有变，不该变的反而变了。出现这种问题，即使老师及时纠正了，学习者仍然常常出错，非常顽固。再比如，在发汉语韵母"ian""üan"时，其中作为介母的"a"实际发音应该是 [ɛ]，而不是 [a]，[ɛ] 是 [a] 的音位变体。可是，我们发现不少学生即使能够跟着老师模仿正确，但以后再遇上时，在没有教师的帮助下又常常会发成 [a]，最终会固定下来，无论怎么纠正，好像也难以改变。这些偏误的出现，有着复杂的原因。对于语音习得来说，学生可能存在着训练不足的问题，比如"半三声"；也可能与一味模仿而不知语音的基本特点有关，比如"ian""üan"中

---

① David Singleton, Zsolt Lengyel. The Age Factor in Second Language Acquisition: A Critical Look at the Critical Period Hypothesis [C]. Clevedon · Philadelphia · Adelaid: Multilingual Matters Ltd, 1995.

"a"的读音。通过分析这些偏误，二语习得研究把"中介语"中普遍存在的这样一种现象形象地称作"石化现象"（Fossilization）或者"僵化现象"。

塞林格对"石化现象"做过较为深入的研究，他认为："语言石化现象是指外语学习者的过渡语中的一些语言项目、语法规则和系统性知识趋向于固定下来的状态，年龄的增长和学习量的变化对改变这种固定状态不起作用。"①"石化现象"的出现表明，学习者的中介语还没达到目的语模式时，就停止了第二语言能力的发展，这可能发生在语言结构的所有层次和语境中；而且"石化现象"的出现与二语习得者的主观意愿和客观环境似乎并没有太大的关系，它的出现具有不可避免性。现有的研究还发现，造成"石化现象"的原因比较复杂，塞林格曾经将"石化现象"与二语习得心理过程联系起来，把其产生的原因归纳为母语迁移、训练迁移、学习策略、交际策略、目的语过度概括等 5 个方面。不过，现在有些研究质疑塞林格对"石化现象"特点的某些判断，认为"石化现象"与情感因素对二语习得者的作用有关。具体来说，如果学习者对学习抱积极的态度，学习动机强，那么情感过滤或阻碍的作用将会变小，这样一来，学习者将吸收到更多目的语知识，"石化现象"就可能被打破，这说明语言能力并不一定会永久停滞不前的。

1967 年，美国心理学家埃里克·勒纳伯格（Eric Lenneberg）从人脑作为语言的生物学基础的角度，提出了语言习得"关键期假说"（Critical Period Hypothesis，简称 CPH），这个理论对"石化现象"有一定的解释力。"关键期假说"认为语言是大脑功能成熟的产物，语言的获得必然有一个关键期。换句话说，学习者从什么年龄开始学习语言非常重要。根据这个理论，人的大脑在成熟过程中会在青春期完成左右半脑的生物机制分工，人的左半脑开始主要负责语言的功能。许多脑损伤研究发现，一个人如果 11、12 岁以后左半脑受损，那么他的语言能力发展就会受到严重影响，特别是在句法结构的组织能力以及说和写的输出能力方面。而在这以前，从 2 岁左右开始到青春期（11、12 岁）被认为是一个人获得语言能力的最重要的时期，所以被称为"关键期"。这个理论可以用来解释母语习得，也被用来解释外语习得的一些

---

① L. Selinke. Interlanguage [J]. International Review of Applied Linguistics in Language Teaching, 1972, 10 (3).

有趣问题：为什么很多人 11 岁以后都可以学会外语，但是他们的语言学习过程与儿童有很大的区别呢？为什么很多人在青春期或之后开始学习外语，无论多么努力，却总会在一定阶段出现瓶颈，很难达到理想的目的语水平呢？这些问题都可以从"关键期假说"中得到一些解释。当然，围绕"关键期假说"还有不少争议，不同的学者对"关键期"的具体时间段有着不同的认识，也都给出了各自的理由和证据。比如说，有学者认为"关键期"可能在五六岁左右就已经结束了；越来越多的研究还发现，像语音、语法、词汇等不同的语言层面，都存在着不同的"关键期"。此外，二语习得研究也认识到，"关键期假说"理论并不是语言习得"石化现象"的唯一解释，因为影响二语习得过程的因素错综复杂，除了学习者的生理因素以外，他们的个体心理因素、学习方式方法和客观的学习环境都会对语言习得产生综合影响，也都可能与语言习得的"石化现象"有关。

20 世纪 70 年代以来，"偏误分析"理论、"中介语"理论曾经风靡一时，对二语习得研究和实践应用产生了很大的影响。尤其是"偏误分析"理论，它帮助我们对学习者输出的偏误进行了细致的描写、科学的分析，并让我们认识到学习者语言习得过程中存在着许多内在的、不易观察到的心理认知因素。然而，二语习得是一个包括语言输入和输出的完整过程，如果只是过分强调对带有偏误性质的输出材料的分析，并不能帮助我们认识学习者是如何获得正面的、无偏误的习得的，也无法全面展现二语习得的全过程，更何况"偏误分析"本身还存在着一些有关偏误性质的根本问题，比如，有些偏误到底是真实的，还是学习者巧妙地运用了"回避策略"的结果？正是因为这些因素，近 20 多年来，"偏误分析"理论已经慢慢地淡出了二语习得研究发展最前沿的领域。

第三节　语言的输入、输出与互动

一、语言的"可理解性输入"假说

如果问起什么是既有效、又便捷的第二语言学习的途径，相信在五花八门的建议中，肯定有人会说不妨在平时生活中尽量营造一个目标语的语言环境。比如在家的时候，可以一边做家务，一边播着目标语的流行音乐，或者是收听目标语的新闻广播、聊天节目等,让自己沉浸在地道的目标语环境中,慢慢地去熟悉目标语的语音语调,吸收目标语的词语,还能听懂成段的语篇内容。这个方法是希望在缺乏目标语自然语境下,帮助第二语言学习者获得尽可能多的目标语的语言输入,促进目标语习得。的确,二语习得离不开目标语的输入。然而,在二语习得中要真正发挥语言输入的效应,可能并不是那么简单的一件事,它对可用于输入的语言有很多的要求或限制。

如果回到课堂的目标语学习环境中,与自然条件下的二语习得不同,教师的课堂语言以及教师与学习者互动过程中的语言输入,可能是学习者有限语言输入的主要来源,它们对学习者的二语习得极为重要。那么什么样的目的语输入会有助于学习者习得目的语呢?在第二语言或者外语课堂上又应该以什么方式来提供学习者有效的目的语输入呢?史蒂芬·克拉申(Stephen Krashen)在1982年出版的《第二语言习得的原则和实践》一书中,提出了重要的"输入假说"理论(the Input Hypothesis),并以"输入假说"为核心,发展出了包括"习得/学得假说"(the Acquisition-Learning Hypothesis)、"监控假说"(the Monitor Hypothesis)、"自然顺序假说"(the Natural Order Hypothesis)以及"情感过滤假说"(the Affective Filter Hypothesis)5个假说在内的理论整体,构成了一个完整的二语习得理论体系,推动了二语习得研究从早期重视描述性研究向解释性研究的转变,它为当代第二语言教学理论与实践带来了许多新的启示①。

克拉申认为,学习者"中介语"的发展离不开充分的目的语的语言输入,而这些语言输入首先要满足"有意义""可理解"的基本条件,也就是说输入的内容不能太难,不能超出学习者目前的目的语水平;也不能过于简单,过于容易的信息无法促进他们"中介语"的发展。克拉申提出,我们可以把学习者当下的目的语水平比作"i",那么提供给学习者合理的目的语输入就应该是"i+1",数字"1"在这儿表示的是输入的语言知识只是略高于学习者现有的语言水平,这就是二语习得研究中著名的"i+1"理论。在具体的汉语教学中,教师应该首先明确学生已有的知识能力"i",以它作为学习者当前的语言知识状态,再引入新的语言知识点。例如,教师要教授"V+过"这个语法点时,教师可以通过提问的方式来导出"V+过"的结构式:

---

① Stephen Krashen. Principles and Practice in Second Language Acquisition [M]. Englewood Cliffs: Prentice-Hall, 1982.

师：你是第几次看这部电影？

生1：我是第一次看。

师：你是第几次看这部电影？

生2：我也是第一次看这部电影。

师：好的，谁不是第一次看这部电影？

生3：老师，我不是第一次看这部电影，我是第二次看。

师：哦，很好，你以前看过这部电影，是吗？

生3：是的。

师：（对全班同学）他以前看过这部电影。

教师同时板书"看过这部电影"，并突出"V+过"的结构，导入教学。

我们知道，"V+过"是一个汉语基础阶段的语法项目，如果一开始教师就讲解"V+过"的语法规则，那么教师的汉语解释是无法被初级阶段的学习者理解的。而在这个教学实例中，教师利用学生们已经学过并且熟悉的"是字句""疑问句"，用提问方式引出属于同一个学习阶段的"V+过"的语法结构，学生们不难理解在动词后加"过"，表达的是"某种动作行为曾经发生"的基本意义。

在克拉申看来，第一，理想的输入应该是便于理解的，如果超出了学习者的理解范畴，那么这种输入就和噪声没什么区别。第二，输入的内容很重要，对于学习者来说，应该是有趣、相关的，只有这样才能吸引学习者，让他们把注意力集中在对意义和信息的理解上，通过对意义的内在加工和理解，在不知不觉中习得语言。第三，输入要有足够的量，习得一个新的语言结构，不可能仅仅通过一两个例子或几道练习题就可以完全掌握，它往往需要相当长一段时间、通过从形式到意义的全方位接触才能真正获得。可见，如果要在做家务的同时能有效习得目的语，那就需要对播放的目的语的内容作一番认真的筛选准备，确保它能够实现可理解的输入。"可理解性输入"对教师的语言也有特定的要求。在第二语言的课堂上，我们常常听说有人把教师的课堂语言称为"保姆式语言"（caretaker-talk），这说明第二语言课堂教师的语言具有成年人与儿童说话的特点：讲话语速慢、停顿较长而且比较多，音量较大，说话清晰，常用词使用频率高，句子简单，陈述句较多，而且重复比例也较高。这个特点具有普遍性，在教师课堂教学组织、课堂管理、语言知识讲解、师生问答互动等很多环节都有体现。教师们之所以带上了"保姆式语言"的特点，归根结底就是希望能根据学习者水平，提供有意义、可理解的输入，最终实现他们中介语的正向发展。

"输入假说"理论所倡导的"可理解性输入"在包括国际中文教学在内的第二语言教学实践中，已深入人心，得到了广泛的应用。其实，很多工作在教学一线的老师的日常教学活动中已包括了大量的"可理解性输入"的生动例子，而且一些教师把它纳入由他们自主开发的新型的第二语言教学法中，比如"通过阅读和讲故事教语言"的 TPRS（Teaching Proficiency through Reading and Storytelling）教学法就是一个典型。

这个教学法是 20 世纪 90 年代由美国的一名西班牙语教师 Blaine Ray 率先提出的。TPRS 大致分为 3 个步骤：引入新的词汇与结构、表演故事学语言、通过阅读学语言。具体来说，在第一步中，教师可以结合翻译、手势和个性化问题等方法来教新的词汇和结构。在这个环节中，教师可以运用传统的"全身反应法"（TPR），选择用手势来帮助练习新的词语时，可以帮助学生们先熟悉发音，注意音和义的结合，也可以使课堂气氛轻松。当进入第二步，老师开始讲故事时，一边做手势，一边说结构，将有助于提升语言的可理解性。在课堂口头讲故事的环节中，通常来说，这个故事简短、有趣，并且上下文中包含了很多新出现的词语和结构。教师在讲故事的时候，要求语速缓慢，语言清晰，这样学生才能理解并开始习得所使用的语言。教师通过循环提问，可以让学生通过听故事，进一步熟悉这些词语和结构。教师很重视故事内容以及故事语言的可理解性，运用 TPRS 的老师们常常会用这样一些技巧：一是"停顿和指向"，每次说到新的单词时，可以稍微停顿一下，用手指着黑板上的新词语，这样可以确保每个人都有机会把新词语的意思和拼写联系起来，这当然需要训练配合，但这对保持语言的可理解性很重要。二是"保持界限"，教师应该尽可能地把所用的词语限制在学生已学过的词语和结构范围内，当然也包括正在学习的新内容。如果讲故事时出现了学生无法理解的词（一个"越界"的词），就应该把它写在黑板上并用翻译的方式帮助快速理解。在教师讲故事的时候，也可以请班里的志愿者学生来表演故事中的动作行为。这有助于学生在视觉和情感上与他们听到的新语言结构建立联系。故事讲完后，教师可以用简短的形式复述，也可以让学生用自己的话、以不同的形式进行复述，确保他们能够使用刚刚学过的词语和结构。第三步是学生通过阅读，进一步掌握在前面步骤中所听到的词语和语言结构。TPRS 的阅读材料一般都有难度控制，应尽量不包含生词，或者比例要非常低；考虑到阅读通常比口头讲述的故事更加正式一些，阅读大约会占用一半的课堂时间，并且允许重读。

TPRS 有效地贯彻了"可理解性输入"的原则。在 TPRS 3 个有序安排的教学步骤中，教师在有意义的讲解基础上，组织学生口头表述、肢体活动、书面阅读，运用多种丰富的语境和教学手段，实现了语言学习趣味性和意义性的结合，学习者语言输入和输出相结合，逐步增进学生的记忆、理解和运用；并且将相关的词语和语法结构在不同步骤中以不同方式呈现出来，不同方式的复现，也满足了"可理解性输入"对"量"的要求；此外，TPRS 注重教师用语，也注意控制语言输入的难度，使得这个教学方法充分体现出"可理解性输入"的理论精髓，也使得它在世界各地的幼儿和青少年的第二语言教学中得到了广泛的应用，教学效果显著。

二、语言的"可理解性输出"假说

在加拿大，英语和法语都具有官方语言的地位。大半个世纪以来，加拿大各地有很多公立中、小学都提供双语教学项目。其中，"法语沉浸式"教学（French Immersion Program）就是这样的项目之一。在这个使用法语教学的项目中，法语授课的比例随着年级上升而逐步增加。在这样的沉浸式的法语教学环境中，学生们可以有大量的机会得到可理解性的输入。按照计划，完成"法语沉浸式"教学项目的学生，中学毕业就应该能够使用法语进行流利的听、说、读、写。20 世纪 80 年代，加拿大多伦多大学教授梅里尔·斯旺（Merrill Swain）对一批正在这个项目中学习法语的六年级学生进行了调查。结果发现，得益于充分的语言输入，学生们在听力和阅读方面的水平有明显的提升，但是在口语和写作等语言输出方面，表现并不理想，特别是在语法的准确性方面，他们与以法语为母语的人比起来有很大的差别。为什么会出现这样的情况呢？斯旺和其他一些学者进行了跟踪观察，他们发现学生在课堂上用法语的时候，往往非常简单，很少会超过一个单句。语言输出中出现错误的时候，也很少得到老师的纠正。他们的研究统计表明，大概只有 19% 的语法错误会得到纠正，不过这些纠正的方法有时也并不有效，并不系统。因此，斯旺认为，学生们目的语的总体水平不够理想，这可能与他们没有机会进行大量的表达练习有关。她认为，沉浸式教学项目不仅要提供学生们可理解的输入，同时也应该提供学生强化性的语言输出机会，并对他们目的语表达的准确性和得体性做出及时的反馈。

克拉申曾经认为语言输入是语言习得的唯一源泉，输出只是语言习得的结果，并不能促进语言习得。然而，斯旺的系列研究发现，仅仅靠可理解性输入并不能帮助第二语言学习者完美地习得第二语言，学习者需要有一定的"强制性的语言输出"（Pushed output）或表达的机会，来发展他们的语法知识系统。在这个认识基础上，斯旺提出了著名的"可理解性输出"假说，成为克拉申"可理解性输入"假说的重要补充。那么，什么是"可理解性输出"呢？首先，这个"输出"指的是学生在交际中的强制性的输出（Pushed Outcome），包括书面和口头两个方面。教师应该创造机会，在课堂上鼓励学生积极发言，适时安排各种目的语的写作练习，不断培养学生主动运用目的语进行输出表达的愿望和能力，它最终强调的是学习者在二语习得过程中的主动性。我们注意到，学习者在理解输入意义的时候，主要集中在语义层面上，可能并不一定非常关注内含的语言形式。比如，当听到"我吃饭中午在食堂"这样的汉语状语错置的句子时，学生并不觉得这会对句子主要意思的理解带来太大的困难。这说明，语言形式并不是学生们理解大致语义内容的关键。但是，当他们进行目的语输出时，肯定会注意到自己现有的目的语知识和所要表达的内容之间的差别。为了确保语言输出的正确性，他们就需要特别关注相应的语言结构形式。我们来看下面的一个师生对话的片段：

老师：你和 Allen 一样大吗？
学生：不，我比 Allen 一点儿大，哦，不是，是……我比 Allen 大一点儿？
老师：对，你比 Allen 大一点儿，那么，大多少呢？
学生：我比 Allen 大一岁。

这个对话主要涉及了汉语"比"字句，如果要表示两个人或事物的具体差别时，就要用到"A+比+B+Adj+具体数量/其他"的格式。在这个对话中，学生知道"一点儿"表示"差别不大"的意思，但运用在"比"字句中的时候，不太确定"一点儿"应该放在形容词前面还是后面，所以尝试用一种不太肯定的方式输出,最终在老师那儿获得了正确的反馈。这反映了有些学习者在语言输出过程中存在着"假设测试"(Hypothesis Testing)的环节。学习者虽然对某一语言特征已经有了自己的意识,但在实际的语言输出过程中,可能并不太清楚它的正确使用方式,这时候他们会根据自己现有的目的语知识,提出一个实际运用的假设,并在实际运用中主动测试这个假设是不是正确。上面的师生对话是一个实际的互动过程,学生在实际输出后,得到了教师对自己语言输出质量的即时反馈,这种反馈会使他"反思"自己的语言输出,当他说出"我比 Allen 大一岁"的时候,也说明他最终做出了输出修正,掌握了这个语言形式的正确用法。

学习者在进行"可理解性输出"的时候,会更加关注语言形式的正确使用,这也说明输出在语法习得中具有潜在的重要意义,它可以将习得从以语义为基础的认知层面,提升到以语法为基础的结构组织层面上。语言输出的内容和形式的有效结合是"可理解性"的基础,语言输出的有效性,最终将表现在听者是否能够正确理解。这就要求第二语言学习者在和说本族语的人交谈时,应尽量针对自己的表达,采用确认、澄清或修正的方式来获得听者的反馈,在语义和语法上做出改正与完善,认识到修正自己的语言以使他人听懂的必要性。可见,要实现"可理解性输出",关键在于第二语言学习者和教师,特别是和说本族语的人之间进行互动。斯旺在 20 世纪 90 年代,就把社会文化理论融入了她主张的"可理解性输出"理论,并以"合作对话"来替代"可理解性输出",这也让我们认识到"互动"在学习者二语习得过程中发挥着不可替代的作用。

三、语言习得的"互动假说"

从 20 世纪 80 年代开始,克拉申的"输入假说"理论产生了很大的影响,如何让语言输入变得可理解,似乎成了二语习得最重要的工作。有些学者对"可理解输入"进行了深入的研究,获得了很多新的认识。特别是迈克尔·H.朗(Michael H. Long)通过观察、对比和分析母语说话人之间的话语交流,以及母语说话人与第二语言学习者之间的交流,提出了著名的"互动假说"[1],把克拉申的"可理解性输入"假说往前推进了一大步。朗注意到一个有趣的现

---

[1] Michael H. Long. Native/non-native speaker conversation and the negotiation of comprehensible input [J]. Applied Linguistics, 1983, 4 (2).

象：母语说话人在与第二语言学习者对话交际时，话语交流互动的频率要比母语说话人之间高很多。这种话语交流互动是一种双向的信息互换，在母语说话人与第二语言学习者的对话交际中会出现更多的语言调整次数。这是什么原因造成的呢？朗认为，这是双方互动过程中出现了信息理解的缺口，也就是说，当一方的说话内容无法被对方理解，或者提供了不可理解的输入的话，正常的对话就可能中断，听话的人会向说话人寻求解释，而说话的人也会努力调整，让自己的表达变得更加清晰易懂，也就是设法为听话的人提供有意义的、可理解的输入。我们来看下面一个母语说话人与第二语言学习者之间的对话片段：

母语者：书上面有一副老花镜。
第二语言学习者：什么？老……？
母语者：哦，是老花镜，我可以看书。
第二语言学习者：镜，是眼镜吗？
母语者：是的，是眼镜，是老花镜，我看书要戴老花镜。
第二语言学习者：哦，看书，老花镜。
母语者：对，没有老花镜，我不能看书。你知道吗？
第二语言学习者：啊，我知道了，老花镜，看书要老花镜。
母语者：对的，是老花镜。

在这个对话片段中，"老花镜"对第二语言学习者来说是一个新的词语，也是一个不可理解的输入。当他听到这个新的词语时，会将自己已经有的语言知识（"镜、眼镜"）和听到的新的语言知识（"老花镜"）相比较。这时候，他可能会用对话片段中的疑问方式（"是眼镜吗？"）表示自己不理解、不确定；也可能会直接用问题向母语者确认核实，比如说："你说的是眼镜吗？"我们可以把这种方式理解为第二语言学习者的一种有效的交际策略——"确认核实"（confirmation check）。第二语言学习者甚至也可以直接表示没听懂，请母语者再说一遍或者解释一下，比如说："我不懂，老花镜是什么？"——这常被认为是一种"澄清请求"（clarification request）的交际策略。而当对话中出现不可理解的输入时，母语者也会努力帮助第二语言学习者理解，比如会主动问："你知道吗？"这其实也是一种积极有效的交际策略——"理解核实"（comprehension check）。这些增加的语言调整轮次，目的就是根据第二语言学习者的语言水平,通过不断的互动修正,将语言输入变得可以理解,并能够与第二语言学习者已有的中介语系统整合起来,达到语言习得的目的。在实际观察中,我们发现,互动修正还有很多有效的方式和手段,比如,母语说话人常常简化自己的语言、放慢语速、进行解释、使用手势或者利用语境暗示等方式来实现。需要注意的是,在这样的互动修正过程中,说话的双方主要是围绕着意义的理解来进行沟通或者协商的。龙认为,比起用"保姆式语言"的方式,向学习者提供简化语言的可理解输入,这种意义协商互动可以向第二语言学习者提供更好、更大的输入量,因此对二语习得来说更为重要。

随着二语习得研究的不断深入,人们提出了"可理解输入""可理解输出"以及"意义协商互动"等不同的假说,都在试图探讨哪一种方式可以更好地促进第二语言的习得。它们不仅是阐释二语习得的关键词,而且也都为课堂第二语言教学提供了积极的理论指导。课堂教学应该最大化地、积极有效地为学习者提供目的语的输入、输出和互动的机会与条件,这已经成了当今第二语言课堂教学的共识。在这基础上发展起来的"互动理论"兼顾了"可理解输入""可理解输出"的主要理论精髓,成为二语习得研究中最重要的理论。Teresa Pica(1994)[①]曾经说,"可理解性输入"能够让学习者有机会接触新的语言知识,"可理解性输出"能够让学习者有机会使用自己中介语系统中已有的语言形式,而"互动"则可以在母语使用者或课堂教师与学习者的对话交流过程中,通过输入、反馈和输出等方式,帮助学习者注意到新的或不太确定的语言形式,并有主动意愿去尝试使用这些语言形式,二语习得也就由此发生了。

第四节 学习者的个体差异与国际中文教学

一、什么是学习者的个体差异

在中文作为第二语言的课堂学习中,我们尽管为来自不同国家的中文学习者配备了同样资质的教师,提供了相同的学习材料和教学方法,也营造了

---

① Teresa Pica. Research on negotiation: what does it reveal about second-langauge learning conditions, processes and outcome? [J]. Language Learning, 1994, 44 (3).

共同的教学环境，但是学习者往往在中文的学习能力、学习效果和学习水平上表现出很大的差别。这种情形也普遍出现在第二语言的学习过程中。在相同的外界环境下，第二语言学习者的学习状况为什么会出现明显的差异？这种情况是由什么因素造成的呢？其实，这个问题并不难回答，一个主要的因素就在于学习者自身。在教学中，不同的学习者具有不同的认知水平、学习能力、心理素质以及学习特点，这往往会带来不同的学习效果。事实上，早在两千多年前的春秋时代，孔子作为中国创办私学的第一人，就提出了"因材施教"的重要教学原则和方法，意思就是说教师应当重视学习者的个别差异，应当从学生的实际情况出发，有的放矢地进行差异化的教学，只有这样，才能帮助每一位学习者扬长避短，获得最佳的发展。

"因材施教"的原则提醒我们，科学合理的教学必须要结合学习者个人的特点，制定相应的教学策略。了解学习者的个体差异对于提升教学效果具有极其重要的意义。所谓个体差异，也常称为个别差异、个性差异，指"个人在认识、情感、意志等心理活动过程中表现出来的相对稳定而又不同于他人的心理、生理特点"①。这些差异大致体现在学习者个体的生理、认知和心理层面。20 世纪 50 年代以来，第二语言教师和研究者们意识到学习者个体本身的差异是第二语言教学中的一个重要的因素，他们特别关注个体心理学中的学习者个体差异（Individual Difference）及其在二语习得过程中的作用，开始采用科学的方式，对影响第二语言学习的学习者个体因素进行细致的分析研究，取得了许多重要的研究成果。研究发现，第二语言学习者的年龄、性别、性格、智力、认知方式、语言天赋、学习动机、焦虑感、交际意愿、学习理念、学习策略等与他们的第二语言课堂学习有着密切的关联。对于第二语言学习者来说，这些个体差异是由不变因素和可变因素的连续体（continuum）来反映的。不变因素主要指第二语言学习者个体相对稳定的心理特征，比如第二语言学习者的年龄、性格、语言学能等，它们是那些不被外部环境控制的因素；而有些诸如第二语言学习者的态度、动机等个体差异，会因为外在的环境或人为因素而发生改变，它们常被称作可变因素；当然，还有一些因素介于二者之间，如第二语言学习者的认知风格。现有的研究也表明，这些个体差异与学习者的二语习得成绩在相关系数上也有着高

---

① 朱智贤. 心理学大词典 [M]. 北京：北京师范大学出版社，1989：223.

低的差别。彼得·斯基汉（Peter Skehan）指出："许多定量研究所获得的数据大体上都证明了语言学能测试与水平考试成绩的相关系数高达0.70……只有动机指数接近这一数值，性格及认知方式等因素的相关系数与之相比明显偏低，很少超过0.30。"①

近年来，第二语言学习者的个体差异受到越来越多的重视，它不仅为我们展现了第二语言课堂教学环境、教师和学习者之间微妙而复杂的关系，而且它对于二语习得过程的重要作用也得到了广泛验证。个体差异研究已经成为二语习得研究中的一个主要领域，是二语习得研究及模式构建中不可缺少的一部分。第二语言学习者的个体差异因素繁多，由于篇幅关系，本章基于国际中文教学，重点关注第二语言学习者的认知风格、学习动机、语言学能、焦虑感以及学习策略等与二语习得、国际中文教学关系密切的个体差异②。

二、认知风格与国际中文教学

（一）认知风格的分类

在刚刚接触汉字的时候，很多学习者都会对中国古老的象形文字（hieroglyphic）留下深刻印象。中国古人在甲骨文中刻画出公羊的正面的羊角以及两只耳朵来代表一只羊（见图6-1）；而采用后面的视角，刻画出巨大上翘的牛角来代表一头牛（见图6-2）。类似的文字在甲骨文中非常普遍，比如"木""山""水""目""日""火"等等，它们都是从具体的图画演化而来的。古人常常采用图画的形式来记录自己所看见的东西，并在摹画物体形状的基础上逐渐形成了象形文字，这也反映出中国古人认识世界的一种典型的具象思维方式。而在西方，字母文字因为在字形上脱离了具体的事物形状，把可以感知到的事物通过抽象的方式表征出来，便于表达如ideal（理想的）equality（平等）等各种抽象的观念，被认为是抽象思维的一种典型代表。

图6-1　"羊"字的甲骨文　　　图6-2　"牛"字的甲骨文

---

① Peter Skehan. Individual Differences in Second-Language Learning [M]. Edward Arnold, 1989: 38.
② 诸如年龄等因素，在本章第二节的介语理论、关键期假说中已作了简要的讨论。

具体与抽象的思维方式在汉语学习中也很常见。在初级汉语教材中，我们常常为"花""学校""蛋糕"等词语配上图片，方便学习者通过具体的形状联想词语；在学习和具体动作相关的"趋向补语"时，我们也常常通过图片或肢体动作，帮助学习者掌握"走进""回去""坐下"等简单趋向补语，这些都是具象思维在汉语学习中的体现。当我们教授一些诸如"存现句""把"字句等汉语的特殊句型时，经常给学生们呈现句型的基本结构式，并辅以相应的句例解析，这需要学习者利用抽象理解的能力去归纳和演绎。

具体与抽象是我们熟悉的两种认识世界的根本思维方式，它们在心理学中被归于认知风格（cognitive style）的范畴。在认知心理学中，认知风格也被称作认知模式或认知方式，是个体在理解、储存、转换和利用信息过程中所偏好的相对稳定的态度和方式。认知风格的类型非常丰富，"既包括个体知觉、记忆、思维等认知过程方面的差异，又包括个体态度、动机等人格形成和认知功能与认知能力方面的差异"[①]。理查德·赖丁（Richard Riding）曾将它们分成"整体—分析"风格（Wholist-Analytic Style dimension）和"语言—意象"风格（Verbal-Imagery Style dimension）两大维度。"整体—分析"风格包括了"冲动型与思考型"（Impulsivity-Reflectiveness）、"聚合型与发散型"（Converging-Diverging）、"整体型与序列型"（Holist-Serialist）、"改编型与创新型"（Adaptors-Innovators）、"场依存型与场独立型"（Field Dependence-Independence）等类型；"语言—意象"风格包括了"抽象型与具象型"（Abstract-Concrete）与"言语型与视觉型"（Verbalizer-Visualizer）[②]。

（二）"场独立型"与"场依存型"的认知风格

随着第二语言教学逐渐转向以学习者为中心，认知风格研究已成为教育心理学研究的重要领域。在众多的认知风格中，"场依存型与场独立型"在二语习得研究中受到了最广泛的关注。"场独立型"与"场依存型"的认知风格最初是由美国心理学家赫尔曼·威特金（H. A. Witkin）所提出的。20世纪四五十年代，威特金通过"斜屋斜椅测验""镶嵌图形测验"发现被试个体在这些实验中存在着知觉误差。比如，在"斜屋斜椅测验"

---

① 朱智贤. 心理学大词典［M］. 北京：北京师范大学出版社，1989：537.
② Richard Riding. Cognitive Styles Analysis［M］. Birmingham：Learning and Training Technology，1991.

（见图6-3）中，他发现一些被试者在房屋倾斜时，会将椅子调整到事实上垂直的位置，而不容易受到房间倾斜角度的影响；而有些被试者往往会根据房屋倾斜的角度来调整座椅，不容易将椅子调整到事实上垂直的位置。在"镶嵌图形测验"（见图6-4）中，他发现有些被试者能够排除复杂图形背景因素的干扰，从中迅速、容易地认出指定的简单图形，而另一些被试者在完成这项任务时则比较困难。

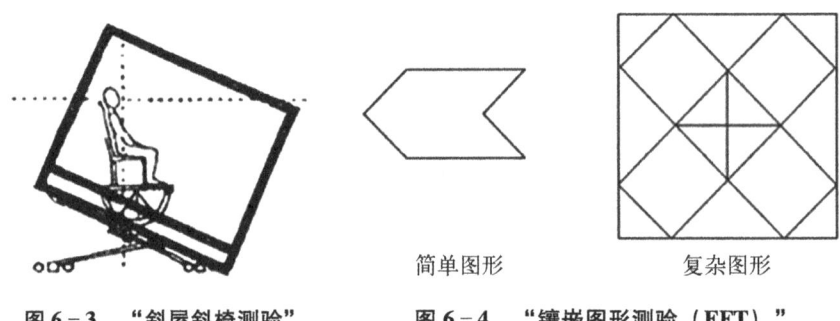

图6-3 "斜屋斜椅测验"　　　图6-4 "镶嵌图形测验（EFT）"

　　威特金根据实验结果，提出了"场"（field）的概念，将具备这两种不同认知方式的被试者分别划分成"场独立型"和"场依存型"。这里所说的"场"，可以被理解为周围的环境或者外界的环境，它能不同程度地影响人的感知。具有场独立风格的人常常根据自己的内部线索来判断客观事物，不容易受到周围环境因素的影响，比如说他们在做"镶嵌图形测验"时，不太会受到图形复杂背景的干扰，而能够迅速地找出其中的简单图形。在日常生活中，有一些人喜欢独处，不善于社交，他们关心抽象的概念和理论，对一些问题经常会作独立的分析和判断，而不太容易受周围人群的影响，这些人就具有场独立风格的特点。具有场依存风格的人，在对事物作出判断时，往往倾向于根据外部参照，或者说自身以外的客观环境来对事物作出判断。同样在做"镶嵌图形测验"时，他们就容易受到图形复杂背景的干扰，不能将一个复杂的图式分解成许多独立的部分，因此难以迅速地找出其中的简单图形。在日常生活中，具有场依存风格的人往往是那些喜欢社交、善于察言观色的人，他们在某些问题的认识和判断上，容易受周围的人，特别是权威人士的影响和干扰，而不太具有独立思考和分析的能力。场独立型和场依存型是两种普遍存在的认知方式，不过，我们绝大部分人并不处于非此即彼的状态中，威特金在后来所做的大量实验研究中发现，大多数人实际处于二者之间。

（三）认知风格研究对国际中文教学的作用

了解学习者的认知风格，有什么样的积极意义呢？现有的研究表明，作为一个重要的学习者个体差异，认知风格能够帮助反映学习者在二语习得过程中在认知方式上的主要差异和不同的学习行为，帮助教师在了解学习者认知风格差异的基础上，采取灵活多样、具有针对性、个别化的教学策略。我们以"场依存型与场独立型"的认知风格为例，可以发现具有不同风格倾向的学习者在同伴关系、与教师的个人关系、与教师的教学关系以及有效的学习策略上都有着不同的学习行为表现。在同伴关系上，"场独立型"的学习者比较喜欢单独学习，竞争意识、个人意识较强，不容易顺从他人的意见和指令，对他人的情感不太关注；而"场依存型"的学习者一般比较喜欢与同学一起学习，对周围的人的意见和情感比较关注。在"与教师的个人关系"上，"场独立型"的学习者一般很少主动与教师直接接触，与教师的正式交互少；"场依存型"的学习者一般会主动接近教师，与教师保持着良好的互动，关心教师的爱好与经验。在"与教师的教学关系"上，"场独立型"的学习者往往喜欢尝试新的有挑战性的学习任务，会独立思考、独立完成学习任务，而不太会主动寻求教师帮助；"场依存型"的学习者一般会希望得到教师的辅导与肯定，或者在教师指导下与同学一起完成相关的学习任务。这两种类型的学习者也有着各自不同的有效的学习策略，"场独立型"的学习者强调概念细节，喜欢发现式学习；而"场依存型"的学习者会寻求教师对作业目标及课程详加解释并给予指导，一般习惯于以具体事例来说明或理解抽象的概念。

对于第二语言教学来说，"场独立型"学习者和"场依存型"学习者似乎各有优势。前期研究表明，"场独立型"学习者在课堂外语学习和书面测试方面能获得更好的成绩，这突出地表现在语法结构测试上。他们能更好地运用逻辑推理能力，关注并分析语言的具体结构和各结构之间的关系，有较强的写作能力，善于运用较为复杂的从句和较难的长句。不过，也有学者认为"场依存型"学习者更善于外语学习，这是因为如果从语言交际的角度来看的话，他们更善于在自然环境和面对面的交际中获得较强的口语表达、交际和归纳能力，在听力理解、阅读理解上也能更好地获得充分的信息。在国际中文教学中,很多中文教师和研究者对"场依存型与场独立型"的认知风格及其对中文教学的作用也表现出了浓厚的兴趣。一项针对北京大学对外汉语教育学院的留学生所做的研究[1]也表明,场独立型和场依存型的认知风格与各种语言能力的关系是不同的。"场独立型"学习者在综合填空和语法结构方面能取得更好的成绩;而"场依存型"学习者在听力理解和阅读理解方面有优势,他们在看待问题上有着较好的全局观和普遍性,不太具有个人主观狭隘的倾向,在做听力和阅读理解时,能更好地从上下文中获取相关信息,进行综合分析和判断,避免了看问题的片面性和偶然性[2]。

  对于国际中文教学来说,了解学生所具有的不同认知风格倾向,有着积极的启示意义。首先,国际中文教师应当强化"因材施教"的差异化教学的意识和能力。我们知道,不同的认知风格会影响学习者的中文学习过程,也对应着他们不同的学习行为特征。中文教师应当将学生的认知风格倾向作为对学生全面了解的一部分,平时通过课堂内外与学生的交流和观察帮助判断,必要时,也可以组织学生完成诸如"镶嵌图形"等测试,准确分析学生"场独立型"与"场依存型"的倾向。这可以帮助学生在语言实践中对认知风格形成意识,辨认和了解自己的认知风格,因势利导地发挥不同的认知风格在中文学习上的优势,有意识地弥补自身的劣势。其次,了解学生的认知风格倾向,可以促进教师形成差异化教学的理念和方式,有效地改善教学成效。比如,在中文阅读课上,有些教师常使用分段式阅读教学,不太重视对全文进行背景介绍和分析,而是把重点放在每一自然段的详细分析和讲授上,并在每一段讲授之后总结段落大意。有些教师则喜欢用整体式阅读教学的方式,在学习全文之前,先简要介绍整篇文章的背景和大意,然后再讲授整篇文章;在讲授过程中,并不是按每一自然段进行分段讲解,而是按照内容意义进行段落划分再讲授,结尾时再总结全文的中心思想。这两种方法各有利弊,有经验的老师往往会交互使用这两种方法,这样可以调动学生的"场独立型"认知风格,分析阅读材料中的具体信息和细节,而在总结全文中心思想时,可以鼓励学生立足全文进行回顾和分析,也鼓励他们相互交流,不断丰富自身对全文中

---

[1] 这项研究首先运用"镶嵌图形测验"确定学生们的"场独立"和"场依存"的倾向,然后利用一周前进行的 HSK 模拟测试成绩以及期中口语考试成绩加以比对分析。

[2] 王添淼. 场独立与场依存型认知风格与对外汉语教学 [J]. 云南师范大学学报(对外汉语教学与研究版),2007(6).

心思想的认识,这就需要调动学习者的"场依存型"认知风格。

三、学习动机与国际中文教学

(一)什么是"动机"

每一位中文学习者都不免会问自己,为什么学习中文?又是什么原因促使中文学习者能够持续这种学习行为而不放弃呢?回答这些问题,就触及了学习者个体情感因素中一个最为关键,也最具多元维度的因素——"动机"(Motivation)。在第二语言教学中,"动机"可以理解为激发学习者选择学习另一种语言并坚持下去的动力①,它与学习者最终能达到的语言水平有着非常高的相关性,并且对学习者的学习态度、焦虑感、学习策略、自信心等有着直接的影响,因此一直受到第二语言教学界的高度关注。

(二)与外语学习相关的动机分类

1. "融合型动机"和"工具型动机"

早在20世纪50年代,第二语言教学界就对"动机"展开了一系列研究。最初具有影响力的研究来自罗伯特·加德纳(Robert Gardner)和华莱士·兰伯特(Wallace Lambert)的"社会心理模式"②。他们的研究以加拿大英语和法语学习者为对象,描述了这些学习者所处的不同的社会环境、语言文化社区,分析了这些社会文化因素与学习者个人的情感、学习态度、动机等方面的关系。他们总结出两类第二语言学习者的学习动机:一类是"融合型动机"(Integrative Motivation),指学习者的第二语言学习动机是出于对目的语文化的认同和热爱;一类是"工具型动机"(Instrumental Motivation),指学习者出于考试、工作、个人发展等功利目的而选择学习另一种语言。"社会心理模式"特别强调"语言态度",这是学习者对第二语言和本族语的不同态度,以及对与第二语言有关的社会文化和使用价值的看法。"语言态度"影响着学习动机,学习动机又直接关联着学习效果,因此,加德纳和兰伯特比较了这两类动机后,认为学习者如果拥有"融合型动机",那么他们将获得更强

---

① Zoltán Dörnyei. The Psychology of the Language Learner-Individual Differences in Second Language Acquisition [M]. New York: Routledge, 2005.

② Robert Gardner, Wallace Lambert. Motivational variables in second language acquisition [J]. Canadian Journal of Psychology, 1959 (13).

的学习动机，最终能够达到相对更高的语言学习水平。在后续的研究中，加德纳基于前期提出的"社会心理模式"，结合教学、学习情景提出了"社会教育模式"，进一步指出学习动机应当包括动机强度、成功地学习语言的愿望、语言学习的态度。加德纳的第二语言学习动机理论对第二语言教学产生了重要的影响，无论是教师还是学习者都将重心放在了"融合型动机"的培养与发展上。许多研究也表明"融合型动机"高的学习者，他们的第二语言学习的积极性和语言产出的准确率也普遍较高。教师们相信学习者如果能够以"融合型动机"为驱动，将激发更强的学习自主性，运用更有效的学习策略来推进第二语言学习，因此也常常给予他们更多的关注和鼓励。

2. 外语学习动机的"三维建构模式"和"过程模式"

20世纪90年代以来，不少学者开始质疑加德纳所提出的理论框架的合理性，认为这一理论仅仅从社会教育层面解释第二语言学习者的学习动机并不恰当。佐尔坦·德尔涅伊（Zoltán Dörnyei）认为将第二语言学习动机分为"融合型动机"与"工具型动机"过于简单和宽泛，这两种动机其实常常同时存在，并不是相互排斥的[①]。更重要的是，"社会心理模式"中的"融合型动机"针对的是加拿大双语环境中的第二语言学习者，关注语言在不同族群融合过程中的同化作用。可是，对于世界上大多数学习另一种语言的学习者来说，他们主要是在本国以课堂教学为主的外语学习环境中学习外语的，"融合型动机"并不占优势。某种程度上，"工具型动机"引发的学习动力不亚于甚至比"融合型动机"还高。

因此，德尔涅伊结合了他在匈牙利开展的大规模的外语学习者动机调查，指出学习动机研究不仅应重视学习的宏观社会与文化环境，更应将动机研究与学校教育结合起来。他率先引入普通心理学的重要概念，提出外语学习动机概念化的组织结构，并进一步创建了"外语学习动机的三维建构模式"（见表6-1）。这个模式指出，外语学习动机由语言层面、学习者层面和学习环境层面组成。在语言层面上，它包含了原有的融合、工具动机学说；在学习者层面上，它借鉴了主流心理学研究的相关理论和概念，关注"成就需要"（Need for Achievement）和"自信心"（Self-Confidence）两个层面，引

---

① Zoltán Dörnyei. Conceptualizing motivation in foreign-language learning [J]. Language Learning, 1990, 40 (1).

入了自我效能（Self-Efficacy）、归因（Causal Attribution）、第二语言能力自我评价（Perceived L2 Competence）和语言焦虑（Language Use Anxiety）等概念用以研究并测量动机的构成。在学习环境层面，则考虑到课程、教师和学习群体对外语学习动机的影响。"外语学习动机的三维建构模式"采用静态结构的方式，细化了学习动机的组成要素，为我们展现出贴合外语课堂教学实际的动机的多维性特点。

表6-1 外语学习动机的三维建构模式

语言层面	学习者层面							学习环境层面											
								课程特定动机组件				教师特定动机组件						集体特定动机组件			
融合型动机子系统	工具型动机子系统	成就需要	自信心	*语言使用焦虑感	*外显的L2能力	*因果归因	*自我效能	兴趣	相关性	期望	满足	亲和动力	权威类型	动机的直接社会化过程	*示范	*任务陈述	*反馈	集体的目标定向	行为规范和奖励体系	凝聚力	课堂目标结构

德尔涅伊和伊斯特凡·奥托（István Ottó）在此基础上，提出了"第二语言动机过程模式"（Process Model of L2 Motivation）①。他们认为，动机不是静态的而是动态的，是随着时间、环境、过程的变化而变化的。根据行动次序，第二语言学习动机分为"行动前"（Pre-Actional Phase）、"行动中"（Actional Phase）和"行动后"（Post-Actional Phase）3个阶段。"行动前"动机是指在正式学习语言课程前选择学习某种外语的动机，比如喜爱目的语文化或觉得目的语学习对将来就业有帮助，这就是加德纳所说的"融合型动机"和"工具型动机"。由于这时候的动机是在课程开始前确定的，它与语言课堂环境和任课教师的关系不大。"行动中"动机指的是外语学习过程中的各种学习体验对学习动机可能产生的影响，比如学习任务的组成、执行和评价，行动的控制措施，还有课堂环境、任课教师、作业难易程度等等，它

---

① Zoltán Dörnyei, István Ottó. Motivation in action: a process model of L2 motivation [J]. Applied Linguistics. 1998（4）.

们都可能会影响学习者的学习动机。"行动后"动机是指学习者对过去的学习经验的反思，并决定是否要继续学下去。对于"行动中"动机和"行动后"动机来说，课堂环境、任课教师、课堂任务、同班同学等都会对它们的变化产生影响。

3. "内在动机"和"外在动机"

与第二语言学习相关的动机分类不少，比如在认知心理学中，动机又分为"内在动机"（Intrinsic Motivation）和"外在动机"（Extrinsic Motivation）。这儿所说的"内在动机"，是指由于对外语学习活动本身的兴趣而引起的学习动机，它取决于二语习得者个体的内在需要。"外在动机"指的是学习外语的原因来自外界的影响，学习者是在外力的推动下而进行学习，目的不是为了学习外语知识和能力，而是为了获得外部的奖励或是为了逃避某种批评和惩罚。一般认为，"内在动机"对外语习得有很大的促进作用。具有较强"内在动机"的外语学习者对外语学习抱有浓厚的兴趣，能够感受到外语学习所带来的愉悦和价值。他们一般会有较强的独立性，能够不受外界刺激和干扰，在较长时间里保持外语学习的热情和动力，而"外在动机"作用下的学习者往往只具有短期的外语学习目标，难以激发起外语学习的真正兴趣。

（三）学习动机对国际中文教学的作用

汉语似乎是世界上公认的最难学得也非常耗时的语言之一，美国对外事务研究所（US Foreign Service Institute）曾调查显示，英语为母语的美国学习者在汉语学习上平均要花费比学习法语和西班牙语多出3倍以上的时间。学习者需要拥有强烈的学习动机，才能坚持汉语学习并在学习过程中不断克服所遇到的各种学习困难，最终取得理想的学习效果。可见，对于国际中文教学来说，学习动机研究的价值是毋庸置疑的。

20世纪90年代，一系列针对美国汉语学习者的动机研究开启了国际汉语教学的动机研究的先河。温晓虹持续关注美国不同族裔背景下汉语学习者的动机状况[1]。她以初级和中级汉语水平的美国大学生为研究对象，其中包

---

[1] Wen Xiaohong. Motivation and language learning with students of chinese [J]. Foreign Language Annals, 1997, 30 (2); Wen Xiaohong. Chinese learning mofivation: a comparative study of different ethnic groups [C] // Madeline Chu. Mapping the course of the Chinese Language Field. CLTA Monograph Series, 1999, VOL Ⅲ: 121—150.

括了可以听说某一汉语方言的华裔学生，也包括了非亚裔学生。研究揭示了不同族群背景的汉语学习者最初学习动机的情况：无论是华裔学生还是非华裔学生在汉语学习的起步阶段都具有显著的内在动机，但引发内在动机的因素各有不同，华裔学生更多地是出于对自身继承文化的浓厚兴趣，并且希望能够更多地了解中国人，而非华裔学生则主要出于对自身学习策略与努力的期待。然而，对于中级课程的学生来说，由于汉语学习的费时耗力，无论是华裔学生还是非华裔学生，都出现了动机消退的现象，对自身学习策略和努力的期待成为他们坚持学习的主要动力。这一动机研究表明，对于美国的汉语学习者来说，汉语教学需要制定合理的学习要求，帮助学习者树立明确的汉语水平的学习目标，形成符合实际的学习期待。温晓虹在后续研究中还考察了汉语水平和民族背景与学习态度、动机之间的关系，认为民族背景对动机变量和将来汉语学习都有显著的作用，汉语水平对主观的策略努力有显著的作用，学生（特别是华裔学生）对于汉语学习任务的期望随着汉语水平的提高逐步变得合理。研究还发现，初、中级的学生中，工具型动机是将来学习中文的最显著的预测指标，在高级学生中，语言自信心是将来汉语学习的显著预测指标。① 与此同时，针对非汉语环境下把汉语作为外语的学习者的动机研究也出现在日本、泰国和菲律宾等国，这些研究尽管数量不多，研究方式也较为简单，但是一定程度上帮助我们了解了以汉语为外语的不同国家和地区的学习者的汉语学习动机状况。

在中国开展的汉语学习动机研究起步较晚，尽管 20 世纪 90 年代末到 21 世纪初已有学者通过对来华汉语学习者的学习目的进行分类和描写，发现占相当大比例的留学生是出于对中国文化和社会感兴趣而选择汉语学习，这在一定程度上涉及了学习者的动机类型，但是这类研究只是停留在对"学习目的"的描写和思辨上，还没有自觉运用二语习得的动机理论来指导动机对特定学习者的学习努力和学习结果的影响。随着世界上汉语热的持续发展，近 15 年来不少研究关注不同国别来华留学生的汉语学习动机，分析他们汉语学习的动因和动机现状。有研究通过对来自越南、泰国、缅甸和老挝等东南亚国家留学生的汉语学习态度和动机类型的分析，发现对他们最有影响的动机类型（由高到低）分别是教学因素动机、合作/竞争学习动机、家长支持动

---

① 温晓虹. 汉语为外语的学习情感态度、动机研究 [J]. 世界汉语教学, 2013 (1).

机、融合型动机、对外国语言/文化的态度、社会责任动机和学习愿望①。针对来华留学的华裔汉语学习者的动机分析也是动机研究的一个热点。这方面的研究反映出基于华人身份认同和对中华文化的认同是华裔学生学习汉语的最重要动机之一②。近年来，学界对于来华留学生汉语学习动机研究的关注焦点也越来越丰富。除了分析他们的语言学习动机的内在结构外，也探索语言学习动机和语言学习成绩的关系，考察语言学习动机与其他学习者个体差异因素的互动关系，以及不同学习阶段语言学习动机变化的状况等等③。其中，汉语学习动机强度变化受到了广泛关注。所谓汉语学习动机强度指的是学习者在汉语学习行为层面上愿意付出的努力的实际程度。有研究发现来华留学生的汉语学习动机会出现减退的情况，并指出"对汉语学习的负面态度""教学环境""自信心减退""教材及学习内容"和"教师"依次是造成汉语学习动机减退的前五位因素，而且，不同语言能力、不同国别地区的学生的负动机因素存在显著性差异④。一份针对留学生来华前后的汉语学习动机强度变化的调查发现，留学生来华前汉语学习动机强度整体不高，来华攻读学位以及汉语专业学习者的汉语学习动机不如汉语言的进修生和非汉语专业的学生。汉语学习动机强度高的学习者一般都有着较高的内在兴趣动机和经验动机，比如说他们对汉字及中国影视书籍等文化产品都有着较大的兴趣。对于来华学习汉语一个学期的留学生的调查发现，他们的学习努力程度会出现总体增强的变化，他们学习努力程度的变化与他们的机遇动机和内在动机变化有关，同时也发现学习者的性别和年龄等其他个体差异因素也会对学习者的汉语学习动机强度变化产生显著影响。⑤

学习者的学习动机是公认的解释第二语言学习成绩高低的关键因素，对于二语习得有着极其重要的作用。我们深入认识学习动机的本质和特点，有助于丰富我们对来自不同背景的汉语学习者的学习心理特点的认识，能够对

---

① 原一川，尚云，袁焱，袁开春. 东南亚留学生汉语学习态度和动机实证研究［J］. 云南师范大学学报（对外汉语教学与研究版），2008（3）.
② 王爱平. 东南亚华裔学生的文化认同与汉语学习动机［J］. 华侨大学学报（哲社版），2000（3）.
③ 高嫒嫒. 国内近二十年来汉语学习动机研究述评［J］. 云南师范大学学报（对外汉语教学与研究版），2013（5）.
④ 俞玮奇. 来华留学生汉语学习动机减退的影响因素研究［J］. 语言教学与研究，2013（3）.
⑤ 丁安琪. 留学生来华前汉语学习动机强度分析［J］. 华文教学与研究，2014（3）；丁安琪. 来华留学生汉语学习动机强度变化分析［J］. 语言教学与研究，2014（5）.

他们的学习行为做出准确的判断，从而不断在教学中调整优化教学内容和方法，为学习者提供良好积极的语言学习环境，尽可能地引导学习者坚定目的语学习的理念，去争取汉语学习的理想成绩。如何在国际中文教学中激发学习者的学习动机，这是一个开放式的问题，不同的学者针对不同的学习者的动机心理，可能会提出多样化的建议和意见。这儿，我们引用德尔涅伊和齐兹内尔（Kata Csizér）基于实证研究所提出的"激励语言学习者的十诫"（Ten Commandments for Motivating Language Learners）供工作在教学一线的国际中文教师参考[1]。所谓"十诫"，是一套简明的帮助教师提高学生学习动机的10个宏观激励策略：① 以身作则，树立榜样；② 创造轻松、惬意的课堂语言学习环境；③ 正确说明学习任务；④ 与学生建立良好关系；⑤ 增强学生的语言学习信心；⑥ 使课堂语言学习充满乐趣；⑦ 促进学生的自主语言学习能力；⑧ 使语言学习活动个性化；⑨ 增强学生的学习目标意识；⑩ 让学生熟悉目的语文化。这些教学策略对汉语教师提出了很高的要求：教师需要不断提升"以学习者为中心"的教学理念，并把这一理念切实落实到自身规范的教学行为、良好的师生关系上；教师应该充分认识语言教学的性质和特点，努力运用不同的教学手段来创造信息丰富的语言和文化的学习环境，主动帮助学习者克服学习过程中的各种实际和心理上的困难，让他们逐渐地自觉形成归因意识，这样才能真正激发学习者的学习自主性和自信心，也才能真正有效地建立、保持和提高他们的汉语学习动机。

四、语言学能与国际中文教学

（一）什么是"语言学能"

正如我们在上文介绍"学习者的个体差异"时所说，"语言学能"（Language Aptitude）也被第二语言教学界视为和"学习动机"一样，是一个决定第二语言学习者是否能到达较高语言水平的关键因素。然而，两者对于二语习得来说有着不同的意义。"学习动机"并非是一成不变、静止固定的，它在不同的环境作用下，在不同阶段的人为干预下，也会出现动态的变化和发展。这就为教师和学习者本身通过针对性的调整提供了干预、影响"学习动机"的可

---

[1] Zoltán Dörnyei, Kata Csizér. Ten commandments for motivating language learners: results of an empirical study [J]. Language Teaching Research, 1998, 2 (3).

能。不同的是，"语言学能"被认为是一种学习者与生俱来的、相对稳定的个人特质。约翰·卡罗尔（John Carroll）曾把"学能"笼统定义为"学会做一件事的能力"，它取决于"学习者的某些相对稳定持久的特性的总和"①。因此，我们可以把"语言学能"理解为学习语言的一种特殊才能。卡罗尔进一步指出"语言学能"在人的一生中相对稳定，很难在外界的作用下发生改变②。这就意味着无论以什么样的具体训练和实践方式都不能提高一个人的语言学能。语言学家们普遍认为，只有5%左右（或者更低）的成年外语学习者能达到或接近以目的语为母语使用者的完美水平③。我们有理由相信，这些极低比例的"幸运者"应该就是那些拥有极高"语言学能"的成年第二语言学习者或者从儿童期后开始第二语言学习的学习者。在这意义上，"语言学能"在汉语语境中也常常被翻译成为"语言天赋"。

（二）"语言学能"的构成与测试工具

"语言学能"具有先天性，那么如果能够科学地判定和衡量一个学习者的"语言学能"，无疑可以帮助确定学习者是否是一名理想的外语学习者，因此，"语言学能"也具有预测性。事实上，如何测量"语言学能"一直以来是研究者的关注重点。这首先需要进一步了解"语言学能"的内在构成。卡罗尔认为"语言学能"是一整套由不同的能力所构成的组合④，包括4种认知能力构成：

（1）语音编码能力（Phonemic Coding Ability），即分辨不同声音，将不同的语音对应相关的语音符号的能力。比如能准确区别汉语中前鼻音和后鼻音，根据听音准确记录相关的汉语拼音。

（2）语法感知能力（Grammatical Sensitivity），即识别单词在句子中的语

---

① John Carroll. Twenty-five Years of Research on Foreign Language Aptitude [M] //K. C. Diller, Individual Differences and Universals in Language Learning Aptitude. Rowley: Newbury House, 1981.

② John Carroll. Cognitive Abilities in Foreign Language Aptitude: Now and Then [M] //T. Parry, C. Stansfield. Language Aptitude Reconsidered. Language in Education: Theory and Practice. Englewood Cliffs: Prentice Hall, 1990.

③ 塞林格（1972）提出中介语的"石化现象"（fossilization）时，指出"学习外语的成年人，尽管有机会长期暴露在外语环境中，但是大部分（95%）的人的外语水平，会在某个时期被固化在一个特定的水平层面，很难再提高"。

④ John Carroll. Implications of Aptitude Test Research and Psycholinguistic Theory for Foreign LanguageLearning [J]. International Journal of Psycholinguistics, 1972 (2).

法功能的能力。这就是说，在汉语中能根据一个词在具体句子中的位置，来确定它的句法功能，比如说在"今天星期三"这句话中，能识别"星期三"是名词，在句子中作名词性谓语。

（3）语言学习的归纳能力（Inductive Learning Ability），即从语言的具体例子中推断或归纳出语言规则的能力。比如说通过很多存在句的实例，理解存在句指的是"什么地方存在什么人或物"，并能总结出存在句的结构格式：空间词语（表示处所）+动词"着"（表示存在状态）+名词性短语（表示存在的人或物）。

（4）机械记忆能力（Rote Learning Ability），即将母语中的单词词组与第二语言中的单词词组之间进行对应联系的能力。比如来自不同国家的同学能将本国母语中的 Happiness（英语）、えいえん（日语）、heureux（法语）、Счастье（俄语）、행복（韩语）、Hạnh phúc（越南语）等对应汉语词语"幸福"，并记住这种对应联系。

根据这样的认识，"语言学能"也可以被简化成"听力能力""语言分析能力"和"记忆能力"。这些能力反映了第二语言的信息处理过程。"听力能力"与语音输入处理有关；"语言分析能力"指的就是语法敏感度和学习归纳能力，就好像计算机的中央处理过程，涉及语言模式的重构和处理步骤；"记忆能力"与语言输出和输出流利度有关。

基于这一认识，研究者开发出了很多用来预测评估学习者未来语言学习成就的量表和测试工具，并投入到实际运用中。最著名的语言学能测试应该是卡罗尔和萨庞（Stanley M. Sapon）于1959年开发出的"现代语言学能测试"（Modern Language Aptitude Test，简称 MLAT）。它基于"语言学能"的基本构成，包含了数字学习、音标、拼写提示、句中的单词和双语对应词汇等 5 个测试部分。第一部分"数字学习"是让学习者先通过磁带学习比如库尔德语（Kurdish）数字体系中 1 到 9 的数字表达法，以及这些数字的"十"位、"百"位的表达法，然后，让他们听一组由这些数码组成的数字，如 521、367、49 等，并准确记录，目的是测试学习者的关联记忆。第二部分"音标"是让学习者先学习某些英语音素的书面表示法，然后测试他们的学习效果，比如要他们标示出听到的单词 Tik、Tyk、Tiyk、Tis、Tiys，目的是测试他们的音素代码能力。第三部分"拼写提示"要求学习者根据语音，快速辨认词汇并拼写出对应的英语单词，这测试了学习者的母语词汇量和音素代码能力。第四部分

"句中的单词",典型的试题是先给出两个句子,其中第一个句子中的 1 个单词标有下划线,而第二个句子中有 5 个词标有下划线,要求学习者判断出其中哪个词在句子中所承担的作用与第一个句子中标有下划线的词完全一样。比如说在第一句话是"我送给她一<u>部</u>新手机",那么在第二句话中"<u>今天</u> <u>电影院</u> <u>上映</u>了 5 <u>场</u> <u>电影</u>",学习者需要判断哪一个词和第一句话中作为量词的"部"具有一样的语法功能。这部分目的是考察学生的语法感知能力。第五部分"双语对应词汇"是让学习者先浏览一组库尔德语与英语相对照的词汇表,通过刺激与反应操练熟记这些词汇,然后运用多项选择题测试学习者对这些词汇的掌握程度,该部分主要测试关联记忆。虽然在这之后还出现了一些知名的测量表,比如说美国国防部曾研究设计了"军队语言学能测试"(the Army Language Aptitude Test,简称 ALAT)和"国防部语言学能测试"(the Defense Language Aptitude Battery,简称 DLAB)两种考试,它们被用于专门外语人才的选拔,还有针对中学生的"皮姆斯勒语言学能测量表(the Professional and Linguistic Assessments Board Test,简称 PLAB)"等,但是这些测试工具都是在卡罗尔和萨庞研发的基础上改编而成的。

(三)国际中文教学中的"语言学能"研究

与学习动机持续受到第二语言教学研究关注不同,从 20 世纪 50 年代开始,我们虽然在早期的研究中对"语言学能"的组成、性质有了基本的认识,但是在后续很长的时间里,"语言学能"在语言学习中的作用却没有得到应有的重视。这一方面是因为"以学习者为中心"的教育理念包含着人人平等的教育思想,"语言学能"的天赋观似乎与它格格不入;另一方面,"语言学能"的稳定性让我们意识到无论如何努力,也很难将语言天赋低的学习者变成语言天赋高的学生。研究者们意识到寻求如何提升学习者的语言学能,并无多大意义,他们将研究重心转向了如何针对具有不同"语言学能"的学习者,开发出相适应的不同的教学方式。

玛乔丽·韦斯切(Marjorie Wesche)运用卡罗尔设计的"语言学能测试量表",针对加拿大法语学习者进行了语言学能和教学方式关系的研究[①]。在

---

① Marjorie Wesche. Language aptitude measures in, streaming, matching students with methods, and diagnosis of learning problems [M]//Karl C. Diller. Individual Differences and universals in language learning aptitude. Rowley:Newbury House,1981.

这个研究中，学习者按照"语言学能"被分成了"语法分析学能"强和"记忆能力"强的两组，研究者为他们分别提供了语法分析法教学和听说法教学。通过比照发现，如果为语法分析和归纳能力高的学习者提供相应的语法分析式的教学，他们的成绩要高于对照组中同样具有较高语法分析能力但接受听说法教学的同学；而如果为记忆能力强的学习者提供听说法教学，他们的成绩要比同样记忆能力强但接受了语法分析法教学的同学高。这个研究显示第二语言教学方法应当适应不同学习者的"语言学能"，这样才能有效提升第二语言教学的效果。杨基·率（Youngee Sheen）的研究发现，学习者的语言分析能力与教师的纠错方式有关，教师在语言信息提供式纠错中，如果直接指出错误，那将使学习者努力运用自身的语法分析能力去理解教师的纠错，这会带来更好的纠错效果，也会有助于学习者更好地掌握目标语的形式结构[1]。此外，一些研究也显示，"语言学能"高低并不是学习者习得目标语的先决条件，也就是说如果给予学能较低的同学更多的学习时间，适当地降低阶段性的学习要求，最终他们也能获得较为理想的语言习得效果。

在国际汉语教学中开展的"语言学能"研究并不多见，李少锋（Li Shaofeng）曾经针对78名学习汉语的美国大学生进行"语言学能"中的语法分析能力和纠错方式的关联研究，纠错的语言点是汉语的量词[2]。研究发现高语言分析能力的学生在接受教师的暗含式纠错反馈时，会有更好的学习效果，这一结论与上文 Sheen 的研究结果不一致，这可能是因为汉语量词的纠错与语法分析能力的相关性不高造成的。一项有价值的研究来自宋海燕主持的订单式汉语人才培养项目[3]，这一项目是为来自某公司的非洲各国员工提供汉语速成教育。这项研究以96名零起点汉语学习者为实验对象，它结合了卡罗尔的"语言学能测试研究"，根据汉语的特点，制定了一套"汉语语言学能"的试题，其中包括汉语语音编码能力、汉字感知识记能力、汉语语法辨识能力及形音义对应记忆能力等方面。研究发现，课程开始前学习者的学能测试成绩和两年来的汉语考试平均成绩具有明显的正相关性，也就是说，

---

[1] Youngee Sheen. The effect of focused written corrective feedback and language aptitude on ESL learners' acquisition of articles [J]. TESOL Quarterly, 2007, 41 (2).
[2] Li Shaofeng. the interactions between the effects of implicit and explicit feedback and individual differences in language analytic ability and working memory [J]. the Modern Language Journal, 2013 (97).
[3] 宋海燕. 汉语作为目的语的语言学能构成及学能测试研究 [J]. 国际汉语教学与研究, 2018 (2).

在学能测试中成绩越好的学习者在之后的汉语学习中越容易取得好的成绩，同时，这项研究也验证了所研发的"汉语语言学能"测试题可以较好地预测学习者的汉语学习潜力。

目前，在"汉语热"持续升温的背景下，汉语学习者的层次和目的也越来越多元化，积极开展针对性的"汉语语言学能"的试题研发和实践运用，能有效地选拔出潜在的成功的汉语学习者，这有助于定向订单式人才培养和选拔；而且，这样的测试也方便为来华留学的各国汉语学习者提供更科学的分班测试的依据。对于教师而言，了解学习者的"语言学能"，实施科学合理的差异化教学，也有助于提供更精确的教学内容和方法，这本身就是实现更高层次教学公平和教学效益的有效途径。

五、语言学习焦虑与国际中文教学

（一）焦虑和语言学习焦虑

焦虑（Anxiety）是我们生活中常常会感受到的一种紧张烦躁、心神不定的心理状态。比如，考试中遇到了自己无法作答的题目时，我们会感到面红耳赤，心跳加速，甚至会对考试结果带来的负面影响胡思乱想；乘车去机场赶航班，却遇到机场高速公路上堵车，由于担心错过航班，我们也会有坐立不安的紧张感受。在教育心理学中，焦虑指的是"个体由于不能达到目标或者不能克服障碍的威胁，致使自尊心与自信心受挫，或使失败感和内疚感增加，形成一种紧张不安、带有恐惧感的情绪状态"[1]。心理学的研究发现，焦虑有着不同的种类，有的和个体的性格有关，有些人比其他人对一些特殊事物或情景更为敏感，容易产生精神上的紧张情绪；有的和个体的道德观念有关，比如做了一些违背社会道德标准的事情，自身感受到了内疚感，这可以被称为道德性焦虑；但更多的是一种现实性或客观性的焦虑，它们常常是由一些客观上自尊心、自信心受到威胁而引起的，比如前面提到的考试带来的焦虑和错过航班引起的紧张等。

第二语言学习也会引起焦虑，比如有些同学在用外语进行口头表达时，既害怕犯语法错误，又担心选词不当、读音不准确，结结巴巴，表意含糊，这就是由口头交际产生的典型焦虑。有些同学上课总是不太愿意与教师正面目光接触，害怕被教师提问，担心回答不好受到老师的批评或同学的笑话，

---

[1] 朱智贤. 心理学大词典 [M]. 北京：北京师范大学出版社，1989：318.

有时候回答问题时非常简单，应付了事，这些都与担心自尊心、自信心受损的焦虑情绪有关。当然，也有不少同学因为外语考试表现不佳而产生负面的紧张情绪。艾琳·霍威茨（Elaine K. Horwitz）和迈克尔·霍威茨（Michael B. Horwitz）等学者认为，外语学习焦虑症是一个与课堂语言学习有关的、在这门语言的学习过程中产生的显著的自我知觉、信念和情感情结[1]。早期第二语言学习焦虑研究主要关注学习者外语课堂学习的焦虑表现。他们曾经基于课堂观察，把各种外语课堂学习焦虑表现归结为3个方面：交际畏惧（communication apprehension）、考试焦虑（test anxiety）和负面评价恐惧（fear of negative evaluation）[2]。交际焦虑指的是对与他人的交际或尚未发生但预期会有的交际的忧虑和恐惧，典型的行为模式就是交际回避（avoidance）或者退缩（withdrawal）。考试焦虑指的是测试时对自己的表现可能不符合要求的忧虑和恐惧，这也可能源自学生对过去考试失败经历的回忆，并且会在课堂上表现出不能全神贯注听课，也不能集中精力于课堂教学内容。负面评价恐惧指的是对他人评价自己的恐惧，对负面评价感到沮丧，总认为他人对自己会有负面评价。因此，有些学生为了将不利的评价因素降低到最低程度，会与人交流时有意识地回避或者提早离开，或者常沉默寡言，不主动挑起话题，也不会主动插话，这时候他们典型的表现就是微笑、有礼貌地点头，或者在听他人说话时以"啊""嗯"来做回应。霍维茨在这基础上，设计了经典的"外语课堂学习焦虑量表"（Foreign Language Classroom Anxiety Scale，简称FLCAS）。这个量表包括33个与外语课堂焦虑表现有关的问题，其中29个问题（约占88%）涉及与听、说、读、写、语言记忆以及语言处理速度相关的典型困难。这个量表在外语学习者焦虑研究中得到了广泛的应用，证明了外语学习焦虑是可以有效且可信地进行测量的，对外语教学也产生了积极的作用。此外，学生日记和测量问卷也是分析学生的外语学习焦虑的可靠的测量手段，比如凯瑟琳·贝利（Kathleen M. Bailey）就通过分析11名学生的日记，发现当学生常常将自己和理想的自我形象或者其他优秀同学比较的时

---

[1] E. K. Horwitz, M. B. Horwitz, J. Cope. Foreign language classroom anxiety [M] // E. Horwitz, D. Young. Language Anxiety: From theory and research to classroom implications. Englewood Cliffs: Prentice Hall, 1991: 27-39.

[2] E. K. Horwitz, M. B. Horwitz, J. Cope. Foreign language classroom anxiety [J]. The Modern Language Journal, 1886, 70 (2).

候，容易产生焦虑的情绪。

（二）国际中文教学中的语言学习焦虑研究

国际中文教学界对学习者的学习焦虑也有着持续的关注和研究兴趣。钱旭菁就通过霍维茨设计的"外语课堂学习焦虑量表"，对在北京大学对外汉语教学中心初、中、高不同阶段学习的来自不同国家的 120 名汉语学习者进行了问卷调查，发现留学生学习汉语时的焦虑主要与国别和自我评价有关[①]。从国别上看，日、韩学生比美国等国学生更容易焦虑，特别是在交际焦虑和负面评价焦虑两方面，研究认为这可能与不同的文化背景和民族性格有关。在自我评价方面，研究发现学生的自我评价的高低与焦虑感的强弱成反比。该研究还认为，焦虑对留学生学习汉语具有负面影响，特别是在口语方面，焦虑感的强弱与口语成绩的好坏成反比。此外，年龄、性别、学习汉语的时间、是否华裔以及期望值等因素和焦虑没有明显关系。这一研究较早地在对外汉语教学中引入了信度和效度都较高的学习焦虑量表测试，结束了以往针对汉语学习焦虑的经验式的认识，还将国别、是否华裔等因素纳入其中，使我们对汉语学习焦虑的差异化表现有了深入的认识。

此后的研究在此基础上注重结合汉语学习本身的特点，关注汉语本体要素对学习焦虑可能产生的影响。一份针对美国 87 名来自中文背景家庭的大学生的焦虑调查发现，汉字书写给这些学生带来了最大的焦虑感受，而对于其他学生来说，汉字书写并不是他们最大的焦虑感成因[②]。这个发现提示中文教师，在给有语言背景和无语言背景的学生混班上课时，要注意特定学生群体的学习心理特点，因为他们可能有特殊的焦虑感成因。也有研究者针对汉语学习的特点，对 FLCAS 量表进行了调整和补充。例如，在一项针对外国留学生在汉语学习和使用过程中的语言焦虑情况的问卷调查中，研究者设置了"在课堂环境中的焦虑感受""在交际情境中的焦虑感受""在考试情境中的焦虑感受""对汉语的负面评价"，以及"对负面评价的恐惧"等 5 个项目，共计 33 个问题分别采用了积极表述和消极表述的方式。这个研究发现丰富了我们对影响外国留学生汉语学习焦虑的因素的认识：性别、生源地、是否华裔、汉语水平、对汉语

---

① 钱旭菁. 外国留学生学习汉语时的焦虑 [J]. 语言教学与研究，1999（2）.

② Y. Xiao, Ka F. Wong. Exploring heritage language anxiety: a study of Chinese heritage language learners [J]. The Modern Language Journal, 2014, 98（2）.

的评价、学习汉语时间和在华时间等都会对他们的汉语学习焦虑产生影响；学习者的年龄及其所学过外语的门数则与语言焦虑程度无关。①

总体来说，我们对语言焦虑和二语习得之间存在着什么样的必然关系还不确定，但是我们相信高焦虑感会对学习者的二语习得产生负面影响。对于汉语教师来说，我们不仅要了解学习者汉语学习焦虑的具体表现和差异化特点，还要思考如何不断完善教学方式，如何在教学过程中营造一个轻松愉快的汉语语言课堂，有效地减轻学习者的焦虑感。

六、学习策略与国际中文教学

（一）什么是成功的语言学习者

在第二语言教学中，我们一直在思考如何能帮助学习者独立主动地学习语言，那么，语言学习者又是如何能够独立自主地进行学习的？经过研究发现，不少学习者为了促进自身更快、更有效地语言学习，往往会采用许多不同的学习方法和行为。我们将这些方法和行为称作"学习策略"，它们同学习者的个体生理、认知、情感等方面的差异一样，都会对语言学习者的学习成效产生重要的影响。

对于第二语言学习策略的探讨，来自20世纪70年代对"成功的语言学习者"（good language learner）的研究。那么，什么是"成功的语言学习者"呢？在语言教学实践中，我们通常以某项语言考试成绩为标准，比如说HSK考试的成绩和等级高低，或者根据语言学习的分组编班为"标杆"，这样，高分组或者高班的学生被设定为成功者，低分组或者低班的学习者被设定为不成功者。当然，在特定场合下，我们也会有具体的认定标准。比如，研究者曾选取来华参加第二届"汉语桥"世界大学生中文比赛（复赛）的9名选手，把他们称为"成功的汉语学习者"，这是因为他们都是从各国激烈的初赛中脱颖而出的优胜者；他们在复赛总成绩排名靠前，而且有5名选手成功进入了决赛；他们都有着三年半以上的汉语学习经历，表现出了较强且持续的汉语学习动机②。

---

① 何珊. 外国留学生汉语学习焦虑研究［J］. 云南师范大学学报（对外汉语教学与研究版），2014（2）.

② 吴勇毅，陈钰. 成功的汉语学习者的学习策略分析［M］//赵金铭. 对外汉语教学的全方位探索：对外汉语研究学术讨论会论文集. 北京：商务印书馆，2005：440－458.

(二)"学习策略"的定义

以上这些因素虽然可以帮助我们认识语言学习的影响因素,但是要理解学习策略,还需要把重点放在学习者在语言学习过程中所采取的具体行动和思维方式上。前期的研究已经总结了成功的语言学习者的一些共同之处,比如说他们在心理特征上都表现出敢于冒险,场依赖性高,对歧义和模糊现象有较高容忍度;在情感上表现出对语言教师和目的语文化的喜爱,也展现出较强的性格心理特征和社交能力,会积极地寻找语言运用的机会;更重要的是,他们一般都擅长使用迂回表达、手势等交际方式;而且,他们也常采用猜测、推理、操练等方法,或者通过分析、归类和综合把注意力放在语言形式上,有些还常常采用自我监控的方法。在这基础上,琼·鲁宾(Joan Rubin)定义了成功的语言学习者的"学习策略",认为这是"学习者为了有效地获取、贮存、检索和实用信息所采取的一套系统的行动、步骤、计划和日常活动等,即学习者学习和调节学习所采取的各种措施"[1]。不过这个概念的内涵似乎还很模糊。从鲁宾的定义来看,一方面,"学习策略"的概念有些宽泛,"各种措施"既可以指制定的一段时间的目标语学习规划,也可以具体到例如专门指定词汇表帮助记忆的方法或行为;另一方面,"学习策略"目的是帮助学习者更有效地对语言信息进行编码、储存、检索、运用,实现对语言学习的调节和控制,这就具有了信息加工的属性,属于认知的范畴。因此,克莱尔·韦恩斯坦(Claire E. Weinstein)和理查德·迈耶(Richard E. Mayer)认为学习策略是"学习者在学习过程中为了促进其信息处理过程而采取的行为或形成的思想"[2]。在众多语言学习策略研究中,美国学者奥克斯福德(Rebecca L. Oxford)出版于1990年的《语言学习策略:教师必读》(*Language Learning Strategies: What Every Teacher Should Know*)一书是其中的代表作,产生了非常广泛的影响。奥克斯福德认为学习策略的目的在于"提高学习者的语言能力水平、自信心和积极性"[3]。在她看来,学习策略的

---

[1] Joan Rubin. Learner Strategies: Theoretical Assumptions, Research History and Typology [C] // Wenden, Rubin. Learner Strategies in Language Learning. Englewood Cliffs.: Prentice Hall, 1987: 15-30.

[2] Claire E. Weinstein, Richard E. Mayer. The Teaching of Learning Strategies [C] // M. Wittrock, The handbook of Research on Teaching. New York: Macmillan, 1986: 315-327.

[3] Rebecca L. Oxford. Language Learning Strategies: What Every Teacher Should Know [M]. New York: Newbury House/Harper & Row, 1990: 8.

价值不仅要帮助学习者提高语言技能,还应该积极地作用于学习者的心理和情感,让他们在学习中感受到自主学习的潜力和动力。因此,她将语言学习策略定义为"学习者为了使语言学习更成功、更有目的、更愉快而采取的行为或行动"。这些为提高第二语言技能而采取的行动、行为、步骤和方法,或者称为学习策略,既具有外显的行为特征,也体现为内在的思维过程,"可促进语言的内化、储存、修正和使用"。

(三)"学习策略"的分类

除了概念界定以外,第二语言学习策略研究的另一个重心在于学习策略的分类。目前,对学习策略的分类主要有3种:一是根据语言学习的技能和要素分类,比如在听、说、读、写、译等方面的策略,以及在词汇、语法学习上的策略;二是根据语言学习过程中具体使用的方法分类,比如重复记忆、词义猜测等,也包括了在实际交际场景下应用语言时使用的策略,比如交际时采用的回避策略等;三是根据学习策略的不同功能或作用进行分类,比如在思维层面上的认知策略和应用层面上的社交策略等[①]。奥克斯福德也结合了学习策略的功能,提出了很有影响的学习策略分类系统,并以此为基础编制了语言学习策略量表。奥克斯福德根据学习策略对外语学习者发生作用的直接程度,归纳出"直接策略"和"间接策略"两大类。"直接策略"指学习者在学习新语言的具体技能过程中需要使用的策略,而"间接策略"一般在使用时不需要直接涉及目的语,主要是通过集中注意力、计划、评价、寻找机会、控制焦虑、增加合作和移情等方法为语言学习提供间接的支持。

"直接策略"包括记忆策略、认知策略和补偿策略。记忆策略是用来帮助学习者储存、记忆和复习新信息的。比如说,通过归类、联想或者利用图片和声音、肢体动作等加强记忆。认知策略是用来帮助学习者理解和运用目的语的,它包括对目的语的练习、接受和传发信息。比如说通过练习来辨认并使用所学的语言的固定形式和句型结构,或者通过分析和推理来理解语法规则,或者进行跨语言的对比分析来认识目的语的特点。此外,翻译、分类、记笔记、演绎推理、利用关键词或上下文理解和运用新的词汇或句子等,这些都可以帮助加强对目的语的理解。补偿策略也称为变通策略,主要用来帮

---

① 袁芳远. 基于课堂的第二语言习得研究[M]. 北京:商务印书馆,2016:255.

助学习者在缺乏新语言知识的情况下能够运用新语言，或者说帮助他们弥补目的语知识和能力的不足，或者用变通的方法来理解或表达。在听读方面，学习者常采用猜测的策略，他们可以通过语言线索和非语言线索进行合理猜测。比如，在阅读中遇到新的汉字时，可以通过汉字的构词语素、表意形旁大概猜测字义。在说和写的方面，学习者可以采用一些策略去克服目的语语言不足的问题。当他们意识到无法用目标语准确表达时，往往会转向自己的母语表达，或者试图寻求帮助，或者会用手势表情、近义同义词、自己现有的语言简单的释义来表达自己不会说的词语等等。比如，有学生在写作时写了这么一句话："政府应该遵循'以人为本'的概念。"实际上，"以人为本"是一种思想，应该被称为"理念"，而"概念"指的是把感知到的事物的共同本质特点概括出来形成的思维惯性，比如说"重力"和"牛顿运动定律"就是物理学中的基本概念。这句话反映出这名学生对汉语中"理念"这个词语比较陌生，而使用了自己熟悉的但并不准确的"概念"，这虽然从偏误分析的角度可以被理解为一种"误代"的偏误，但也反映出这名学生积极使用已知的词语来表达不会说的词语的"补偿策略"，而且也大体表达了自己的想法，没有引起太大的误解，因此可以说这种策略也有一定的积极意义。

"间接策略"分为元认知策略、情感策略和社交策略。要理解元认知策略，首先要理解"元认知"的含义。简单来说，元认知就是对认知的认知，它是个人对自己认知过程，或者说对自身思维和学习活动的认识、调节和控制的能力。元认知策略帮助学习者自觉地关注自身的语言学习过程，具体包括"专注于某个语言目标""规划学习目标"以及"自我评估"。比如，学习者在听目的语对话时，会让自己安静下来，提醒自己专心聆听，这就是集中注意力学习。有的学习者会主动总结自己的语言学习方法，或者明确自己的学习任务，制定学习目标，寻求学习机会，这就体现了自主安排并计划学习内容的元认知策略。有的学习者还经常进行学习效果的自我监测和自我评估，这既是自主学习的体现，也是元认知策略的应用。情感策略主要是用来帮助学习者在语言学习过程中管理和规范自己的情绪、态度、动机与价值观。怎么样可以让自己在轻松愉快的环境或心情下学习呢？我们常常会在学习之余停下来听听音乐，或者做深呼吸，这样可以降低焦虑感；也可以在完成任务后给自己一点小小的奖励或者对自己说"加油"来自我鼓励一下；有些学习者会写一些语言学习的日记，或者找同伴朋友聊天交谈，说说自己的学习感受，这些都可以帮助了解自己的学习情绪，都是有效的情感策略。这要求学习者能用开放的心态去主动向他人提问，比如说在和别人交流时，没听懂或想确认正确的理解时，会说"不好意思，请再说一遍"，"您说的是这个意思吗"；有时候请别人帮忙纠正自己表达的错误；为了更好地学习目的语，学习者会寻找目的语的语伴，也会和同学组成学习兴趣小组，这体现了合作学习的策略；在交流过程中，学习者会不断提高自己对文化的理解，会注意尊重他人的想法和情感，理解他人也是社交策略的一种体现。

奥克斯福德认为，直接策略与间接策略的关系好比戏剧中演员和导演的关系。直接策略就像演员一样，在具体的任务和情境中直接处理语言学习，而间接策略就像戏剧中的导演，对作为演员的直接策略进行组织、指导、纠正、鼓励和评价，使各种直接策略能得到有效的协调和应用。就好像一场演出要获得最好的演出效果，离不开演员和导演的密切合作。要获得最佳的语言学习效果，就需要加强直接策略和间接策略之间的互相联系、互相协调和互相支持。我们希望学习者通过掌握不同的学习策略，能够主动地调节、控制、引导、评价自身的语言学习，这体现了当代第二语言教学培养学习者的学习自主性的根本目标。

（四）学习策略研究在国际中文教学中的应用

第二语言教学在学习策略研究上，除了关注学习策略的性质和分类以外，也重视在教学实践中探讨特定学习者群体的学习策略的运用，影响策略选择的因素，针对语言要素和技能习得的策略使用，学习策略和语言学习结果之间的关系，以及训练学习者如何使用学习策略等方面。这些研究主题也体现在国际中文教学的实践中，在21世纪前10年掀起了一阵研究的热潮。

1. 汉语学习者群体的学习策略运用

国际中文教学较早针对特定的汉语学习者群体进行了学习策略运用的调查。有学者借用奥克斯福德研发的语言学习策略量表，对外国留学生学习汉语的策略进行研究[1]。这项研究发现，社交策略、元认知策略、补偿策略是留学生最常用的学习策略，其次是认知策略，记忆策略和情感策略使用频率最低。有趣的是，在上文提到的对成功的汉语学习者的问卷调查发现，这些

---

[1] 江新.汉语作为第二语言学习策略初探［J］.语言教学与研究，2000（1）.

学习者最常用的策略是认知、补偿和社交策略,其次是元认知策略,记忆策略和情感策略最不常用①。这个结论与江新的调查结果有不少共同之处,特别是他们都发现留学生在汉语学习过程中都不太喜欢使用记忆策略和情感策略。而两个研究结果的主要差别则体现在元认知和认知策略的使用上,这也体现出"成功的汉语学习者"与"一般的汉语学习者"在学习策略使用上的各自的特点,值得我们在教学实践中有意识地、针对性地引导和培养。

2. 影响汉语学习策略选择的因素

文秋芳、王立非曾对影响外语学习策略系统运行的各种因素进行了评述,着重讨论环境和学习者因素对学习策略可能产生的正面与负面的影响。研究认为内外部因素往往相互交织,多层次、多角度地影响着策略的使用②。这带来了外语学习策略的系统复杂性。上文提到的江新的研究还探讨了留学生汉语学习策略使用和他们的性别、母语、学习时间、汉语水平等因素之间的关系,发现不存在性别差异的影响因素,但是他们的母语和学习时间对策略应用产生了显著影响。这一研究开启了汉语教学中对影响策略选择的个体差异因素的探讨。研究者发现作为个体差异之一的认知风格会对学习策略的选择产生影响,具有不同认知风格的学习者在语言学习策略的应用上不尽相同。徐子亮采用定性研究的方法,跟踪调查了两名由日本公司派往上海专职学习中文的职员。两名学习者都处在汉语言零起点水平,经过十个月的课堂观察,结合访谈和被访者自陈等方式,发现两人表现出较明显的认知风格差异,一人倾向于场依存性,容忍性大,注重学习的整体效应,能做到自我监控并适时调整;一人倾向于场独立型,学习自律勤奋,注重细节,但对自己较为苛求,但由于害怕出错,常过度依赖书本,或者采用回避策略,造成学习效率偏低。这一研究表明学习者的认知风格差异与个体元认知策略之间有着密切的关系,而且认知风格会直接影响到注意策略、信息编码、记忆策略等一系列学习策略的使用。③

---

① 吴勇毅,陈钰. 成功的汉语学习者的学习策略分析 [M] //赵金铭. 对外汉语教学的全方位探索:对外汉语研究学术讨论会论文集. 北京:商务印书馆,2005.
② 文秋芳,王立非. 影响外语学习策略系统运行的各种因素评述 [J]. 外语与外语教学,2004 (9).
③ 徐子亮. 不同认知风格汉语学习者在学习策略运用上的差异研究 [J]. 国际汉语教育,2006 (1).

3. 汉语语言要素和技能习得的策略使用

在同一研究中，徐子亮还调查了两名具有不同认知风格的汉语学习者在汉语语音和词汇学习上所采用的不同策略。在语音学习方面，他们都采用了注意的课堂学习策略，这表现在听录音、做各种音节朗读练习等学习行为上，不过场独立倾向的学习者在听不清或无法分辨语音时会主动要求教师重复，这运用了有选择的注意策略。在课外语音学习策略上，具有场依存倾向的学习者会结合自己的实际情况，找出针对性的难点和重点；而场独立倾向的学习者采取了全面注意的策略，课后会将课堂上学习的内容全部再听两遍，确保没有疏忽和漏听。在词汇记忆方面，场依存倾向的学习者注重教师讲课中对词语释义、结构、搭配和用法的讲解；注重在笔记中记录教师讲课补充的新内容，注重对新旧知识的归类整理，比如按词义、词法、功能等不同标准归类词语，按照同义、反义等方式归类记忆；此外，他还重视词语的比较和对例句的记录。而场独立倾向的学习者在词汇学习上偏向于使用信息编码的策略，特别是语音的编码，比如他在词汇学习时仍旧十分注意词语的发音和朗读，他在听课中常忙于查找一个词的读音而忽视了教师的讲课，对参与课堂问答、练习等活动不太感兴趣。这在一定程度上使得他忽略了词汇的语义编码，降低了词语的理解识别效率。他没有养成做词汇学习笔记的习惯，只是把注意力放在了课本和词典上，往往按照课本上的生词表的顺序来学习或记忆生词，并且重视对单个词的辨认和理解，而缺乏词汇积累，没有形成必要的语义网络。

这个个案定性研究为我们展现出汉语学习者在语言要素习得上所使用策略的多样性和灵活性。不过，个案研究虽然有助于加强对学习策略运用的特殊性的认识，但研究的相对数量较少，在此之前，更多的研究主要侧重于普遍性、大样本的定量研究。例如，赵果、江新针对初级阶段外国留学生汉字学习策略的调查研究就是一个典型[①]。这个研究充分考虑了汉字不同于拼音文字的特点，在奥克斯福德制定的语言学习策略量表基础上，编制了一个汉字学习策略量表。该研究以136名来自北京语言文化大学汉语学院基础系的多国留学生为施测对象，他们平均学习汉语时间为4—9个月。研究发现，留

---

① 赵果，江新. 什么样的汉字学习策略最有效？——对基础阶段留学生的一次调查研究[J]. 语言文字应用，2002（2）.

学生总体上最常使用整体字形策略、音义策略、笔画策略和复习策略，其次是应用策略，最不常用的是归纳策略；研究还对比了"汉字圈"国家的学生与"非汉字圈"国家的学生的汉字学习策略的使用情况，发现前者更多使用音义策略、应用策略，更少使用字形策略、复习策略，而且他们也更常使用制定计划和设置目标的元认知策略。这种针对初级阶段汉字学习策略的较大样本的调查，对于汉语教学也有着积极的启示意义，教师可以利用汉字学习策略量表来了解不同学生的汉字学习策略的特点；通过了解不同学生的汉字学习策略的特点，教师可以鼓励学生采用多种方法来学习汉字。这个研究认为，教师应当在汉字教学和教材编写上，努力使学生形成相应的汉字学习策略意识，更好地利用形声字、利用声符和意符学习及记忆汉字。同时，也应当鼓励学生经常使用制定计划、设置目标的元认知策略来调节、管理自己的汉字学习活动。

语言学习策略和汉语技能习得之间存在着什么关系，也是汉语教学界关心的话题。这类研究主要集中在听说技能方面。比如吴勇毅曾针对意大利学生汉语学习策略的使用情况，采用访谈等手段进行定性的个案研究，发现在汉语作为外语的环境下，好的学习者大都会采用"寻找和建立固定的语言伙伴"的学习策略[1]。张津海在课堂教学环境下，对留学生汉语听力理解策略的运用进行了实证性研究，并对他们的听力理解策略运用与听力理解效果间的相关性进行了调查统计[2]。这个研究发现元认知策略、监控策略和关键词策略与听力理解显著正相关。也有些研究聚焦在某个特定学习者群体对于汉语技能学习策略的运用上。比如钱玉莲研究了韩国学生中文阅读学习策略，发现韩国学生最常用的阅读学习策略是推测和语境策略，其次是标记、略读和预览策略，最不常用的是母语策略和互动策略[3]。其中，预览策略能有效预测学习成绩。近年来，也出现了写作技能方面的学习策略研究，比如针对韩国汉语学习者在新 HSK 六级缩写答题过程中的学习策略研究[4]。

---

[1] 吴勇毅. 意大利学生汉语口语学习策略使用的个案研究［J］. 世界汉语教学，2008（4）.
[2] 张津海. 留学生汉语听力理解策略运用的研究［J］. 对外汉语研究，2008（00）.
[3] 钱玉莲. 韩国学生中文阅读学习策略调查研究［J］. 世界汉语教学，2006（4）.
[4] 康婧. 韩国汉语学习者在新 HSK 六级缩写答题过程中的学习策略研究［D］. 长沙：湖南大学，2021.

4. 汉语学习策略和语言学习结果之间的关系

学习者对学习策略的使用是影响第二语言学习效果的因素之一。二语习得理论认为，学习者的学习策略有助于学习者对第二语言的内化、存储、提取或使用。学习策略也被视为影响学习者自主性的主要内部因素之一，它与高校留学生的汉语成绩呈显著的正相关关系。有学者曾使用 HSK（高等）成绩作为检验高级汉语学习者学习效果的指标，考察并揭示了高级汉语学习者的常用学习策略与学习效果之间的关系[①]。研究发现，语言功能操练项目中的一些策略，如注意句式的使用条件及含义，听汉语广播，看中文电视，阅读中文课外读物有利于提高学习效果，学习者对策略的使用频率与其学习效果成正比；在语言形式项目的学习策略上，造句练习、分析句子语法等策略在有限度使用的情况下可以提高学习效果；而背诵课文、记句型对学习效果作用明显。在自我管理的策略运用方面，研究发现定期复习语法和课堂笔记，阅读完全文后再查词典，有课外学习时间和内容等能积极提升学习效果。而用母语翻译汉语词语后再记忆，用汉语表达前先用母语构思，阅读时把内容默译成母语来理解等依赖母语的策略，被证实在高级阶段都不利于提高学习效果。

5. 训练汉语学习者如何使用学习策略

针对语言学习者开展学习策略的训练，这是学习策略研究的主要目标之一，体现了学习策略研究的教学应用价值：它可以帮助教师正确了解学生，为学生提供针对性的学习方法和策略，培养学生自觉运用学习策略实现学习自主性。学习策略训练研究是第二语言学习策略研究的重要课题，但是这类研究在汉语教学界还不多见。袁玲玲针对初、中级留学生对外汉语听力策略训练进行了初步研究[②]。这个研究重点包括策略训练内容、策略训练方法和被试水平3方面的内容，采用了课堂训练和定期测试的方法。她采用的课堂听力策略包括了基本听力技能策略训练（如基础发音、四声识别、语法分析等）、认知策略训练（如内容猜测、选择性注意、内容总结策略等）以及元认知策略训练（包括计划和评估等）。她以教师讲解、学生练习和实际应用

---

① 杨翼. 高级汉语学习者的学习策略与学习效果的关系[J]. 世界汉语教学，1998（1）.
徐晓羽，陈舒敏. 三维评估框架下留学生学习自主性与成绩相关性研究[J]. 汉语学习，2022（3）.

② 袁玲玲. 初、中级留学生对外汉语听力策略训练初探[D]. 北京：北京语言大学，2005.

为主要训练方法,每种策略训练时间为50—60分钟。学生在接受测试时,既要回答听力测试的内容,也要说出所使用的听力策略。这一研究发现,训练内容、方法和被试水平对策略训练影响很大,它们的交互作用影响了策略训练的结果。具体来说,认知策略训练和元认知策略训练的效果要比低级听力技能策略训练的效果好;融合式显性训练比融合式隐性训练方法好;初级水平被试者使用策略频率高,而且倾向于使用低级听力技能策略的训练。

近年来,随着国际中文教育的蓬勃发展,汉语学习策略研究呈现出分国别、分层次的发展趋势。很多以学习策略为研究主题的硕士学位论文将研究视角伸向了一些以往关注不多的国家的汉语学习者,既有关于西语背景下的汉语学习者的学习策略研究,也有针对印尼、老挝、蒙古、秘鲁、埃及、苏丹等国的汉语学习者的学习策略调查。相关研究不仅聚焦在成年汉语学习者群体上,也出现了针对不同国别中小学汉语学习者的学习策略调查;另外,研究者开始关注在线教学环境下的学习者学习策略运用,特别是在线综合课和口语学习的策略研究。这些汉语学习策略的研究顺应了国际中文教育的发展态势,更全面地展现出来自不同国家和地区,处于不同学习层次和学习平台上的汉语学习者的学习策略的多元化的样态,为我们在国际中文教育中更具有针对性地了解学习者的学习方法和过程,更有效地提升教学和学习效果提供了坚实可靠的条件。

 本章思考题:

1. 请谈谈第二语言习得研究的目的是什么。
2. 早期二语习得研究中的偏误分析理论和对比分析理论之间有什么关系?
3. 请谈谈你对中介语特点的认识。
4. 克拉申的"输入假说"理论中包含了哪5个子假说,它们之间存在着什么关系?
5. 请结合"互动假说"理论,谈谈为什么说"互动是第二语言学习的关键"。
6. 在众多的二语习得者个体差异中,哪些个体差异与语言习得效果之间的关系最为密切?
7. 你是如何理解二语习得者习得"动机"的特点和作用的?
8. 什么是"元认知策略"?它在二语习得中有哪些具体的体现?

 **本章主要参考文献：**

1. 丁安琪. 留学生来华前汉语学习动机强度分析［J］. 华文教学与研究，2014（3）.
2. 宋海燕. 汉语作为目的语的语言学能构成及学能测试研究［J］. 国际汉语教学与研究，2018（2）.
3. 温晓虹. 汉语为外语的学习情感态度、动机研究［J］. 世界汉语教学，2013（1）.
4. 俞玮奇. 来华留学生汉语学习动机减退的影响因素研究［J］. 语言教学与研究，2013（3）.
5. 袁芳远. 基于课堂的第二语言习得研究［M］. 北京：商务印书馆，2016.
6. Rod Ellis. 第二语言习得研究（第二版）［M］. 上海：上海外语教育出版社，2013.
7. Stephen Krashen. Principles and Practice in Second Language Acquisition［M］. Englewood Cliffs：Prentice-Hall，1982.
8. Zoltán Dörnyei. The Psychology of the Language Learner-Individual Differences in Second Language Acquisition［M］. New York：Routledge，2005.

第七章　基于课堂的国际中文教学

本章导读

课堂是开展国际中文教学的最主要的场所，正是在课堂的教学环境中，国际中文教师与中文学习者通过双向互动交流，完成了中文知识技能的传递和获得。在本章中，我们从备课、课堂教学和课后反思三部分，总结了国际中文课堂教学的三部曲，特别探讨了教师的课堂用语，以及课堂教学中的师生人际交互；我们将重点探讨如何在国际中文多元的教学环境中，进行有效的课堂管理，包括学生的课堂纪律管理，以及课堂的时间、空间和多媒体技术的管理。此外，我们还将探讨国际中文课堂在线教学，分析在线教学的本质问题，并重点围绕在线教学人际交互的重要性，探讨如何有效提升中文课堂在线教学的人际交互。

第一节　理解第二语言的课堂教学

一、课堂教学：艺术与科学的融合

课堂教学是一种实施教育的基本方式，也是一种传递知识和社会经验的有效途径。传统意义上，它被理解为一种艺术和科学的结合，这要求教师既懂得教学的艺术，又能掌握现代的教学技术。课堂教学作为一门艺术，要求教师在课堂上能完美地平衡教学法则和美学尺度，灵活运用语言、动作、表情、心理活动和图像等，使教学过程新颖活泼，既传递充实的信息，又有师生之间的情感交流，还能创造美的感受，让学生在轻松愉悦的学习氛围中掌握知识。课堂教学作为一门科学，要求教师能够掌控教学的全周期，包括学习目标设定、课前准备、课内讲授、课后作业、学习效果评估；严格遵循课程教学大纲，熟悉教材和教学内容，善于运用先进的教学形式、方法和手段，并有效利用教学环境；最关键的是，教师要始终坚持"以学习者为中心"的教学理念，尊重学生的兴趣，倾听学生的想法和意见，鼓励学生自我驱动和自我激励，培养学生严谨的学习态度和自主学习的能力，注重学生的知识、能力和素质的有机融合。

二、第二语言课堂教学：特性与挑战

第二语言的课堂教学既有一般教学的共性，也有着自身的独特性。层出不穷的各种语言习得理论为我们展现了语言学习的不同见解和观点，有些也对传统的课堂语言教学带来了挑战。比如，克拉申的"输入假说理论"（Input Hypothesis）认为无论是第一语言还是第二语言，学习者都是在可理解的真实语境下自然获得的，不需要教师在课堂环境下"有意识"地教授、训练和讲解语法知识。在他看来，课堂教学对二语习得影响很小。不过，克拉申关于课堂教学无效的观点也引发了很多争议。绝大部分第二语言教师和研究者都相信某种形式的课堂教学可以积极地影响第二语言学习。尽管受克拉申理论的影响，但当代主流的交际语言教学正努力探索如何在课堂教学中为学习者创造真实的语境，提供丰富、真实的语言输入，不过，我们清楚地认识到，在课堂环境中的语言学习毕竟不同于自然环境下的学习。大量研究表明，教师在适当的时间里对第二语言教学进行适当的干预（intervention），有助于提升第二语言课堂的预期学习效果[①]。这种语言教师的干预体现为他们以某种程度与方式对语言输入的内容和形式，以及互动的性质和范围进行干预，这种教师行为构成了语言课堂教学运作的基本结构。此外，第二语言教学的课堂环境也发生了很大的变化。实体的语言教室本是课堂教学的原型环境，但是随着以双向同步交互为特征的第三代远程教育技术条件的推广和应

---

① B. Kumaravadivelu. Understanding Language Teaching, From Method to Postmethod [M]. New York: Routledge, 2005: 57.

用，基于网络的虚拟的第二语言课堂也越来越受到师生们的欢迎①。我们既有纯网络课堂的语言教学，也有线上和线下相混合的语言课堂教学，课堂教学环境的多元化以及教学资源的极大丰富，需要第二语言教师快速适应不同课堂教学环境的相互转换，熟练运用有助于促进教学的各种技术条件，这无疑为第二语言教师的课堂教学带来了新的挑战。

那么语言教师在课堂教学中应当如何适应不同的课堂教学环境，正确发挥"干预"的积极效应呢？我们认为，语言教师应该兼顾课堂教学的一般性规律和语言课堂教学的独特性。我们将着重围绕语言课堂教学的三部曲：备课、授课和课后反思，来谈谈国际中文教师所应具备的课堂教学意识和技能。

第二节　国际中文课堂教学的三部曲

一、备课

"美好的一天始于前一天晚上。"要达到高质量的教学效果，那就离不开充分而细致的课前准备——备课。中文教学不是一件简单的工作，不是每一个会说普通话的人都能轻松站上中文课的讲台。只要有过中文教学经历的老师都明白备课的重要性，即使他们已经有了多年的教学经验，课程开设前也会花上充分的时间去熟悉相关的教学信息，制定整体的课程教学大纲，而每次课前也都会认真准备好相应的教案。只有这样，教师才能胸有成竹地走上讲台，顺利地完成每门课、每次课的教学任务。可以说，备课既是教学工作的起点，也是确保教学全过程得以顺利开展的关键环节。

那么，国际中文教师应该怎么样规范地做好备课工作？备课环节需要解决哪些关键的问题呢？广义上来说，这需要从两个方面来认识：一是做好整门课程的教学大纲，二是细致做好每次课的课前准备工作。

（一）做好课程教学大纲

每当教师接受了一门新的课程教学任务，在正式授课之前，教师应编写

---

① 丁兴富. 三代信息技术和三代远程教育——远程教育中的信息技术和媒体教学（2）[J]. 中国远程教育，2000（8）.

这门课的教学大纲，或者了解这门课已有的教学大纲。教学大纲是根据课程教学内容和教学计划要求而编写的教学指导性文件，它以纲要的形式规定了课程的教学目标、任务、内容、方法、资源，以及教学进度和评价方式与标准。要制定科学合理的课程教学大纲，这就需要中文教师了解相关的课程信息，包括课程的性质、教材信息、教学要求、课时安排和学习者群体等，这些是编写教学大纲的前提条件，也为教学大纲编写提供了主要的信息内容。

第一，了解课程性质，就是要清楚这是一门中文综合课，还是分技能课程，比如听说课、读写课，或是一门有特殊目的的课程，比如商务中文写作课等。还要了解这门课在整个课程体系中处于什么地位，与其他课程（前导课、后续课）之间存在什么关系。

第二，教材是教师教学、学生学习的根本依据，因此，熟悉教材是教师整个备课工作的首要任务和中心工作。一本中文教材的前言或者简介部分往往包含着丰富的教材信息和教学要求。教师不仅要了解教材的名称、出版单位、出版年份和编著者，更要理解这本教材的编写理念或原则、适用对象、编写结构、主要教学单元和内容、练习形式、教学目标和要求。我们以教材《博雅中文·初级起步篇Ⅰ》为例，这本教材是一套零起点中文综合教材的第一本[①]，它在前言中说明它的编写原则是以结构为纲，寓结构、功能于情景之中，教材内容突出实用性和场景的自然真实性，主要是关于校园及其他与学生日常生活密切相关的内容，适用于零起点的学生学习；课文采用了对话体形式，满足学生用中文进行交际的基本需求。在编写结构上，全书共有30课，每5课为1个单元，每单元的第5课是单元总结复习课，课文长度在250字左右。这本教材共选取了700个左右的常用词语，以及80项左右的语言点。此外，该教材还单独设置"语音"部分，方便教师在教学中根据学生实际情况灵活选用。在练习方面，除课本练习外，还配套了练习册。课本上的练习以听说为主，主要在课堂上完成；练习册以书写为主，一般以课后作业形式布置给学生。练习的设计包括了听说读写等各种技能的训练，主要有语音练习、词汇练习、语言点练习、汉字练习、成段表达与阅读理解练习等。

---

① 《博雅中文》全套教材共9册，分4个级别——初级、准中级、中级和高级。4个阶段的教材分别命名为《起步篇》（Ⅰ、Ⅱ）、《加速篇》（Ⅰ、Ⅱ）、《冲刺篇》（Ⅰ、Ⅱ）和《飞翔篇》（Ⅰ、Ⅱ、Ⅲ）。

第三，教师应该根据教材目录中呈现的各单元的学习主题和数量，结合整个教学时段的课时安排，合理做好课时的分配。这就要求教师按照所在学校的校历来具体安排教学进度，注意学期间的特殊假期安排或全校性的活动安排，避免时间冲突。

第四，在结合教材制定教学大纲的同时，教师也应该了解学习者的相关信息。如果教授的是新生，那就应该从教务老师处获取他们的名单，熟悉他们的名字、年龄，注意他们的来源国、母语背景和中文学习经历。可以的话，还应了解他们学习中文的基本动机和所在的中文学习项目的性质。如果教师对学习者比较了解，并且已有一定的教学经历的话，那就应该考虑不同学生的学习特点，包括他们的中文知识和能力基础，以及他们在中文学习认知、情感、学习习惯和兴趣爱好等方面的情况，这些信息有助于教师合理设计教学方法、适度调整教学目标。

了解了这些课程的基本信息，教师就能相应地编写完成这门课程的教学大纲，这为后续开展具体的教学工作提供了主要依据，也为检查学生学业成绩、评估教学质量提供了重要准则。

（二）做好每次课前的备课工作

每次上课前，教师都应做好充分而细致的备课工作。他们需要熟悉相关的教学信息，准备好教案，合理编排每一个教学环节和练习活动，并在脑海里一遍遍演示关键的教学环节；他们还需要设计生动的板书或PPT演示，准备好必要的教具，提前布置好教室，安排学生预习任务。

教案是有效开展具体课堂教学活动的蓝本，这就好比戏剧表演的导演脚本，它依据教学大纲和学生的实际情况，以教学单元或课时为单位，在列出教材、所学课文和学习者基本信息之外，主要是对这一课的教学目标、教学内容、教学的重点和难点、教学步骤、教学方法、板书和练习设计等进行具体的书面设计与安排——这些构成了一个教案的主体框架。教学环节的设计是整个教案编写的核心，它们是由教师发出一系列指令性语句连贯而成的。比如，在中文综合课教学环节中，一般由"复习旧课""学习新课"和"布置作业"组成。在"复习旧课"中，教师常会说"我们来听写一下上一课的生词"，"请用……造句"，"我们复习一下上一课的内容，请回答我的问题"等等；在"学习新课"环节，教师常会说"请跟我朗读这些生词"，"请跟我朗读这段课文","请回答我的问题","我们来做课堂练习"等等；而"布置作业"环节，教师会说"我们今天的作业是……请打开书本第几页，请完成第几题","请复习今天我们学习的内容，准备好下一节课听写生词","请预习下一课"等等。教学环节的数量和安排要根据具体的教学设计来确定，教师有时也会在教案中写出教师不同的行为和引导语来替代具体的指令性语句。

教案的形式有很多种，有的是比较详细的叙述式教案，有的是提纲式、列表式等简略教案。一般来说，新手教师的教案应该尽可能写得详细些，有较丰富经验的教师可以写得简略一些。在本章中，我们提供了一个2课时的关于《存在句基本句式》教案（见本章末所附教案），这是一个详细的新课教案编写示例。在这一示例中，教师直接进入了新课学习的环节，所设计的教案包括了组织教学、语法点的引入和讲解、语法操练、课堂活动、教师总结和作业布置等环节。该示例展现了一篇教案的完整结构，也呈现出教案撰写的主要步骤。除介绍该课的基本教学信息以外，该教案在编写中有几个关键步骤值得我们关注：

（1）第一步是要明确教学目标。

教师应在每次授课前明确：讲课结束后，学生将得到哪些新的收获。

这个示例从认知、技能、情感和学习策略等几个方面来设定学习目标，其中，认知领域部分清楚说明了学生在词汇、语法点和课文学习上应达到的目标。技能部分也紧扣语言教学在听说读写等技能上的具体要求。而设定情感和学习策略目标，说明课堂教学重点不仅在于语言学习，还应充分运用师生交互，培养学生对目的语和文化学习的情感与态度，有意识地培养他们有效的学习策略。

（2）第二步是确定教学的主要内容。

两节课的教学内容量很大，教师需要根据教学要求和学生实际情况，区分重点和难点，做到主次分明。比如，这个示例列出了学生必须掌握的基本动词和常用搭配，掌握"存在句"语法结构的基本形式，理解使用的语境。在具体的句式教学上，要充分考虑学生已有的中文知识，比如已掌握的词汇，从他们熟悉的生活或学习场景中去设计例句，这样可帮助他们将注意力放在新的句式结构上，加强理解，并激发他们的学习动机，积极参与课堂互动。

（3）第三步是确定教学的方法和需要的教具材料。

有了教学的内容，就要思考如何把这些内容清晰、易懂、有逻辑地展现给学生。要思考怎样才能更好地导入新的学习内容，怎样能够更好地呈现和讲解新的语言知识点，怎样能够让学生理解教师的引导、解说、反馈性的语言。特别是在课堂活动设计上，不仅要将活动设计与新的语言点有机结合起来，还要思考如何能够让活动变得活泼有趣，充分调动学生积极互动的课堂参与性。在这个示例中，我们可以了解其中基本的教学方法：循序渐进、直观教学、互动练习、讲练结合、精讲多练等，每一个环节都清晰地设计了教师的引导语，并且结合了板书、图片、实物和PPT的场景设计，能够为学生提供多维度的学习信息。

（4）第四步是设计合理的教学结构。

在具体的教学设计环节中，教师需要思考如何能够层次清晰、前后衔接地展开关键语言点的教学。具体来说，要合理安排不同环节的教学时间，能够根据教学内容的主次和学生的理解程度，灵活调整各环节的教学时长。《存在句基本句式》教案示例围绕存在句的两个基本句式，为第一个句式讲解安排了13分钟，第二个句式安排了10分钟，存在句的否定部分是7分钟，3个部分的时长形成递减分配，比较符合实际教学情况。而课堂活动是全班性的活动，教师需要说明、组织、实施和评价，所以需要更多的时间，安排40分钟也符合实际需要。

总的来说，教案中所引用的例句以及教师用语应该清晰易懂，避免给学生在新的语言点学习之外带来额外的学习认知负担。在这个示例中，也存在可进一步完善的地方。如"玩偶、装饰画、对联、病毒"等词语可能超出了初级中文学习者的词汇水平，教案编写中应当针对性地选择词语，避免出现过多的超纲词。写完教案后，教师可以在一些重点、难点、过渡性指令语方面做一些醒目的标记，或者做一些必要的备注，甚至包括语音语调上的重点标记，这样可以给教师有效的教学提示，以免忘记或打乱教学顺序。

教案编写并不只出现在教学活动之前，它应该不断地丰富和调整，始终处在一个螺旋式完善过程之中。这就需要教师在授课之后，能及时根据实际教学情况、个人的教学反思和学生的表现与反馈，将自己的教学感受和思考、优点与不足，以及未解决且有待解决的难题等等都记录下来，这样可以为下一次备课作更充分的准备。

二、课堂教学

（一）课堂教学的形式与步骤

精心编写的教案是否符合真实的教学需求，这需要教师们在具体的课堂教学环节中去实践和验证。课堂教学是教师向学生传授知识和技能的全过程。不同于"个别教学"，课堂教学常常以"班级上课制"的方式进行。在班级课堂教学中，年龄和知识程度相同或相近的学生会被编成固定人数的班级，由教师按照教学大纲和课程教案所规定的内容，根据固定安排的授课时间表，在指定的教室环境中，向全班学生进行授课。

有效组织的中文课堂教学，应该遵循一个系统化、层次化的教学流程，这体现在规范有序的教学环节之中，其中的每个步骤都有其特定的教学目标和方法。完整的教学过程是实现教学目标、顺利完成教学任务的重要保障。一般来说，课堂教学在线性的时序安排上可以分解为课堂导入、课堂讲解、应用操练、课堂总结以及课后练习布置等多个环节，这符合语言教学逐步引导学生从语言输入到语言输出，循序渐进提升语言知识和技能的规律。

1. 课堂导入

国际中文课堂教学的导入部分，是整堂课教学的开端。教师们在课堂导入环节，应重视帮助学生建立起新知识和已有的知识、生活经验之间的联系，这有助于降低学习的难度，吸引学生的注意力，激发他们的学习兴趣和主动性。许多中文教师会在上课之初，安排一个针对已学知识的复习环节。比如，复习前面所学的语法点知识，或者测试一下学生所学的词汇知识、汉字书写能力等，而后再自然过渡到新的语言知识上，这是最为常见的课堂导入方式，体现了连续性课堂教学承前启后的要求。当然，学生在课堂教学开始时的注意力往往比较分散，如果长期使用一种导入方式，则会令他们失去新鲜感。因此，有经验的中文教师重视激发学生的学习兴趣。他们会通过精心设计的提问或分享与学生生活密切的话题、故事，来引出新课的主题和内容；或者利用恰当的图片、生动的音视频材料，来营造一个与新课内容相关的具体场景。这些导入方式形式多样，内容又贴近学生的生活经验和兴趣爱好，有助于缓解学生上课之初过于松懈或紧张的情绪，明确新课学习的目标，提升他们的课堂学习动机和参与度；而且，在导入环节中师生间进行一些轻松的互动也有助于营造活跃的课堂氛围。需要注意的是，中文教师应合理安排课堂导入环节的时间，一般以5分钟左右为宜，尽量做到简洁明了，紧扣教学主题，以确保后续教学环节的顺利开展。

2. 课堂讲解

知识讲解是国际中文课堂教学过程中的关键部分。我们知道，语言学习是一个从输入到输出的过程，教师准确清晰地讲解语言知识，本身就是学生目的语语言输入的一个重要来源。国际中文教师应按照教案设计的教学内容和实施过程，通过细致精练的讲解和示例，帮助学生掌握新课的学习重点。"精讲多练"是中文教学在长期实践中形成的一条重要的教学原则，它要求教师清晰、简洁、精准、有针对性地讲解语言知识的重点和难点，避免冗长的讲解和不必要的内容给学生带来过多的认知负荷。比如，在词汇教学上，教师要确保学生准确地掌握新词的发音、书写，理解词汇的意义、用法和搭配。教师可以引导学生关注新词的语素构词方式，请学生辨析词汇的汉字构成，试读或带读新词；鼓励学生主动进行语素义的联想，结合教师自身的精准讲解，帮助学生推导并明确新词的意义。同时，教师也要在讲解过程中结合实际语境和示例，帮助学生理解新词的用法和常见的搭配方式。中文教师用这种方式，可以全面准确地讲授词汇知识，帮助学生更好地理解和记忆新词，培养他们的词汇推导能力，提升自主学习能力。汉语语法缺乏形态变化，又有着许多特殊的语法形式和功能。教师在讲解语法知识时，也应力求语言清晰简洁，避免冗长模糊的表述，以免给学生造成理解上的困扰。我们在第四章与"国际中文语法教学"相关的内容中介绍了许多行之有效的语法讲解的方式，中文教师可以将特殊的句型分解成清晰明了的结构公式，结合板书、图片和动画演示等方式，进行语法点讲解。比如，利用图示对比的方式来讲解趋向补语，使用语块构式来分析"存在句"句型特点；也可以通过情景化的教学设计，将抽象的汉语知识点植入真实、有趣的语言环境中，帮助学生直观准确地理解并运用新的语法知识。例如，教师可以创设许多生活中的空间布局场景，结合必要的句式结构分析，生动形象地讲解"把"字句的处置和位移义。

教师的课堂讲解应做到简洁明了，这就要求教师用词准确，清晰易懂，语言表达生动形象，语速适中，确保学生能够有效理解。此外，教师在讲解上不能仅仅满足于语言知识的单向传授，而应当高度重视与学生之间的言语和表情互动。教师需要不断关注学生的学习状态和理解程度，及时判断问题、澄清讲解、积极反馈，这对教师的课堂语言又提出了特别的要求。就教师课堂用语，我们将在本章的"课堂教学互动中的教师语言"部分进行专门探讨。

3. 课堂练习

语言知识的讲解离不开组织及时有效的针对性练习。国际中文课堂教学中的应用操练环节是帮助学生巩固知识、提升语言能力的重要步骤，也有助于教师及时发现自身讲解和学生理解中可能存在的问题，以便第一时间给予关注和反馈。在课堂教学的练习环节中，教师需要将教案设计阶段所安排的练习活动付诸实施，确保这些活动能够有效落地并达成教学目标。一方面，这需要将课堂讲解与练习安排紧密衔接起来。比如，许多教师在讲解完一个语法点之后，会及时安排相关的语法练习题，目的是让学生"趁热打铁"，在短时间内将所学知识运用到实践中，加深理解和记忆。另一方面，在实际的课堂教学中，教师也要根据课堂上的具体情况，对讲解和练习安排进行灵活调整。比如，教师如因为多数学生存在理解困难而延长了讲解的时间，导致课堂时间安排紧张，那就需要调整练习安排，酌情减少练习题量，或者将一些课堂练习转为课后作业形式来完成。有时候，一些特殊的课堂练习活动可能需要占据较多的时间。比如，在语言课堂上开展任务型教学，往往需要充分的时间来完成任务布置、讨论和反馈。因此，教师在组织任务型教学活动时，首先应合理规划好任务设计的目标和难度，做好课前预习和准备，或者将一些复杂或未完成的任务延伸到课后进行。开展任务型课堂练习活动，重点在于合理分配好课堂讲解、任务和反馈的时间。比如，在一节45分钟的中文课上，组织学生"设计一个关于中国传统节日的海报"任务活动，教师可以将讲解的时间控制在课堂总时间的1/4左右，重点讲解任务的背景、步骤和注意事项；根据任务的复杂性，安排20—30分钟给学生完成任务，并预留10—15分钟进行全班反馈和总结。要确保课堂任务的执行效率，这就要求教师具备较好的时间管理技巧。

此外，设计并开展课堂语言练习，还必须遵循科学的引导原则，以确保练习活动的有效性和针对性。美国教育学家本杰明·布鲁姆（Benjamin S. Bloom）根据学习者认知思维发展的复杂性，将学习目标由低到高、由简到繁分为 6 个层次，提出了"布鲁姆认知层次（Bloom's Taxonomy）"理论①。这一理论经过后期修订，将认知领域的教育目标分为识记、理解、运用、分析、评价、创造 6 个层次，这一层层递进的认知发展框架为国际中文教学的多样化的语言练习设计提供了有力的目标支持。中文教师可以结合学习者的认知发展水平和特点，以及相应的教学目标和内容，设计并开展多样化的练习活动。比如，为了帮助学生熟悉汉语的特定形式和结构，可以布置重复、替换、模仿等机械性练习，重点关注语言形式的准确性，这种练习形式通常在初级汉语教学中较为普遍，比如汉字抄写、词汇默记、语法填空，甚至是文本背诵等；教师也可以在适当阶段，安排学生用指定的词汇和语法结构进行造句练习，加强他们对基础语言知识的理解和运用能力。而在中高级的汉语教学中，教师常常设计并开展一系列有意义的练习活动，包括模拟生活场景，运用所学的词汇和语法进行对话练习，考查学生在新的情境中应用所学知识，解决实际问题的能力；或者组织小组活动，分析课文文本中的人物特点，讨论某个社会现象或观点；或者利用学生之间存在的信息不对称，设计并开展一些交际性任务，激发他们的语言交流需求，提高汉语交际能力。"布鲁姆认知层次"中的"创造"常常体现在高阶的汉语写作练习，或者是中国文化活动的创意设计上，比如，设计中国传统节日的活动安排，或布置一间具有中国文化特色的中文教室。特别是在写作练习中，学生需要利用已有的语言知识和表达能力，完成一篇故事或短文的写作，这考查的是他们更高层次的汉语运用和分析能力。在高阶的写作教学中，有些教师也会组织学生相互阅读、评价，并提供反馈，这是一种被称为"同伴互评"（Peer Review）的教学策略，可以为学生提供多元的分析视角，通过反思对比来提升自己的批判性思维能力，也可以促进合作学习，取长补短，提高自己的写作能力。

4. 课堂总结和课后练习布置

教师按照教案设计的教学进度，在完成了主要的课堂教学任务后，一般还需在课堂教学的最后 5 分钟时间里做好课堂教学总结。课堂总结并不是课堂教学中可有可无的环节。通过总结，教师可以快速梳理和归纳那些分散讲

---

① Benjamin S. Bloom. Taxonomy of educational objectives: the classification of educational goals [M]. London: Longmans Green And Co, Ltd, 1956.

解的语言知识，概括本节课的知识重点和难点，简单评价本节课学习目标的达成情况，帮助学生及时回顾课堂所学内容，加深记忆，强化理解。此外，它还具有保障教学连贯性的重要作用。它能在总结课堂内容的基础上，通过布置必要的课后练习，为学生巩固新知，强化语言运用能力，以及为下一节课的学习做好铺垫。对于国际中文教学而言，每次课后都应布置一定数量和难度的作业练习。教师应根据教学内容和目标，设计形式多样、难度适中的书面或口头练习，并根据学生的不同水平，适当增加一些分层练习，在面向全体学生的同时，也可以通过一定的拓展练习来提升学生们的学习兴趣和自我挑战的主动性。比如，前面谈到的"TPRS教学法"是一种以故事为核心，结合肢体反应和阅读的互动式语言教学方法。运用这种方法开展中文教学的教师，往往会布置角色扮演、文本阅读、故事创作、小组讨论、游戏化练习等多种课后练习形式，帮助学生巩固课堂所学内容，提升语言运用能力和跨文化交际能力。有些教师还会布置学生在课后独立完成故事创作或表演，并将之录制成视频，上传学习平台，而后由教师进行点评反馈，给出改进建议。

总体上，国际中文课堂教学过程中的每个教学步骤和环节都紧密相连，缺一不可，共同构成了一个完整的教学闭环。成功的课堂授课，对于教师而言，既是一种科学，也是一种艺术的体现。它要求教师按照教案所预定的统一目标和程序，以有效的课堂组织形式进行教学，同时也要充分驾驭课堂教学的节奏，灵活应对各种教学突发场景，逐渐形成并展现出自身独特的教学风格。这就需要教师在了解学习者学习特点、熟悉教学内容的基础上，着重规范自身的教学语言，提高语言表达的魅力，加强师生之间的互动，完善课堂组织管理能力，熟练使用并调配多种教学媒体，不断提升课堂教学的掌控力和有效性。

（二）课堂教学互动中的教师语言

互动是语言学习的关键[①]，也是国际中文课堂教学的关键。课堂教学中人际互动主要体现在教师和学生之间，以及学生与学生之间。可以说，师生互动形成的一个个学习活动链构成了课堂教学的全过程。一堂典型的课堂教

---

① 吴勇毅. 互动：语言学习的关键——新冠疫情下汉语教学面临的挑战[J]. 语言教学与研究，2022（4）：4-5.

学，常常是从教师提出一个学习要求开始的，学生根据要求，开展初步的学习活动；接下来，教师根据学生的初步学习表现，给予反馈，再进行引导，努力帮助学生达到学习活动的要求，完成学习任务。当一个学习活动链结束后，教学将会转入下一个学习活动链。可见，师生人际互动构成了这些活动链的过程，而在这一过程中，语言是师生互动最主要的形式。

用于课堂教学互动的教师语言，主要包括教师的口头讲授语言、肢体语言和板书语言等类型。我们重点谈谈教师的口头讲授语言。美国学者弗兰德斯（N. A. Flanders）曾经针对课堂教学中的师生互动，提出了一套观察程序，用于观察教师和学生在课堂上所说的话和所做的事，评述课堂教学中的人际交互的状况。弗兰德斯的师生互动观察法，把课堂教学中的语言行为分为十类，其中教师的讲话共有七类，学生的讲话分为两类，还有一类表示课堂沉默或混乱。在教师讲话中，教师的课堂讲授是一种最基本的形式，它包括教师对教学内容或程序提供事实或观点，表明自己的看法，做出自己的解释，或引证权威的观点，这是教师课堂用语最为集中的地方。那么，在国际中文课堂教学中，什么是理想的教师口头讲授语言呢？围绕这个问题，我们接下来将讨论教师课堂用语的基本特点。在弗兰德斯的师生互动观察法中，教师的讲授和给予指导是教师的主动行为，教师的讲话还包括教师的反应或反馈，表扬或鼓励，以及提出问题等，我们接下来也将围绕教师提问和反馈来加以讨论。

1. 中文教师课堂用语的基本特点

总体上，中文教师应该使用标准的普通话进行中文教学，他们的中文表述应做到简明、清晰、规范、易懂。具体来说，应该注意以下几个方面：

第一，中文教师在初级阶段常常会使用简单、重复、慢速的语言表达方式，这有些类似于父母教授幼儿母语时采用的"保姆式语言"。使用"保姆式语言"，可以有效帮助学习者听懂、理解中文教师基本的课堂教学指令。教师要根据学生的中文水平和教学情况，适当调整语速，比如在初级班教学时，教师可采用先快后慢的方式带领学生进行操练，再有计划、有步骤地使自己的课堂语言逐渐接近正常、真实的口语语速。

第二，以中文作为外语的学习者主要依靠教师在课堂上提供语言输入，这种课堂语言尽管基于教材，脱离真实的社交情境，而且输入量有限，却是中文学习者对中文进行不断观察、体验、模仿和建构的最主要来源。这就要求中文教师提供正确的语言表达形式,在中文语音、词汇、语法、语言形式及习惯表达上尽量为学习者提供准确、规范的目标语言输入;同时,也要重视语言表达的内容和意义,这是因为任何语言的正确使用都离不开一定的语境。第二语言教师有责任努力运用教学话语,在课堂中尽可能营造真实的交际语境,帮助学习者在语言学习中,关注意义的得体表达,增强跨文化的交际意识和能力。

第三,口头语言是教师在教学过程中使用频率最高、最直接的一种语言表达方式,然而,由于它在大脑中停留时间较短,教师对自身口头语言表述又常常缺乏充分的思考,常会出现一些超出学习者理解范围的语词表达。比如,在初级中文课中,中文教师说:"我们来比较一下这两个人的身高。""你们都掌握了吗?"等等,其中的"比较"和"掌握"对于初级中文学习者来说显然有一定的难度。这种情况下,教师不妨使用更加直接和具体的方式来表达,比如前一句可以说成:"我们来看看他们两个人哪一个高,哪一个矮?"第二句可以说成:"你们都会了吗?"这也提示我们,中文教师和学生进行口头交流时,一方面要化繁为简,尽量使用学生们已学过的词汇、句型,这有助于帮助学生们巩固已有的语言知识;另一方面,也可以用这种方法来解释一些新的词语,这样便于他们理解和吸收。

第四,在初级水平的国际中文教学中,教师也会在某些学习阶段或特定场合(如在教学指令和语词解释上)使用学习者的母语或媒介语,这可以帮助学习者清晰、有效地获得相应信息。但总体上,应增加目的语使用的频率和比重,尽量减少母语或媒介语的使用,以免学习者产生依赖心理。

2. 中文教师的提问方式

在中文教师的课堂话语中,提问是一个重要组成部分,也是师生互动交流的主要方式。国际中文教师需要掌握课堂教学提问的方式和技巧,运用得当的提问能为学生提供可理解输入,并帮助有效衔接学生的新旧知识,促进他们的二语习得;此外,灵活的提问方式也有助于启发学生思维、训练语言技能,特别是能够活跃课堂气氛,及时获得学习者的反馈信息。朗(Michael H. Long)和佐藤(Charlene J. Sato)曾提出一套较为完整的课堂教学提问的分类标准[①]。

---

① Michael H. Long, Charlene J. Sato. Classroom foreigner talk discourse: Forms and functions of teachers' questions. [M] //H. Sehger, Michael H. Long. Classroom Oriented Research in Second Language Acquisition. Rowley: Newbury House, 1983.

他们把提问分为"回应性问题"和"认识性问题"两大类。具体来说,"回应性问题"主要是帮助确认双方交流是否畅通,用来确保会话的顺利进行,一般可分为"理解核实""澄清核实"和"确认核实"3类。"理解核实"类的提问主要用来确定听话者是否听懂了自己的话,比如,教师在课堂中常问"你知道吧""懂了吗"等等。而"澄清核实"类的提问是要求听话人说明没有听明白或不确定的话。如下列师生对话:

师:你被别人骗过吗?
生:没有。
师:没有什么?
生:没有被别人骗过。

在这个简单的师生对话中,一开始学生给出的答案虽然有一定的意义或信息,但是没有在句子形式上完整地表述清楚,因此教师用"没有什么"提问,要求学生澄清自己的答案。最终,学生按要求使用了目标词语"骗",并回答出了完整的句子。

至于"确认核实"的提问,主要是用来确认自己是否听懂了对方的话,以避免误解。比如,教师们常问"你是不是说……""你的意思是……,对吗"等等。再比如:

师:你在咖啡店里工作,主要做什么工作呢?
生:那个咖啡店有很多客人,很脏,我干净桌子。
师:哦,你主要做清洁打扫的工作,把桌子擦干净,是吗?

在这个对话中,学生的回答的意思不是很清楚,他可能不知道如何准确使用"清洁""打扫"等词语,同时也出现了如"我干净桌子"的小偏误。因此,教师结合上下文信息,给出了一个正确的表达方式,这就是"确认核实"提问的一种常见方式。

"认识性问题"主要是向对方索取信息,一般分为"展示性问题"和"参考性问题"两种形式。"展示性问题"指提问人已经知道答案的问题,目的是检验对方的知识水平;而"参考性问题"则指提问者不知道问题的答案，目的主要是获取未知的信息。一般来说，"参考性问题"可以是开放的或封闭的，而"展示性问题"常常是封闭的。

在课堂教学中，"展示性问题"常常出现在课文的讲练阶段。教师经常在朗读课文之后，根据课文内容，向学生提出很多展示性的问题，以便帮助学生们尽快熟悉课文内容。比如：

师：谁喜欢看《环境科学》？
生（齐）：田村。
师：田村喜欢看《环境科学》。那么王老师喜欢看什么？王老师？
生（齐）：《生活与健康》。
师：嗯，《生活与健康》。他为什么喜欢看《生活与健康》呢？为什么？大家一起说。
生：现在生活水平提高了，人们都很注意健康。特别是到了45岁以后，如果不注意，很容易生病……①

在这个对话中，教师根据朗读的课文内容，连续向学生提了3个"展示性问题"，以了解学生是否获得了准确的课文信息。不过，教师在课堂教学中所提的"展示性问题"比例不宜过高，一方面要考虑这种提问方式是否符合中文课堂教学的难度，比如上例来自中级中文课堂，这些"展示性问题"属于封闭型问题，它们的答案很容易从课文中获取，回答难度并不太高；另一方面，这种提问方式可能不利于提高学生对话题的兴趣，不利于培养他们真实的交际能力。在上例中，如果教师能够在提出"展示性问题"之后，再问问学生们喜欢看什么样的杂志，他们平时是如何保持健康的，这些就属于开放型的"参考性问题"，这类问题不仅能够丰富提问的内容，还可能引起学生们的兴趣，引发大家的讨论，它有助于在中文课堂教学中营造出生动活泼的交际互动氛围。

3. 中文教师的课堂反馈用语

教师的课堂反馈也是师生互动的主要方式。大量的教育研究表明，学生

---

① 该例引自亓华，杜朝晖. 中级中文会话课堂提问类型研究［J］. 云南师范大学学报（对外中文教学与研究版），2008（6）.

在学习过程中如能及时得到教师的反馈，及时知道自己学习的结果，那将显著激发学生们的学习动机，调动他们的学习积极性；相反，如果学生在学习中得不到反馈或不能得到及时的反馈，那将会降低学习的动机和效率。

在国际中文课堂教学中，教师应充分意识到教学反馈的重要性和及时性，及时提供给学习者有关他们学习行为结果的信息，以便于学习者能及时调控自己的学习行为。此外，中文教师应该掌握并灵活使用多种课堂反馈的形式。教师反馈分为口头反馈、表情反馈、书面反馈等形式，不过，教师在课堂教学中多以口头反馈的形式提供学习者相应的学习评价，特别是用"肯定性"反馈与"否定性"反馈等方式给予学习者"鼓励"和"批评"，这是教师反馈的主要功能和作用。一般来说，教师的课堂反馈要充满热情和鼓励。积极正面的反馈容易被学生所接受，也有助于增强学生的学习信心和兴趣。因此，教师应该充分相信学生，营造轻松、融洽的课堂教学氛围，用真诚和热情的方式提供学生反馈的信息，让他们在学习的过程中始终充满获得感和愉悦感。在教师的反馈中，给学生正确的评价是关键，也就是说教师应该在短时间内，通过敏锐的观察和判断，对学生的答案做出评判。对于正确回答，教师往往给予"肯定性评价"，这种评价有时候可以是抽象的概括，比如说"很好""好极了""嗯，不错，有进步"等等；也可以是具体的评价，比如说"非常好，你的发音很准确"等。通过明确说明学生在什么地方回答得好，可以帮助学生了解回答正确的原因，并进一步思考怎样可以做得更好。有时候，学生的回答基本正确，但是教师如果觉得还不够全面的话，一般会先给他们肯定性的评价，然后再鼓励他好好想想，是否还有补充，比如："嗯，你回答得很好，还有别的想法吗？"在肯定的基础上，教师做出了引导性的评价，这有助于启发学生深入思考。当然，正确使用"否定性"反馈或评价，有时也很有必要。特别是，当学生的回答不符合要求时，可以给予否定性评价，如："我们不说'爬起山顶'，应该说'爬上山顶'，在这儿，'上'可以接一个地点，'起'后面不接地点，我们可以说'走上讲台'，'小鸟飞上天'，不能说'走起讲台'，'小鸟飞起天'。"在这个教师反馈中，教师不仅给出了否定评价，还指出了问题在哪，这样的否定性评价能提醒学生注意学习中出现的问题。

国际中文教师在口头反馈中，常常会使用重复、概括、补充和修正等方式。所谓重复，就是指教师把学生回答问题的全部或部分重新表述一遍。然而，同样是重复，教师语调的高低不同或者语气使用的差异，将带来不同的反馈信息和效果。比如说，教师如果热情洋溢地复述学生的回答，这表明教师满意并接受了学生的回答，这是对学生的回答的肯定；有时候，教师如果提高语调重复学生的回答，可能是因为学生回答时声量比较低，教室里坐得较远的同学可能听不清，也可能是有学生在这个时候开小差，所以教师刻意高声重复答案，目的是让其他学生都能够听清楚该学生的回答。有时候，由于学生回答得不清楚或者不正确，教师也会用疑问的语气重复学生的回答，来表示质疑或否定，并提醒回答的学生应该再好好想想，是否有回答不够完善的地方。

当学生的回答比较复杂、啰唆或者话语比较冗长的时候，教师会对他们的回答做一个简要的归纳，让回答变得更加清晰、有条理，这样也能帮助其他学生获得准确的回答信息。有时候，一个问题如果不是由一个学生完整回答出来，而是经过几名学生共同努力才完成回答的话，教师就会对他们的表述加以概括，让学生们获得完整的答案。比如在下例中，教师使用"参考性问题"提问，不同学生给出了不同的答案，教师在最后对所有答案做了一个概括，还使用了"又……又……"的句型：

师：学校食堂的饭菜怎么样？
生1：有点贵。
生2：我觉得不好吃。
师：哦，那为什么不好吃呢？
生3：菜有点辣，不是，是太辣了。
师：哦，你们觉得学校食堂的饭菜又贵又不好吃，还很辣，是不是？

有时候，当教师觉得学生对问题的回答比较简单，不够全面、不够深入，或者发现学生一下子找不到合适的词语，回答起来比较困难，没有办法继续完成对话时，那么教师就会适当补充信息，主动帮助他们完成回答。这种补充的反馈方式，其实是很有必要的，它可以帮助学生避免因为表达上的困难或一时遗忘而可能出现的尴尬；对于学生来说，这也是一种积极的鼓励，能保证课堂教学的流畅进行。

如果教师发现学生在回答问题等学习行为上出现了错误，一般都会明确指出来，并帮助他们纠正错误。这种口头上的修正差错，也是常见的反馈形式。不过，教师应该清楚，学生在课堂学习中出现偏差是难以避免的，有的时候是因为学生没听清或没听懂教师的指令和意图而出现了偏差，有的时候则是学生自身理解错误造成的。学生出现偏差的原因多种多样，但教师尽量不要用批评或者否定反馈的语言，而应当使用委婉的或幽默的语言来表达，并且要表现出一定的耐心，毕竟有些错误不是一次提醒就能完美修正的。这种修正反馈的方式，实际上也是对教师课堂语言艺术的一种要求。

三、课后反思

教师在课后需要及时做好上课的总结和反思，这是日常教学十分必要的一项工作，也是完整教学环节的重要组成部分，更是教师不断提升自身教学水平、促进专业能力不断发展的保障。

及时做好课后反思，首先需要教师带着问题去思考，自觉、及时地回顾每次课堂教学过程中的环节和细节，对所采用的教学方法和效果进行自我评估。教师可以通过回顾包括教案、课件、练习等在内的教学日志、课堂记录，去思考这些材料是否适合学生的学习需求，是否能满足课堂教学需要，在数量、安排和适合度上是否需要调整。对于新手教师来说，在结合课堂教学视频回看自己的课堂教学情况时，应特别关注自己在教学过程中的节奏、提问方式、时间安排、课堂组织、学生反馈等环节，这能最直观地再现课堂教学中的各种细节，也能及时发现问题并积极思考问题产生的根源和解决的方法。新教师还应经常性地请教其他同事或有经验的教师，就自己课堂中存在的问题和不足，虚心请教、积极交流。从其他人的经验和意见中汲取灵感与建议，可以丰富自己的反思过程，有助于开阔教师的教学思维，寻找到更有效的改进方法。教师也应高度重视学生学习的感受和反馈，教学效果好不好，很大程度上取决于学生是否达到了预期的学习目标。教师应该及时和学生进行课后沟通，了解他们在课堂内外学习的感受和需求，倾听他们的意见和建议。保持和学生稳定的沟通，这对于增强彼此之间的理解与合作，有效开展课堂教学非常有利。此外，国际中文教师需要根据反思和自我评估的结果，设定好一份具体的行动计划，明确自己需要改进的方向和方法，并尝试着在下一堂课中去实施、评估这些改进方法，形成螺旋式提升的课堂教学效果。

要做好课后反思，还需要教师能持之以恒地积极建设自己的"教学档案袋"。"教学档案袋"是对教师的主要教学优势和成就的真实性描述。它包括了反映教师教学能力和教学水平的文档与材料，或者说是教师自己的"作品集"。20世纪80年代，美国在开展教师评价改革运动的过程中，就将"教师档案袋"视为评价教师专业发展水平的一个重要指标。从内容构成上来看，教师的"教学档案袋"一般包括3方面的材料：一是教师自我介绍类的材料，教师要及时收集汇总自己教授的课程信息。二是来自同事或教学管理部门的相关材料。三是教师自己的教学作品和学生的作品。[①]

"教学档案袋"虽然内容丰富，但也不是要求教师事无巨细地搜集整理所有的材料，而是应该从自己的教学记录中精选出关于教学活动以及教学效果的最有价值的信息。总的来说，"教学档案袋"基本上包括教师的教学证据以及教师对这些证据的反思这两部分内容。在国际中文教育中运用"教学档案袋"，其最大意义和价值就在于促进教师对这些教学证据不断进行反思，促进教师自身专业能力和水平的不断发展。

第三节　国际中文教学的课堂管理

被称为"现代教育学之父"的德国教育心理学家约翰·赫尔巴特（Johann Friedrich Herbart）曾在他的代表作《普通教育学》中指出："如果不坚决而温和地抓住管理的缰绳，任何功课的教学都是不可能的。"[②] 中文课堂教学的成功，不仅取决于教师娴熟的教学技能，备课时的"精雕细琢"，还在于教师是否掌握并灵活运用、行之有效的课堂教学管理的方法和技巧。那么，什么是课堂管理呢？一种典型的观点认为，"课堂管理是教师在和谐的教学环境中引导学生学习的一系列教学行为和程序"[③]。这体现在教师是否能灵活采用不同的教学手段，有效地组织、调控课堂中各种可以获得的教学资源，包括时间和空间的资源，以及教学主体本身，从而提高课堂教学效率，促进学生身心的健康发展。

---

① 具体内容可参见本书第一章"国际中文教学的教学属性"一节。
② 赫尔巴特. 普通教育学·教育学讲授纲要［M］. 李其龙，译. 北京：人民教育出版社，1989：15.
③ 黄绍裘，黄露丝玛丽，莎拉·乔达尔，奥瑞沙·弗古森. 卓越课堂管理：50个卓有成效的课堂教学程序［M］. 北京：中国青年出版社，2020：19.

课堂管理涉及了教学过程的方方面面，前面提到的教师话语就是课堂管理的一项重要内容，这是因为课堂教学话语不仅是师生之间对话交流的直接表达方式，也是开展课堂教学活动的基本方式。在这里，我们主要围绕国际中文课堂教学中常见的课堂纪律问题、学习者的问题以及教学时空氛围和教学媒体运用来谈谈课堂管理的策略与方法。

一、如何管理中文课堂纪律

"没有好的纪律，教学就难以进行"，这可以说是教育学界的普遍共识。这有些类似于中国传统的教育理念："没有规矩，不成方圆。"对于成年人的中文课堂教学来说，课堂纪律或许不是最让教师头疼的问题，但是对于少儿或青少年为主体的中文班级教学，中文教师就需要特别关注良好的课堂纪律管理。处在这个年龄段的学生天性活泼好动，虽然活跃的氛围是中文教学互动所追求的，但是过于活跃而不加约束，往往也会变得散漫和无序，甚至将严重干扰教学活动的正常开展。

课堂纪律是指在课堂教学中专门制定的、师生共同遵守的一种外部强制性的课堂行为机制。良好的课堂纪律，首先需要教师以身作则，带头遵守共同的课堂行为准则。不过，这里我们主要谈的是如何加强针对学生的课堂纪律管理，也就是教师对学生的课堂行为施加的外部控制和规则，用以维护正常的课堂教学秩序，提升学生学习主动积极性，确保学习行为能够规范发展。那么，中文教师应该如何管理课堂纪律呢？

总的来说，一个教学经验丰富、课堂管理能力出色的中文教师，一般都会做到"恩威并施"，也就是说，一方面，要尊重课堂民主，与学生保持良好的情感互动，一视同仁地对待学生；另一方面，也会在学生面前树立必要的威信，能做到有理有据、赏罚分明、令行禁止。

首先，在课程开始之初，教师可以和学生们共同制定课堂中应共同遵守的一些行为规则和纪律处理的程序、规定，其中也应包括学校对课堂纪律的普遍要求，这本身就是教学民主的体现。教师可以通过问卷调查的形式，向学生提出课堂纪律要求，同时也可以了解学生对这些课堂纪律的认识；或者提出一个课堂行为规则方案，和学生们或学生代表充分交流，倾听他们的意见后再进一步完善，确保大家都能认同和接受这样的行为规则。这样的行为准则在文字表述上应该简单明了，字数不宜过多，用词用语要尽量正面积极，发挥准则的督促激励作用，而过于生硬、强制性的表述，具有一定的伤害性，会让人产生反感，不利于营造温馨和谐的课堂教学氛围。比如，最好不要说"上课时严禁交头接耳"，"不得在上课期间玩手机"，可以换个说法，如"上课时请遵守课堂纪律，保持听课安静"，"上课时请将手机关机"，甚至可以带些轻松活泼："上课时，请让手机休息一会"。

说到纪律，就会有相应的奖励和惩罚的措施。教师也可以在行为准则或规范中把奖惩方式和条件讲清楚，但不要制定得过于宽泛，或者含糊不清。比如说"回答问题有奖励"，"没有提前请假而不来上课要惩罚"等等，这些表述有些含糊不清，奖惩规则不够透明，往往会让人无所适从；此外，也要避免制定一些过于苛刻的规则，比如说"违反课堂纪律，罚站两小时"，这显然有体罚的嫌疑，会有适得其反的效果。总的来说，制定课堂纪律规则要温馨、透明、人性化，便于学生理解、接受和遵从。

其次，教师制定规则以后，要熟悉课堂纪律管理的程序，也要帮助学生们熟悉这些规则和纪律处理的程序，既让大家心中有数，也要思考如何在处理相关的纪律问题时，尽量避免干扰正常的教学。例如，有学生上课迟到，这可能会影响全班的学习秩序，因为学生们很容易受外界因素的影响，一有什么声响，他们往往会扭头去看，这样，教师的讲课就会被中断。那么如何能比较好地解决这个问题呢？有经验的老师会设计一些行之有效的处理程序。比如说，教师在最开始制定纪律规则时，应该和学生们说清楚学校以及中文课堂教学对迟到的规定，甚至也要让家长清楚这些规定，要让他们了解迟到的次数将会被记录，没有合理原因的迟到会影响出勤记录，并影响最终的学习成绩。比如，有些中文教师会制定下面这些具体的规定：

- 上课迟到4—5次，当天将晚放学1小时。
- 上课迟到6—7次，当天将晚放学2小时。
- 上课迟到8次及以上，将与学生家长沟通。
- 上课铃响后10分钟，如果学生还未到教室，则记1次缺勤。

有些教师在上课过程中，会要求迟到的学生直接轻声地走进教室，而不需要专门向教师报告。在美国的许多学校里，迟到的学生还需要先去办公室登记，然后走进教室时，自觉地把迟到登记卡片放入教室门口的篮筐或文件夹,再安静地在自己座位上坐好。迟到的学生不需要直接走向老师,解释自己迟到的原因,也不要在走进教室时,拿着迟到登记卡片在老师和同学们面前挥来挥去。教师在整个过程中,会尽量保持讲课的语速和节奏,可以用眼神示意迟到的学生尽快入座,当然也可以简单地告诉学生正在学习哪些内容。总之,如果有学生迟到,教师没必要中断讲课,而应尽量帮助学生们保持继续听课的状态。教师可以课后向迟到的学生了解具体的原因。这种要求和程序虽然简单,但教师也有必要先向学生们示范迟到后应有的正确行为,或者请几位学生假装迟到,然后在全班面前演示一下正确的做法,再请更多的学生轮流重复练习。迟到的学生直接回到自己座位上后,可以查看当天的学习日程,或者教师布置的热身作业,也可以轻声向边上同学了解学习进度,这样就可以在不打扰别人的情况下很快进入学习状态。

最后,在课堂纪律规则的实施过程中,中文教师应该宽严相济,松弛有度。课堂纪律的最终目的不是为了约束学生的行为,限制他们的自由,而是要调动他们的积极性,引导他们自觉地参与到有序的课堂学习过程中。因此,课堂纪律的管理中不能只注重"管",而忽视"理"。学生如果有违反纪律的情况,按纪律规则公平处理当然是应该的,但是如果只是靠纪律规则来维护课堂教学秩序,那么教师管理课堂纪律的手段就显得过于单一、机械了,而且某种程度上,惩罚可能是一种治标不治本的无效办法。也有些教师常常依循严肃刻板的传统管理方式,习惯以管理者、监督者、惩罚者的形象出现在学生面前,希望这样能让学生心生敬畏,不敢随意违反课堂纪律。其实,这些方式或态度并不是现代课堂教学管理所倡导的,这种压制性的课堂管理带来的只能是相反的效果:学生与教师保持了距离,还可能对教师的管制产生抵触和逆反心理。要确保学生形成自觉维护课堂学习纪律的意识,光靠教师单一的"管"行不通,最理想的是师生双方共同参与到"理"的过程中,也就是说要让所有人内心都能认识到良好的教学纪律能让大家都受益,形成自觉的意识,并能做到相互提醒和监督。在这意义上说,师生之间应该建立起良好的信任关系,相互间有情感的交流和互动,特别是教师应该以"春风化雨"的方式对待学生,"艺术"地、有原则地处理好一些有关课堂纪律的问题。

二、如何对待课堂教学中的问题学生

"以学生为中心"是当代教育普遍遵循的基本原则,国际中文教学也应努力做到以学生为本，将学生视为教学服务的根本对象。为了有效地开展课堂教学，教师需要了解学生的学习需求、学习方式和学习心理，努力使每一位学习者能主动地、生动活泼地参与课堂学习，这是中文教师根据教学内容和目标，设计科学合理的教学方法和步骤的基础。然而，在实际的课堂教学中，我们也常常会遇到一些"问题学生"：他们学习动力不强，学习状态差，不太愿意参与课堂教学活动；有些学生还刻意表现出与众不同，不把课堂纪律当回事，不尊重同学，甚至挑战教师的权威。这些问题学生成了教师眼中的"刺头"或差生。

在中文课堂教学中，应该如何认识和理解这些问题学生呢？首先，我们要知道问题学生并不是一个单一的群体，他们具有多样性。从性格和表现行为来看，有些学生表现得孤僻冷漠，不喜欢与人交往，回避小组活动和交流，常常一个人坐在座位上或者选择在角落里发呆。他们对同学之间的互动会表现出某种交往障碍或焦虑心理，每当"被迫"参加小组活动，他们就显得过度紧张和不安。有些学生性格上非常自我，过于自负，要么不屑于与同学互动交流，要么喜欢特立独行，用夸张的言行来引人注意，时常会做出一些破坏课堂纪律的行为。比如，上课过程中经常找同学交头接耳；或者不经教师同意就随意在教室里走动，甚至跑到教室外面去；或者不听从教师安排，拒绝按时按质按量完成课堂或课后作业；有些学生还时常故意提出一些刁钻古怪的问题来为难教师，哗众取宠；也有些学生生性敏感多疑，遇到问题总喜欢钻牛角尖，习惯从负面去理解教师的教学安排或评价……尽管问题学生有着复杂的行为心理和表现，但他们总体上都表现出一种游离在课堂教学中心之外或者没有得到理想发展的状态。

教师需要及时关注这些问题学生，充分认识到这些问题学生的行为可能会造成潜在的"教学危机"。一方面，这些问题学生很容易让教师心生厌恶，或者被教师忽视，受到同学们的冷落，在课堂教学中被边缘化，他们可能会失去某些公平学习的机会；或者得不到教师的鼓励和关爱，也缺乏班集体的归属感，这将使他们的内心产生焦虑、压抑或不满的情绪，甚至行为表现更加乖张。另一方面，灵活的课堂教学秩序很难维护，教学质量也难以提升。问题学生的存在，会直接影响到中文课堂教学的质量和水平，问题学生刻意制造的一些"突发事件"不仅会干扰教师正常的教学节奏，也会转移其他学生上课的注意力，如果处理不当，很容易引起课堂教学失序和混乱。

教师们需要充分关注课堂中的问题学生，积极思考合理的应对方法、灵活采取有效的策略来"转化"这些问题学生，努力促进他们正向发展。一般来说，可以采取以下几个常见的策略：

第一，教师主导型的转化策略。也就是说，通过教师在学生群体中树立良好的教师形象，以知识渊博、和蔼可亲、风趣幽默、处事公正的人格魅力来影响学生。教师对学生的主动关爱和帮助，有助于建立起良好的师生情感交流，赢得问题学生的配合和信任。

第二，学生内省型的改进策略。这要求教师能从学生角度出发去理解他们问题行为的成因，尽量减少对他们的直接批评和惩罚，更多地运用正面鼓励、激励的引导方式，激活他们的内在力量，帮助他们通过积极主动的认识、反思、领悟，去分析自己当下的处境，以及自身行为可能产生的危害，同时也帮助他们正确认知自身的优点和不足，培养积极成长所必需的自信和敢于自我矫正的勇气。

第三，教学环境刺激型的转化策略。要帮助问题学生摆脱边缘化的状态，仅仅从正面激发他们内在的力量是不够的，而且成效也比较缓慢、不明显。教师需要从学生个体的外部因素出发，努力营造一种良好的师生和生生互动的关系。比如说，教师要善于从物质和精神两个环境层面上创造宽松自然的学习氛围：教师可以通过合理的座位编排、教室布置，或者调控灯光色调、室内温度等方式来营造学习的舒适感；也需要加大班级同学之间的互动，营造关系融洽、气氛友好的学习环境，让学生们都有一种集体的归属感和情感的依赖感，努力建构一个和谐进步的"学习共同体"。同时，教师要避免制造咄咄逼人的教学压迫感、学习竞争感，而应用一种民主、平等、和谐的方式与学生们交流沟通，多样化地采用因材施教、个别辅导、差异化教学的方式，鼓励学生更积极地参与课堂内外的学习活动。

第四，教学制度约束型的转化策略。相对来说，前面3个策略都比较理想化。事实上，许多老师在对待问题学生上，更习惯于运用教学制度的规训功能。在学校和教室中，教师们常常采用阻止型的教学制度，比如严禁吸烟、严禁上课时随意走动等等，来阻止问题学生表现出不良的学习行为；采用激励型教学制度，特别是奖励和惩罚型的制度，来鼓励学生持续做出积极的行为表现。采用这些制度，重在公开透明，教师要耐心地讲解制度的要求和处理程序，赢得同学们的理解、认同和接受；同时，教师能不能做到不偏不倚、一视同仁地实施这些制度也很关键。

除了这些基本策略以外，教师应当积极地与学生家长保持沟通，要向家长们宣介、说明学校和课堂的教学制度，及时向问题学生家长反馈孩子们在课堂中的表现，寻求他们的理解和帮助；同时，这样也便于教师更深入地了解问题学生的成长背景和家庭环境，家校合作始终是帮助问题学生积极转化的有效方式。此外，针对某个问题学生的行为和心理，教师也应该经常与其他任课教师相互沟通，了解学生是否在其他课上也有类似的问题出现，并相互借鉴有效的应对方式；有条件的话，也需要向所在学校的心理辅导教师咨询，与他们一起合作来帮助问题学生；必要时，教师需要及时向所在年级和学校的负责老师汇报，邀请他们共同干预问题学生的心理辅导和行为矫正。

三、如何营造中文课堂教学的时空氛围

（一）课堂教学时间管理

良好的课堂教学时间管理，是有序开展课堂教学，提高教学效率和质量的基本保证。教师对课堂教学进行管理，主要是对课堂教学中的基本内容结构和教学过程进行合理规划和管理。这包括两方面内容：一是要根据教学内容设计出层次分明、衔接紧凑的教学结构；二是要为教学活动的开展设计出最佳的先后顺序，使整个课堂教学流畅有序，并能呈现出一定的快慢变换、动静交替的教学节奏。

课堂教学时间管理与课堂教学的内容结构是对应的。教师只有设计好合理的教学内容结构，才能明确课堂时间管理的主要内容。从大量的中文课堂教学实践过程来看，中文教学课堂活动主要包括复习、导入新课、讲授新课、练习巩固和布置作业等 5 个部分，这里面还会包括教师板书或演示、课堂问答、课堂活动等环节。这 5 个部分在时间上相互衔接，时间分配上各有侧重。

以一节时长 45 分钟的中文教学课为例，教师在开始新课之前，一般都会花不太长的时间，帮助学生们复习上节课所学的主要内容，在温故的同时引出新课的内容。设置导入新课的环节，目的是为讲授新课的内容创设情景。教师一般会用问题导入、游戏导入或者举例导入等方法，来引起学生们的兴趣。有经验的老师会将复习和导入新课的时间控制在 5 分钟左右，目的是把最佳的时间段留给新课讲授。新课讲授是整个课堂教学活动中最主要的环节。有研究发现，新课讲授的时间应尽可能控制在上课后的第 5 分钟到第 20 分钟

之内，这是因为学生们在这个时间段里能够保持比较高的注意力，大脑处于比较兴奋的状态，活跃的思维有利于他们理解和吸收新的知识。在讲授新课之后，中文教师都会针对讲授的词汇、语法知识等内容组织不同类型的练习活动，帮助学生们检查并巩固所学习的新知识。课堂练习活动与新课讲授环节密切联系，共同构成了一节课的主体部分。因此，中文课堂教学一般会安排20分钟左右的时间进行练习巩固。教师会在练习活动之后进行简明扼要的评价，同时会预留1—3分钟布置作业，以便进一步帮助学生巩固新知识，培养语言运用能力。

互动是语言学习的关键。教师在课堂教学中切忌从头到尾"一言堂"式地灌输，而应注重合理的师生互动和生生互动的时间分配。师生互动环节的时间主要包括教师提问、学生回答、学生提问、教师反馈以及教师评价等师生相互作用所花费的时间，而生生互动的时间主要包括学生小组活动、相互讨论和评价所需要的时间。在一堂典型的中文教学课中，这两部分时间总和至少应占一节课时间的一半。近年来，随着网络教学的兴起，一些新型课堂教学模式得到了推广和应用，师生在互动形式和时间上也出现了很大变化。比如，有些教师开始在中文教学中尝试使用"翻转课堂"（Flipped Class）模式，把传统教学模式和流程进行翻转。具体来说，就是把原来教师在课上讲授知识、学生课后练习强化的教学模式颠倒，先让学生课前（在家）观看网络视频课程，以及教师预先提供的教学课件，完成相应的学习任务。然后教师在课堂教学中采用讨论、协作和对话等互动形式，了解学生在线或离线自主学习时所遇到的难点、问题，并结合教学重点进行解析。"翻转课堂"把以课堂讲授和练习为主的传统教学模式在时间上进行了拓展，它超越了传统的45分钟的课堂学习时间，大大增加了学生课前独立学习、自主活动的时间。整个课堂学习氛围轻松自由，这为师生和生生之间在课堂上创造了更多互动的机会与时间。在时间分配上，整个"翻转课堂"的模式向学生显著倾斜，典型地体现出了"以学生为中心"的教学理念。

（二）课堂教学空间管理

教师在转化问题学生时，我们强调要善于从物质和精神两个环境层面上创造宽松自然的学习氛围。这其实就涉及了教学环境和氛围营造的问题，属于课堂教学空间管理的范畴。课堂教学空间管理主要针对的是课堂的物理环境，它包括教室内的光线、温度、声音、色彩、座椅安排、班级规模、教学设施、文化信息等多种因素。中文课堂是开展中文教学活动、师生互动的主要场所，也是向学生传递更多元的中国语言文化信息的主要场所。良好的课堂空间管理，能够通过整洁的布局、优美的装饰来培养学生正确的审美观，丰富他们的审美想象，提升他们的审美情趣。此外，宽敞明亮、色彩柔和的教室也便于教师灵活组织形式多样的课堂教学活动，学生置身其中，能充分参与分组讨论、角色扮演和合作探究，形成一种生动活泼、民主和谐的教学氛围，这会给师生带来心理上的满足感和愉悦感。对于中文教师来说，充分认识课堂教学空间管理的重要性，有助于他们结合不同的学习空间，发展不同的教学策略和模式，进而有效促进学习者的学习活动。

我们如何来创设良好的中文课堂教学空间呢？第一，应该努力优化课堂教学的空间环境设置，这主要体现在两个方面：一是尽可能保持一个班级的适当规模，不宜人数过多。理想的语言教学班一般控制在15—20人左右，尽量不要超过30人。语言教学注重互动，这样的小课堂教学有利于中文教师照顾到每一名学生，也能确保每名学生有机会参与不同的课堂讨论和交互活动。二是多样化安排教室中的桌椅排列方式。不少研究表明，教室环境的改变有助于学生学习进步。美国明尼苏达大学2012年的一项研究发现，当改变传统教室的座位布局之后，学生在课堂讨论中的参与度提高了48%，考试成绩也取得了明显进步。在传统教室布局风格上，我们普遍将教师讲台安排在教室正前方，学生桌椅按照"横成行，竖成列"的方式排列，这主要是为了发挥教师讲课、学生听课笔记的教学效果，体现的是"以教师为中心"的教学理念。可以想象，这样的空间布局中的教学课会比较安静，学生面向教师，一切都在教师的监控之下。这种模式虽然有助于学生仔细听课，安静思考，但不利于真正的人际交流和开展学生互动性活动，容易让学生产生一种疲劳的感觉和厌倦的情绪。因此，优化课堂教学空间，可以从改变传统课堂座位布置开始。高品质的物理学习空间应当注重室内布局和座位安排的灵活性、便捷性，应当方便整理和重组，使学生易于参与到课堂教学活动之中[1]。我们可以根据不同的目的来布置不同的桌椅安排方式。在条件允许的情况下，灵活组合桌椅，这样便于小组讨论，有助于团队协作式学习。比如，在小学教

---

[1] 焦建利. 学习空间及其发展趋势 [J]. 中国信息技术教育，2016 (17).

室或研讨会、工作坊中常见的"表组布局"方式。这种布局方式将教室桌椅分成几个小组摆放，便于不同小组的成员围坐在一起进行互动讨论，相互倾听他人的观点。有些教师会把讲台和学生的课桌椅保持在同一平面上，这样的目的是体现出教师身份的改变，教师以学习支持者和引导者的身份出现在学生面前，降低了自己的权威性，便于教师走入学生中，拉近了师生之间的心理距离，营造轻松活跃的学习交流氛围。

第二，教师如何在空间布置中让教室充满中国语言和文化的气息，这也是课堂空间管理的重要方面。教师应针对学习者的多元智能，特别是视觉空间智能，为学生提供和中国语言文化相关的色彩丰富、图形多样的视觉刺激，帮助他们感受到中国社会历史独有的文化气息。教师可以充分利用教室四周的墙壁，开辟不同的板报招贴栏。比如，张贴中文拼音的发音图片，汉字偏旁部首和汉字结构的说明图片；设置优秀学生作业展示专栏，或者将教室一角专门用来展示学生完成的与中国文化相关的手工作品，如中国画、中国结、书法作品、剪纸作品、中国动画剪影、中国泥塑、中国传统乐器等等；也可以结合中国主要的传统节日装饰教室，挂上灯笼，张贴福字，摆上红包，让学生们感受到中国春节的红红火火，或者贴上嫦娥奔月、吴刚伐桂、玉兔捣药等与中国中秋节相关的传统画作，营造一种中秋月圆、阖家团聚的氛围。这样的空间布局应该突出中国文化的主题，与中文课上所学的内容相辅相成；也可以邀请学生组队，一起参与教室空间装饰，并配上相应的韵律和曲调，让学生足不出户就能感受到浓郁的中国文化气息。

四、教学媒体运用管理

课堂教学离不开媒体的中介作用。在传统教学中，用来存储和传递教学信息，并且作用于教与学活动过程的任何一段语音、一行板书、一张图片或是一本教材，都可以被称作"教学媒体"。不过，现代教学媒体的种类繁多，功能更为丰富。许多新颖的现代教育科技化元素不断融入课堂教学之中，比如多媒体教学设备、电子白板和课堂直播系统等等，这些硬件设施都是典型的现代化教学媒体。此外，近年来网络在线教育快速发展，各种在线交互平台和软件也成了教学媒体家族中的新成员。比如说，中文教师们开始使用Zoom、Google Classroom、Classin、腾讯会议室等在线交互平台进行教学和课程管理；师生们可以利用电子图书馆、电子阅览室、数据库来分享丰富的教学资源；也可以使用微博、微信等跨平台的移动聊天应用软件，进行实时语音、文字和视频沟通交流，这些教学移动媒体极大地丰富了课堂内外教学的方式和手段，提高了教学效果，增强了学生的兴趣，同时也为学生的参与和互动提供了条件。

在中文教学中，教师应该如何科学合理地运用这些教学媒体呢？许多教师运用不同的教学媒体，特别是喜欢尝试新颖的教学媒体，目的是改变教学形式呆板、效率低下、内容单一、评价片面等问题。然而，面对各种各样、功能繁多的教学媒体，他们在选择和运用上可能会迷失方向，容易出现"媒体堆砌""媒体滥用"等问题。因此，教师首先要明确：教学媒体在根本上是需要服务于语言教学的目标的，师生之间的人际交流比人机交流更重要。应该根据不同的教学需求，合理选择恰当的教学媒体，不能刻意追求新奇多样的教学形式，而分散了学生的注意力，失去语言课堂教学的本质。同时，教师也应该熟练掌握不同媒体的特点和功能。相比传统教学媒体的简单便利，现代教学媒体有时候也存在着操作复杂、技术支持条件要求高、耗费时间长等问题。因此，教师还需要明确：现代教学媒体不一定在所有场合都比传统教学媒体好，应根据实际的教学条件和需求来灵活运用。在日常的教学中，有时候能用粉笔板书、简笔画完成的教学任务，就不一定非得使用多媒体系统。直观简单、方便易行，不需要耗费太多的教学时间和人力物力成本，这应该是运用教学媒体的一个基本原则，也体现出教学媒体运用的基本效益。

此外，教师也需要积极关注、学习并应用那些行之有效、贴近语言特点的新颖的教学媒体。在中文教学中，许多教师开始使用一些灵活便捷、直观明了、便于师生参与和创造性互动的语言教学类应用软件，它们功能独特，各有特点。比如，工具类软件 Pleco，这是一种在线词典，可以具体到每个字甚至每个偏旁的意思，不仅是中文教师备课时最好的工具之一，也是所有中文学习者手机中的必备应用软件。还有汉字学习类软件 Skritter，它从汉字偏旁入手，介绍了每个偏旁的意思，并给出一些由此偏旁组成的一系列汉字，有助于学生比较系统地学习汉字。在课堂教学中，教师也越来越喜欢使用课堂游戏互动类软件 Kahoot!，这是一个基于游戏的学习互动平台，能允许教师设置多项选择题，为学生快速创建有趣的学习游戏。学生也可以通过创建自己的 Kahoot! 账号，围绕学习主题进行课堂讨论。类似的教学应用型软件还有很多，比如用于建设"网页故事墙"的 Padlet，制作和分享闪卡的 Quzilet 等等，都是当下最热门的教育科技类软件，值得中文教师了解和适时应用。

第四节　国际中文课堂在线教学

一、人际交互是中文课堂在线教学成败的关键

长期以来，学校校园围墙内的教育以及教师课堂讲授被认为是正规教育和教学的唯一形式。随着当代教育技术发展的日新月异，出现了远程教育的新样态。远程教育脱胎于19世纪中叶开始的函授教育，并在20世纪电力普及和大众媒介广泛应用的场景下，涌现出以多种媒体教学为特色的新型教学模式。特别是在世纪之交，随着信息通信技术的突飞猛进，世界远程教育进入了基于互联网、万维网和信息高速公路的虚拟网络教育的新时代，其中以双向（Two-Way）交互（Interactive）为特征的在线直播课堂教学最为令人瞩目。[1]

在这技术驱动的教学变革进程中，"线上教学为主，线下线上相结合"正成为国际中文教学实践的一种常态化模式。这一重大转变，极大地推动了在线中文教学的发展，但也带来了前所未有的困难和挑战。在大规模开展中文在线教学伊始，中文教师普遍认识到在线教学极大地依赖于稳定的网络环境、合适的在线教学平台和移动终端，以及师生操作与使用网络技术的熟练程度。此外，我们知道语言学习不仅是知识的传授和技能的训练，更是一种多模态的感知，是一种人文活动，需要通过课堂与社会交互以实现其社会化，而所有这一切都需要建立在"互动"的基础上[2]。然而，有过中文课堂在线教学经验的教师，普遍感受到学生参与线上课堂交互的意愿低下，师生和生生人际交互手段匮乏。新冠疫情期间，一份针对参与线上教学的大学国际中文教师的网络问卷调查报告[3]表明，线上国际中文教学除了网络技术支撑不尽完美、社会语言真实环境缺失等问题外，最主要问题在于课堂互动不足和

---

[1] 丁兴富. 远程教育学［M］. 北京：北京师范大学出版社，2002：1-8.
[2] 吴勇毅. 互动：语言学习的关键——新冠疫情下汉语教学面临的挑战［J］. 语言教学与研究，2020（4）.
[3] 林秀琴，吴琳琳. 关于线上国际中文教学的调查与思考［J］. 国际汉语教学与研究，2020（4）.

形式单一，影响了网络教学的成效。笔者曾主持完成的一项针对中文联盟"网络中文课堂"在线直播教学的人际交互研究[①]也发现，中文在线课堂教学存在着师生言语互动比例失衡、教师直接控制特点明显的问题。教师占据中文课堂在线教学的话语权，而且提问以语言形式为重，问题引导倾向弱；教师一方面主导技术操纵，另一方面运用交互技术的能力又相当有限。这也造成了学生隐形的主动应答比重高，主动提问与生生互动过低等问题。总体上，中文课堂在线教学实现互动的形式十分有限，师生互动和学生互动的方式几乎仅限于问答与对话，许多传统线下教学中寓教于乐的课堂活动或情景练习无法展开。虽然国际中文教师努力适应网络教学的新环境，不断探索有效的教学方法和模式，但是线上教学要实现与线下教学"实质等效"的目标还存在很大的距离。

二、中文课堂在线教学需要大力提升人际交互

互动是语言学习的关键，然而人际交互薄弱却又是中文课堂在线教学最突出的问题。正确应对这一问题，我们首先需要客观认识在线教学的本质和问题。作为当代远程教育的一种重要形式，在线教学与传统的课堂面授教学存在着显著的差异。在传统的课堂面授教学中，人际互动是直接的、实时的、连续互动的，而在线教学，甚至在线直播教学，根本上都是"一种师生时空分离，基于媒介的教育教学实践"[②]。教与学时空分离是远程学习的本质特征，也是一种客观事实。教学过程是在教师和学生的相互作用中发生的。在线教学要实现如同线下教学一样的目标，它的核心任务就在于加强有效的人际交互，"重新整合时空分离的教与学"。

要加强中文课堂在线教学的有效人际交互，除了在技术进步过程中增强师生信息技术能力，深化在线教辅工具交互功能外，教师应重视加强不同场合下师生之间的情感交互，以增加开口率为目标，鼓励多种课堂交互方式。

教师应该意识到，许多中文在线学习者习惯于以个人隐私或网络连接问

---

① 陶健敏. 网络中文课堂视角下的在线教学人际交互研究 [Z]. 世界汉语教学学会，汉考国际教育科教（北京）有限公司专项项目（重点），项目编号：CTI2021ZA01.
② 陈丽. 在线教育，不是照搬课堂教学那么简单 [EB/OL]. [2020 - 02 - 21]. https://mp.weixin.qq.com/s/w4p0uCBx2Wcpk5QZqWs4qg.

题为借口，在网络上隐藏自己，满足于被动地接受信息，并获得所谓的安全感，同时也对使用汉语开口交流有着一定的焦虑感。加强师生间的情感交互，要求教师在情感上尊重每一名学生，为学生创造平等的学习机会；教师要结合具体的教学场景，根据每一名学生的年龄性格、学习特点和需求，采用因材施教、差异化的教学方式来提升教学效率，这有助于为学生们提供一个较为轻松愉快的在线学习环境。加强师生间的情感交互，要求教师注重自身恰当的言语表达。教师讲授、师生问答、讨论和教学任务布置、师生反馈是教学过程中的一系列生成性活动，它主要是以言语和非言语（比如沉默）的方式体现出来。前文提到的"弗兰德斯互动分析系统"提示我们，在线中文课堂教学的设计与实施应重视教师言语，除了必要的教师讲授、指令、教师批评或维护教师权威的直接言语影响外，更应重视教师接受情感、教师表扬或鼓励、教师采纳学生观点等间接言语影响方式。教师言语应以激发与维持学生的动机为驱动，特别是重视给予学生反馈的及时性和等效性，不断提升学生自主学习、自主探究的信心和能力。此外，加强师生间的情感交互，教师还应重视自身的在线教学的课堂形象，思考应以什么样的得体举止、衣着、妆容和语气口吻，透过屏幕出现在学生面前，既不会因过于严肃刻板让学生产生敬而远之的感受，也不会带去过于随意、不太严谨的印象。端庄大方、耐心可亲、亦师亦友的形象比较符合学生们的预期。

大卫·努南（David Nunan）曾指出课堂互动在于强调目的语使用了多少，以及目的语使用的长度①。目前，中文课堂在线教学的课程大都属于初中级别，选用的教材也适宜采用交际语言教学法进行授课。对于海外在线学习汉语的学生来说，中文在线教学可能是他们获得汉语的可理解输入、进行简单汉语交流的最主要的途径。教师应鼓励他们尽量在在线课堂上开口，这是帮助他们正确发音，检查他们能否运用合适的词汇和语法知识进行信息交流的最好途径。

要在在线教学中尽可能地提升学生的开口率，首先需要教师在课前与学生确定课堂学习的"规约"：例如，在在线中文教学中，但凡学生开口，就应该打开麦克风，最好同步打开摄像头。当然，这种"规约"也并非毫无弹

---

① David Nunan. Classroom research [M] // E. Hinkel. Handbook of research in second language teaching and learning. Mahwah: Lawrence Erlbaum, 2005: 233.

性。教师应该尊重在线课堂的特殊性，允许学生进行多模式应答。比如，如果他们实在不便打开摄像头，那就打开麦克风；如果实在不便打开音视频，可以允许他们采用"隐形互动"的权宜之计——暂时在聊天框中进行文字输入互动，或者使用其他应答方式如发弹幕、使用表情包、共享屏幕圈画等。这些多样化的互动方式一定程度上可以锻炼学生的汉语书写能力、思维能力，加大学生的目的语输出量，提升他们的课堂参与感、趣味性以及在线课堂的时效性。教师真正要关注的，是那些全程隐身不参与课堂交互的学生，教师应该在课外尝试接触他们，或者在下节课以点名的方式给予重点关照。如果条件允许，教师还可以运用一定的奖惩方式来体现学生课堂交互的参与程度。

　　教师还可以通过提问、朗读、口头练习等多种方式，辅以热情的评价和有效的帮助，鼓励学生开口。师生之间的交互，宜采取一对一邀请学生的方式进行，这样便于教师准确了解不同学生的回答情况并给予帮助和指正；教师还可以通过镜头捕捉学生的神情和肢体动作，及时发现他们表达上的困难，化解交互上的尴尬。在众多课堂交互方式中，师生问答是最常见的。教师要鼓励学生能积极地回答教师问题，就要具备课堂问题的设计能力——要结合教学内容和目标，以及学习者的汉语水平来设计；教师提问内容要结合教材，注意有效性；要注重问题设计的梯度与类型，先期所提的问题不宜太难，以免打击学生的积极性；提问不仅基于课堂教材，也要联系学生生活实际，引导学生自由表达。在此过程中，要注重逐渐由封闭性问题向开放性问题转化，避免问题过于简单化。在在线课堂教学的具体问答环节，教师提问还要注意发问方式，做到问题清晰易懂，并允许学生用问题来澄清理解；教师要注意提问的语调、节奏，给学生预留一定的思考时间；教师提问还要灵活把握提问时机，善于联系学生生活经验，创设问题情境，这样有助于引发学生兴趣并积极思考和回应；此外，教师还可运用追问、转问等方式，鼓励不同学生作答。

　　生生交互也是中文课堂在线教学人际交互的重要环节。如果在线学习汉语的学生来源分散，彼此互不熟悉，教师就应当强化生生交互的实践意识，积极承担起提升生生交互能力的职责。教师应寻求多样化的方式为学生互动创造机会，比如观摩其他教师的在线汉语课堂教学过程，通过日志记载和反思，主动对接自己的教学实践；尽可能对学生进行调查，熟悉不同学生的学习风格、性格和学习动机，或者为他们建档成册，针对性地、差异化地安排互动形式，保障每一名学生都能参与其中。还可以根据教学内容，综合运用各种有效的生生互动的形式。比如一些有经验的教师，会在单词复习环节尝试把词汇的选择权交给学生，让学生互相指定回答；或者提供学生日常对话的场景，让学生自己合作设计角色对话、角色扮演；当然，教师要在技术层面上熟悉在线平台的分组讨论功能和上台表演功能，高效便捷地帮助学生完成生生互动的练习。

生生交互的成效，很大程度上取决于任课教师。在生生交互的形式上，教师要尽可能灵活地调配不同的在线互动方式，帮助学生熟悉界面操作，鼓励他们在不同的协作关系中进行交互。比如，学生在直播教学聊天室中实时互动，或者利用某些软件提供的小组分组讨论功能，或者指定个别学生同时打开麦克风进行语音实时互动等等。有时候，学生的在线学习的参与热情并不完全一样，如何避免某些学生出现"搭顺风车"的现象，关键还在于教师应及时了解学生参与互动的兴趣、热情、所贡献的观点、存有争议的不同认识，以及个别学生的畏难心理。教师应该明白，中文课堂在线教学中的生生交互需要紧密围绕教学内容和目的而进行，生生交互的方式、时长都需要纳入教师的教案设计中。为促进有效的生生交互，教师可以参与不同小组的课堂讨论，也可以参与学生的聊天室互动，或者指定相应学生轮流组织所在小组的在线讨论，并指定他们作总结报告，尽可能地将所有学生都纳入互动讨论之中。一方面，教师应该提供明确的学习活动指导，避免生生交互处于低水平层次上；另一方面，教师的实时反馈和帮助也将有力提升学习者参与交互的热情。同伴互评（peer review）是线下课堂教学常常采用的生生交互方式，广泛运用于书面写作教学上。这种生生互动方式不仅提供学生相互学习和借鉴的机会，还能通过赋予学生评价权，让其承担教师的某些职责，可以提升他们在生生交互中的责任意识，以及专业知识和能力。这一方式也可以相应地运用于在线教学的课堂内外，将帮助学生积极计划、监控和反思整个学习过程。

 本章思考题：

1. 请按照教学设计的基本模式，设计一份 2 节课时量的中文趋向动词"上"

和"起"的课堂教学。介绍相关的语法知识,重点介绍教学设计的目的、教学环节步骤,并对教学设计的合理性、有没有新意等做一个小结。
2. 国际中文教师要重视教师的课堂反馈语,请谈谈你的看法。
3. 什么是教师的教学档案袋?教学档案袋对教师的专业发展有什么作用?
4. 请结合一本中级汉语的综合性教材,结合布鲁姆认知层次理论,分析其练习设计所体现的不同认知目标。
5. 一般来说,国际中文教师在进行课堂管理时,应该关注哪些方面?
6. 请阅读一份来自中文课堂在线教学的案例,并回答问题。

  Y老师主讲的是《长城汉语·拓展交际》第1级1单元《我来健身主要为的是减肥》第一课《在健身房》。上第一课时,师生互不相识,但是Y老师一开始并未惯例式地介绍课程,而是使用"游戏猜猜猜"的方式来活跃课堂气氛,试图拉近师生间的距离。

  上课开始,Y老师并未一次性将"游戏猜猜猜"的条件信息全部公开,而是采取了逐步公开的方式,引导学生通过合理的猜测,调动已有的中文词汇知识,不断逼近游戏的答案,过程中充满了教师的引导、表扬、鼓励、评价、讨论等方式与学生互动,虽然学生也未打开麦克风,但学生们在聊天框中的文字反馈非常活跃,讨论气氛浓郁。以下是一些教学实况片段:

  Y老师:好,我们等一等其他的同学,现在呢,我们先来做一个小游戏,好不好?嗯,这个游戏的名字叫"我说你猜"。好,老师要说一些词,然后你来猜一猜,我要想说的这个词是什么呢?

  Y老师:我要先告诉大家。这个呢,我要说的是一项运动。我给你一些提示词。你猜一猜,我要说的是一项什么运动?好,这是一项运动。(停顿8秒)这项运动,一般是两个人,或者大于两个人来参加。(停顿6秒)但是这项运动最多是4个人,不会有更多的人参加,一个、呃,一种运动。

  (此时,聊天框中有学生文字输入:乒乓球)
  那你们想一想,什么样的运动是两个人到4个人进行的?
  (聊天框中又有学生分别文字输入:羽毛球、乒乓球、羽毛球)
  哇,你们好聪明啊!有的人一下子猜到乒乓球,还有人说是羽毛球。那到底是乒乓球还是羽毛球呢?我们来看看下面的一些条件啊。我再给你一个提示。

Y老师：这个游戏，既可以男孩玩，也可以女孩玩，也可以男的和女的一起参加。嗯，有人说是网球？是不是网球？还有羽毛球？那我们继续啊，继续来听。这个游戏呢，啊不，这个运动呢是在室内进行的，在室内进行的。（停顿3秒）

（学生们纷纷在聊天框中输入"羽毛球""乒乓球"，见案例图1）

Y老师：猜到了吗？有人说羽毛球？我们再来……这种运动需要的空间不是很大，不需要太大的空间。现在，还有人说是麻将。哇，你的想象力太丰富了。好，有很多同学告诉我是乒乓球。那我们看一看是不是乒乓球呢？它需要一张网，确定是乒乓球了吗？它需要一个台子。对，大家都很聪明，就是乒乓球，这项运动是打乒乓球。你们都很聪明啊，很棒！我要说你们真棒！

案例图1

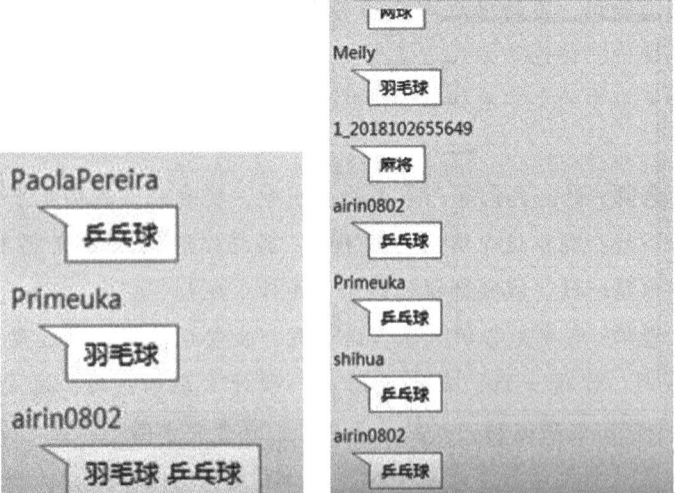

Y老师在短短的3分钟的"游戏猜猜猜"的互动环节中，通过她颇有经验的游戏设计，层层推进，调动了学生们的中文知识和想象力，同时给予学生积极的反馈；并通过不断提供更为具体的条件，让学生们始终处于积极思考、努力竞猜的气氛中。从在线教学人际交互的教师用语方面来看，你认为有哪些方面值得借鉴？

附件：

"存在句基本句式"教案[1]

一、课型

初级中文综合课

二、使用教材

《发展中文》第2册　第2课

（武惠华主编，北京语言大学出版社2005年8月出版）

三、教学对象

初级中文进修生，主要来自欧洲和美国。

四、教学内容

1. 生词：挂、摆、放、堆、贴、靠

2. 语法：存在句：（1）地方+"有"+N；（2）地方+"V着"+N

3. 课文《儿子要回家》

五、教学目标

1. 认知领域

（1）通过词汇的学习，能够准确掌握生词中动作动词的实际意义和用法，并回忆起记忆库中的相关词汇，正确率达到90%以上。

（2）通过语法的学习，能够掌握存在句的两种基本句式的语义特征和准确用法，并完成语法练习，正确率达到90%。

（3）通过课文的学习，能够理解并记忆课文的内容，能运用本课词语和句式结构完整地复述课文内容及描述、比较事物，新语言点和词语的正确使用率在90%以上。

2. 技能领域

（1）听：能够听懂每分钟180个音节以上语速的课文。

（2）说：能够运用比较句式复述课文、以对话体表现课文内容，话语自然流畅。

（3）读：听完课文后，能够以每分钟200个字左右的语速朗读课文，语音、语调基本准确，自然流畅。

---

[1] 该教案编写者为王馨雅、王润苗、陈心涵、袁玥。

(4) 写：能够以每分钟 12—15 个字的速度书写本课生词。

3. 情感领域

学生有描述某处存在某物的愿望。

4. 学习策略

帮助学生继续自觉运用比较、分类、归类等学习策略，通过个别化学习引导和培养学生的自主学习意识，通过小组学习体会合作学习的长处。

六、教学重点和难点

1. 词汇：

掌握动词"挂、摆、放、堆、贴、靠"的意义和常用搭配。

2. 语法：

(1) 体会存在句的使用情境，掌握不同句式的正确用法。

(2) 理解"地方+'有'+N"和"地方+'V着'+N"的差别及其使用规则，通过不同情境联系帮助学生在交际中准确使用。

(3) 掌握存在句的否定变换方法。

七、教学方法

1. 课堂教学按照"语法—操练—活动—词汇"的顺序，循序渐进。

2. 运用直观手段，使用多媒体辅助教学。

3. 设计互动形式的练习活动，鼓励学生表达、运用。

4. 讲练结合，精讲多练，听说领先，同时加强汉字的读写训练。

八、教学时间

两课时，共 90 分钟。

组织教学	语法的引入和讲解	语法操练	课堂活动	教师总结
1 分钟	30 分钟	15 分钟	40 分钟	4 分钟

九、教具

实物类：贴纸、篮球、水杯、书、玩偶、装饰画、对联。

媒体类：图片、音频、视频。

教室布置：在墙上贴装饰画，门两旁贴对联，讲台角落放一个篮球，讲桌上放一个水杯，在窗台上放一本书，在地上放一个玩偶等。

十、教学步骤

（一）组织教学（1分钟）

（二）语法的引入和讲解（30分钟）

＊句式1（13分钟）

教师行为：展示PPT图片，一边指示图片，一边提问。

教案图一

教案图二

教师引导语：

1. 这是什么？（两棵树）

2. 树种在哪里？（树种在宿舍门外）

3. 宿舍门外是不是有两棵树？（宿舍门外有两棵树）

4. 那么宿舍里面有什么？（宿舍里有不少病毒）

引导学生在课文中找到例句，将例句展示在PPT上，请全体学生朗读。讲解表示"地方"的搭配：

1. "门、宿舍"是什么词？（名词）

2. "外、里"是什么词？（方位词）

3. 名词后面加方位词表示什么？（表示地方）

名词加方位词表示"地方"是一个小难点，先拎出来提前讲解，有助于学生理解接下来的句式讲解。

PPT展示语法点

句式1：地方+有+N

　　　　门外+有+两棵树

　　　　宿舍里+有+很多病毒

教师引导语：

1. 我们刚刚讲过,"宿舍门外、宿舍里"表示什么?(表示地方)

2."地方"后面跟什么?("地方"后面跟"有")

3."树、病毒"是什么词呢?(名词)

教师带领学生将例句朗读3遍。

*句式2(10分钟)

教师行为:再次展示最初的PPT图片,提问。

教师引导语:

1. 大家再看这张图(图一),宿舍门外种着什么?(宿舍门外种着两棵树)

2. 所以"宿舍门外有两棵树"还可以说成?(宿舍门外种着两棵树)

3. 那宿舍里呢?(床下放着一堆脏衣服、桌子上面放着一台电脑……)

引导学生在课文中找到例句,将例句展示在PPT上,请全体学生朗读。

PPT展示语法点

句式2:地方+V+着+N

   宿舍门外+种+着+两棵树

   床下+放+着+一堆脏衣服

   桌子上面+放+着+一台电脑

教师引导语:

1."宿舍门外、床下、桌子上面"表示什么?(表示地方)

2."种、放"呢?(动词)

3. 动词后面跟什么?(动词后面跟"着")

4."树、衣服、电脑"是什么词呢?(名词)

教师带领学生在课文找出所有相关句式,朗读3遍。

*存在句的否定(7分钟)

教师行为:再次展示最初的PPT图片,提问。

教师引导语:

1. 大家看宿舍门外有两棵树,那么宿舍里面有树吗?(宿舍里面没有树)

2. 换一个句式,那么宿舍里面种着树吗?(宿舍里面没种着树)

PPT展示存在句的否定形式

句式1的否定:地方+没有+N

句式 2 的否定：地方+没 V+着+N

教师行为：用 PPT 展示前面所有例句，引导学生将例句改成否定形式

宿舍门外没有树。　　　宿舍里没有书。

宿舍门外没种着树。　　床下没放着脏衣服。

桌子上面没放着电脑。　宿舍里没有病毒。

教师引导语：

1. 否定句的"没"字放在哪里？（放在动词前面）

2. 那否定句里去掉了什么？（去掉了名词前面的修饰词）

(三) 语法的操练（15 分钟）

1. 句式改写：将课文中句式 1 和句式 2 互相改写

书上还放着一只鞋。（书上还有一只鞋。）

墙角放着一个垃圾箱。（墙角有一个垃圾箱。）

里面放着空食品袋。（里面有空食品袋。）

衣柜里放着足球、篮球。（衣柜里有足球、篮球。）

2. 使用教室内实物，用句式 2 造句

老师手里拿着什么？（老师手里拿着课本。）

教室前面的墙上挂着什么？（教室前面的墙上挂着空调、黑板……）

那后面的墙上呢？（后面的墙上贴着同学们的优秀作文……）

3. 否定句改写

将练习 1、2 的句子改成否定形式。

(四) 课堂活动（40 分钟）

1. 活动一：装饰房间（15 分钟）

(1) 活动设计：

将学生分为每两人一组，组内两人分别拿到一张卧室的图片和一些印有日常物品的贴纸。学生有 5 分钟时间的时间"装饰"自己的房间，结束后向同伴描述自己的房间。

(2) 要求：

使用存在句语法点"地方+有+N"和"地方+V+着+N"造句，每人至少造 3 个句子（教师可提示物品的名称）。

(3) 道具：打印图片、贴纸若干。

教案图三　　　　　　　　　　教案图四

教案图五

2. 活动二：考眼力（25分钟）

(1) 活动设计：

课堂开始前，教师提前布置教室，如在墙上贴装饰画，门两旁贴对联，讲台角落放一个篮球，讲桌上放一个水杯，在窗台上放一本书，在地上放一个玩偶等。将学生分为两组，第一组学生先用存在句描述教室内的布置，如"桌子上有一个水杯"，第二组学生仔细观察并记住物品的位置。接着让第二组学生先到教室外，第一组学生重新布置教室，改变物品位置。布置完后，请第二组同学观察并描述教室的布置。

(2) 要求：

第一组学生在使用存在句的基础上，尽量使用不同的动词，如"摆""挂""放"等；第二组学生应使用存在句的否定形式来描述物品位置的变化,例如"桌子上没有水杯""墙上没挂着画"。

(五)教师总结和作业布置(4分钟)

教师行为:PPT 展示句型,进行总结。

布置作业:准备一张和同学的合影,运用本节课学习的语法点,对合影上的人进行描述,可以是外貌、年龄、穿着等方面,下节课上课与同学进行分享,猜猜描述的是谁。

十一、板书设计

地方+有/"V 着"+N

地方:名词(地、桌子、墙、窗户……)+方位词(上、下、里、外……)

V:挂、摆、放、堆、贴、靠……

 本章主要参考文献:

1. 亓华,杜朝晖. 中级中文会话课堂提问类型研究 [J]. 云南师范大学学报(对外中文教学与研究版),2008(6).

2. 吴勇毅. 互动:语言学习的关键——新冠疫情下汉语教学面临的挑战 [J]. 语言教学与研究,2022(4).

3. 黄绍裘,黄露丝玛丽,莎拉·乔达尔,奥瑞沙·弗古森. 卓越课堂管理:50 个卓有成效的课堂教学程序 [M]. 北京:中国青年出版社,2020.

4. 陈丽. 远程学习的教学交互模型和教学交互层次塔 [J]. 中国远程教育,2004(3).

5. 方海光. 改进型弗兰德斯互动分析系统及其应用 [J]. 中国电化教育,2012(10).

6. Benjamin S. Bloom. Taxonomy of Educational Objectives: The Classification of Educational Goals [M]. London: Longmans Green And Co, Ltd., 1956.

7. Kenneth D. Moore. Classroom Teaching Skills [M]. New York: McGraw-Hill, Inc., 1992.

8. David Nunan. Classroom Research [M] //E. Hinkel. Handbook of Research in Second Language Teaching and Learning. Mahwah: Lawrence Erlbaum, 2005:233.

第八章　国际中文教材研究

> **本章导读**
>
> 教材是落实课堂教学大纲的基本保障。本章探讨了国际中文教材的编写原则、理论基础、类别、评估以及新发展。强调中文教材编写须遵循科学性、实用性、针对性等教材编写的通用性原则，并遵循第二语言学科理论、教学规律、教学法原则。本章探讨了第二语言教材编写的理论基础，介绍了在此基础上编写而成的代表性国际中文教材。本章还从课堂用和非课堂用教材两大类别，对数量庞大的国际中文教材进行了分类分析，并介绍了国际中文教材的评估原则和方式。此外，本章还将探讨国际中文教材正呈现出的开发本土性增强、编写科学性提升和多媒体化发展的趋势，对国际中文教材的新发展做了总结和展望。

任何课程的教学都离不开教材。教材确定了教学的具体内容，同时也体现出相应的教学方法和原则，是落实课程教学大纲的基本保障。在教学过程中，教材是教师组织教学、学生进行学习的依据。随着国际中文教育事业的不断发展，国际中文教材在编写与应用上也呈现出快速增长的态势。许多国家和地区通过孔子学院、孔子课堂、中文院系和主流中小学、华文学校、培训机构开设了数量庞大的中文教育项目[①]。中文学习人数迅速增长，这意味

[①] 据统计，截至2023年4月，全球共有180多个国家和地区开展中文教学，82个国家将中文纳入国民教育体系，外国正在学习中文的人数超过3 000万人，累计学习和使用中文的人数接近2亿人。数据来自2023年4月20日中国外交部发言人汪文斌主持的例行记者会，参见：中华人（转下页）

着对中文教材的需求也在不断扩大。事实上，近40年来，全球中文教材无论在数量、种类还是在质量上都有了显著增长，体现出国际中文教育事业的跨越式发展①。面对数量庞大、类型丰富的中文教材，国际中文教师需要了解教材开发的基本理论和原则，熟悉国际中文教材的不同类型，掌握国际中文教材的评析方式，这样才能科学有效地运用中文教材并积极地参与未来中文教学资源和材料的开发。

第一节　国际中文教材编写的原则

国际中文教材的质量直接关系着教学的质量和效率。在国际中文教材的开发和编写上，我们不能随心所欲，率性而为，而应认真遵循教材编写的通用性原则，以及基于第二语言学科理论、教学规律、教学法原则而提出的第二语言教材编写原则，精雕细琢，不断打磨。

通用性原则，是指依据符合教育和教学一般规律而提出的教材编写原则，主要包括科学性原则、针对性原则、实用性原则、趣味性原则等②。

一、教材编写的科学性原则

国际中文教材编写的科学性主要体现在教学内容的编排上，总体上要内容规范，编排合理。

首先，要符合第二语言教材设计和编写的原理，需要有一定的语言理论和学习理论的支撑。例如，作为一套风靡世界的英语作为第二语言的教材，路易斯·亚历山大（L. G. Alexander）编写的《新概念英语》针对中级及以

（接上页）民共和国外交部. 2023 年 4 月 20 日外交部发言人汪文斌主持例行记者会［EB/OL］. (2023 – 04 – 20). https://www.fmprc.gov.cn/web/wjdt_674879/fyrbt_674889/202304/t20230420_11062419.shtml.

① 中山大学国际中文教材研发与培训基地建设的中文教材库已录入基本信息的教材共有 10 108 册/种，包括 29 个国家出版的中文教材，媒介语多达 53 种。这些教材覆盖广泛，包括学习者水平（零起点、初级、中级、高级）、学校类别（幼儿园、小学、中学、大学）、教学媒介语、技能类别（综合、听力、口语、阅读、写作、翻译）、语言要素类别（语音、汉字、词汇、语法和句型）等。参见：周小兵，张哲，孙荣，伍占凤. 国际中文教材四十年发展概述［J］. 国际中文教育（中英文），2018（4）.

② 李泉. 第二语言教材编写的通用原则［C］. 杭州：第三届全国语言文字应用学术研讨会，2004.

下水平的外语教学，特别指出语言学习不仅仅是掌握一套规则，积累大量词汇，更在于熟练得体地运用该语言，特别是熟练使用句子这一语言单位。这体现出鲜明的语言交际功能观。20 世纪 80 年代由刘珣等编写的《实用中文课本》，就是一本以语法纲目为主、兼顾交际技能的主流中文教材。其次，教材的科学性要求教授的是规范和通用的中文，要求教材内容符合中文语音、词汇、语法、语篇的规范和汉字书写、使用的规范，内容陈述要适合中文作为第二语言教学的需要。

另外，合理的编排则要求能够突出中文和汉字的特点以及教学的难点和重点。我们所说的规范，就是要符合一般的教学规律。比如，我们在中文拼音教学上，通常先教声母、韵母，再教声调，先教单韵母后教复合韵母；在汉字教学上，先教笔画笔顺，再教独体字、合体字；基本语法教学上，一般先教疑问句，后教反问句，先教主动句，再教被动句，先教结果补语，再教可能补语，而后再教"把"字句等特殊句型。总之，教材内容编排要符合中文特点以及中文教与学的规律，做到由易入难，循序渐进。

二、教材编写的针对性原则

我们在编写任何种类的教材时，都需要先明确教材服务的对象，了解学习者的学习水平、学习基础、学习目的、学习时限等，然后才能合理地编排教学内容，这体现出教材编写的针对性。

与其他教材编写不同的是，第二语言教材编写更加突出针对性，这是因为第二语言的教材毕竟与通过母语学习一般学科知识的教材不同，其中出现的概念术语、新词新语要简明易懂，不然可能会成为教材学习的额外"障碍"。而且，成年人的第二语言学习普遍要求能在最短的时间内，最快地达到学习的目标和水平，这也要求我们能在教材编写上突出针对性，提高教学的效率。国际中文教材的编写，要适合学习者的自然特点和社会特点，要与学习者的学习目标、学习期望、学习动机、学习习惯和方法，以及对中文和中国文化的情感态度联系起来。具体来说，针对少儿的中文教材显然要与成人使用的中文教材有所区别；应该根据学习者的不同国籍、文化、职业和语言背景等进行教材的差异化编写；也应该根据将中文作为外语或是第二语言，在汉字文化圈内或圈外，自学还是在教学机构中有组织地学习，以及学习时间长短等等差异进行区分。

国际中文教材编写还要体现出不同课型的特点和教学规律，并通过语言对比，识别出中文对于不同学习者来说的突出特点，这有助于明确教学的重点和学习难点，进而在教材的课文、注释、练习中体现出来。总的来说，这些问题分析得越细致、越清楚，我们在教材编写上就越能有的放矢地采取相应的措施。

三、教材编写的实用性原则

国际中文教材编写要讲究实用性，这主要包括两个方面：一是教材的内容对学习者要有实用价值，要突出语言的交际功能；二是教材的编排要操作方便，对教师来说要容易教，符合所教语言的语言规律，而对学生来说要容易学，符合学生的学习心理。

在实际的教材编写过程中，我们要注意以下几点：第一，一本教材的实用性对于不同师生来说，可能具有不同程度的强弱感受。"实用性"是一个主观的和相对的概念，很难说哪一本教材绝对实用，哪一本教材是绝对不实用的。第二，教师和学生对于"实用性"的感受也可能存在差异，教材的实用性归根结底是对学习者来说的：一本教材是否实用，要根据学习者的学习目标、学习需求和学习感受来判断，学习者的学习目标决定着教材的教学目标定位，也决定着教材的实用性。第三，教材编写的实用性还与从跨文化交际角度确定目的语语体有关。也就是说，我们要思考应该教学习者什么样的目的语，是不是越口语化、越通俗化就越实用？显然，这并不是绝对的。我们需要考虑中文交际双方的心理距离和言语距离。比如，有学习者刻意模仿京腔京调，有意卷着舌头模仿老北京话，或者使用一些老北京的俗语或土语与人交流，尽管说得流利，但也可能会让人不舒服，甚至有些反感。这样一来，这些所谓地道的表达可能并不实用。[①] 教材编写者应当提升实用性的意识，要思考如何在课文内容的编写、词汇语法的选择、练习内容和形式的编排等方面真正满足学习者的实际需要。比如，在一些国际中文教材中，课文语言过于正式，缺乏生活交际的实用表达，汉字、词汇和重要语言现象复现率低，语法知识点编排缺乏系统性，重点不够突出，不能利用真实情境呈现语法知识的实际运用，练习题型单调，题量过多或过少等等问题，都可能导

---

① 李泉. 论对外汉语教材的实用性 [J]. 语言教学与研究，2007（3）.

致教材的实用性不足。

四、教材编写的趣味性原则

趣味性是国际中文教材编写需要遵循的另一个重要原则。教材在教学内容的编排上不仅要严谨规范，也需要兼顾趣味性。教材的内容和装帧生动形象、活泼幽默，这样才能对学习者有吸引力，不会让他们觉得学习单调和枯燥。如果我们把教材的编写理解为一个产品的生产过程，那么它的趣味性可以体现为产品趣味性和过程趣味性两方面。

编写完成的国际中文教材就是一个制成品，它的趣味性首先是和语言有关的，它讲究的是内容和形式的综合效果，也就是说，选择的课文内容既要生动有趣，又能寓教于乐。像"刻舟求剑""掩耳盗铃""守株待兔""自相矛盾"等中国古代的寓言故事，既有生动的故事情节，又蕴含着中国文化的哲理，因此常常被选入国际中文教材中，经久不衰。另外，用来讲述课文故事的语言也应该结合形式和内容，适当表现出诙谐幽默的特点。比如，在《发展中文·中级综合Ⅱ》第八课《燕子买房记》中有这样一句话："即使当一辈子'负翁'，也住不上这天价楼房啊。"这儿用"负翁"指那些原有资产消失，背上债务的人，与"富翁"谐音，活用了中文的谐音文化，听上去给人一种既熟悉又新鲜的感觉，比直接用"负债的人"更形象，更能体会他们身背债务的沉重感。

除了在课文语言上体现趣味性外，教材中的非课文因素也需要体现一定的趣味性，比如词汇表、语法或文化注释、练习设计等等，这在近年来的少儿中文教材中体现得尤其活泼，常常会用有趣的图片、卡通人物形象、丰富多元的色彩、益智类游戏等方式来增加形象性和趣味性。这在一定程度上也反映在用纸、装帧、版面、插图等方面的"印刷趣味性"中。此外，教材在编写和使用过程中，也应该尽量体现"产品现实化的趣味性"。这就要求教材编写者能摈弃刻板僵化的教材编写模式，而针对目标学习者和编写内容的特点，在语言内容和装帧设计上，确定并布局有关的趣味点。同时，过程趣味性更体现为教师在教材运用上的"创造性趣味性"，教师并不需要受制于教材，也不需要完全和教材编写者的意图完全一致，只要教师能够借助教材提供的元素，充分结合具体的课堂教学的对象和细节，以及临时性的课堂教学环境，产生出"即时趣味性"，让课堂教学生动活泼，充满趣味，这就是一种教学成功。

五、中文教材编写应重视国家形象建构

与其他学科教材不同,国际中文教材的使用者大多为来自海外的汉语为非母语的学习者,国际中文教材可能是他们获取关于中国及其文化正确认知的重要渠道。然而,以往的中文教材在编写和研究上并未充分重视对中国形象自我构建的意义。中国形象,指的是中国在国际上的形象,它是中国国家综合实力的表现,也反映了其他国家及民众对中国的总体性印象和评价。由于历史的原因,国际上对中国的形象认知大都刻板僵化。

随着中国国家"软实力"的不断提升,很多研究指出,国际中文教材应被视为中国形象建构的一个直接媒介,是中国形象自我构建、中国人物形象自塑的一个重要平台。国际中文教材有责任担当起新时代中国形象客观自塑及外宣的使命工作,这也被视为改变中国国际话语权的弱势地位的一个现实课题[1]。近年来,一些国际中文教材在编写上已有意识地通过交际语境设置、话题设定、人物塑造、话语构造等方式,自然平实地传达当代中国的国情和文化,呈现一种积极向上的中国形象[2]。不过,也还存在着编写的主观性、时效性和真实性等方面的问题,而这些问题一定程度上影响了教材的可信度。因此,国际中文教材的编写,在遵循上述一般性的第二语言教材编写原则的基础上,还需要有意识地遵循国家形象建构的若干原则,以真实生动、多元代表、动态发展、自然平实的原则为指导,合理客观、与时俱进地优化教材编写。

第二节 国际中文教材编写的理论基础

与20世纪主流的语言教学方法一样,现代第二语言教材都受到了特定时代语言学理论和学习理论的影响,典型的教材是这些理论的产物,也是这些理论在教学实践中的切实体现。编写国际中文教材,就是编写中文作为第二语言教学的教材,因此也需要遵循并体现语言学理论和第二语言的学习理论,这本身也是教材编写科学性的体现。

---

[1] 朱勇,张舒. 国际汉语教材中国人物形象自塑研究[J]. 华文教学与研究,2018 (3).
[2] 宋璟瑶. 高级汉语口语教材中的国家形象建构[J]. 汉语教学学刊,2020 (12).

一、以语言结构为纲的教材编写

在中文作为第二语言教学（对外汉语教学）独立成为一门学科之前，以及在学科建立、发展的过程中，曾经出版了大量的中文教材，反映出了不同的编写理念以及内容编选、体例编排的方式。这种差异和变化典型地体现在以语言结构为纲和以语言功能为纲的两种竞争态势中。作为新中国成立后第一部正式出版的面向外国汉语学习者的教科书，《汉语教科书》[1] 在上下两册共72课中，安排了60课的语法教学，包括了170条语法解释点。《汉语教科书》出版和使用的时代，正是西方结构主义语言学和行为主义心理学盛行的年代；同时，50年代的中国依循苏联重视基本词汇和语法结构知识的传统，认为这是科学地学习语言、使用语言的基础，整个社会掀起了语法学习的高潮。因此，《汉语教科书》作为20世纪50年代汉语教学实践的总结，对语法部分格外重视。在语法项目习得的操练上，《汉语教科书》遵循"词语—句型—会话"的顺序展开，语法项目限定在句子范围内。在教学实践中，普遍遵循听说先行、反复操练、句型为中心、通过语言对比确定教学重点和难点等教学原则。这鲜明地体现出"以结构为纲"的编写理念。此后，七八十年代在中国出版的《基础汉语》[2]、《汉语课本》[3]、《基础汉语课本》[4] 以及《实用汉语课本》[5] 都基本参照了《汉语教科书》的语法项目的选择、切分、注释和编排[6]，这一时期的对外汉语主干教材在编撰上都受到了结构主义语言理论、句型教学法的深刻影响。

二、以语言功能为纲的教材编写

20世纪80年代初，功能语言学理论以及交际语言教法为汉语教材编写注入了新鲜的力量。此类教材较早出现在20世纪80年代，并从90年代以来大量出现。例如，由邱质朴编写的《说什么和怎么说》[7] 就被定位为一本交

---

[1] 北京大学外国留学生中国语文专修班. 汉语教科书 [M]. 北京：时代出版社，1958.
[2] 北京语言学院. 基础汉语 [M]. 北京：商务印书馆，1971.
[3] 北京语言学院. 汉语课本 [M]. 北京：北京语言学院出版社，1977.
[4] 北京语言学院. 基础汉语课本 [M]. 北京：外文出版社，1980.
[5] 北京语言学院. 实用汉语课本 [M]. 北京：商务印书馆，1981.
[6] 吕文华. 汉语教材中语法项目的选择和编排 [J]. 语言教学与研究，1987（3）.
[7] 邱质朴. 说什么和怎么说 [M]. 南京：江苏人民出版社，1990.

际/功能法的高级中文口语教程。这本教材紧扣"交际"与"得体"两个核心概念，根据交际的意向与目的设计出 27 个意向功能单元，分别列举不同交际意向语群的表达方式、例句和情景对话，并设计开放性练习，为教师和学生提供模拟和编写情境对话的练习。整个教材呈现出与之前"以结构为纲"的教材截然不同的编写内容和方式，让人耳目一新：这本教材提供了丰富的实际交际的话题和模拟情境，文化涵盖面广，目的是"帮助外国学生听懂中国人真正的口语，能使用中文做比较得体的提问、应答和叙述，并能逐步引导学习者在体察中国文化和日常习俗的同时比较自然顺畅地使用汉语表达思想、意图和感情"[1]。这类教材体现以交际为纲的编写理念，主要展现现代中国社会生活中最常用、最基本的汉语表达和情境，对基础阶段的语法部分作了简明扼要的解释。总体上，这样的教材比较适合口语教材，而不太适合综合技能教材或者读写、精读教材。其他类似的教材还有由康玉华、来思平为初学中文的外国人编写的速成教材《汉语会话 301 句》[2]，由浅井惠子、山本珠美编写的《中国语会话入门》[3] 等。

三、基于社会文化理论的教材编写

语言与文化不可分离，教语言也就是教文化，这是国际中文教学界的普遍共识。这种经验式的观点得到了社会文化理论的背书，社会文化理论把语言看作是一种社会文化现象：语言是一种重要的中介调节手段，参与了人的心理机能、认知思维的发展。因此，这个理论主张我们应该在二语习得的社会文化环境中开展第二语言教学。

在这样的理论背景下，出现了不少"以文化为纲"的国际中文教材，它们通常把中国文化知识分成若干个文化点（如历史、地理、器物、制度、礼仪、观念、风俗、饮食、传统节日等）来组织教材编写。比较典型的如：张英和金舒年主编的《中国传统文化与现代生活》[4]。这是一套面向中高级留学

---

[1] 邱质朴. 说什么和怎么说 [M]. 南京：江苏人民出版社，1990：2.
[2] 康玉华，来思平. 汉语会话 301 句 [M]. 北京：北京语言大学出版社，2003.
[3] 浅井惠子，山本珠美. 中国语会话入门 [M]. 东京：株式会社西东社，1997.
[4] 张英，金舒年. 中国传统文化与现代生活：留学生中级文化读本（Ⅰ）[M]. 北京：北京大学出版社，2003.
张英，金舒年. 中国传统文化与现代生活：留学生中级文化读本（Ⅱ）[M]. 北京：北京大学出版社，2004.

生的系列文化读本，选取了中国传统文化中富有代表性的文化点，并围绕不同课文所涉及的文化内容和社会现象进行语言知识点的组织与编排，不仅帮助学生提高深层交流的能力，同时也帮助他们了解中国传统文化的演变及其魅力，既知其然，又知其所以然。类似的教材还有中国国家汉办 2007 年组织编写的《中国文化常识》[①]，介绍了中国的传统思想、传统美德、古代文学、古代科技、传统艺术。北京大学出版社 2008 年出版的《东方韵味》（中国文化泛读教程）[②] 是一本适合中级以上水平的汉语学习者学习的对外汉语文化教程，既包括了中国传统"义、气、缘分"之类的抽象概念，也选择了中国人日常衣食住行、婚丧嫁娶等习以为常的生活俗事。对人文现象的"小题大做"，别具一格。此外，还有 2003 年由美国哥伦比亚大学出版社出版的《大学语文》[③]，主要介绍中国人的姓名、家庭，中国地理、神话、成语故事，以及长城、中草药、中国菜等。

四、以结构、功能、文化相结合为基础的教材编写

从 20 世纪 80 年代开始，汉语教材逐渐摆脱以某一理论为纲的传统做法，采用不同理论主次结合、综合考虑的方式，出版了以语言结构为基础，兼顾结构所表达的交际功能的"结构—功能型"教材，也有与之相反的"功能—结构型"教材。早在 1981 年出版的《实用汉语课本》[④] 就尝试了功能、句型和语法相结合的编写思路。在这实践基础上，有学者就主张，结构、功能、文化三者相结合是对外汉语教材编写的基本原则。在教材的实际编写中，应多角度、多类型、多层面地结合，在不同教学阶段结合要分清主次。[⑤] 不过，这一主张还停留在理论探索阶段，是一种相对理想的模式。

在系列教材的编写上，应该如何科学、恰当地制定编写原则，这是一个现实存在的问题。《博雅汉语》[⑥] 系列教材的编写在这方面作了有益的探索。这套教材共分 4 个级别：起步篇、加速篇、冲刺篇和飞翔篇。该教材编写者

---

① 国家汉办. 中国文化常识 [M]. 北京：北京语言大学出版社，2007.
② 廉德瑰. 东方韵味：中国文化泛读教程（上）[M]. 北京：北京大学出版社，2008.
　廉德瑰. 东方韵味：中国文化泛读教程（下）[M]. 北京：北京大学出版社，2010.
③ 李端端，等. College Chinese [M]. New York：Columbia University Press，2003.
④ 刘珣，等. 实用汉语课本 [M]. 北京：商务印书馆，1981.
⑤ 赵金铭. 对外汉语教材创新略论 [J]. 世界汉语教学，1997（2）.
⑥ 金舒年，陈莉. 博雅汉语 [M]. 北京：北京大学出版社，2013.

认为，中文精读教材的编写首先要明确语言知识和语言功能缺一不可，语言教材不是单纯地教授语言知识，而是要帮助学习者掌握熟练使用语言与世界互动的技能，并最终获得自我认同。这套教材在"起步篇"编写上，主张运用结构、情景、功能理论，以结构为纲，将结构、功能融入情景中，重点是帮助学习者打好语言知识的基础。随着语言学习者上升至中高级水平，根据他们的学习特点，将语言运用要求提到更高的位置。因此，在"加速篇"编写上，这套教材主张运用功能、情景、结构理论，以功能为纲，重点训练学习者在不同情景中的语言交际能力，为下一步学习做好充分的语言功能积累；同时，逐渐增加目的语文化的信息，帮助学习者感受人类共同的情感，领略世界文化的丰富性。在这一阶段，《博雅汉语》主张以话题理论为原则，为已经基本掌握了基础语言知识和交际功能的学习者提供有关人类共同话题以及反映中国传统与现实的话题；在语言能力上，相应地培养学习者运用特殊句型、常用词语和成段表达的能力。到了最高阶段"飞翔篇"中，提出要以语篇理论为原则，为学生提供内容深刻、语言优美的中文范文，将提高学习者语篇阅读能力、成段表达能力作为这一阶段的中心任务，通过展现中文篇章表达的多样性和丰富性，来体现人文精神和人类共同文化。

五、服务于主题和探究式教学的教材编写

近年来，语言学理论和语言学习理论发展日新月异，一些先进的教育理念也对第二语言教学产生了渗透和影响，推动了国际中文教材的多元化。不少以主题式（或话题式）、探究式为编写特点的中文教材就是其中的典型代表。"以主题为纲"的教材突出了在语境中以意义为中心，并运用各种不同的教学程序来进行教学的重要性，这就要求中文教师围绕有意义的主题，引导学习者把注意力集中到交际能力的发展、语义的协商上，而不是仅仅就语言形式进行操练。比如，面向中高级留学生的《目标汉语·提高篇》[①] 就是典型的话题式教材。它秉持"以话题为引导，词汇为重点，语法为骨架，功能为辅助，文化为蕴含，练习为主体，迅速提高交际能力为终极目标"的编写总原则，话题新颖、题材广泛，话题编排体现实用性和层级性，涵盖了由学习和日常生活到文化、知识和国情，由校园到社会的各个方面。

---

① 潘先军. 目标汉语·提高篇 [M]. 北京：北京大学出版社，2012.

探究式教学是当代各学科普遍倡导的新型教学模式，它以建构主义教育理论为基础，要求教师以学生为中心，通过必要的指导，鼓励学生以"自主、探究、合作"的学习方式，培养学生对主要学科知识的主动建构，并通过深入探究、小组合作交流，帮助学生达到课程标准中的情感目标要求。探究式教学与主题式教学完美结合的一套中文教材是吴勇毅编写的《中国研习》[①]。这是一套为国际学校1—12年级外籍学生开发的中国文化与社会探究教材。它主要参考IB课程大纲，并吸收了基础教育课程教材发展中心"外籍人员子女学校认证标准"中有关中国文化课程教学的要求，设计了丰富全面的教学主题。以《中国研习》初中系列为例，这套教材共分3册，每册12个单元，每个单元涉及1个主题，涵盖了艺术/设计、地理、历史、文学、数学、音乐/戏剧、体育、科学技术、社会九大领域。此外，这套教材又采用了探究式教学方法，力求创造轻松愉快的学习环境，帮助学习者体认中国文化，融入中国社会，同时培养他们的批判性思维能力。

第三节　国际中文教材的类别

一、国际中文教材分类的必要性

对国际中文教材做出系统合理的分类是必要的。某种意义上说，教材的分类有利于对特定类别的教材进行深入的特点分析，也可以进行教材之间的归类比较，通过比较可以更好地发现和确认事物的性质与特点。比如有的研究从历史演变的角度，将中国台湾地区华语文教材归类研究，既可以探讨不同时期不同学习者、不同教学者、不同教学目的所使用的教材的演变发展，还可以探究中国台湾地区华语文教材演变发展的整体性/阶段性的特征和规律[②]。也有许多研究是将用于国内和国外的同类别中文教材进行比较，比如汉韩速成中文口语教材比较、中泰初级中文教材比较等等[③]。即使是同类中文教材，如果在不同

---

① 吴勇毅，刘弘. 中国研习［M］. 上海：华东师范大学出版社，2021.
② 张胜昔. 台湾地区华语文教材演变发展研究［D］. 上海：华东师范大学，2021.
③ 段依依. 中韩短期速成汉语口语教材比较研究——以《汉语口语速成》和《美味汉语》为例［D］. 北京：北京外国语大学，2016；黄子君：试论中泰初级汉语教材对比研究——以《体验汉语》和泰国人编写的《汉语教程》为例［D］. 桂林：广西师范大学，2014.

国别中使用,也都会因为教学对象构成、学习者母语背景、学制学时、教学环境等方面的差别,而带有不同的编写特点,这样的分类、比较,可以帮助人们更深刻地认识特定教材的性质和特点,也可以帮助教师做出恰当的选择和使用。

二、国际中文教学"课堂用教材"和"非课堂用教材"

现有的国际中文教材数量庞大,但大致可归入"课堂用教材"和"非课堂用教材"两大类。在这两个门类下,还可细分成更多的教材类别(见图8-1):

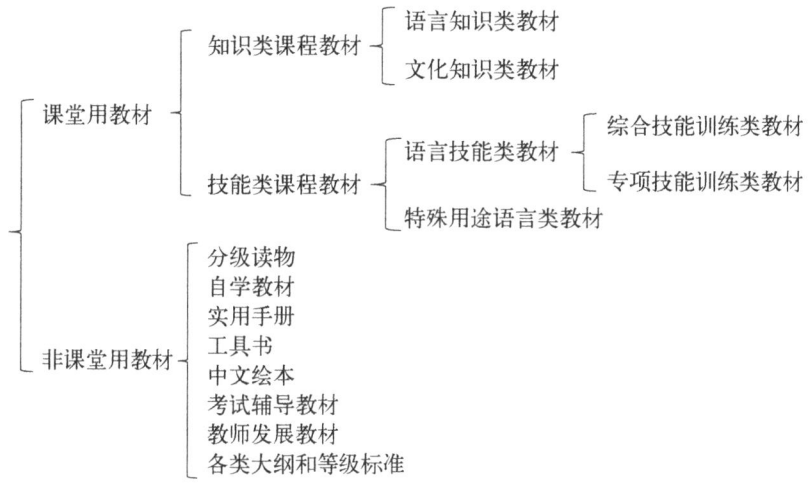

图8-1　国际中文教材分类

1. 国际中文教学"课堂用教材"

"课堂用教材"根据课程设置的不同,主要由"知识类课程教材"和"技能类课程教材"两部分组成。"知识类课程教材"主要包括"语言知识类教材"和"文化知识类教材",前者包括如汉字、汉语语音、词汇、语法等教材,后者包括中国传统文化、中国历史、中国艺术、中国国情介绍之类的教材。"技能类课程教材"主要包括"语言技能类教材"和"特殊用途语言类教材"。前者还可以分作"综合技能训练类教材"和"专项技能训练分类教材"。"综合技能训练类教材"包括精读类教材,听说、读写类教材。精读类教材主要以精读文章为主,在教阅读理解的同时教语音、词汇、语法、汉字等语言知识。北京语言学院早期编写的《基础汉语课本》和《实用汉语课本》都是以综合性交际技能为主,用一套课本培养学习者的语言知识和语言技能。在中国之外的非目标语环境中，由于课时、环境条件的限制，往往采用综合教材，典型的如美国出版的《中文听说读写（第三版）》[1]。"专项技能训练分类教材"主要出现在20世纪80年代，根据听、说、读、写、译等不同技能分别编写教材。这类教材以单列为主，比如《汉语口语速成》[2]、《初级汉语阅读教程》[3]、《中级汉语听和说》[4]、《中级汉语阅读教程》[5]、《新汉语写作教程》[6]。而"特殊用途语言类教材"主要指为了满足某种专门需求而编写的商务类中文、旅游类中文、体育类中文、工程类中文、科技类中文以及医学类中文等教材。在中山大学国际中文教材研发与培训基地建设的汉语教材库中，共收录了专用汉语教材共21类，500多册/种。商务类教材种类数量最多，其他类别的教材比例由高到低为：旅游、媒体、医学、体育、法律、交通、科技、烹饪、纺织、公务、军事、历史、公关、警务、航空客服、数学、外交、哲学、政治、IT[7]。《外贸洽谈500句》[8]是中国第一本面向留学生的商务汉语教材。从20世纪90年代以来，商务类汉语教材开始大量出版。在中山大学汉语教材库中共收录了282册商务汉语类教材，其中主要是课堂用教材，而且70%的商务类汉语教材是在中国出版的，在日、韩等国出版的也较多。商务类汉语教材主要是以听说、阅读、写作等分技能教材为主，如《新丝路商务汉语速成系列》[9]、《商务汉语101》[10]、《商务汉语拓展》[11]；也包括一些综合课系列教材，如《卓越汉语·商务致胜》[12]等。

2. 国际中文教学"非课堂用教材"

"非课堂用教材"在早期的中文教材编写中并不多见，而是随着中文学习人数迅速增长，教材需求日益多样化而出现的。

---

[1] 姚道中，刘月华. Integrated Chinese [M]. Boston：Cheng & Tsui Company，2009.
[2] 马箭飞，等. 汉语口语速成（入门篇上下）[M]. 北京：北京语言大学出版社，2000.
[3] 张世涛，刘若云. 初级汉语阅读教程 [M]. 北京：北京大学出版社，2002.
[4] 白雪林，等. 中级汉语听和说 [M]. 北京：北京语言大学出版社，2002.
[5] 周小兵，张世涛. 中级汉语阅读教程1 [M]. 北京：北京大学出版社，1999.
[6] 罗青松. 新汉语写作教程 [M]. 北京：华语教学出版社，2012.
[7] 周小兵，张哲，孙荣，伍占凤. 国际汉语教材四十年发展概述 [J]. 国际汉语教育（中英文），2018（4）.
[8] 北京语言学院，北京对外贸易学院. 外贸洽谈500句 [M]. 北京：外文出版社，1982.
[9] 该系列由李晓琪主编，北京大学出版社2009年出版。
[10] 关道雄. 商务汉语101 [M]. 北京：外语教学与研究出版社，2014.
[11] 张黎. 商务汉语拓展 [M]. 北京：北京大学出版社，2018.
[12] 该系列共分4册，由周红主编，外语教学与研究出版社于2012—2014年间出版。

它们主要包括下列几种类别：

（1）方便学习者课外自学的自学教材。如中国出版的《汉语900句》①、《体验汉语100句》②，以及在海外出版的 Talking Chinese Series③、《자학자습 중국어 1》④、《汉语病句辨析九百例》⑤ 等。

（2）汉语或中华文化的（分级）读物。如"实用汉语分级阅读丛书"⑥、《汉语风》⑦、《中国那个地方》⑧、《中国人的生活故事》⑨，以及在海外出版的 Asiapac Books 系列⑩、Chinese Culture Active Learning Series⑪、"中文读本系列"⑫ 等。

（3）实用性汉语学习手册，主要为学习者在生活、工作、旅游中提供相关场景的汉语学习语句。比如《300词畅游中国》⑬、《想说就说：汉语口语完全手册》⑭、用于成都举办的第31届世界大学生夏季运动的《大运中文100句》⑮ 等，这些既是简单的语言教材，又能作为"救急"手册使用。

（4）汉语学习工具书，主要包括汉语字典、词典、单词本等。常见的如《现代汉语学习词典》⑯、《全球华语新词语词典》⑰、《全球华语大词典》⑱、《汉

---

① 《汉语900句》编写组. 汉语900句［M］. 北京：外语教学与研究出版社，2006.
② 岳建玲，等. 体验汉语100句：生活类（英语版）［M］. 北京：高等教育出版社，2010.
③ Talk Chinese Series 系列包括生活口语、休闲口语、职场口语等，由 Li Shujuan 主编，由 Sinolingua Press 于 2005—2008 年间出版.
④ 한무희，윤영근，임향섭. 자학자습 중국어 1［M］. 서울：부민문화사 自修汉语［M］. 首尔：富民文化社，2011.
⑤ 程美珍. 汉语病句辨析九百例［M］. 北京：华语教学出版社，2009.
⑥ 该系列阅读丛书由崔永华主编，北京语言大学出版社于2008年出版.
⑦ 《汉语风》中文分级系列读物由刘月华、储诚志主编，由北京大学出版社出版.
⑧ 张英. 中国那个地方［M］. 北京：北京语言学院出版社，2002.
⑨ 孔子学院总部/国家汉办. 中国人的生活故事·心灵诗篇［M］. 北京：外语教学与研究出版社，2015.
⑩ S. K. Lim，傅春江. Asiapac Books：Origins of Chinese Language［M］. Singapore：Asiapac Books Pte Ltd，2009.
⑪ Jane Liedtke, et al. Chinese Culture Active Learning Series：Chinese Traditional Holidays and Festivals［M］. Bloomington：OCDF Publications, Beijing：Dolphin Books, 2007.
⑫ Various. Chinese Readers Series A：Level 1（Orange）［M］. Hongkong：Ppp Co Ltd，2009.
⑬ 王尧美，林美淑. 300词畅游中国［M］. 北京：高等教育出版社，2005.
⑭ 新语言工作室. 想说就说：汉语口语完全手册（俄文版）［M］. 北京：北京语言大学出版社，2007.
⑮ 中外语言交流合作中心. 大运中文100句［M］. 成都：四川人民出版社，2023.
⑯ 商务印书馆辞书研究中心. 现代汉语学习词典［M］. 北京：商务印书馆，2010.
⑰ 邹嘉彦，游汝杰. 全球华语新词语词典［M］. 北京：商务印书馆，2010.
⑱ 李宇明. 全球华语大词典［M］. 北京：商务印书馆，2016.

语图解小词典》①、《岩波中国语辞典》②、*Collins Easy/Essential/Visual Mandarin Chinese Dictionary*③ 等。

（5）汉语考试辅导教材，主要帮助学习者准备包括汉语水平考试（HSK）、中小学汉语考试（YCT）、商务汉语考试（BCT）、IB中文考试等在内的各级各类汉语考试。比如《HSK标准教程》④、《突破IB中文B普通课程难关+阅读理解练习册（2018年新大纲版）》⑤、《IB中文B：手把手教你写专题论文》⑥等。在日本、韩国、泰国等国家也出版了为各类汉语考试和汉字考试，特别是为日本的"中国语检定"、韩国的TSC汉语口语考试服务的辅导教材。

（6）各类汉语大纲和等级标准，严格意义上，这部分并不能称作教材，但它们是指导全球汉语课程设置、教材编写和教学实施以及汉语第二语言能力的鉴定的科学依据。比如早期的《汉语水平词汇与汉字等级大纲》⑦、《国际汉语能力标准》⑧、《国际汉语教学通用课程大纲（修订版）》⑨、《国际中文教育中文水平等级标准》⑩、《国际中文教育用中国文化和国情教学参考框架》⑪、《职业中文能力等级标准》⑫等，国外出版的有《中国語初級段階学習指導ガイドライン》⑬等。

（7）汉语教师发展类教材，主要用于国际汉语教师职前、职中培训和教师发展的专业类书籍。比如，《〈国际中文教育中文水平等级标准〉语法教学

---

① 吴月梅. 汉语图解小词典［M］. 北京：商务印书馆，2009.
② 仓石武四郎. 岩波中国语辞典［M］. 东京：岩波书店，1963.
③ 该系列中文词典由Collins Dictionaries编写，并由Collins于2015—2019年间出版。
④ 该系列教程由姜丽萍等主编，由北京语言大学出版社于2013—2019年间出版。
⑤ 冯薇薇. 突破IB中文B普通课程难关+阅读理解练习册（2018年新大纲版）［M］. 北京：华语教学出版社，2018.
⑥ 冯薇薇. IB中文B：手把手教你写专题论文［M］. 北京：华语教学出版社，2019.
⑦ 国家对外汉语教学领导小组办公室汉语水平考试部. 汉语水平词汇与汉字等级大纲［M］. 北京：北京语言学院出版社，1992.
⑧ 国家汉语国际推广领导小组办公室. 国际汉语能力标准［M］. 北京：外语教学与研究出版社，2007.
⑨ 孔子学院总部/国家汉办. 国际汉语教学通用课程大纲（修订版）［M］. 北京：北京语言大学出版社，2014.
⑩ 教育部中外语言交流合作中心. 国际中文教育中文水平等级标准［S］. 北京：北京语言大学出版社，2021.
⑪ 教育部中外语言交流合作中心. 国际中文教育用中国文化和国情教学参考框架［M］. 北京：华语教学出版社，2022.
⑫ 世界汉语教学学会. 职业中文能力等级标准［S］. 北京：北京语言大学出版社，2024.
⑬ 中国語教育学会学力基準プロジェクト委員会. 中国語初級段階学習指導ガイドライン［Z］. 2007.

手册（初等）》[1]，《国际汉语教师语法教学手册（第 2 版）》[2]，《国际汉语教师词汇教学手册》[3] 等。这方面的教材还包括很多国际中文教育本科和研究生教育用的教材，例如《对外汉语教学入门（第 3 版）》[4]、《对外汉语教学概论（修订版）》[5]、《华文教学概论》[6]、《对外汉语教育学引论》[7]、《实用对外汉语教学法（第 4 版）》[8]等都是汉语教师专业培养领域的经典教材。此外，国内外颁布的一些有关国际中文教师能力与资格的标准和大纲，虽不具备教材的性质，但它们高度概括了国际中文教师实施教学的基本行为，提出了专业发展的基本准则，是国际中文教师培养、培训、专业能力认定、专业发展与职业规划的根本依据，值得高度重视，例如《全美中小学中文教师资格大纲》[9]，以及新近实施的《国际中文教师专业能力标准》[10]。

（8）中文绘本，这主要是为海外儿童学习中文准备的情节生动、色彩丰富、趣味性高的中文教材。这类教材在中文表述上较多使用重复句型和叠句结构，词汇简单，教材中的故事不仅可以看，也可以读，有助于提高孩子的中文口语水平、阅读水平和认知能力。如《不一样的卡梅拉（注音版）》[11]、《打瞌睡的房子》[12] 等。

第四节　国际中文教材的评估

一、国际中文教材评估的原则

优质的国际中文教材不仅要遵循二语习得规律，更要以规范的中文为中

---

[1] 杨玉玲.《国际中文教育中文水平等级标准》语法教学手册（初等）[M]. 北京：北京大学出版社，2025.
[2] 杨玉玲. 国际汉语教师语法教学手册（第 2 版）[M]. 北京：高等教育出版社，2014.
[3] 刘颂箐. 国际汉语教师词汇教学手册 [M]. 北京：高等教育出版社，2013.
[4] 周小兵，李海鸥. 对外汉语教学入门（第 3 版）[M]. 广州：中山大学出版社，2017.
[5] 赵金铭. 对外汉语教学概论（修订版）[M]. 北京：商务印书馆，2019.
[6] 郭熙. 华文教学概论 [M]. 北京：商务印书馆，2007.
[7] 刘珣. 对外汉语教育学引论 [M]. 北京：北京语言大学出版社，2000.
[8] 徐子亮，吴仁甫. 实用对外汉语教学法（第 4 版）[M]. 北京：北京大学出版社，2023.
[9] Lucy C. Lee, Lin Yulan, et al. 全美中小学中文教师资格标准大纲 [S]. National Language Association of Secondary-Elementary Schools（CLASS），美中小学中文教师协会. Columbus：National East-Asia Language Resource Center at the Ohio State University, 2007.
[10] 世界汉语教学学会. 国际中文教师专业能力标准 [M]. 北京：北京大学出版社，2022.
[11] 克斯提昂·约里波瓦，克利斯提昂·艾利施. 不一样的卡梅拉（注音版）[M]. 郑迪蔚，译. 南昌：二十一世纪出版社，2017.
[12] 奥黛莉·伍德，唐·伍德. 打瞌睡的房子 [M]. 柯倩华，译. 济南：明天出版社，2017.

文学习者提供中文知识、技能和文化；展示中文的各种语体，介绍中文语音、词汇和语法的结构特点与构成规律，并通过教材课文中所蕴含的文化内涵和语用规则，培养学习者得体的中文运用能力和对中华文化价值的鉴赏与理解能力。然而，当前国际中文教材数量庞大，种类繁多，用途不一，在教材质量上不可避免地存在着良莠不齐的问题。

许多学者提出，我们应当以评估来促进中文教材的发展。只有通过科学、可靠的评估，才能判定一本中文教材在编写和运用上的优劣成败，才能帮助我们分析教材的长处与不足，这是教材进一步优化和完善的前提。教材评估是一个对教材属性和应用做出价值判断的过程，总体上，它需要遵循两条基本原则："效果原则"和"效率原则"。教材评价的"效果原则"是指"考查教材是否能够达到预先设想的效果"①，包括是否能够真正达到教材编写者事先设想的效果，以及是否能够使学生达到事先设想的学习效果。教材评价的"效率原则"指的是"考查被评价的教材是否比其他教材能够更加有效地满足学习需要，达到预先设想的学习效果"②。

二、国际中文教材评估的方式

国际中文教材评估的方式（见图 8-2）大体也可以分作两个方面。首先，它可以通过师生等教材使用主体来做出评估。这种评估称作"印象性评估"，主要依据教材使用主体的直觉、教学经验、教材使用经验等主观性感受进行教材评估。这种方法真实具体，能反映出使用主体对教材优劣的态度倾向，但也带有一定的随意性、印象性、片面性，不一定准确或正确。因此，这种方式只能作为教材评估的

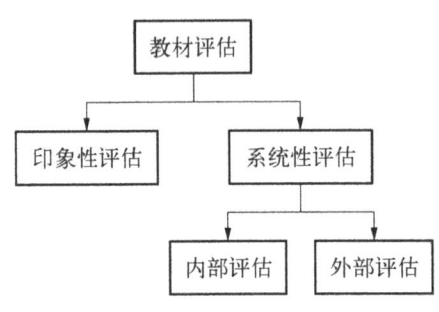

图 8-2 教材评估方式示意图③

---

① 程晓棠，孙晓慧. 英语教材分析与设计（修订版）[M]. 北京：外语教学与研究出版社，2011：97.
② 程晓棠，孙晓慧. 英语教材分析与设计（修订版）[M]. 北京：外语教学与研究出版社，2011：97.
③ 程晓棠，孙晓慧. 英语教材分析与设计（修订版）[M]. 北京：外语教学与研究出版社，2011：98.

一个组成部分、一种必要参照，教材评估还需要借助一种系统、量化的评估方式——"系统性评估"，即根据特定标准或原则对教材的设计和实施进行评价。"系统性评估"包括"内部评估"和"外部评估"两个方面。"内部评估"一般需要根据一套可靠的中文教材评价指标体系，对中文教材进行分析和评价。这些指标可以是定量的，也可以是定性的。例如，赵金铭研发的"对外中文教材评估一览表"就是一个典型的教材内部定量指标体系[1]。在指标体系中，定量指标已经被赋予了分值权重，这样方便计算统计。这些指标主要用来反映和评价一本教材的教学指导思想和教材的主体设计，包括教材倡导的教学方法，教材内容的选择和安排，教材中语言要素的真实性和地道性，教材的练习安排和教材形式设计等方面。这些方面分解细致，包含全面，用定量方式进行测定，正确度、可信度较高。不过，由于国际中文教材多元化，很难制定出一份既科学规范，又能适应教材多样性的定量指标体系。因此，我们也可以通过直接定量分析的方式来评价教材内容，比如说，对某本/套教材的词汇量、生词复现率、语法项目点数量、句式长短和复杂性、课文长度、练习题题量和类型等进行直接统计，这样可以更简洁精确地反映某本/套教材的编写特点，而且数据分析的客观性和可靠性比较强。"外部评估"的方式主要用来评价教材的适用性，也就是说评价教材是不是能够满足学生和教师教学的需要。具体来说，可以通过调查访谈来了解教师和学生等教材使用群体对所用教材的评价意见，也可以借助课堂观察记录表来收集教材信息，通过观察教材的教学使用情况来评价教材。这类课堂观察记录表往往会包括教材的教学目标、内容、教材与师生互动、教材适应性与学生特征、教材与学生动机、教材使用所需时长等方面。

三、国际中文教材评估的程序

评估国际中文教材，需要遵循一定的程序步骤，这样可以系统、全面地了解和分析教材评估所涉及的各个方面。

第一，要明确教材评估的具体对象和评估目的。当我们在同类教材中要明确选用出合适的教材时，或者经过一段时间的教学，需要对所用教材进行阶段性分析和总结时，或者我们对某教材进行修订时，都需要确定评估的教

---

[1] 赵金铭. 论对外汉语教材评估 [J]. 语言教学与研究, 1998 (3).

材对象。一般情况下，还需要考虑教材的使用者与教材之间的关系。在开始教材评估的具体步骤前，我们还需要明确一下评估的目的，比如，在多种教材中，哪种教材最符合中文课程的教学目的；对于中文学习者来说，学习量和难度水平是否合适；教材本身是否存在着需要修订、改进的不足之处等等。

第二，要明确教材评估的衡量标准和方法。从根本上说，中文教材的评估标准需要从下面几个方面来确定：一是看看教材编写是否遵循了第二语言"教"与"学"的一般规律，是否有相应教学理论和学习理论的支撑；二是看看教材是否满足学习者的需求分析，评估标准需要根据学习者希望在多大程度上能掌握中文知识技能、熟悉中华文化来确定；三是看看教材是否符合国际社会发展对中文人才培养所提出的要求。在评估方法上，我们可以根据前面所提出的"印象性评估"和"系统性评估"模式，明确一种或多种最佳的评估方式，尽可能结合多种方法，从不同角度丰富并验证评估结果。此外，我们还需要明确教材的具体评价者，他们可以是教师和学生等来自教学一线的教材使用者，或者是教材编写者本身，也可以是教材审定专家和中文教学评估专家。如果他们能够组成多元的评估小组，那对于客观全面的教材评价来说是更为理想的。

第三，要了解教材的基本信息。这主要包括教材的版本信息、编制背景、指导思想、教材内容4个方面。版本信息可以从教材的版本记录页或版权页上查询到，这主要是关于图书出版情况的历史性记录，包括教材的书名、作者、出版者的名称及所在地、发行者的名称、出版年月、开本、字数、版次、印次、国际标准书号、定价等项目。教材的使用说明或前言中一般会有编制背景、指导思想方面的信息，用来说明教材编写所依据的教学原理和原则，表明教材编制的目的和希望实现的教学效果；同时，也会清晰地说明教材是为哪类中文学习者编制的，教材适用于什么样的语言环境（目的语还是非目的语环境）等等。前言中还会简要地说明该教材中相关的中文知识体系、技能体系、跨文化交际体系等内容，具体的教材内容主要在教材目录中体现。

第四，搜集教材的编写信息。这可以从具体教学章节或单元中分析出来，比如教材的整体教学目标和单元教学目标、课文题材的覆盖面、中文知识和技能的处理方式（包括汉字、词汇和语法项目的编排）、练习编排的层次和方式，以及注释是否简单明了、语言文字是否规范准确、插图装帧是否精美恰当、内容是否方便理解等等。

第五，搜集教材的使用信息。除了上述静态的教材编写信息外，我们也需要搜集教材在实际使用过程中的一些动态信息，这包括与教材使用有关的教师因素、学生因素、课堂环境因素、教材使用的学校因素、教材配套使用的多媒体因素等等。国际中文教材的使用受外部不同环境的影响比较大，因此，在这方面需要更加注意不同因素的作用和影响。具体来说，我们需要调查和收集下列信息：学生和教师使用教材的方式、学生和教师对教材的评价意见、学生使用教材后的中文学业成就变化、学生使用教材后的跨文化交际能力变化、学生使用教材后对中华文化的理解和认知变化、教师使用教材过程中开展的教学活动的效果、教学专家对该教材的综合评价、中文教学管理人员对该教材的反映等等。

第六，对教材进行综合评估。在搜集完成教材的相关信息后，就需要对教材做出综合性评估了。我们可以采用文字描述的方式进行综合性评估，也可以根据相关的评价指标体系进行等级评估。文字描述性评估一般要概括教材的主要编写特点，总体目标和效果，不同评价主体对该教材在设计、教学效果方面的意见，不同评价主体对该教材使用方式的改进意见和建议，不同评价主体对该教材修订的意见和建议等等。如果采用评价指标体系进行等级评估，就需要把教材分成语言系统、语言交际技能、跨文化交际、教材编写与设计等不同的维度，再将这些维度细分成不同的具体项目，并对它们进行赋值，然后计算出该教材的总体得分，确定教材的优劣等级。例如，上文提到的"对外中文教材评估一览表"就包含了前期准备、教学理论、学习理论、语言材料、练习编排、注释解说、教材配套和其他等8个方面，共55个具体的评估项目。这些评估项目能够典型地反映出教材编写主要方面的内容。比如说，应该根据哪些具体项目来评价一本中文教材的"语言材料"呢？"对外中文教材评估一览表"就罗列了13个具体的评估项目，包括"每课生词量适当，重现率充分""句子长短适度""课文篇幅适中""课文与会话语言真实""自然口语与书面语关系处理得当，是真正的普通话口语""所设语境自然、情景化""课文内容符合外国人、成年人、有文化的人的心态""课文题材涵盖面广，体裁多样""课文内容的深浅难易排序得当""从开始就有可背诵的材料""课文有意思，给学习者以想象的余地""内容无宣传、无说教、无强加于人之处""教材的文化取向正确无误"，这涵盖了中文学习的词汇、句子、语篇、语言材料的真实性、规范性、可读性、情境性、趣味性、思想性等方面,也涉及了与语言相关的文化认知。在"对外中文教材评估一览表"中,每个具体项目又分为 A、B、C、D 4 个等级,然后对不同等级赋值:1—45 项 A 为 4 分、B 为 3 分、C 为 2 分、D 为 1 分;46—55 项 A 为 2 分、B 为 1 分、C 为 0.5 分、D 为 0.25 分。前 45 项满分为 180 分,后 10 项满分为 20 分,总满分为 200 分。"对外中文教材评估一览表"规定,累计得分 170 分以上的教材为优秀教材,150—169 分之间者为良好教材,120—149 分之间者为一般教材,119 分以下者为较差的教材。这样,借助这个评估量表,我们可以比较快地得出中文教材的总分并确定教材的等级。这种综合性评估方式虽然采用了量化的评价指标体系,但是在确定每个具体项目的分值上还是带有比较明显的主观因素,因此,真正严格、科学、正规的教材等级评定还需要综合多种评估方式,相互参照,并由比较权威的教学行政部门来主持进行,这样才能尽量规避因个人评价教材所带来的主观性等问题。

第五节　国际中文教材的新发展

20 世纪 50 年代以来,国际中文教材的发展取得了长足的进步,除了在数量和种类上呈现出由少到多的发展趋势外,教材开发本土性、教材编写科学性、教材多媒体化等特点也非常突出。

一、国际中文教材开发本土性增强

在对外中文教学发展初期,海外出版的本土中文教材并不多见。1954 年,保加利亚出版了一本由朱德熙和张荪芬共同编著的《汉语教科书》,这被认为是第一部对外汉语教材,也是第一部由中国学者编写的国别对外汉语教材[①]。而在那个时代,对外汉语教材主要是在中国大陆出版,教材种类有限,主要是为来华留学生群体编写的。这些留学生人数不多,大都是来自苏联、东欧和朝鲜、越南等国家,因此,中文教材主要以俄语和英语作为教学媒介语。总体上,这些教材是一种立足中文环境的第二语言教材,也可以被称为"普适性教材"。《实用汉语课本》就是典型的普适性教材,曾经被推广到不同语区和国家使用。尽管这些教材在中文知识和技能体系上编排完整而科学,但在编写

---

① 董淑慧.朱德熙、张荪芬编著《汉语教科书》评介 [J]. 世界汉语教学,2006 (4).

上以"我"为主,没有充分考虑到不同母语者的语言、文化和学习背景差异,以及不同语区或国家中文学习者的学习需求,多多少少会出现一些水土不服的困难。比如说,这些普适性教材使用学习者不太熟悉的教学媒介语,会额外增加他们学习的难度;在内容和选材上无法充分考虑到不同地区的教育制度和社会文化,也难以适应海外中文学习者的不同学习需求和特点。

随着20世纪90年代以来快速增长的海外中文学习需求,国际中文教材编写出现了明显的"本土化"发展倾向。越来越多的语区、国家开始编写适用于本地区社会文化环境的中文教材,这些教材能够以当地学习者的母语作为教学媒介语,教学内容上能够更加贴近所在地区的教育制度和社会文化,能够适应当地学习者的学习习惯和特点。"本土化"中文教材在编写上出现了不同的类型。早期,一些海外中文教学专家会以某些普适性中文教材为基础,进行适当的改编或仿写,比如苏联中文专家仿照《实用汉语课本》编写了《实用汉语教科书》[1],这可以说是一种带有"本土性"特点的特殊教材。此外,为了适应不同语区的教学媒介语特点,一种比较容易的操作方式就是将典型的普适性教材进行教学媒介语改编,比如吴中伟主编的《当代中文》系列教材(华语教学出版社)在2003年出版的英文注释本基础上,陆续出版了包括法语、西班牙语、蒙古语、波斯语等在内的46个语种的不同版本,这是本土教材发展过程中"一版多本"的典型教材。

当然,主流的本土中文教材应该是由国外本土教师立足本国语言环境而主导编写的,比如白乐桑、张朋朋编写的《汉语语言文字启蒙》[2]、柯佩琦(Brigitte Kölla)、曹克俭面向英语区、德语区学习者编写的《中国字》[3]、《中国话》[4],以及针对韩国儿童编写的《好棒儿童中国语》[5],其中具有广泛代表性和影响力的本土中文教材是在美国出版的由姚道中、刘月华等共同编写的《中文听说读写》系列教材。中外教师或教育机构合作编写和出版、面向不同语区中文学习者的中文教材也有了显著发展,比如徐霄鹰、周小兵合作

---

[1] A. F. Kondrashevsky, M. V. Rumyantseva, M. G. Frolova. Practical Course of Chinese Language (实用汉语教科书) [M]. Moscow: Eastern Book, 1989.
[2] 白乐桑,张朋朋. 汉语语言文字启蒙 [M]. 北京:华语教学出版社,1997.
[3] 柯佩琦. 中国字 [M]. 北京:商务印书馆,2001.
[4] 柯佩琦,曹克俭. 中国话 [M]. 北京:商务印书馆,2012.
[5] 김명화,이윤화,2 하오빵 어린이 중국어 (好棒儿童中国语). [M] 서울 : 시사중국어사 (首尔:时事中文社),2011.

编写的《泰国人学汉语》①、英国麦克米伦公司和中国外语教学与研究出版社的《走遍中国》② 等。中国与中东阿拉伯地区有着长期的友好往来，近年来中东阿拉伯国家高度重视中文教学。2019年，阿联酋将中文正式纳入国民教育体系，成为第一个将中文纳入国民教育体系的阿拉伯语国家。阿联酋教育部与中国中外语言交流合作中心共同合作编写了"跨越丝路"系列教材③，这是一套专为阿拉伯国家和地区汉语学习者编写的中学中文教材，也是第一套专为阿拉伯语母语背景的中学中文学习者开发的体系化教材。

"本土化"中文教材的增长顺应了国际中文教育全球化发展的态势，体现了对不同国家和地区独特的社会文化和语言教育传统的尊重，而且可以充分调动丰富多元的国际中文教育资源，鼓励更多的中文教师参与开发并推广使用中文教材，使中文教材更具多样性、灵活性和实用性，更能贴近教学实际的需求，这为国际中文教育的蓬勃发展注入了活力。

二、国际中文教材编写科学性提升

科学性是国际中文教材编写的基本原则之一。长期以来，主流中文教材非常注重基础理论的科学性，能够依循正确的教学理论和学习理论作为编写指导。近年来，中文教材编写更注重提升语言材料编排的规范性和科学性，这主要体现在包括词汇、语法、语篇在内的文本难度的科学匹配上，注重文本难度与学习者中文水平相适应，文本难度不能太低也不能过高。

早期的中文教材，特别是中高级中文教材在这方面做得不够理想，教学效果也不太好。例如，周小兵、赵新曾考察20世纪80年代末90年代初出版的4部中级教材④，他们发现生词的难度等级分布很不合理：在4部教材生词中，丙级词比例偏低，都没有超过20%，而丁级词和超纲词的总量明显偏大——这并不符合《汉语水平词汇与汉字等级大纲》所规定的中级汉语应以教丙级词为主的原则。那么，是什么原因造成教材中课文词汇比重与大纲要求不一致呢？研究认为，这主要是因为教材所选择的许多课文直接来自中文

---

① 徐霄鹰，周小兵. 泰国人学汉语 [M]. 北京：北京大学出版社，2009.
② 丁安琪. 走遍中国 [M]. 北京：外语教学与研究出版社，2020.
③ 阿联酋教育部，中国中外语言交流合作中心. 跨越丝路 [M]. 北京：外语教学与研究出版社，2022.
④ 周小兵，赵新. 中级汉语精读教材的现状与新型教材的编写 [J]. 汉语学习，1999（1）.

母语者的中学语文课本，讲究作品的原汁原味，但没有充分考虑汉语作为第二语言学习者的实际水平，以及他们的理解和接受程度。另外，课文的内容比较陈旧，多数是文学作品，甚至包括了20世纪20到40年代的名人原作。这些作品中包含了不少现代中文已经极少出现和使用的过时词汇，比如"庶民、差役、婢仆、颓唐"等，这无疑增加了中文学习者的学习难度。

不过，近10多年来，国际中文教材编写越来越重视文本难度的科学性，能依照《汉语水平词汇与汉字等级大纲》，相对合理地控制生词难度，特别是严格控制超纲词的比例。比如，黄政澄编写的《标准汉语教程》[1]，以及赵新、李英、周小兵合编的北大版长期进修汉语教程《中级汉语精读教程》[2]，这两本中级中文教材的丙级词的比例都超过了50%。周小兵、钱彬还考察了分级读物《汉语风》500词级别分册《一幅旧画儿》的词汇等级[3]，他们发现该读物中不同级别的词汇比例分布比较合理，比如，甲、乙级词共占85.31%，丙级词占5.51%，而超纲词仅占2.82%，这符合该读物属于汉语初中级水平的定位要求。此外，甲级词汇和乙级词汇分别占比71.33%和13.98%，比较符合该级别读物应以甲级词为主、乙级词为辅的要求。提升中文教材文本难度的科学性，离不开科学可靠的词汇难度等级测量工具。"汉语文本指难针"[4] 就是一种新的以文本难度分析为核心内容的工具，它以《汉语国际教育用音节汉字词汇等级划分》[5] 和《国际汉语教学通用课程大纲（修订版）》为定级参考标准，立足大规模的"国际汉语教材语料库"，通过大数据智能技术，可以方便显示文本的字词难度和使用频率，这为国际中文教材文本难度编写的科学性提供了有力的保障。

三、国际中文教材的多媒体化

我们所谈的国际中文教材主要指的是传统意义上的纸质版中文教科书。

---

[1] 黄政澄. 标准汉语教程（第2版）[M]. 北京：北京大学出版社，2008.
[2] 赵新，李英，周小兵. 中级汉语精读教程（1、2）（第2版）[M]. 北京：北京大学出版社，2010.
[3] 周小兵，钱彬. 汉语作为二语的分级读物考察——兼谈与其他语种分级读物的对比 [J]. 语言文字应用，2013（2）.
[4] "汉语文本指难针"工具网址：https://www.languagedata.net/tester，已更名为"阅读分级指难针"。
[5] 中华人民共和国教育部国家语言文字工作委员会. 汉语国际教育用音节汉字词汇等级划分 [S]. 北京：北京语言大学出版社，2010.

随着科学信息技术的发展，国际中文教材介质也越来越多元化，除了纯纸质的教材外，以磁带、CD、MP3、DVD、点读笔、点视笔、学习网站、应用软件等为代表的多媒体附载物也层出不穷。特别是21世纪以来，国际中文教材开发多以纸质教材加多媒体为主，教材类型呈现出多媒体化、立体化和网络化的发展趋势。

根据中山大学国际中文教材研发与培训基地教材资源统计，截至2017年，21世纪出版的纸质加多媒体的国际中文教材在数量上有了迅猛增长，是1978—1999年出版的同类型教材的27.6倍[1]。这些教材最早是在成熟的纸质版教材基础上，通过不断修订改进，附加了多种形式的多媒体教学资源。比如上文提到的由华语教学出版社出版的《当代中文》，它被很多海外孔子学院及教学机构称为"教材航母"。自从2003年出版以来，经过修订、改编、扩充产品、增加语种，已经打造成包括纸质教材、多媒体光盘、电子书、课件等多种媒介形式的超大型大学及成人中文国别教材。在26个子产品中，除了14册纸质教材外（包括课本4册，练习册4册，教师手册4册，汉字本2册），还有多媒体共12盒（包括CD 4盒，DVD 4盒，CD-Rom 4盒）。类似的国际中文教材还有不少，如姚道中、刘月华等合编的《中文听说读写》（2009年出版）系列教材，詹爱平编写的《中文滚雪球》[2]等。此外，这种纸质加多媒体的介质形式也出现在不少中文教辅材料中，例如吴月梅编写的《汉语图解小词典》（2009年出版）不仅语种众多、配图丰富，还配备了点读笔等多媒体学习支持手段。多媒体加纸质的中文教材是教材多媒体化的另一种形式，它是先以多媒体角度开发设计的电子教材，后来再配上纸质教材。这类教材的典型是马箭飞主编的《长城汉语：生存交际》[3]。该套教材以基于网络多媒体开发的新型对外汉语教学模式而闻名，2005年率先完成教材的主体内容——生存交际级别与管理平台的研发，而后在市场化运营过程中，逐渐完善了纸版教材、局域网版本、互联网版本、单机版等终端产品[4]，成为"多媒体一体化设计"的立体化教材编写新模式的代表。

---

[1] 周小兵，张哲，孙荣，伍占凤. 国际汉语教材四十年发展概述 [J]. 国际汉语教育（中英文），2018（4）.
[2] 詹爱平. 中文滚雪球：少儿课本 [M]. 北京：北京大学出版社，2005.
[3] 马箭飞. 长城汉语：生存交际（1—6）[M]. 北京：北京语言大学出版社，2005.
[4] 格桑央金. 数字化对外汉语教学的进展与深化——以"长城汉语"多媒体教学模式为例 [J]. 民族教育研究，2009（2）.

在国际中文教材多媒体化的发展进程中，网络化、应用软件化现象也日益明显。厦门大学于2010年建设了世界上第一个移动孔子学院学习平台，中国中央电视台开办了《快乐学汉语》《跟我学汉语》等电视节目。汉语教学通过广播和网络体系等多媒体手段，不仅丰富了教材形式和资源，也在很大程度上弥补了全球中文师资缺乏、教材短缺，中文学习者需求无法得到充分满足等问题。这对于那些人数日益增加的母语为非英语的中文学习者来说，更有帮助。因为他们大都分散在世界各地，文化差异大，而以他们母语编写的中文教材匮乏，甚至没有。多媒体中文教材可以在很大程度上缓解这种供需不平衡的问题。不过，我们也应当认识到，借助互联网进行在线学习等新模式目前尚不成熟，而且开发成本高。相对来说，纸质教材为主、多介质为辅的语言学习方式成效比相对较高，能够有效改变以纸质教材为主的单一形式，使得语言学习变得更加生动活泼，这在目前和未来将依旧是中文教材开发的主流模式。

 本章思考题：

1. 编写国际中文教材，应该遵循哪些基本原则？
2. 请选一本（套）你熟悉的中文教材，谈谈这本（套）教材的编写特点。
3. 在国际中文教材编写上，出现了哪些新的发展趋势？
4. 国际中文教材在构建中国形象方面承担着怎样的责任？
5. 请讨论国际中文教材本土化发展的优势与挑战，并提出可能的解决方案。

 本章主要参考文献：

1. 程晓堂，孙晓慧. 英语教材分析与设计（修订版）[M]. 北京：外语教学与研究出版社，2011.
2. 李泉. 论对外中文教材的实用性[J]. 语言教学与研究，2007（3）.
3. 刘弘，蒋内利. 近十年对外汉语教材研究特点与趋势分析[J]. 国际汉语教学研究，2015（1）.
4. 谭萍. 对外汉语教材评估研究现状、问题及对策[J]. 云南师范大学学报（对外汉语教学与研究版），2017（4）.

5. 赵金铭. 论对外汉语教材评估［J］. 语言教学与研究，1998（3）.

6. 赵金铭. 跨越与会通——论对外汉语教材研究与开发［J］. 语言文字应用，2004（2）.

7. 郑通涛，方环海，张涵. 国别化：对外中文教材编写的趋势［J］. 海外华文教育，2010（1）.

8. 周小兵，张哲，孙荣，伍占凤. 国际汉语教材四十年发展概述［J］. 国际汉语教育（中英文），2018（4）.

第九章　国际中文的测试与评估

本章导读

本章全面探讨了国际中文教学中的语言测试，包括测试的发展、理论基础、分类、总体设计以及质量评估。文章首先将回顾语言测试的历史和理论支撑，强调现代语言测试的发展与语言学、心理学理论的紧密联系。文章还将根据不同用途和方式，介绍了成绩测试、水平测试、能力倾向测试、诊断性测试和安置性测试等五类不同的语言测试类型。本章还探讨了国际中文测试的总体设计，重点结合汉语水平考试（HSK）分析中文测试的主要题型。最后，本章讨论了语言测试质量评估的关键指标，包括难易度、区分度、效度和信度，并解释了这些指标对于确保测试质量的重要性。

在日常的教学过程中，中文教师和学生似乎始终在和不同形式的测试打交道：有些教师每次课后都会布置小作业，课前进行单词听写或短文背诵；上完一个单元就进行一次小测试或测验；到了学期中和学期末，教师们还会组织更严格的期中考试和期末考试。测试是国际中文教学的一个重要环节，通过大大小小的中文测试，教师们既可以督促学生及时复习，检查他们对所学知识的掌握情况，也可以了解、反思自己的阶段性教学效果，便于他们针对性地调整自己的教学方式和方法。而中文学习者还可以参加各种类型的中文等级考试，获得国际中文能力的认定，这将为他们今后的求学、工作和生活带去很多帮助。

然而，对于语言测试，很多中文教师似乎既熟悉又陌生。对于他们来说，准备一次中文测试似乎就像家常便饭那样简单，可以随时将学习内容转换成不同的考试题型，或者从现成的中文试题集中拼凑一些考试题目。然而，这些测试是否能够科学、客观、准确、有效地反映出学生的学习成绩，是否能够可靠地体现教师的教学效果，这可能还要打上一个大大的问号，因为很多中文教师对于规范、科学的中文测试方式和评估标准，还比较陌生。

第一节 语言测试的发展

语言测试与语言教学一样有着漫长的历史，但是，语言测试真正具有现代意义的科学性，还离不开相应理论的支撑和指导，特别是来自语言学、心理学理论的作用和影响。现代意义的语言测试是从 20 世纪初才开始起步的，1919 年查尔斯·汉德施因（Charles Handschin）编制出第一个标准化的语言测验[1]。20 世纪 40 年代以前，外语测试还处在"科学前语言测试"阶段。语言测试主要围绕语音知识、词汇知识和语法知识进行，教师或测试的命题者缺乏系统的语言和语言教学理论作指导，只能凭自身的经验和主观判断来组织语言测试。

20 世纪 50 年代末至 70 年代，是现代语言测试走向成熟的时代。1961 年，罗伯特·拉多（Robert Lado）出版了《语言测试：外语测验的开发和应用》一书[2]，这是第一本外语测试类的学术专著，语言测试被归属于应用语言学的研究范畴。而 1963 年，美国的教育考试服务中心（Educational Testing Service，简称 ETS）开始研制托福考试（TOEFL），这开启了世界范围内大规模的标准化语言测试的序幕。在语言测试发展进程中，这一时期也被称为"心理测量—结构主义语言测试"阶段。语言测试开始以结构主义语言学为理论基础，同时运用行为主义心理学理论与心理测量学的原则和方法来指导语言测试的开发。人们认为除了语言要素之外，语言还应被分解为听、说、

---

[1] D. P. Barnwell. A History of Foreign Language Testing in the United States [M]. Arizona: Bilingual Press, 1996.

[2] Robert Lado. Language Testing: The Construction and Use of Foreign Language Tests [M]. New York: McGraw-Hill, Inc. 1961.

读、写4种技能，语言测试主要是为了评估学习者运用语言技能和语言成分的能力。在具体的测试设计中，"分立式"测试（Discrete-Point Test）成为典型的语言测试形式，这种测试主要用选择填空、改错、完成句子等方式，安排每一道题只测试一个语言考点。此外，这时候的语言测试还注重口头语言，一般会在书面测试前，先安排听说测试。

20世纪80年代以来，随着语言交际功能在语言教学中得到广泛重视，语言测试也进入了"交际法语言测试"阶段。在心理语言学和社会语言学的影响下，人们认识到语言测试不能仅仅考察学习者抽象的语言知识，学习者在真实语言环境中的语言运用能力、交际能力同样重要。语言测试开始更多地关注语言的功能性、社会性和实际应用，以及学习者对语言意义的理解。这个时期，语言测试出现了一个明显的变化：以前离散的语言测试方式已经不合时宜，语言测试开始采用综合的方式，考察学习者在上下文本的语境中获取语言信息、推断逻辑意义的能力，"完形填空"（Cloze Test）成为这一阶段典型的测试方式。为了更科学地组织语言测试，就需要更深入地认识语言测试的重点——语言交际能力。卡纳（M. Canale）和斯温（M. Swain）曾经把交际能力分成语法能力、社会语言能力、语篇能力和交际策略能力4类[1]。巴克曼（L. F. Bachman）在此基础上提出了一个新的语言交际能力，设定了"交际语言能力测试模式"（Communicative Language Test，简称CLT）[2]，这个模式被认为是语言测试史上的一个里程碑。巴克曼认为语言交际能力应该是一种能把语言知识和语言使用的场景特征结合起来，创造并解释意义的能力，它包括语言能力、策略能力和心理生理机制3个方面。巴克曼的"交际语言能力测试模式"更加深刻全面地概括了语言交际能力，他把语言视为一个动态的过程，重视语言能力、语篇能力和语用能力三者间的互动关系，重视将语言知识、技能和心理过程交织起来。此外，他还提出语言测试应重视"真实性程度"，把它作为开发和评价语言测试的一项重要标准，强调测试方法和内容应该与情境真实性和交际真实性联系起来。

当然，语言测试的发展也离不开教育与心理测量领域一些重要的测量理

---

[1] M. Canale, M. Swain. Theoretical bases of communicative approaches to second language teaching and testing [J]. Applied Linguistics, 1980 (1).

[2] L. F. Bachman, 1990. Fundamental consideration in language testing [M]. New York: Oxford University Press, 1990.

论体系。比如20世纪50年代发展至今的"经典测量理论"（Classical Test Theory，简称CTT）就广泛应用于常见的语言测试中。早期由北京语言学院开发的"汉语水平考试"（HSK）就是"经典测量理论"应用的一个成功范例。这个测试理论是建立在真分数理论基础上的，因而也称作"真分数理论"。该理论将测验分数X看作是由真分数[①]T和随机测量的误差分数E组成的，形成了X=T+E的公式。通过这一理论，语言测试引入了包括信度、效度、项目分析、常模、标准化等基本概念，形成了独具特色的测验方法体系。可以说，统计技术的研究和应用使语言测试开始走上了客观标准化的道路。不过，测量或多或少都会带有一定的误差。造成误差的可能性是多种多样的，既可能是测量工具不标准、不合适造成的，也可能和测量者的操作、测量环境、条件有关。然而"经典测量理论"只是用一个E就概括所有的误差，这显然并不精确。为了更好地控制误差、提升测量的信度，克隆巴赫（Lee J. Cronbach）等人在20世纪六七十年代提出了"概化理论"（Generalizability Theory，简称GT）。这个理论主张应当从测量的情境关系中具体地考察测量工作，通过利用方差分析的技术，将测验分数的方差分解成不同部分，每个部分对应特定的误差来源，这样可以帮助测试者更系统地确定不同误差的来源，提高测试的精确性。"概化理论"非常适合语言的口试、写作等主观性测试，有效地提升了相关测试的信度。

  语言测试与语言教学有着紧密的关系。我们进行语言测试，不仅想了解学习者在测验上获得的成绩分数，更希望通过测试结果，深入了解学习者的语言知识结构、语言技能和语言使用的情况，希望能深入了解他们在测试作答时不同的理解和认知过程，这样才能帮助教师和学生从语言测试中真实地了解在教学、学习上存在的问题，并能采取针对性的补救措施，不断提升教学质量和学习效果。然而，语言测量理论虽然已有了长足的发展，在技术层面上提升了测量的准确性和可信度，但是这种量化统计的方式存在着内在的不足——它们无法揭示出被试者的心理感受和心理特质，难以为被试者提供针对性的诊断评价。近年来，"认知诊断理论"逐渐成为测量研究的一个新的方向，它将认知科学理论和心理测量理论有机地结合起来，有力地推动着语言测试理论与实践的发展。

---

① 真分数是指大于0小于1的所有分数，这些分数的特点是"分子小于分母"。

第二节 语言测试的类别

一、基于用途的语言测试分类

语言测试有很多不同的目的或用途，而不同的目的也会带来不同的语言测试类型。如果从用途或者功能来看，语言测试主要分作：成绩测试、水平测试、能力倾向测试、诊断测试和安置性测试等 5 类。

一般来说，成绩测试是参考某种教学大纲而设计的，主要用于学习诊断和反馈，比如在学习的不同阶段进行的随堂小测试、单元考试、期中和期末考试等。随堂小测验和单元考试常常是在一课或一个单元开始前或临近结束的时候，对学习的新的汉字、词汇进行简单的听写、默写，也会安排填空、造句等题型，题目量小，难度不大。不过这种测试也不是随心所欲的，应该注意测试内容的目的性、连续性和系统性，比如对一些重要词汇或汉字，要不定期地结合新学习的内容进行复现和测试。期中考试和期末考试是在一个学期中段与结束前进行的阶段性、系统性的测试，这种语言测试应该体现教学大纲的计划安排，在对所学习的内容全覆盖的同时，要突出重点项目，考试内容具有综合性特点。此外，这类考试的题型比较丰富，既要有一定比重的基础知识型的内容，也要能引导学生综合分析语言事实或规则，测定学生解决问题的能力，比如阅读理解、写作等。

水平测试主要是为了测量学习者目的语运用的熟练程度，看看他们的目的语语言能力是不是达到了某个预期的水平。与成绩测试不同的是，水平测试不是按照特定的教学大纲或者教学课程进行设计的，水平测试的内容也不是以某一本具体的教材为基础的，它和具体的教学环境、条件和方法无关，甚至不考虑被试者的母语背景和国别。它所关心的只是学习者能否使用目的语，完成特定的任务或实现特定的目标。"汉语水平考试"就是一种典型的水平考试。此外，还有美国的托福考试以及英国的剑桥英语证书系列考试（也译作"剑桥英语资格考试"，Cambridge English Qualifications，简称 CEQ）等。这些水平考试都是综合性的语言测试，测试内容包括了阅读、写作、听力、口语等多个方面。

能力倾向测试也称为"潜能测试"或"学能测试"。我们知道，每个语言学习者都具有一定的语言潜能，但这种潜能因人而异，有些人可能比其他人更适合或更擅长语言学习。因此，编制这类语言测试，目的就是帮助揭示学习者的语言能力和天赋，测试的编制者希望根据测试的结果去预测学习者在未来的语言学习中是否会成功，是否具有优势。与成绩测试和水平测试不同，能力倾向测试不是测验学习者基于教材或课程大纲所学到的内容，也不是检测学习者目前已具备的在目的语听说读写方面的熟练程度，它只关心学习者将来在目的语学习时会有什么样的表现。我们在第六章中谈到的"现代语言学能测试"就是一个经典的语言学能测试，它主要测试学习者的"听力能力""语言分析能力"和"记忆能力"。在中文教学中，宋海燕根据汉语的特点制定的一套"汉语语言学能"的试题是在中文能力倾向测试方面所作的一个新尝试[1]。

诊断测试与成绩测试有些相似，但也存在着差异。相同的是，它们都属于回顾性测试，是对所学内容的考查，但是成绩测试关注的是学习者成功的程度，目的是了解他们掌握了哪些学习内容；而诊断测试就好比医生检查病人的病情，判断病情的严重程度和可能的病因，这种测试主要关注学习者失败的程度，就是他们在哪些方面还没掌握好，会犯哪些错误，这样可以帮助教师提供改进教学的反馈信息，找到补救的方式。

此外，我们在新的学习阶段开始之前，会组织学生进行"分班考试"，目的是在评估学习者目前的语言水平的基础上，根据新的课程教学大纲设定的教学内容和目标，来确定学习者接下来适合什么样的课程，适合在什么样的班级上课，比如快班或者慢班。这种"分班考试"也被称为"安置性测试"（Placement Test），它的主要目的就是根据学习者现有的目的语程度，为接下来的学习进行合理的分班或编组，以便帮助他们更好地进入下一阶段的学习。

按照功能和用途区分的这5种语言测试，它们的目标和特点不尽相同：成绩测试重点检查学习者过去学习的情况；水平测试在回顾过去的同时，也能帮助展望未来的学习；能力倾向测试主要是帮助预见将来学习成功的可能性；诊断测试则是通过检查过去的学习，发现问题和不足，帮助补救今后的学习；而安置性测试主要是为了科学地进行分班教学，提高教学有效性和针对性。这5种测试类型虽然各不相同，但是它们之间并没有截然不同的差异，

---

[1] 宋海燕. 汉语作为目的语的语言学能构成及学能测试研究[J]. 国际汉语教学研究，2018（2）.

而是相互叠加和关联的。比如，水平测试既可以帮助评估学习者运用目的语的能力，也可以帮助进行分班安置；而成绩测试在评价学习者过去学习所取得的学业成绩的同时，也能帮助诊断学习和教学过程中存在的主要问题。

二、基于测试方式的语言测试分类

分立式测试和综合式测试是两种主要的语言测试方式。所谓分立式语言测试，它受到了结构主义语言学理论的影响，把语言分解成语音、词汇、语法等许多语言要素或语言点。在测试的编制中，使用不同的考试项目，一对一地测试学习者对于目标语某个语言知识点的掌握情况。这种考试经常出现在初级中文阶段关于拼音、汉字的成绩测试中。分立式测试往往采用填空题、多项选择题、是非判断题等题型，评分比较准确、客观，测试点也具有针对性，容易分辨。

综合式测试恰恰相反，它的主要目的是一次性全面考查学习者对于目的语多方面知识的掌握和语言运用的能力。中文写作、听写、口试、完形填空等是综合式测验常常使用的题型。比如，汉语听写既考查了学习者的语音听辨能力、听力理解能力，也考查了他们的汉字书写能力，因此可以说是一个综合式测验。同样，中文写作也是典型的综合式测试，它既考查了重要的语法知识点、句型，也考查了学习者中文词汇掌握的情况，以及他们的汉字书写能力。人们对于分立式测试持有不少反对意见，认为分立式测试没法反映出学习者整体的目的语语言水平，各种单项知识的综合不一定等于对语言的全面性的掌握。而综合式测试正好可以弥补这方面的不足，它可以综合评估学习者是否能够运用目的语进行有效的交际。我们在录用人员或进行语言的水平考试时常会安排口语测试，这是一种典型的交际性测试，也具有综合测试的特点。这种新型的语言测试方式以语言交际理论为基础，主要用于测定被试者在不同语言环境中运用目的语知识达到交际目的的能力。这种测试综合性强，强调听、说、读、写4种技能在语篇层次上的综合运用能力，不仅要求被试者在一定情境下具有使用目的语交际的能力，而且对交际的正确性、得体性也提出了很高的要求。

三、基于评分方式的语言测试分类

如果从评分方法上来看，语言测试有主观性测试和客观性测试之分。主观性测试是指有些考试题目的答案有一定的开放性，答案可能不止一个，可能存在着不同的答案。比如造句、问答题、作文、翻译和口语面试等。对于这些考题，虽然配备了评分标准，但是不同的评分者在评分的过程中，可能会对评分标准有不同的理解，对学生的答案也会做出自己的主观判断，甚至对于同样的答案，不同的评分者会给出不同的评分，这在作文考试中是很常见的。主观性测试有着很明显的优缺点，从优点来看，主观性测试考查的内容具有一定的深度和难度，有些题目不是三言两语就能回答的，而是会提供被试者比较大的空间去发挥他们的语言能力；主观性测试的答案不具有唯一性，这样被试者就很难去靠猜测得分，这样的考试比较能够考查出被试者的真实语言能力；此外，主观性测试题量比较少，命题上花费的时间不会太多。不过，相对于它的优势，主观性测试也有不小的挑战和缺陷。比如，主观性测试的评分标准一般都是原则性、概括性的，要为主观性测试题目制定具有操作性强、可靠性强的评分标准，并非易事；同时，评分人员因为各自不同的经验、能力、态度等，对评分标准也可能有着不同的理解和把握，这就会影响评分的一致性。有鉴于此，在某些水平考试的作文评分上，一般会安排两名评分人员，如果他们对同一篇作文的评分有很大的差别，这时候就要安排第三位有丰富经验的评分人员做出最后的评分，目的就是确保评分尽可能地客观公正。不过，这样操作也可能会带来另一个问题，那就是评分工作量比较大，一般都需要人工阅卷，费时费力。

  客观性测试正好相反。常见的客观性测试题型有多项选择题、是非判断题、填空题等，这些题目的答案一般是固定唯一的，它们的评分标准也是客观的，评分人员对答案不需要做出自己主观的判断。因此，这样的考试不会造成评阅分数不一致的情况。有时候，客观性测试的答卷甚至可以用机器来评阅，评阅效率比较高；同时，这种测试的样本量一般都很大，方便进行考试统计分析。从语言能力测试上看，客观性测试的题量比较大，覆盖面广，针对性强，可以从多方面考查被试者的目的语语言能力。相对来说，客观性测试一般不适合用于说和写等产出性语言技能的考查，也很难考查被试者的语言综合运用能力。此外，由于客观性测试的答案具有唯一性，这类测试中的题目存在着猜题的可能性。比如，在四选一的多项选择题中，猜对选项的概率是25%，而是非判断题猜对的概率更可以高达50%，这就会使一些得分不太可靠，不能反映被试者真实的语言水平。另一个比较大的困难是，编写客观性测试题目并不容易。比如，在设计多项选择题时，为了使考题有一定的难度，并体现针对性和典型性，题目设计既要确保正确选项是最佳答案，做到准确无误，不存在异议，同时，还要让其他选项有足够的干扰性和迷惑性，这就会让出题工作变得费时费力。

四、基于成绩解释方式的语言测试分类

为了使语言测试的结果有意义，我们需要对考试成绩或者分数进行系统分析，比如确定用以解释分数的参照标准。根据参照标准的不同，语言测试可分为常模参照性测试和标准参照性测试。

要了解常模参照性测试，就先需要解释一下什么是"常模"。在语言测试中，"常模"是一种成绩，指的是一群具有某种共同特征的人在一类考试中的成绩，一般由考试的平均分和标准差来表示。常模参照性测试是将被试的个人成绩与同一团体的成绩相比较，从而确定其成绩在团体中的相对位置。它关心的不是一个人的能力或知识的绝对水平，而是判断这个人在所处的群体里的相对能力和水平的位置。比如，一般大型的标准化考试、升学考试（如中国的高考）、各种竞赛性考试等都会采用这种方式来完成评价、比较、选拔和录取工作。

标准参照性测试与常模参照性测试不一样，它在对学生考试成绩做出评判时，参照的不是被试者所属群体的常模成绩，而是根据一个事先已经规定好的成绩标准，来看被试者的成绩是不是达到了这个已经规定好的标准，它并不考虑其他被试者的成绩的高与低。比如说，在中文单词听写测试中，如果学生能在总共30个听写单词中写出20个就算通过，那么只要能写对20个及以上的学生都能通过这个测试。标准参照性测试主要测验学生对基础知识、语言技能的掌握情况，看看他们是否达到了教学标准以及达标的程度怎么样。前面所说的"成绩测试"就属于标准参照性测试。

五、其他语言测试的分类

除上述几种主要的类型外，语言测试还有多种分类的形式。比如按照测试的制作要求，我们有标准化测试和非标准化测试。标准化测试一般是根据统一、规范的标准，要求考试的每个环节，如测试目的、试题编制、测试实施、阅卷评分计分、分数解释等都按照系统的科学程序进行组织，目的是严格控制误差。标准化测试一般适用于大规模、大范围的考试，比如，汉语水平考试就属于标准化测试。而非标准化测试则是指教师本人或教学研究人员根据教学需要和自身经验,由其自己设计、编制、使用以及评分的考试。我们平时进行的成绩测试和诊断测试大都属于这一类。

语言测试还可以按照答题方式,分成笔试、口试。笔试是最常用的测试方法,就是用书面答题的形式来考查被试者的语言水平。笔试会在考试前印好试卷,答题时要把回答的内容写在试卷上。一些标准化考试则会要求考生用铅笔把答案涂在专用的答题卡上。笔试可以单独命题,也可以统一命题;既可以出现在小规模的成绩测试中,也可以用于统一考试时间的大规模考试中,而且一次参加考试的人数比较多。比如,在汉语水平考试中就有笔试部分。当然,笔试只能测试听力和读写能力,我们在语言测试中还需要安排口试,这是对学生口语应用能力的检测和评估。比如,美国开设汉语课程的高校普遍采用OPI(Oral Proficiency Interview)口语测试方法来评估学习者的汉语口语水平。口试一般用"直接"或"半直接"方式进行测评。"直接"口试就是考生与考官面对面进行的测试,考生需要按考官的要求来回答问题或者进行口头表达,考官再根据考生的表现打分。在"半直接"测试中,考官并不真正出现在考生面前,而是会使用录音设备,给出测试指导、讲话提示等,比如,汉语水平考试的口语考试就采用了这种方式。

如果按答题媒介来区分的话,除了常见的纸笔测试,语言测试中还会用到计算机辅助测试,考试试题出现在计算机屏幕上,被试者在计算机上答题。这种方式也就是俗称的"机考"。目前,在计算机辅助测试中常见的是"自适应性语言测试",计算机会根据考生实际的答题情况为考生分配接下来的题目。如果考生前面答题题目正确率较高,那么计算机接下来会为考生分配难度更高一点的题目;相反,就会提供更为简单些的题目,这种自适应性语言测试可以逐渐地接近考生的真实水平。

第三节 国际中文测试的总体设计

国际中文测试的成败,取决于测试实施前是否有精心安排的总体设计。国际中文测试的设计包含了考试试题编制过程中的步骤、环节以及不同阶段的任务,这是一个系统性的过程。国际中文测试质量的好坏,在根本上要符合测试的目标,那就是测量出受试者真实的语言能力和语言交际能力。同时,语言测试的质量也和测试命题技术有着密切的关系，中文教师应该掌握编制试题的基本方法和技术。

一、明确测试的目的和测试类别

明确测试的目的并选择相应的测试类别，这应该是测试设计阶段的第一步。我们知道，考试的目的不同，试卷的内容、要求和形式也不一样。比如，常见的课堂小测验，简单明了、针对性强，主要是考查学习者对某一特定的教学难点的学习情况，这便于做出及时的诊断，也能提供及时的教学反馈；期中或期末进行的成绩测试，是一种学业成就评价，主要是考查学习者对过去一段时间学习任务掌握或完成的情况。因此，任何中文测试的方式都有其目标依据，在测试的设计之初，我们应该对测试的目的和用途做一个明确的说明，确保后续的设计在内容和要求上能与之保持一致。

谈到中文测试的目标，除了从语言学习的本身特点来理解，还需要考虑到课程学习的基本教育目标。美国教育心理学家杰明·布鲁姆（Benjamin Bloom）曾经在1956年提出"布鲁姆教育目标分类法"，在认知层面上将学习目标由低到高划分为6个层次：记忆、理解、应用、分析、综合和评价。前面3个属于初级认知：记忆是对获得的知识的识记，比如对汉字、词汇、语法知识的记忆；理解是对知识材料意义的把握，比如，要求学生用自己的语言来复述、解释、归纳所学的知识；应用指的是学生能不能将抽象的语言规则实际运用到具体的交际场景中，比如，根据语法知识造出符合语法规则的句子。后面3个属于高级认知范畴：分析要求学生能够发现一个整体的各个组成部分之间的内在联系，比如因果关系、转折关系等等。不过，语言测试的重点是语言的应用，而不在于分析。综合则要求把各个部分组合成为一个整体，比如写作测试考查的就是学生的综合性运用能力。评价是要求学生能对某些材料的表述、观点和方法做出价值判断，这是一种高水平的认知能力，可能会出现在高级中文测试的阅读理解或赏析部分。"布鲁姆教育目标分类法"为教师设计教学目标、制定评估方法和促进学生的认知发展提供了指导与参考，教师在开发中文测试过程中，也需要考虑到这些目标和中文测试之间的关系。

二、确定中文测试的内容范围

对于成绩测试来说，测试的内容范围一般在课程的教学大纲里就已做了规定。而对于汉语水平考试来说，就需要依循《国际中文教育中文水平等级标准》① 所确定的"三等九级"架构对音节、汉字、词汇、语法 4 种语言基本要素的量化指标。比如，初等三级确定的音节数量是 608 个，汉字数量是 900 个，词汇数量是 2 245 个，语法点数量是 210 个。在设计阶段，我们需要确认每一个水平等级的中文学习者可能适用的音节、汉字、词汇和语法的范围，在范围确认上力求做到客观合理、科学清晰。

三、确定中文测试的题型

确定中文测试的题型，这是把测试目标转为具体实施的关键一步。在一般的期中和期末等成绩测试中，一套中文试题的题型既有客观试题，也有主观试题。常见的客观试题包括了多项选择题、是非判断题、配对题、填空题等等，而主观题包括听写、口试、问答题、翻译题和写作等。两种题型各有侧重，客观试题大都用来考查学生的目的语知识，覆盖面大、测试的信度高，只是命题难度比较大。主观试题便于考查学生的实际语言运用的能力，命题虽然比较容易，效度也高，但是评分主观性强。中文测试虽然会兼顾这两种主要方式，但是具体的选择和比重分配还是要由考试的类型、目的和要求来决定。考试题型与考试目的实现最大可能的匹配，这是关键。

我们结合中文测试的不同技能类别和相应的测试目标，设计一个总分为 100 分的"中文书面考试细目表"（见表 9-1）。其中横向为知识和能力结构，纵向是与考试内容分类有关的语言技能和知识。

表 9-1 中文书面考试细目表

内容 \ 分类	知识	理解	应用	分析	综合	总计	比重	时间（分钟）
听　力		15				15	15	20
词　汇	10					10	10	20
语　法	10		10			20	20	20
阅　读		30				30	30	40

---

① 参见：http://www.moe.gov.cn/jyb_sjzl/ziliao/A19/202111/W020211118507389477190.pdf.

续 表

内容＼分类	知识	理解	应用	分析	综合	总计	比重	时间（分钟）
综合填空			10			10	10	20
写　作					15	15	15	30
总　计	20	45	10	10	15	100	100	150

（一）听力、词汇、语法和阅读测试中的典型题型

我们先结合听力、词汇、语法和阅读的测试类别，分析其中经常采用的一些典型题型[①]，讨论设计和作答时应该注意的一些细节。

1. 正误判断题

正误判断题主要用于评估考生对特定内容的掌握程度。这种题型中出现的题目通常包含一个陈述句，考生需要判断这个陈述是"正确"还是"错误"，也就是用"√"（正确）或"×"（错误），有时也会用"T"（True）和"F"（False）来表示，答题方式应该在题目指令中表述清楚。这种题型的题目简洁明了，易于理解，但是考生在答题时，需要对知识点或相关信息有准确的理解和记忆，因为即使是细微的差别也可能导致答案错误。在汉语水平考试四级听力测试中，第一部分就是判断对错，共有10题。如下例：

例1："我想去办个信用卡，今天下午你有时间吗？陪我去一趟银行？"

★ 他打算下午去银行。（√）

在一——二级的汉语水平考试听力测试中，出现了听读音，看图片，并做出正误判断的题型设计，这是简化版的正误判断题，直观明了，重在测试考生的汉语辨音和意义联系，避免汉字干扰，符合汉字水平较低级别的中文学习者。

[①] 这一部分所引用的中文水平考试的试题，均来自"中文考试服务网"（https://www.chinesetest.cn）官方授权发布的样卷真题。

例2：

2. 多项选择题

多项选择题比较适合考查语法和词汇。常见的多项选择题是固定性的，也就是四选一的"单选题"；有的则是多选一的"单选题"，难度较大。多项选择题可以以不同的形式出现，比如填空型、插入型、问题型等。

（1）填空型（四选一）。

例3：这件衣服（　　）漂亮（　　）便宜。
A. 虽然……但是
B. 因为……所以
D. 不仅……而且
D. 不是……而是

随着中文水平的提升，在考试中也会相应出现难度较大的四选一填空题。比如在汉语水平考试四级的阅读的第三部分，要求考生读后选出正确答案：

> 随着网购越来越流行，购物网站也越来越多。同样的东西很多网站都在卖，但价格却不一定相同，因此有不少网友担心自己买贵了。而比价网站的推出，让网上购物可以"货比三家"，极大地方便了网友购物。只要轻轻一点，你就可以清楚地看到自己想买的东西在几个甚至十几个购物网站上的价格。另外，比价网站还会给网友发送信息，告诉他们最近哪些东西在降价，又有哪些东西值得购买。

例 4：网购时人们会担心什么？

A. 买贵了。

B. 寄错地址。

D. 付款不安全。

D. 东西质量差。

在汉语水平考试五级的阅读的第三部分开始出现的阅读理解题，可以说是四选一填空题的"升级版"。这部分包含 4 篇平均字数在 400 字的阅读文章，每篇文章配备 4 道四选一的填空题。考生需要基于文本信息和理解，作出选择。

(2) 填空题（多选一）。

例 5：A. 赚　B. 活动　C. 合适　D. 坚持　E. 互相　F. 丢

她每天都（D）走路上下班，所以身体一直很不错。

(3) 插入型。

例 6：将括号中的词语填入合适的位置。

他们 A 都没有 B 看到 C 我 D 取得的进步。（好像）

(4) 问题型。

例 7：

女：晚饭做好了，准备吃饭了。

男：等一会儿，比赛还有 3 分钟就结束了。

女：快点儿吧，一起吃，菜冷了就不好吃了。

男：你先吃，我马上就看完了。

问：男的在做什么？

A. 洗澡　B. 吃饭　C. 看电视　D. 看书

在设计多项选择题时，我们要注意提问设计要合理。比如，考查的重点应该是学生的语言能力，而不是其他方面的能力，比如计算能力、辨识能力等。应尽量避免从否定角度提出问题，比如不要这样设问："下列不正确的是""哪项不符合作者的意思"。提问要避免直接使用试卷语料中的原句，如果有必要引用相关原语料的信息，也应尽量改写、重述。此外，还要注意保持各个题目之间的独立性，避免在提问内容和考查内容上出现相互提示。

多项选择题的选项设计也要注意合理性。一是要确保正确答案的唯一性，答案分布要合理，不要出现某一选项过多的情况，比如全部是 C，或者有一定的规律，比如 ABCD 等。二是选项的长短、句式等也应尽量一致，避免出现正确选项太长或过短等现象。此外，各个选项之间也不能相互提示。上下题目之间不应出现相同选项或类似的考查内容。

3. 配伍题

配伍题大多用来考查词汇或搭配。一般是针对几个题目，给出若干个选项，考生要从中为每个题目选出答案。比如：

例 8：
A. 随着　B. 尝　C. 春节　D. 坚持　E. 收拾　F. 提醒
她每天都（D）走路上下班，所以身体一直很不错。
（1）虽然现在离（　　）还有段时间，但是不少人已经开始准备过年的东西了。
（2）研究证明，人们的心情会（　　）天气的变化而变化。
（3）明天可能下雨，你记得（　　）儿子带雨伞。
（4）这是你做的饺子？真香！我先（　　）一个。
（5）快把房间（　　）一下，准备一些水果，一会儿有客人要来。

在编写配伍题时，我们要确保题干具有同质性，每个选项都要对每个题干具有一定的可能性，题干和选项的数量可以相等，也可以不等。同时，题干与选项的数量不能太多，太多会增加受试者答题时的记忆负担。

4. 排列顺序题

在汉语水平考试四级的阅读部分，出现了排列顺序题，目的是考查考生对汉语语段、语篇表达能力的掌握，特别是对关联词语的运用以及句子逻辑顺序的理解。这种题型通常包含 A、B、C 3 个打乱顺序的小句子，考生需要仔细理解题目要求，特别注意题目给出的线索信息，比如关联词、代词、时间词、空间词以及逻辑推理等，理清思路，得出正确的排列顺序，一般是整理出一个正确的长句子。例如：

例 9：
A. 可是今天起晚了
B. 平时我骑自行车上下班
C. 所以就打车来公司
答案：___BAC___

而在汉语水平考试七—九级的阅读部分中，考生被要求将顺序打乱的多个语段重新排序，完成一篇逻辑连贯的文章，这一题型的阅读难度明显提高，甚至其中还安排了一个干扰项段落，需要排序时加以排除，实际上这也融入了多选题配伍的特点。

5. 完形填空题

在中高级中文测试中，有时候会将一篇文章删去一些关键的字或词，要求考生根据上下文的内容把删掉的字或词补出来，这是典型的完形填空题。完形填空题有不同的填空方式，比如原词填空，考生需要把删掉的原词填出来才算答对；还有一种是可接受词填空，只要考生填入的词语语法正确、意思通顺、语体合适、搭配合理就算正确。如：

例 10：请选出正确答案。

在高速行驶的火车上，有一位老人不小心把刚买的新鞋从窗口掉下去一只，周围的人都觉得很___1___。没想到老人把另一只鞋也从窗口扔了出去。他的行为让周围的人感到很吃惊。这时候，老人笑着___2___说："剩下的那只鞋无论多么好，多么贵，多么适合我穿，可对我来说已经没有一点儿用处了。我把它扔了出去，就有人可能___3___到一双鞋子，说不定他还可以穿呢。"

1. A. 浪费   B. 伤心   C. 可惜   D. 痛苦
2. A. 解释   B. 理解   C. 建议   D. 思考
3. A. 捡   B. 选   C. 买   D. 换

我们在设计完形填空题时,第一,确保语篇的连贯性。比如,用于完形填空题的文章一般会保留首句和尾句,文本中需要保留一些必要的转折、呼应、过渡等表达方式。第二,删词和填空要有针对性,要根据被试的水平和文章的难度来删词。第三,要注意文章长短合适,要保留适当的剩余信息,尽量使文章内容完整,不会造成理解上的困难。

(二) 书面写作题

中文的书面测试设计至少应该包括两方面内容,一是汉字的书写,测试考生正确的汉字记忆能力和规范的汉字书写能力,考查他们对汉字的书写规范、笔画顺序、字形结构等基础知识的掌握情况;一是连贯的句子和语段的书面表达,考查考生的汉语语言运用的综合能力,包括他们的汉字书写能力,以及词汇量、语法结构知识、句式多样性、逻辑观点和不同文体的写作技巧等等。

汉语水平考试在三—九级设置了书面写作题,其中三—六级为书写题,七—九级为写作题。两者虽然都属于语言输出部分的考查,但它们考查的重点和形式有所不同。书写题通常考查汉字的正确书写能力,写作题考查考生的书面表达能力,包括组织语言、构建文章结构、表达观点和论证等综合能力。

汉语水平考试的三—六级的书写题题型较为丰富,且因不同级别而有所变化。汉语水平考试的三—五级的书写题常见题型包括:

(1) 排序完成句子书写题,题目难度随级别上升而逐级提高,如:

例11:小船　河上　一条　有
<u>河上有一条小船。</u>

(2) 在句子中,根据拼音,填写缺失的汉字,如:

例12:没(guān＿＿＿)系,别难过,高兴点儿。

(3) 看图,用词造句,如:

例13:
乒乓球　<u>她很喜欢打乒乓球。</u>

在汉语水平考试五级的写作中设置了写短文的题型，要求考生结合给出的词语，写一篇 80 字左右的短文。短文应包括给出的全部词语，顺序可以不分先后。

例 14：制定　逐渐　消费　实际　比

而在汉语水平考试六级中，书写题为"缩写"，它将阅读和写作技能考查融合为一，要求考生在 10 分钟内完成阅读一篇字数在 1 000 字左右的记叙性文章，并不能抄写和记录，之后阅读材料会被收回，要求考生在 35 分钟内完成一篇字数为 400 字左右的短文，标题可以自拟，只需复述文章，而不用加入自己的观点。

在汉语水平考试七—九级中设置了写作题，包括两种基本题型，一是"图表描写分析题"，要求考生在 15 分钟内，对给出的图表信息进行描述与分析，并完成一篇 200 字左右的文章；一是"话题作文"，要求考生在 40 分钟内，根据给出的命题，完成一篇 600 字左右的文章。

例 15：《论语》说："工欲善其事，必先利其器。"字面意思是"工匠要想做好自己的工作，一定要事先磨快工具。"请写一篇 600 字左右的文章，谈谈你对这句话的认识并论证你的观点。

（三）翻译题

《国际中文教育中文水平等级标准》将"译"也视为学习者应掌握的中文技能之一，并从中等四级开始提出不同级别上对"译"的具体能力要求。考生应逐步具备专业的口译和笔译能力，不仅要确保内容翻译完整准确，还要做到表达流畅、格式正确、语篇连贯、符合中文表达习惯，能够翻译各种文章，特别是较长篇幅的应用文、说明文和议论文等。在汉语水平考试七—九级考试中，专门设置了翻译题，包含笔译和口译两种类型，分别安排了两道题，比如要求考生在 35 分钟内，将两篇各约 100 词（以英文为例，英译中）的材料译写成中文；而在口译部分，要求考生用 2 分钟口头翻译一篇约 100 词（以英文为例，英译中）的短文。

(四)口语测试题

常见的口语测试题包括看图说话、朗读、根据材料复述或成段表达、根据材料回答问题、完成交际任务等。口语测试的重点是考查学生的语音,在成段表达时,应重点关注学生表达的流利度、清晰度、准确度和得体性。在设计交际任务考查时,应设计清晰明了的交际场景,对交际角色的难度分配要平均。

以专门设置的"汉语水平口语考试"(HSK 口语)为例,它设有初级、中级和高级 3 个级别,采用录音形式,考查考生的汉语口头表达能力。初级口语考试主要面向按每周 2—3 课时进度学习中文一到两个学期,掌握 200 个左右最常用词语的考生,包括听后重复、听后回答和回答问题 3 种题型。中级口语考试主要面向按每周 2—3 课时进度学习中文一到两学年,掌握 900 个左右常用词语的考生,包括安排听后重复、看图说话和回答问题 3 种题型。其中,"看图说话"部分要求考生用两分钟时间描述所看到的图片内容,如:

例 16:

"回答问题"部分给出考生带拼音的书面问题,请考生用 2 分钟口头作答,如:

例 17:你认为自己最吸引别人的地方是什么?

高级口语考试主要面向按每周 2—3 课时进度学习中文两学年以上,掌握 3 000 个左右常用词语的考生。包括听后复述、朗读和回答问题 3 种题型。其中,"朗读"部分是一篇 250—300 字左右的短文,要求考生在 2 分钟内准确流利地朗读;而"回答问题"部分,则是要求考生对某个具体问题或现象,阐述自己的看法。如:

例 18：有人认为"好的开始是成功的一半儿"，你同意吗？请谈谈你的看法。（2.5 分钟）

汉语水平考试七—九级主要面向的是中文作为第二语言的高水平学习者，包括来华留学硕博阶段的学生、各国中文专业学生，以及运用中文开展学术研究、经济文化科技交流工作的人员等。在这一级别的综合性考试中，除之前提到的听力、词汇和阅读外，也设置了口语考试环节，要求考生能就应用文、记叙文、议论文等材料转述或发表自己的观点。它由 3 部分组成：一是应用读说，一是听材料回答问题，一是观点表达。应用读说题中会结合一个具体实际应用的任务，比如提供考生一些关于国家自然博物馆预约参观的图表和文字信息，要求考生阅读后在 3 分钟内口头完成相应的任务，如：

例 19：你的外籍朋友爱莎 7 月 12 号到 27 号来北京旅游，你帮她预约了一张国家自然博物馆 7 月 14 号下午的参观票，但那天你有事不能陪她去，请你告诉她预约信息以及参观的注意事项。

观点表达类的题目，要求考生对某个具体问题或现象阐述自己的看法，不过难度和要求有了进一步提高。如"人们常说'笨鸟先飞'，你怎么看？"，"对你来说，人生最大的财富是什么，为什么？"等等。这不仅要求考生能够听懂并用汉语流利地表达自己的见解，还要考查他们的逻辑思维和论证能力。

四、选择适用于测试语言的材料

确定了试题的类型，我们还需要认真对待测试语言的材料，确保出现在试题中的语料具有真实性、规范性、正向性。所谓真实性，是指测试的材料应该尽量选取自然真实的语料，因为语言测试是要考查受试者在真实环境下的语言交际能力。规范性要求语言测试的语料应该是规范的现代汉语，准确、得体和通用的现代中文普通话应该是汉语作为第二语言测试的目标语。正向性指的是语言测试的材料在内容、观点上应该积极，至少保持中性，要避免一些在宗教、政治、民族或种族上带有敏感性、争议性的话题。

第四节　国际中文测试的质量评估

设计和编写中文试题是一项科学严肃的系统工程。为了确保中文试题的质量，我们在编制试题时，要遵循不同题型的设计要求，尽量确保每道题都是可靠有效的。比如说，在设计多项选择题的不同选项时，我们要确保答案的唯一性和正确性，也要让不同的干扰选项能发挥应有的干扰作用。当试题设计编制完成后，我们还需要对试题进行评估和检验。在理想的条件下，我们可以让一组最能代表测试目标对象的被试者先做一遍，看看这些题目的质量是不是符合设计的标准。完成预先测试后，我们需要用统计的方法对试卷中的题目做一些分析。比如，看看题目的难易度是否合适，如果一个题目有20%—80%的被试者都能答对，那可以理解为题目覆盖了中等偏难（$P=0.2$）到中等偏易（$P=0.8$）的范围，符合大部分考试对区分度的要求，因此比较合适。我们要看看每一道题在区分被试者水平方面能发挥什么作用，这涉及了试题的区分度；我们还需要判断这套题是不是考到了设计时想要考查的内容，或者说在多大程度上考到了我们想要考查的内容，这需要从效度方面去分析。此外，一套优质的中文试题在测试结束后，应该确保考试结果是可靠的、稳定的，也就是说，同一份试卷在不同时间段测试同一组学生，即使由不同的评阅人阅卷，得出的分数结果也应该是一致的，这体现了试题很高的信度。

我们这儿主要结合难易度、区分度、效度和信度等测试评估的基本概念来介绍一下中文测试的评估。

一、难易度

难易度表示的是试题难或易的程度。那么如何来反映题目的难易程度呢？我们可以看看某个题目的答对比率，也就是做对某道题的考生人数占全部考生人数的比例。难易度用 P 来表示，我们用一个简单的公式来计算：P_i = 答对此题的人数/总人数（P_i 中的 i 表示第几道题）。比如，一套试题中的第18题，答对人数是52人，总人数是89人，那么这道题的难易度就是：$P_{18}=52/89≈0.584$。这个数值越小，说明题目越难；数值越大，题目就越容易。对于标准化的水平测试来说，题目的难易度应该控制在 0.2—0.8 之间，小于 0.2

或者大于 0.8 难易度都是不太合适的。

二、区分度

区分度是用来评价一道设计的试题能不能客观反映被试群体在知识和能力水平上的差异。如果一道题有区分度，那么水平高的考生答对这道题的可能性就要大于水平低的考生。区分度越高，那么水平高的考生人数在所有答对这道题的考生中的比例应该明显高于水平低的考生。当然，判断考生水平高或低，需要有不同的标准：一种是外部标准，比如教师的评价，或者某次公认有效的测试成绩；一种是内部标准，比如这次测试的总分高低等。

我们应该如何来计算一道题的区分度呢？方法有很多种，这里我们介绍一个相对简单的计算方式——区分度指数。

计算一道题的区分度指数，需要先将所有考生的总分按照由高到低的方式排列，将总分最高的前 27% 的考生作为高分组，总分最低的后 27% 的考生作为低分组，中间 46% 的考生不参加计算。然后，我们按下列公式计算区分度指数（用 D 代表）：$D_i =$（高分组答对此题的人数-低分组答对此题的人数）/一个组的人数（D_i 中的 i 表示第几道题；一个组的人数指的是高分组或低分组的人数，他们比例相等，人数也相等）。例如，在极端情况下，低分组考生在回答某道题时都错了，答对的人数是 0，而高分组的都答对了，那么区分度指数会是 1，这是最大值的区分度指数，一般不太可能出现。

再如，一共有 89 人参加中文测试，在第 3 道题的答题中出现了两种情况，第一种情况是：第 3 题高分组的 23 人中有 18 人答对，低分组的 23 人中有 6 人答对，那么第 3 题的区分度指数是：$D_3 =$（18-6）/23 ≈ 0.522；第二种情况是：第 3 题高分组的 23 人中只有 4 人答对，低分组的 23 人中却有 16 人答对，那么这种情况下，第 3 题的区分度指数是：$D_3 =$（4-16）/23 ≈ -0.522。在这两种情况中得出的区分度指数，哪一个更可靠呢？我们要知道，如果区分度指数是负数，这说明这道题目对于区分考生的水平起了相反的作用，它不能真实区分出考试水平的高低。显然，当这个例子的第二种情况出现时，说明这道题的区分能力很差，应该被抛弃；而第一种情况下，这道题的区分度指数达到了 0.522，说明这道题的区分能力不错，有比较高的鉴别作用。一般来说，区分度指数是一个从 -1 到 +1 之间的数，如果 D 越大，说明题目的区分能力越强。实际上，D 在 0.3 左右的题目，就已经具有一定的鉴别作用了。

这种 D 值的计算并不困难,老师们在自编测验中可以经常使用。不过,在这个计算过程中,它并没有利用所有考生的分数,因此不会很精确。我们在标准化、大规模的中文语言测试中一般不会采用这种计算方式。

三、效度

语言测试中的效度指的是测试的有效性或者说准确性。它指的是一套测试题能在多大程度上反映出试题设计者想要考查的内容,换句话说,就是一个测试是不是测到了它想要测的东西,测得准不准。效度是针对测试的目的而言的,它能反映出测试目的在多大程度上可以体现在测试试题中。因此,我们说效度的高低是衡量语言测试的一个最重要的指标,是语言测试的基本出发点。需要说明的是,效度是一个程度高低的问题,而不是一个有或无的问题。任何测试都有一定的效度,完全没有效度的测试是不存在的。只是如果一个语言测试的效度很低,那它就失去了测试的意义。

那么,如何来评价一次测试的效度呢?我们大致会从以下几个方面去说明和验证:

1. 内容效度

内容效度是从测试的内容上去考查和判断测试内容是否与测试目标有关,测试内容是否具有代表性,测试内容是否适合测试对象。它关注的是实际测试内容和预定测试内容之间的一致性与代表性程度。例如,成绩测试最讲求内容效度。从内容上看,设计一套中文试题应该严格在中文教学大纲和课程教材的范畴中选择与安排。但是试题是有限的,不可能把大纲中所有的语言知识和技能都包括进去,那就要看看这套试题是不是具有代表性,是不是能把教学大纲中关键的学习内容都包含进去。

如何从内容上来判定试题的效度呢?我们其实没有什么非常可靠的实证性方法,主要是根据考试大纲、教学大纲对教学内容和目标的设定,来拟定考试的内容。我们可以把这些内容详细地一一列出,然后再针对性地编制具体的题目;或者我们在题目编制完成后,邀请有关专家或有经验的老师对测验题目进行评判,看看它们是否和所需测试的内容关系密切。

2. 结构效度

这儿谈的结构,不是指考试试卷的结构或题目的编排,而是从语言测试应有的理论基础上去考查，看看一个测试的结果能在多大程度上解释人的语言能力以及和语言能力有关的心理特征。如果一个测试所检测的内容和相关的语言原则与理论一致，那么我们就可以说它的结构效度比较好。比如说，我们要设计一套试题来检测考生的语言交际能力，那么我们就要看看考试题型和内容在多大程度上能体现巴克曼提出的"交际语言能力模式"（Communicative Language Ability，CLA），是不是包含了语言能力、策略能力和心理生理机制3个部分，也要检测考试结果是不是与这个理论模式对语言交际能力的解释相符合。

3. 效标关联效度

效标指的是衡量测验有效性的一些外部标准，我们可以借用这些效标来评判测试结果和它们的一致性。因此，我们对这些效标有很高的要求，它们应该具有稳定性、可靠性。我们根据收集效标证据的时间不同，把这种效标关联效度分成预测效度和共时效度。

预测效度是用来评估语言测试结果能在多大程度上预测出考生未来的学习和行为表现。这时候，考生将来的表现成了效标，可用来帮助验证测试的效度。如果测试结果与考生未来学习和工作的成绩之间的相关度越高，那么这个测试的预测效度也就越好。比如说，要考查汉语水平考试的预测效度，我们可以把参加过这一考试的学生在今后的中文学习中的成绩当作效标，看看某次中文水平考试成绩是不是具有一定的预测能力；或者我们设计一套汉语水平考试模拟试题进行测试，再看看半年后学生参加汉语水平考试的得分情况，如果两者的相关系数很高，我们就可以说设计的模拟题有比较好的预测效度。

共时效度是指把某次测试的结果和在相同或相近时间段进行的其他相关测试的结果进行比较而得出的系数。比如说，学生刚刚考完汉语水平考试，接着再考一次我们自己设计的同一级别的汉语水平考试模拟试卷，如果得分情况相似，那就可以说我们自己设计的测试有比较高的共时效度（这是假设人们公认汉语水平考试有很高的效度）。共时效度和预测效度作用相似，它们都是把考试分数和一定的效标进行比较，因此称为效标关联效度，不过这两种效度也有一定的区别：共时效度是说明某次测试能不能帮助判断考生当前的语言能力，而预测效度是说明某次测试能不能预测考生未来语言能力的发展。

总体上，语言测试有不同的种类，不同的语言测试对效度也有不同的要求。比如，我们惯常进行的成绩测试和诊断测试主要看内容效度，语言水平测试强调的是共时效度和预测效度，而语言潜能测试一般是基于某种语言学习理论而设计的，因此会比较重视结构效度。

四、信度

信度是一个来自计量学的概念，原本的意思是"可靠性"。在语言测试中谈信度，主要是看测试结果是不是可靠、稳定，是否具有一致性。如果使用同一个测试，在不同时间段对同样一组考生进行多次测量，测试的结果保持不变的话，则可以说这个测试的信度比较高，质量也较好，因为它保持了前后的一致性和稳定性。当然，因为教育测量的对象是人而非客观的物体，总会出现一些如情绪、身体状况、记忆力、考试动机、测试环境等不稳定因素的波动，它们都会影响考试的发挥，所以说语言测试的信度的稳定性也不是绝对的，而是相对的。

一般来说，语言测试的信度包括了试题的信度和评分人员的信度两个方面。试题信度表明试题本身是可靠的，同一份试题在不同的时间段测试同一群学生，测试结果差异不大。试题信度与试题选样的广泛性和有效性有关，试题选样越广、越有效，那么对学生知识和能力的测量就越可靠，试题信度就越高。评分人员信度指的是评分人员两次或多次评估同一试卷，所得到的结果是相对稳定的。

不同的测量原理会带来不同的考试信度测试的方法，在语言测试领域，常用以下几种方法：

1. 重复测试法或"再测信度"

这种方法是用同一测试题，在不同时间内先后对同一批考生进行两次测试，计算这两次测试的分数，它们之间的相关系数就是"再测信度"，它可以反映出测试结果的稳定性。再测信度系数越高，说明测试的稳定性也越好。测试的信度系数应介于1和0之间，系数越大，信度也就越高。对于大规模标准化的语言考试来说，它们的信度系数至少应在0.90。我们在使用重复测试法时，也应明白很多语言测试并不适合连续两次进行测试；即使要进行两次或多次测试，如果时间间隔过长或过短，都可能会影响测试结果的稳定性。如果时间间隔过长，考生的语言水平可能已经发生了变化；如果间隔时间过短，那么考生对上一次考试还留有记忆。此外，任何一次测试过程中都会出现一些偶然因素的干扰，这些也都会影响系数的稳定性。

2. 平行卷测试法或"等值复本信度"

我们采用成绩测试方式编制语言测试试卷时，经常会根据同样的教学大纲和教学内容，准备 AB 两套试题。它们可以被认为是两份题型、内容等值或相同，但是具体题目不一样的平行试卷。如果我们用这两套"等值"的试卷，对同一组考生分别进行测试，这样的测试可以在同一天连续进行，也可以在一段时间内分两次进行，然后把两次测试的得分进行比较，计算出相关系数，这就得出了"等值复本信度"系数，这个系数反映的是测试的等值性。这种方法用了两种不同的试卷，可以比较有效地减少因为练习和记忆对再测信度带来的干扰，不过，要确保两份平行试卷在内容、难度上完全相同，这过于理想化，也揭示出这种方法的不足之处。

3. 对半测试法或"分半信度"

对半测试法是把一份试卷的全部题目，按照一定的标准，分成两个相对独立并且相等的部分，通过比较考生在这两部分获得的分数，来计算相关系数，获得整份试卷的信度。一般会采用前后分半的方法，比如一套试卷共 60 题，前后 30 题各为一半。还有一种常用的方法，是将整个测试题按奇数题和偶数题进行分半，比如 1、3、5、7 等奇数题分为一半，2、4、6、8 等偶数题分为另一半。对半测试法是用来评估一份试题内部一致性的程度，两个部分的分数一致性越高，试卷的信度也就越高。这种方法有其相对优势，它只需要利用一份试卷，进行一次测试就可以得出相关信度，避免了前两种方法存在的弊端。不过，对于同一份试卷，如果折半的方法不一样的话，得出的信度可能也会有所不同。

需要说明的是，不同信度的计算都有着不同的统计计算公式，比较复杂。我们将信度概念引入语言测试时，还应该清楚，在现实的生活学习中，存在着很多影响信度的因素，比如测试题目的取样、长度、数量、难度、区分度等都是影响信度的因素。就题目数量来说，测试的题目数量越多，信度也就越高。如果题量太少，考生答对或者答错题目的偶然性就会比较高，这样的话，测试也就不可靠了。不过，这也有一个度的问题，题目的数量如果无限增加的话，也会造成物极必反的结果——太多的题目容易导致考生疲劳或厌倦，反而会导致信度下降。此外，考生的多样性和阅卷评分也会影响信度。考生的水平差异大，测试分数的变异范围就越大，测试的可靠性就越高。对于阅卷评分来说，人工阅卷或多或少都存在着误判的可能。因此，若能采用机器阅卷，将会有效地降低误判率，这对测试信度是有利的。

 本章思考题：

1. 成绩测试和水平测试在目的与内容上有哪些不同？
2. 请结合汉语水平考试七—九级的翻译试题的要求，谈谈如何提升国际中文的翻译技能。
3. 你是否了解 IB 中文（B）的评估模式？请搜集相关文献，探讨一下 IB 中文（B）的评估方式和特色。
4. 请谈谈你对国际中文测试中的效度和信度的认识。
5. IGCSE 汉语考试是由英国剑桥国际考试中心研发，面向英国教育体制下的 14—16 岁的汉语学习者的语言测试。请结合相关文献，谈谈 IGCSE 汉语考试的特点。
6. 最近 40 年来，巴克曼的"交际语言能力测试模式"在语言测试理论和实践领域影响巨大。请结合相关文献，总结他对二语习得与语言测试的关系的主要阐述。

 本章主要参考文献：

1. 宋海燕. 汉语作为目的语的语言学能构成及学能测试研究［J］. 国际汉语教学研究，2018（2）.
2. 谢小庆. 对 15 种测验等值方法的比较研究［J］. 心理学报，2000（2）.
3. 谢小庆. 测验效度概念的新发展［J］. 考试研究，2013（9）.
4. 谢小庆. 人工智能大语言模型为教育评价带来的挑战和机遇［J］. 湖北招生考试，2023（5）.
5. 张晋军. 新汉语水平考试（HSK）题库建设之我见［J］. 中国考试，2013（4）.
6. 张晋军，符华钧. 新 HSK 纸笔考试与网络考试比较研究［J］. 中国考试，2015（11）.
7. 赵琪凤. 汉语水平考试的历史回顾及研究述评［J］. 中国考试，2016（9）.

第十章　现代教育技术与国际中文教学

本章导读

我们正处在一个全球化日益加深的时代，同时也感受着现代技术发展的日新月异。不断更新迭代的现代教育技术推动着语言教学方式方法的创新发展，也大大提升了语言教学的效果。国际中文教学从20世纪80年代开始引入了多媒体教学技术手段，从多媒体教学课件到多媒体教学资源库的开发，取得了长足的发展。近年来，国际中文教学也开始积极尝试数字化的教育技术，开展了中文智慧教育的实践，这将有力地引领国际中文教学在未来的发展。本章主要分析现代教育技术的发展历程，重点探讨国际中文教学的主要技术类型，包括多媒体教学技术的主要类型，以及数字化转型阶段的国际中文智慧教育；同时，也通过具体的案例帮助理解如何在国际中文教学的实践中去应用这些新颖的教育技术，推动国际中文教学的未来变革。

国际中文教育的发展离不开现代教育技术的助力和支持。现代教育技术的更新迭代不断赋能传统中文教育，成为推动国际中文教育转型升级、实现高质量发展的重要力量。2022年召开的国际中文教育大会，明确提出要通过创新信息化、数字化、智能化建设，打造更加开放包容、更加优质可及的国际中文教育新格局，更好地满足各国人民学习中文的需求。数字技术成为重塑国际中文教育，实现国际中文教育变革创新的关键。

在此背景下，国际中文教师无疑需要了解并熟练掌握相应的教育技术手段，这是他们专业能力发展的根本要求。2023年8月，世界汉语教学学会发布了《国际中文教师专业能力标准》，明确指出教育技术是教师"专业技能"的重要组成，国际中文教师应建立起基于现代教育技术的"数字素养"，这包括数字意识、数字知识、数字能力和数字伦理4个方面。在数字意识上，国际中文教师应充分理解教育技术在中文教学中的本质作用，不断了解并关注前沿技术在国际中文教育中的最新应用进展，加强信息技术与中文教学过程深度融合的意识。在数字知识和能力上，国际中文教师要掌握教学所需的信息化技术，能够根据教学目标、教学内容和学习者特点选择合适的信息化教学手段，具备设计、制作课件等教学资源的能力；还应具备运用网络教学资源的能力，开展线上及线上线下相结合的中文教学与管理。此外，教师还应在技术运用的过程中，具有明确的知识产权保护、尊重他人信息、重视信息安全的基本伦理意识。[①]

那么，现代教育技术，特别是以信息化、数字化、智能化为标志的教育技术手段，是如何应用于国际中文教育的发展，并推动它从早期的浅层应用逐步走向近年来数字化转型的呢？

第一节　现代教育技术与国际中文教学的数字化发展

一、什么是现代教育技术

美国著名未来学家阿尔温·托夫勒（Alvin Toffler）曾在他的代表作《第三次浪潮》(*The Third Wave*)中指出，人类历史经历了早期的"农业革命"和近代的"工业革命"，从20世纪50年代后期开始进入了第三阶段：信息化（或者服务业）阶段。在第三次浪潮中，人类不仅在电子工业、宇航工业、海洋工程和遗传工程等方面取得了长足的进展，更推动着社会结构多样性和多元化的发展，培养出一种与之相适应的、更加重视个性发展和平等关系的新的社会性格。

---

① 世界汉语教学学会. 国际中文教师专业能力标准[M]. 北京：北京大学出版社，2022：4.

在第三次浪潮的影响下，教育领域的信息化也呈现出日新月异的变化。一方面，教学理念正在从传统以"教"为中心转向以"学"为中心，学习者成了认知活动和信息加工的真正主体；另一方面，突飞猛进的科学技术与教育发展相结合，形成了以多媒体计算机和网络通信技术为核心的现代教育技术。现代教育技术从教学设计理论和手段上，为改革传统的教学模式提供了理论指导和技术保障。现代教育技术主要运用多媒体计算机和网络通信等信息技术手段，以信息论、控制论等系统科学理论作为理论基础，同时尊重现代教育和学习理论，遵循现代教育发展规律，目的在于通过设计、开发、运用、管理和评价等方式，优化教育教学的过程和资源，努力提高教育教学的质量和效率。

使用现代信息技术必然会使用到数字技术，现代教育技术的数字化与信息化是相互重叠、相互包含的混合存在[①]。某种意义上，现代教育技术的发展就反映为教育数字技术由早期的浅层应用走向近年来深度融合的发展历程。

二、国际中文教学的数字化发展

早在20世纪80年代初，中国就成立了"中国中文信息研究会"。对外汉语教学界也开始探讨汉语信息处理技术与对外汉语教学相结合的问题，认为科学与技术将是对外汉语教学的双翅，会带来对外汉语教学的又一次飞跃[②]。由此，对外汉语教学进入了电化教学的阶段。

一方面，这主要体现在以函授和视听为主的传统远程中文教学中，主要借助电视和广播的渠道来实现。比如，1981年中国摄制完成了第一部对外汉语教学电视录像片《中国话》，并为教材制作了不少多媒体配套产品。此后，网络中文学习逐渐成为现代远程中文教学的主要形式。1998年中国建成了第一个对外汉语教学网站，包括北京语言文化大学、厦门大学等在内的一些高校纷纷开发了网页版本、局域网版本的汉语教程，华东师范大学还率先开设了"汉语网校"。[③]另一方面，这一阶段的现代教育技术主要体现在计算机辅助汉语学习方面，"多媒体技术"为对外汉语教学带来了许多创新。例如，

---

① 李芒, 张华阳, 葛楠, 等. 教育数字化转型的要义与进路 [J]. 中国电化教育, 2023 (8).
② 张普. 论汉语信息处理技术与对外汉语教学 [J]. 语言教学与研究, 1991 (1).
③ 张建民. 国内对外汉语网络教学的进展和问题 [M] //张普. 现代化教育技术与对外汉语教学：第二届中文电化教学国际研讨会论文集. 桂林：广西师范大学出版社, 2000：51-54.

在早期阶段，人们在称为"老大难"的声调和汉字教学中，尝试采用语音识别技术，设计汉语声调教学软件；研制基于拼音系统的汉字输入法，制定"基础教学用汉字部件规范"等国家标准。特别是随着"多媒体计算机辅助教育系统"（Multimedia Computer-Assisted Instruction，简称 MCAI）在对外汉语教学中的普遍应用，它具有集成性、交互性以及超文本、超媒体等技术特性，有效地整合了不同媒体信息的教学内容，丰富了目的语言语环境，还通过便捷、高效的技术手段，有力提升了学生参与语言能力训练和学习的主动性与积极性。

2005 年在北京举行的首届"世界汉语大会"决定针对传统的对外汉语教学，实施 6 项重要的转变，其中明确提出"教学方法从纸质教材面授为主向充分利用现代信息技术、多媒体网络教学为主转变"，同时将"大力建设网络平台"作为一项重点工作。这以后的 10 多年间，随着信息化的迅速发展，对外汉语教学加快了教育技术的数字教学资源转换的步伐，"语料库"和"网络平台"的开发与建设取得了长足的发展。例如，"网络孔子学院"于 2009 年上线运营，它汇集了很多教学资源，具备在线中文教学和教师网上培训等功能。21 世纪的前 20 年也是中文教学的数字化升级阶段，慕课/微课、移动学习、虚拟现实、人工智能等新兴教育技术开始得以广泛应用。随着 2012 年欧美开展"大规模开放式网络课程"（Massive Open Online Courses，简称 MOOC，也被称为"慕课"），国内对外汉语教学界也掀起了一股"慕课热"，建起了"学堂在线""好大学在线""中国大学 MOOC"和"华文慕课"等四大慕课平台，共建设对外汉语慕课 49 门。[①] 网络技术和虚拟现实技术也影响着国际中文教学的互动方式的变革。人们普遍使用数字化、网络化和移动化的技术工具，例如邮箱、论坛、微博、QQ、微信（群）、抖音，以及 Bilibili 等视频网站，方便在任何时间、任何地点进行在线学习，而且，在虚拟网络社区学习第二语言也不再是什么新鲜事。随着疫情期间大规模在线教学的开展，现代教育技术在线上线下相结合的教育场景中得到了广泛应用。特别是近年来以大数据、云计算、人工智能为代表的新兴数字技术掀起了新一轮的科技革命和产业变革，也推动着国际中文教育的信息化、数字化、智能化发展。正处在数字化转型阶段的国际中文智慧教育运用了许多新兴的数

---

① 管延增，蒋荣. 我国对外汉语慕课的调查与思考 [J]. 国际中文教育（中英文），2021（3）.

字教学技术,包括"多模态学习分析""教育知识图谱""自适应学习",以及最新发展的"生成式人工智能"和"扩展现实与教育宇宙"等概念与技术。将这些前沿教育技术有机地结合到国际中文教学实践中,也形成了颇具影响力的数字教学模式,例如"国际中文翻转课堂教学模式""国际中文智慧课堂教学模式"等等。当前,智慧教育已成为国际中文教育信息化发展的新境界和新诉求,推动着众多新型教育教学模式的形成和发展,它为国际中文教学的发展注入了全新的理念,揭示出中文教学未来发展的新方向和新趋势。

第二节 国际中文教学的主要技术类型

回顾 40 多年来国际中文教育技术发展的历程,多媒体辅助中文教学、语料库等教学资源库建设以及处在中文教学数字化转型阶段的国际中文智慧教育,成为不同阶段的教育技术运用的典型,持续助力、丰富并引领着国际中文教育的时代发展。

一、多媒体技术与国际中文教学

(一)什么是多媒体技术

我们正处在一个信息化、多媒体的时代中。在计算机技术普及的今天,我们在教学中不仅使用传统的图书、磁带、幻灯片等媒体形式,更积极地开发多媒体技术来提升教学的效果。多媒体技术就是利用计算机和网络的综合处理与控制手段,将各种各样的信息以视频、光盘、网盘、电子课件、电子白板等新媒体形式呈现出来的信息技术。多媒体技术形成了一种以计算机技术为主导,涵盖多种媒体的教学方式,实现了教学中一系列的随机交互式操作。

多媒体的信息主要包括文本、图像、动画、声音和视频影像等类型。在现实生活中,文本是我们最常使用的信息储存和传递方式,它是一种以文字和各种专用符号表达的信息形式。多媒体的文本信息主要体现在数字化的教材和课件中,常见的是用于语言学习的课文,或者是对概念、定义、原理和问题等知识进行描述性的阐述。图像是多媒体中另一种重要的视觉信息表现形式,最常见的就是图片或照片,它们是对客观对象的自然再现;图像也可以包括人为创作的图形,它们用来表现抽象的形状和变化趋势。与静止的图像不同,动画利用了人们的视觉暂留特性,把一系列连续运动变化的图像快速播放出来;动画一般带有缩放、旋转、淡入淡出等变化效果,可以使教学中一些抽象的内容变得生动有趣,方便理解。除了多媒体的视觉信息外,教师口头讲解的声音、教学课件中的音乐和其他音效也是信息传递的重要方式,声音是师生情感交流的最直接、最方便的一种方式。视频影像则是上述多媒体信息的综合运用,它将连续变化的音画信息整合成一体,可以有声有色地表现出事物发展的前后过程,使传递的信息内涵变得更加丰富。

近年来,多媒体虚拟仿真技术也开始应用到语言教学领域,这种技术有效地利用静态图像、动态图像、音频或视频等多媒体技术,借助计算机三维虚拟仿真技术,将事物的外形、功能及其他特征精确地复原表示出来,用来复原、模拟真实世界的情况。

(二)多媒体技术在国际中文教学中的应用类型

国际中文教学本质上属于第二语言/外语教学的范畴,多媒体技术在这一领域的应用主要包括适用于语言教学的多媒体教学软件和多媒体教学平台两类:

1. 多媒体教学软件

多媒体教学软件是一种用来存贮、传递和处理教学信息的计算机教学程序。这类教学媒体工具能依据特定的教学目标,呈现特定的教学内容;能够方便师生、生生之间的交互操作,并能协助教师对学生的学习做出相应评价。

最常见的多媒体教学软件就是教师自己制作的多媒体课件。这些课件是教师根据自己的教学意图,利用某种应用软件(比如 PowerPoint、Flash 等)所生成的演示性文件。这些课件常常将文字、图形、图像、声音、动画、影像等多种媒体素材融为一体,用来辅助教学,既具有丰富的表现力,也有着良好的交互性;同时,借助网络的传输功能,可以实现教学资源的共享。随着计算机、互联网和智能移动设备的普及,越来越多的热门教育科技(EdTech)工具软件将多媒体的特点与教学交互性、个性化紧密结合起来,受到国际中文教学界的广泛欢迎。这类教育科技软件工具不胜枚举,功能强大。例如,作为一个新型的创作和展示工具,Buncee 可以帮助教师直接将音频和视频录制到 Buncee 中,并与 Pixabay 图像集成,进行课堂演示;也能帮助六七岁的低龄学生自己使用 Buncee 制作多媒体演示文稿，交流故事，展示他们的学习能力、批判性思维和创造力。而 PlayPosit 则可以帮助学习者使用内置的各种插图或上传本地图片来制作 PPT，写读书报告，满足个性化学习的需求。

2. 多媒体教学平台

多媒体教学平台指的是具备计算机集成或控制功能、能满足课堂教学交互操作的技术平台。多媒体教学平台有线下和线上两种类型。

线下的多媒体教学平台就是我们常见的多媒体教室以及多媒体语言实验室。多媒体教室指的是安装了多媒体教学设备的教室。早期的多媒体教室大多是单机型的教室，一般配备了多媒体教学讲台、中央控制系统、课件播放设备（如桌面计算机）、显示系统（如投影机、投影幕布等）、音频处理系统（如教学功放、音箱、话筒、调音台、效果器等）。现代多媒体教室都具有网络连接的功能，有些多媒体教室还配备了电子白板、触摸屏等周边教学互动设备。多媒体语言实验室是进行语言教学与技能训练的良好场所，它采用数字技术替代了传统的模拟技术，以计算机网络作为中央控制系统，拥有语音实验室、自主学习室、声像编辑室、电子阅览室、视听实验室、模拟训练室、声像资料室等多种强大的语言教学和学习的功能。

线上多媒体教学平台主要指多媒体网络教学平台，这是建立在多媒体和互联网技术基础上，利用网络的便捷性、交互性和实时性，为网络教学和管理提供全面支持服务的软件系统。网络教学平台具备课程教学、自主学习、教学资源、在线辅导、在线测试等基本教学功能，也具备课程教学管理、形成性评价、课程或专业教学信息等教学管理功能，同时还可以提供直播、录播、录播直播并用等多种教学形式，这对国际中文教学产生了很大的影响。在疫情期间，中文教学大规模转为线上教学，这为多媒体的网络中文教学平台的开发和应用创造了条件。一些如钉钉、腾讯会议、Zoom 等办公类的会议软件为中文教学提供了必要的支持，也建立了腾讯课堂、雨课堂等通用型在线教学平台。而一些重要的国际中文教育机构也搭建起各具特色的在线教学平台，比如"网络孔子学院"推出了慕课平台、直播课平台和微课平台；"中文联盟"于 2020 年正式上线了"网络中文课堂"直播课教学平台，提供了 VIP 小班课、小班课、大班课、公开课、互动课、论坛等 6 种在线直播模式。

二、国际中文教学资源库建设

我们生活在一个信息化快速发展的时代中，资源建设被认为是教育信息化发展的核心。在国际中文教育领域，教学资源库是教育资源建设的重中之重。所谓教学资源库，指的是"利用信息化科技手段，对教育教学资源进行整合，最终建成的互动化、多媒体化的共享式资源仓库"[①]。教学资源库汇集了优质教学资源，通过现代信息技术，将教学资源有效应用于课程教学之中并实现教学资源的共享。从 20 世纪 90 年代开始，对外汉语教学界就致力于汉语中介语语料库的建设，发展迄今，已经形成了种类繁多、各具特色的国际中文教学资源库。前面提到的多媒体网络中文教学平台，实际上也可以理解为一种"大而全"的中文教学资源库，它们一般汇集了服务于中文教学的各种网络应用及工具，包括课程、教材、案例和教学素材等多种类型，内容丰富，功能强大，而且处于动态发展过程中。例如，2020 年"中文联盟"上线的数字化云服务平台在建设的前 3 年就已经搜集了 3 万多册电子书、30 多种报纸和 200 多种期刊，提供慕课 7 300 多节，所设立的中外文化差异案例库搜集了 140 多个国家的 1 万多条案例。"唐风汉语"则提供了近 19 万条的 PPT 课件、音频、视频、动画、文本和图片，中文在线课程近 1.3 万节。

在过去的 40 多年间，除了汉语中介语语料库外，国际中文教学主要围绕着汉字、语音、词汇、语法、文化等语言知识，建立了一批代表性的语言知识资源库；此外，还陆续建立了教材资源库、课程资源库、练习与考试题库、教学案例库、多媒体素材库以及数字图书馆等专题性教学资源库。它们满足了中文教学和研究对某类资源的特定需求，对于相关领域的教学辅助和学术研究很有帮助。我们这儿重点介绍一下汉语中介语语料库、汉语词汇和语法库，以及教材资源库的建设情况。

（一）汉语中介语语料库建设

为了进行语言学研究、自然语言处理和机器翻译等领域的工作，人们通过搜集和组织大量的在语言实际使用中真实出现过的语言材料，比如说书面文本、口语对话、新闻报道等各种语言材料，分析语言的结构、语法、词汇

---

① 王楠. 高校教学资源库管理模式初探［J］. 中国教育信息化，2009（17）.

和语义。早在20世纪60年代语料库建设就已经开始起步,比如布朗大学(Brown University)在1961年建立了"布朗语料库"(Brown Corpus),这是一个包含了新闻、小说、社论等不同类型英文文本的语料库,被用来进行自然语言处理和文本分析的研究。

随着"中介语理论"的发展,我们认识到建立中介语语料库可以帮助研究者了解语言习得过程,特别是有助于了解学习者的语言习得的顺序、习得的错误类型、习得的策略,研究者可以从中发现语言习得过程中的规律,并提出语言习得的理论模型。建立中介语语料库还能帮助开发相应的语言教学材料和软件、评估语言教学效果,对于国际中文教学发展有着重要的意义。

汉语中介语语料库的建设已有30多年历史,它从最初的中介语书面语语料库,发展到现在包含口语、视频等中介语语料的多模态语料库。在众多中介语语料库中,比较知名的有北京语言大学的"HSK动态作文语料库"(http://hsk.blcu.edu.cn/Login)、"汉语学习者口语语料库"以及暨南大学的"留学生口语语料库"。北京语言大学建设的"全球汉语中介语语料库"(http://qqk.blcu.edu.cn/#/login)是一个包含了书面语、口语和视频3种类型的多模态语料库,这些语料库的语料来自不同国别、不同母语背景的汉语学习者群体。近年来,单国别、单母语背景的学习者的中介语语料库建设也受到重视。比较典型的是鲁东大学建设的"韩国留学生汉语中介语语料库"。有些中介语语料库重视纵向语料的搜集,它便于准确反映汉语习得的渐进过程,能够帮助研究者或教师更好地认识学习者语言发展过程中的关键转变点或临界点。具有代表性的是南京大学建立的"外国留学生汉语口语纵向语料库"和"美国学生汉语作文纵向语料库"。

语料库建设是一个技术性、专业性强、多学科交叉的复杂系统工程。语料的收集及规范标注是语料库建设的关键。第一,语料应该真实全面,来源可靠、干扰信息少,这决定了语料库的使用价值。以中介语语料库为例,语料一般来自一线汉语教师在教学中从学生那儿收集到的语料,比如学生课堂内外的练习、作文等。语料收集后,还需要对语料来源信息作必要的注明,方便后续的针对性研究。然而,这种语料来源费时费力,存在很多实际困难,也造成语料库规模较小、语料不全的问题。此外,好的语料库还应该讲求所收录语料的平衡性,也就是说应该追求语料产出者的国别类型、汉语水平与语料数量之间的平衡。

第二，收集了一定数量的语料后，还需要对语料进行标注，这主要是为了帮助研究者方便有效地提取所需要的语料。在标注时，要注重标注符号的一致性。比如，"汉语中介语语料库系统"会对语料中的错误进行标注。一般做法是保留原语料（例句）中所有的错误，用标注符号（可以是字母，也可以是数字，或者是两者的结合）来指明语料中的错误类型、需要改正之处，并呈现正确的表达形式。比如下句"而且｛CD 在｝世界｛CQ 上｝有很多病的话，人们怎么能解［C］决别人的问题呢？［BC！］""｛CD 在｝"用来表示语料原始文本中多了一个"在"，这是一个多余的成分，是错误的形式；"｛CQ 上｝"表示缺了一个"上"。这个标注符号里放置的是句子中需要的成分，是正确的形式；"解［C］"表示在原始语料中"解"字写错了；而"［BC！］"表示在原语料中问号和句号都被错误地写成了感叹号。① 这样，使用者只需要通过检索标注符号，就可以获得有关语料的常见偏误类型、偏误成因和正确表达的形式。某些中介语语料可能会出现多个偏误点，一般会建议按照"篇—句—词—字"由大到小的顺序来分别标注。对于同一个错误，如果篇章上存在错误，那就按篇章错误来处理；不存在篇章错误，那就按句子错误来处理；不然的话，再考虑词或字的错误。总的来说，语料中某个错误现象只能被标为一种错误类型。尽管我们在语料库的建设中，不断优化规范标注的方式，但是过去的许多标注工作大都是手工标注完成的，效率低下，标注准确性也很受影响。目前，许多语料库大都拥有几十万至几百万字的标注语料，语料库建设正在不断探索高效准确的标注方式。例如，"汉语中介语语料库"已经开始尝试运用计算机对语料进行自动标注。而"HSK 动态作文语料库"则采用了数字墨水技术，可以在扫描版语料中标注存在偏误的字、词、句、篇，并与录入版语料建立联系，这样偏误就可以在两个不同版本上同时定位和体现了，这为实际的检索过程带来了很大的便利。

（二）汉语词汇库建设

语言要素教学在国际中文教育中占据着核心地位。国际中文教育在汉字、语音、词汇、语法以及文化教学方面积累了丰富的教学资源，依托计算机网

---

① 任海波. 关于中介语语料库建设的几点思考——以"HSK 动态作文语料库"为例［J］. 语言教学与研究，2010（6）.

络的信息化技术,也建设了不同语言知识类的资源库。词汇和语法教学始终是中文教学的重点内容,因此在专题教学资源库的开发中出现了一些词汇库和语法库的建设构想与实践。

词汇库建设方面,最早出现的是建立服务于语言教学的词汇库的一些构想。2004年就有学者提出要建立基于《汉语水平词汇等级大纲》的"语素数据库"①,之后有学者提出建立"对外汉语教学词库"②以及"面向对外汉语教学的'汉语新词语信息库'"③。那么,一个词汇库应该如何建设呢?应该包括哪些方面的词汇呢?这是词汇库建设首先要考虑的方面。以"对外汉语教学词库"为例,研究者率先提出建设一个有针对性的词汇库,要充分考虑词语的使用频率、习得者的语言环境和心理因素,以及汉语句法结构的制约(比如初中级教学词库的构建),这些都是影响词语习得的重要因素。服务于汉语学习者的词汇库应该包括"即知词库""已知词库"和"欲知词库",它们共同形成教学词库。所谓"即知词库"指的是出现在教材生词表中规定学习者在课堂学习中掌握的词汇总和;"已知词库"也可以理解为"心理词库",它包括学习者已经知晓的词语的总和;"欲知词库"指的是学习者想知道但是还不知道的词语总和。在3个词库中,"即知词库"所包含的词语是课堂教学的主要内容与核心,具有强制性的特点。3个词库所组成的教学词库也会随着学习者语言能力和认知能力的发展而不断扩充,具有开放性的特点。

汉语缺乏词形变化,需通过词语搭配关系才能获得相关的语法、语义信息,因此词语搭配知识在教学中具有重要的实践价值。近年来,用于教学的汉语词语库的建设主要围绕汉语词汇搭配而展开,出现了比如"汉语实词搭配词语库""汉语近义词辨析知识库"等尝试。北京语言大学建设的"服务国际中文教育的词语搭配知识库"具有代表性。他们将语料庞大的"BCC汉语教学语料库"作为获取词语搭配知识的语料库,提出了针对性、常用性、规模性、动态性和可控性的构建理念,并且以《国际中文教育中文水平等级标准》作为难易度的控制标准,通过人工判定词语搭配,以定制可泛化的

---

① 邢红兵. 基于《汉语水平词汇等级大纲》的语素数据库建设 [M]//张普, 谢天蔚, 徐娟. 数字化对外汉语教学理论与方法研究. 北京: 清华大学出版社, 2004: 466-471.
② 施正宇. 词·语素·汉字教学初探 [J]. 世界汉语教学, 2008 (2).
③ 亢世勇, 许小星. 面向对外汉语教学的汉语新词语信息库的建设 [M]//张普, 徐娟. 甘瑞瑗. 数字化汉语教学进展与深化. 北京: 清华大学出版社, 2008: 541-546.

BCC 检索等方式，获得了 140 余万条词语搭配知识。这个国际中文教育词语搭配知识库具有等级可查、难度可控、应用方便的特点，不仅应用于汉语自学、助教等教学场景中，也被纳入智慧汉语教学平台建设，正日益体现其重要的教学价值。①

（三）汉语语法库建设

在国际中文教学中，语法是教学的难点和重点。建立面向语法教学领域的语料库或知识库非常重要，这对于新手教师来说特别有帮助，比如说，他们可以通过这样的语法库，方便地确定教学语法点，明白应该从哪些方面进行语法点教学，也能够在课堂语法教学中选用合适的例句。20 世纪初，对外汉语教学界开始关注面向汉语（第二语言）教学的语法资源建设。有的研究是以现行的语法教学大纲为基础，标注母语语料中的语法点；有的研究重建了语法大纲，并且探讨了语法点的自动识别规则。在汉语语法知识库的实际建设中，大家都主张应该以服务汉语教学作为出发点，同时也要重视对语法理论发展的支持作用。

北京师范大学建设的"汉语国际教育动态语料库"是一个面向汉语（第二语言）教学的语料库。在这个语料库基础上，开发了"面向汉语（第二语言）教学的语法点知识库"②。我们以这个语法点知识库为例，可以大致了解汉语语法库的建设和使用的基本情况。这个语法点知识库实际上包括了语法点知识库和语法点标注语料库两个方面。它是以语法研究非常有名的"三个平面理论"作为理论基础的。③ 它从教学的实际需求出发，进行语料的收集、

---

① 王雨，肖叶，荀恩东，饶高琦. 服务国际中文教育的词语搭配知识库建设［J］. 语言文字应用，2022（2）.
② 谭晓平，杨丽姣，苏靖杰. 面向汉语（二语）教学的语法点知识库构建及语法点标注研究［J］. 中文信息学报，2015（6）.
③ 20 世纪 80 年代，胡裕树、张斌等学者提出语法研究应该区分开句法、语义、语用 3 个不同的平面，而在具体的句子分析中，又需要把这 3 个平面结合起来进行系统全面的分析。句法平面，主要研究汉语的句子基本结构、句子的成分、句子的类型、句子的修饰成分、句子的连接成分、句子的省略成分、句子的倒装成分、句子的语气成分等；语义平面，主要研究汉语的语义结构，包括词汇的意义、语法的意义、句子的意义、篇章的意义等；语用平面，主要研究汉语的语用结构，包括词汇的语用功能、语法的语用功能、句子的语用功能、篇章的语用功能等。比如，在"书，我不看了。"这句中，句法上它是个主谓句，"我"是主语，"不看"是谓语，"书"是提示语；在语义上，"我"是动作"看"的施事，"书"是"看"的受事，"不看"是对行为动作的否定；而在语用上，"书"被理解为主题，"我不看了"是述题，"不看"是焦点。"三个平面理论"认为，只有把这 3 个平面综合起来，才能完整地解释这个句子的造句规则。

标注加工，设计检索功能。首先，它确定了以教学的常用性和必要性作为选取语法点的主要原则，它根据在《新实用汉语课本》《中文听说读写》《对外汉语教学语言点 150 例》3 部教材中出现的语法点进行统计，一共选取了 132 个语法点作为基础语法点。对于每个语法点，它以"基本信息""语义信息""句法信息""语用信息"为维度，建立语法点的描述框架，其中，"基本信息"主要为语法点安排编号、名称、变式、等级、相似语法点、偏误。其次，建设"语法点标注语料库"。"汉语国际教育动态语料库"一共收集了 197 册经典的汉语（第二语言）教材语料，以及 66 套汉语水平考试样题文本语料，包括 141 464 个句子、2 472 115 个词次。在语料标注上，它注重每条语料所反映的语法点的不同的语义信息和句法信息，包括语义类别、基本形式、否定形式、主语信息、搭配信息等，其中语义类别和基本形式是每个语法点都必须标注的内容。这个语法点知识库还开发了语法点及语料的查询工具，可以从多个维度方便查询语法点及其句例。有了这个语法点知识库和语法点标注语料库，还可应用于汉语教材的研究，比如，可以帮助分析某个语法点在教材的编排和选取上是不是和母语的实际使用情况相符合。

在汉语语法库建设上，最新的成果是北京语言大学开发的"基于汉语教材的语法资源库"[1]，以及"基于新标准体系的国际中文教育教学语法资源建设"[2]。"基于汉语教材的语法资源库"在 2021 年建成，已经投入实际使用。这个语法资源库从 117 册/种汉语教材中选取语法点和语料，包括 9 367 个语法项目、17 743 个相关解释、47 619 个例句。同时，还配套了一个名为"汉语语法的查询系统"的应用软件，方便查询语法点名称、解释和例句，甚至还包括教材语法研究的文献信息。"基于新标准体系的国际中文教育教学语法资源建设"是 2022 年的研究成果，它对标《国际中文教育中文水平等级标准》中的重要语法点，从目前使用较为广泛的 10 套共 37 册汉语教材中提取、归纳出 100 项语法点，对每个语法点都进行了细致分析和描述，包括语法项目名称、语法意义、加工随想、语法知识储备、教学核心思路、功能、课堂描述、导入、公式、操练、课堂活动、偏误、练习与测试等内容。

---

[1] 姜丽萍，黄月. 基于汉语教材的语法资源库建设与应用［J］. 海外华文教育，2021（2）.
[2] 王治敏. 基于新标准体系的国际中文教育教学语法资源建设研究（上、下）［M］. 北京：北京语言大学出版社，2022.

（四）汉语教材资源库的建设

国际中文教学的发展和影响，离不开中文教材与时俱进的开发与应用。随着教育技术的不断发展和国际中文教育环境的日益丰富，中文教材内容和形式的多元化以及教材编写的本土化趋势也越来越显著。然而，教材编写质量决定了教材使用的价值，也影响着语言教学的课程设计和课堂教学。教材编写需要讲求科学性，科学性不仅要求教材在编写上有一定的教学和语言理论的支持，更应该依托丰富真实的教材编写资源，来确定合适的教材编写原则、教材评估与难度测定的方式。因此，近年来国际中文教材资源库的建设也越来越受到重视。不过，这方面的工作起步晚，收集、整理与规范标注的工作量庞大，相关研究也很不成熟，特别是国内外基于海外非母语者教材所建的语料库数量少、应用范围也非常有限。

目前，由中山大学国际中文教材研发与培训基地建设的"国际中文教材资源库"已经初具规模，并具有一定的代表性。我们以"国际中文教材资源库"为例，可以了解汉语教材资源库建设的基本情况和问题。中山大学的"国际汉语教材语料库"建设分成两个阶段：第一阶段是教材库建设，第二阶段是在教材库基础上建设教材语料库。在教材库建设阶段，他们已经建成"全球汉语教材库"（www.ctmlib.com），开始在教材编写、评估、相关测评软件开发以及与其他语料库配合使用上发挥应用价值。"全球汉语教材库"主要收集海外非母语者使用的汉语教材，共收录了全球40个国家出版的汉语教材17 800多册，包括了57种教学媒介语，其中实体教材有10 000多册。教材库会录入尽可能详细的教材信息，包括ISBN书号、书名信息、作者信息、出版信息[1]、学习者信息[2]、基本内容[3]、补充内容[4]等，还包括教材的形式、数量、简介和购买链接，以及教材的封面、样课等信息。教材库在线提供了这些汉语教材信息，便于在线查询服务。

教材库的建设为教材语料库建设打下了基础。目前，"国际中文教材资源库"建设的重心主要是"国际汉语教材语料库"的建设。在这个阶段，先

---

[1] 如出版国家、出版社、出版年、版次、页数、价格等。
[2] 如适用国家、适用水平、适用学校、语言环境等。
[3] 如教学媒介语、教材资源类型、汉字繁简体、注音形式、适用课型、语言要素、内容简介等。
[4] 如教材介质、教材类型、专业汉语教材、文化类教材、练习形式等。

要从教材库中选定经典的教材进入教材语料库,这就需要遵循一些基本的原则:第一,要注重所选教材的时效性和出版地域的平衡性。比如,在"全球汉语教材库"中大部分教材都是 2006 年后出版的;注重兼顾中国和海外出版的教材比重,海外出版教材占比达 56.1%。第二,要考虑收录教材的全面性和多层次性。收录的教材要适用于学前、小学、中学和大学各个层次汉语教学;此外,还要收录经典的通用性汉语类教材,这些教材要适用于当前国际中文教学的主要课程,包括语言交际技能类、语言要素类,以及唱歌、游戏、文化等其他类的汉语教材。在这些原则的指导下,专家们从"全球汉语教材库"中选定了来自 19 个国家的 3 212 册汉语教材(包括 22 种教学媒介语)进入教材语料库。所选定的语料在汉语作为第二语言学习中具有一定的典型性、可教性,能较好地反映汉语作为第二语言教学中的常用用法。有了经典的教材语料,下一步就是要将这些选定的教材进行文本技术处理,比如通过计算机扫描和光学字符识别(Optical Character Recognition,简称 OCR),将纸质教材文本转化为电子文本。接下来,就要对文本中的字词进行标注,这是制成在线检索系统的基础。具体来说,要做好自然语言分词处理、分词人工校正以及文本特征标记等工作,这将为创建索引提供参照。在完成这些基础工作后,"国际汉语教材语料库"还将利用在线技术发挥其应用价值。具体工作包括:制成汉语文本指南针在线分析软件、汉语字词档案在线分析软件等,这样就能发挥教材语料库在教材语料的字词分析、教材文本语料的定级与评估等方面的应用功能。

目前,国际汉语教材语料库的建设也呈现出不同的形式。比如,"中文联盟"的"国际中文教学指南"正以网络平台的方式建设一个包括教材、讲义和教辅材料的资源库,它系统分析了 5 000 多套通行的汉语教材,提炼了 515 个语言应用场景,还加工标注了数量庞大的语素语料,包括近 6 000 万个字、词、语法点、文化点。这个资源库根据《国际汉语教学通用课程大纲》和汉语水平考试的分级标准进行归纳,可以方便地帮助用户找寻并生成他们所需要的讲义、教材和教辅材料。①

汉语教材资源库的建设的关键在于汉语教材语料库的建设。虽然这方面

---

① 孔子学院总部/国家汉办. 国际中文教材编写指南网络平台用户使用手册 [EB/OL]. http://www.cltguides.com/file/User_Manual_to_Network_Platform(chinese).pdf.

的建设方兴未艾,但还存在着不少问题,主要是体现在教材类别少,特别是如商务汉语、旅游汉语、医学汉语等专用汉语教材不够多;规模有限,加工处理还不够深入,除了对字、词、显性语法点和文化点标注外,还需要加强对教材的图片、表格、练习等内容的标注。另外,加强多种语料库综合使用功能的开发,以及教材编写机器自动评定,也是今后要努力的方向。①

三、数字化转型阶段的国际中文智慧教育

(一)教育数字化

我们正处在信息化社会进程不断加快的时代中,中国的教育信息化也正在从以往的"简单应用"开始走向"深度融合"。从2022年开始,中国提出了全面实施国家教育数字化战略的行动,开启了教育数字化转型的新征程。

教育数字化转型的目的,就是要对教育进行全方位的数字化转型。除了要在教育的价值观层面上形成数字化意识和数字化思维这个战略目标,主要是对涉及教与学过程中的各个环节、各种要素实现数字化转型,包括培养目标、教育内容、教学模式、教学方法、技术支持、评价方式、教师能力、学习环境等方面。教育数字化转型以推进课堂教学过程数字化为中心、以培养学生数字能力为关键,进一步推动智慧教育生态的形成和发展,这将对课程教材、教师发展、学生成长、教育合作、教育研究、教育科技、教育规划等多方面、多层次产生深远影响。②

(二)智慧教育

智慧教育(Smart Education)是教育信息化、数字化发展的必然阶段。理解信息化环境下的智慧教育,首先要理解"智慧"的含义。说起智慧,它和我们熟悉的"智力"或"智能"并不完全一样。"智力/智能"(Intelligence)在传统上偏重脑内认知和信息加工的能力,它是人认识、理解客观事物,并运用知识、经验解决问题的能力,比如说记忆、观察、想象、思考、判断等等。

---

① 周小兵,薄巍,王乐,李亚楠. 国际汉语教材语料库的建设与应用 [J]. 语言文字应用,2017 (1).

② 黄荣怀,杨俊锋. 聚焦国家教育数字化战略行动:教育数字化转型的内涵与实施路径 [N]. 中国教育报,2022 – 04 – 06,见于 https://www.edu.cn/info/focus/li_lun_yj/202204/t20220406_2219009.shtml.

而"智慧"在英语中对应着 wisdom 一词，被定义为"利用知识经验，作出好的/善的决策和判断的能力"①。这说明，"智慧"是在"智力"的基础上形成的一种高阶的思维能力和复杂的问题解决能力；并且，它还具有伦理道德和价值认同的特点，它通过知识和能力，追求的是利人利己的"共善"（Common Good）。

我们生活在 21 世纪的世界中，互联网和物联网技术使我们的世界变得越来越小，越来越开放，也越来越智慧。在教育领域发展智慧教育，就是要利用先进的信息技术，开发出各种新型的智慧学习环境，帮助学习者从大量机械、简单、重复的学习任务中摆脱出来，从而能够投入更为复杂、更需要智慧的学习任务中，更好地发展他们的批判性思维、创造力、协作能力、平衡能力以及问题解决能力，使他们不仅具有高水平的思维能力，解决问题的能力，还要在这过程中培养他们良好的价值取向。总的来说，智慧教育就是要为发展学习者的智慧服务。

以"学习者为中心"，重视学习者的个性化学习，通过教育赋能学习者，洞察学习的人际本质，建构学习共同体，这些是 21 世纪普遍遵循的教育目标。智慧教育的终极目标就是要促进学习者的智慧学习，它强调培养一种学习者自我指导的、以人为本的学习方式，促进学习者之间、学习者与教师的有效交互。促进学习者的智慧学习，这是对上述 21 世纪教育目标的全新诠释。开展智慧教育，就是要围绕这个目标，积极打造智慧学习环境，开发智慧教学法。智慧学习环境需要信息化、数字化技术的支持，特别是整合了硬件、软件、网络等技术要素的智慧计算（Smart Computing）的支持。这样，智慧教育就能通过移动、泛在、互联、无缝的技术，全面地感知学习情境、学习者的方位、学习者的社会关系，为学习者提供各种学习工具，帮助他们按个性需求进行学习。学习者可以随时、随地、按需地获得丰富优质的学习资源和学习机会；也可以更好地加强相互之间的社会协作，促进知识建构。而智慧教学法则要求教师能更好地保持教育技术、学科知识和教学法之间的动态平衡关系，能够智慧、灵活、科学地选择恰当的教学方法，提供丰富的学习内容、学习工具和实践机会，促进学习者的有效学习，特别是帮助他们

---

① Cambridge Dictionary [EB/OL]. [2024 - 02 - 03]. https://dictionary.cambridge.org/dictionary/english-chinese-simplified/wisdom.

建构起共享伦理道德、价值认同的学习共同体。①

（三）国际中文智慧教育

国际中文教育是一项跨国别、跨文化的全球性的教育事业，选择智慧教育发展的道路，是顺应教育数字化、智能化的必然要求。发展国际中文智慧教育，可以有效解决国际中文教育发展中存在的一些问题，比如教育资源供给不足，传统教育模式相对落后，教育条件智能化程度偏低等等；而利用先进教育信息技术深度赋能国际中文教育，也是推动其现代化发展的根本条件。将智慧教育引入国际中文教育，就是要在中文作为第二语言的教学过程中，用智慧化的手段打造国际中文教育的智慧学习环境，发展中文作为第二语言的智慧教学方法，促进中文学习者的智慧学习。

智慧学习环境，就是将多种技术和媒体融入具体的教学情境中，借助智能学习终端，实现人机共融的高效交互。例如，华东师范大学与上海杉达学院联合开发的"国际中文教育元宇宙"，就利用"元宇宙"的概念和虚拟现实技术、人工智能技术，构建了沉浸式虚拟3D教学与生活场景，帮助学习者通过持续的网络访问，实现了可交互、跨时空性的三维沉浸式的中文学习体验。北京语言大学建设的"国际中文智慧教学系统"则是一个集成了人工智能等先进信息技术的在线语言教育平台。

实现学习智慧化，是国际中文智慧教育的一个重要目标，它的目的就在于通过将信息技术融入国际中文教育中，帮助学习者实现随时随地随意愿的学习需求。这体现了智慧教育时代泛在学习和个性化学习的本质特点。泛在学习是对传统课堂学习的超越，学习不再被限制在物理的课堂环境中，而是突破了时空、环境、人力等条件限制的一种无处不在的、无缝式的学习，信息化、智能化时代的学习资源丰富多元且随处可得。要实现学习者的智慧学习，还要求这些资源能自动地、智能地匹配个体学习者的中文学习水平，能根据每一位学习者的学习特点、环境和需求，有效评价他们的学习情况并引领他们中文学习的发展。进入智慧教育时代的国际中文教育正在朝向这个目标不断努力。实现教学智慧化，是国际中文智慧教育的另一个重要目标。所谓教学智慧化，目的是通过利用信息化、智能化的技术手段，将教师从简单、

---

① 祝智庭，贺斌. 智慧教育：教育信息化的新境界 [J]. 电化教育研究，2012（12）.

重复、机械的传统教学工作中解放出来，极大地激发他们的教学潜能和创造性，让他们更多地关注教育理念创新，课程设计创新和教学指导创新，真正实现师生之间情感交流、人文关怀。教师应该从事更多机器无法替代的工作，应该利用智慧教育的条件去开展个性化的因材施教，这将有助于大幅提高教学的效率和质量。当前，不少新兴的数字教学技术已经进入国际中文教育领域，助力国际中文智慧教育的发展，努力实现国际中文学习智慧化和教学智慧化的目标。例如，生成式人工智能（AIGC）软件在国际中文智慧学习和教学中已经初显身手，显示了极强的发展潜力，将为国际中文教学带来深刻的变革。

在聚焦教和学两方面智慧化的同时，国际中文智慧教育还将进一步推动中文教育的体系性的智慧变革。对于中文智慧教育，国际中文教育界提出了5个应该具备的特征：① 智能化。要以数据驱动、语言智能技术来提升中文教与学的智能化程度。② 精准化。要因材施教、按需服务，有效开展个性化的教与学，提高教学效率和学习质量。③ 模块化。要根据教学流程或教学功能，对各项教育教学资源进行独立模块分解，实现模块间的多样化组合。④ 标准化。在智慧教育的前提下，要实现各项技术与教学系统各层面的统一、标准、精确的对接。⑤ 规范化。各项中文教学和管理活动要在信息技术支持下实现高度的规范性和一致性。①

第三节　现代教育技术在国际中文教学中的应用

一、多媒体网络技术在国际中文教学中的应用

（一）多媒体网络技术在汉字教学中的应用

在教育信息化时代，多媒体网络辅助教学已经成为国际中文教学的一种重要手段，也带来了教学理念和教学模式的深刻变革。多媒体网络技术借助现代科技媒体手段，以动画影像、图画插图、印刷及屏幕文本等呈现方式，通过学习者的听觉和视觉等感官通道，将信息传递给学习者。在语言教学实践中，它利用信息传递的多感官通道，在汉字、词汇和语法等语言要素教学

---

① 刘利，刘晓海. 关于国际中文智慧教育的几点思考［J］. 语言教学与研究，2022（5）.

中增强了信息的直观性和易理解性;也能灵活运用多媒体手段,与学习者加强互动,或者促进学习者之间的互动,满足培养学习者语言交际能力的需求。此外,多媒体课件的广泛使用,可以有效节省传统课堂板书的时间,有利于增加学习者的课堂学习的时间。特别是,多媒体技术手段与网络的便捷性、信息的丰富性和互动性结合起来,能丰富语言教学的方式,显著提高语言教学的效率。因此,多媒体网络技术在国际中文教学中得到了广泛应用。

近年来,许多关于汉字、词汇和语法等汉语研究的成果常常通过多媒体网络技术,被应用到汉语教学实践中,给汉语教学带来了很大的改观。汉字因为难记、难认、难写,常被当作外国人学习汉语的"拦路虎"。目前,汉字教学已经广泛使用多媒体技术,取得了比较显著的教学效果。在汉字教学中,使用多媒体网络技术,可以通过醒目的色彩、生动的图像、趣味的动画和悦耳的声音,将枯燥的汉字知识表现得生动活泼,这能够有效加深学习者的记忆和理解,调动他们的汉字学习的积极性。我们以汉字笔顺教学为例,汉字书写讲究一定的笔顺。每个汉字由不同的笔画[①]组成,这就造成了汉字的结构复杂程度各不相同。不过,汉字的这些笔画都有着固定的书写顺序,这就是汉字书写的笔顺。笔顺是汉字书写的基本规则,与汉字字形结构密切相关。养成良好的汉字笔顺书写习惯,能够保证汉字书写的规范性、正确性和书写速度。在长期的汉字书写实践中,中国人总结了普遍遵循的汉字笔顺规则,比如"先撇后捺、先横后竖、从上到下、从左到右、先外后里再封口、先中间后两边"等等,还有不少补充规则,也编写了汉字笔顺口诀,但是这对于没有汉字书写实践经验的外国学生来说有着不小的困难。他们缺乏汉字笔顺的基本认知,而机械记忆汉字笔顺很难灵活地转化为自如的书写。因此,在当前的汉字笔顺教学中,教师们常使用带有"田字格"的动态的笔顺图片或者是笔顺演示视频,向学生展示正确的汉字笔顺(见图10-1)。汉字教学也借助网络手段,开发出不少在线笔顺演示的网站和软件。比如"笔顺网"[②]、"词典网"[③]等,不仅提供了常用汉字的动态笔画演示,而且配有

---

① 笔画,指的是汉字书写时不间断地一次连续写成的一个线条,它是汉字的最小构成单位。汉字笔画有横(一)、竖(丨)、撇(丿)、点(丶)、捺(㇏)、折(乛)等几类,具体细分可达30多种。
② 笔顺网的网址:http://bishun.strokeorder.info。
③ 词典网的"汉字笔画在线查询"板块网址:https://www.cidianwang.com/bihua。

鲜明的笔顺色彩痕迹，有助于加深学习者的记忆印象。有些笔顺演示网站还配备了笔顺练习和测试模块，不仅能及时给出正确答案，还配备语音提示，及时进行正误评判，方便学习者课后自主练习汉字笔顺。

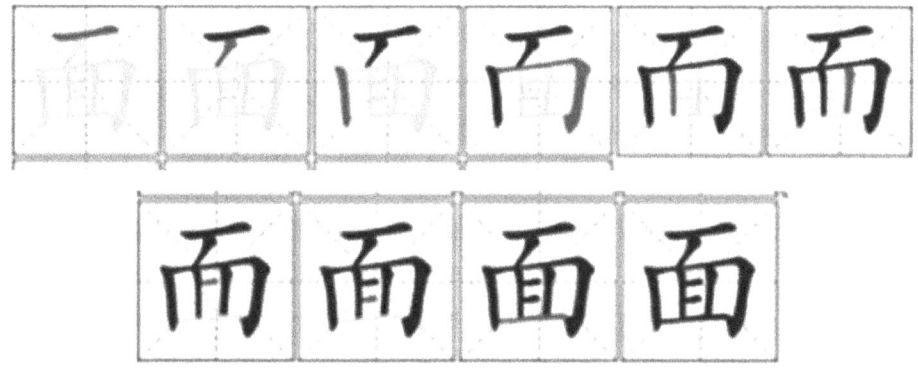

图 10-1　汉字"面"的动态笔画演示

（二）多媒体教学课件在词汇和语法教学中的应用

在多媒体辅助汉语教学的过程中，教师最熟悉也最常使用的就是多媒体教学课件。特别是在汉语词汇和语法教学中，很多教师能够根据自己的教学意图和目的，将各种媒体素材融合在一起，独立或合作开发富有交互性的多媒体教学课件。图片是多媒体教学课件中最普通的一种方式，也是汉语词汇教学中常常使用的一种直观释义的手段。一般认为，图片有着生动的色彩和图案，比起二维结构的汉字来说，能够呈现更丰富的信息，这有助于学习者更准确地把握词汇意义。现代第二语言词汇习得研究不仅证实了这一点，而且还指出图片具有将信息形象化、将新旧信息联系起来，引起回忆的功能。根据佩维奥（A. Paivio）于 1969 年提出的"双编码理论"[1]，当个体在感知一个新词的音、形和义时，他的大脑就开始对输入的信息进行意义加工，把信息转化成个体能够理解的语言码和意象码（即"双编码"）。比如，教师在教授"勇气"这个词语时，可以说明"勇气"的词性；作为一个名词，它可以被定义为"面对困难、危险或艰难的时候，能够坚定、勇敢地去面对和克服的心理素质"。这是"勇气"的语言码。教师在给出定义之前，也可以

---

[1] A. Paivio. Mental imagery in associative learning and memory [J]. Psychological Review, 1969 (76).

先向学生展示一张登山运动员奋力攀爬悬崖的图片。这时，图片就起到了词汇意象码的作用。教师可以让学生谈谈他们看图的感受，比如说"我是这名登山运动员，爬到山顶，我需要登山的工具，我还需要……"，再谈谈平时生活中类似的经历，通过图片刺激回忆和联想，这样可以加深他们对"勇气"意义的理解。如果将"勇气"的语言码和意象码结合起来，双编码就可以为回忆提供双重的提示线索，达到有效识别词语并对其意义结构进行深度加工的词汇教学的目的。事实上，"双编码理论"中的意象码，既可以是图片、心理图像等看得见的形式，也可以是声觉、动觉、触觉或者情感体验等看不见的形式。"适当的呈现（例如具有重要特征的视觉表象）可以促进语义编码，这种编码不但可以帮助理解，还可以提供回忆的线索，因此能促进学习的保持和正迁移。"[①] 这说明，在词汇教学中运用图片、动画或音画结合的视频等多媒体课件技术，不是可有可无的，而是词汇教学的有机组成部分。

在国际中文教学中，教师要帮助学习者正确认识、使用汉语的基本组织规律和规则，这是汉语语法教学的核心任务。由于汉民族认知世界的角度、途径和方式具有一定的独特性，汉语的语法在范畴、类别、规则上也和世界上很多语言有着较大的差别，这给汉语学习者在理解和运用上带来了不小的困难。再加上语法规则本身很抽象，有些规则和意义关系也不是很确切，如果仅仅靠教师口头讲解，或者呈现一些抽象规则，只会让学习者望而却步。因此，在汉语语法教学中，教师们会积极开发并使用多媒体教学课件，通过图示、情景和大量的语句展示、练习，帮助学习者从中概括、归纳、类推出一些规则，慢慢理解抽象语法规则的使用条件和场景。我们结合下面两个汉语语法点教学的案例，来看看多媒体课件是如何应用到语法教学中的。

案例一：多媒体教学课件在"存在句"教学中的应用

如何使用PPT教学课件教授学生含有"有/是"的汉语"存在句"呢？有教师通过下列简单明了的课件演示，有效地实现了教学目标。首先，教师在课件中演示学生熟悉的"在字句"表达，然后将"在字句"例句转化成含

[①] 郑艳群. 汉语多媒体教学课件设计 [M]. 北京：北京语言大学出版社，2009：148.

有"有"/"是"的"存在句"(见图1)。这样的课件演示可以调动学生已有的语言知识,直观地帮助他们对比旧知和新知之间的结构差异,并自主归纳出"存在句"的结构类型。在这基础上,教师通过课件继续演示"存在句"结构公式和例句,帮助学生明确"处所+方式+人/物"的"存在句"基本结构(见图2)。在教学课件中,教师还可以向学生呈现生活中的不同图片和必要的表达词汇,请学生使用所学的"存在句"句型描述图片,巩固新掌握的句型结构,并进一步提示学生注意这个句型中的数量表达方式(见图3)。接下来,教师在教学课件中呈现学校地图(见图4),这是学生们熟悉的校园生活场景,请学生们以小组合作的方式,结合真实情境进行句型操练,这既可以激发学生兴趣,也能培养学生交际能力。

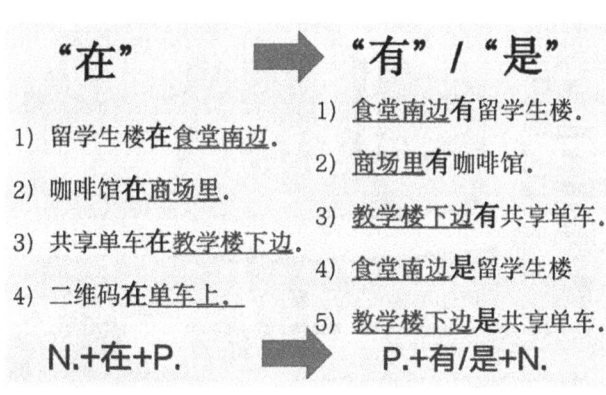

图1 "在字句"转化成含有"有/是"的"存在句"

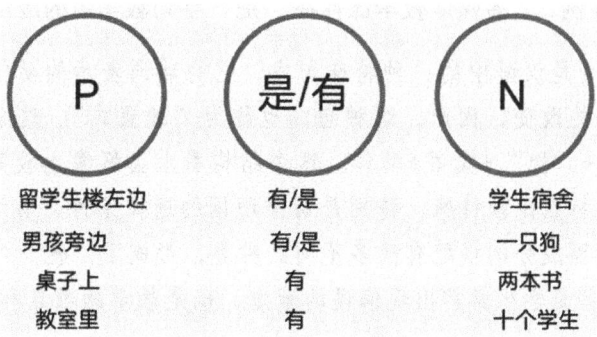

图2 "存在句"基本结构

图 3　运用"存在句"描述图片

图 4　校园地图

案例二：多媒体教学课件在"把"字句教学中的应用

"把"字句是汉语中的一种特殊句式，它的动词表示的动作对宾语作出了位置或状态的改变，因此，这种句式也称为"处置式"。这个句型基本的结构是：主语+"把"+宾语+动作。这个结构看上去好像比较简单，但是它的语义和语用特点比较特殊，特别是谓语动词的选择条件、动词后成分的使用以及动词后面成分的搭配有很多不同的种类，形成了"把"字句不同的句型变化①，这些是学生常常出现偏误的地方，也是教学的难点和重点。此外，

---

① 在《国际中文教学通用课程大纲（修订版）》的"常用汉语语法分级表（一～六级）"中，"把"字句共有 7 个句型。

"把"字句使用还有特殊的交际性要求,如何在实际的交际过程中将陈述句转化成"把"字句,这也是教学的难点。比如,我们不能说"我翻译那本书成英文了",而要使用"把"字句:"我把那本书翻译成英文了。"那么,如何教授"S+把+NP1+V+成+NP2"这个"把"字句句型呢?老师可以告诉学生,当表示通过某个动作使某一特定事物的形态发生变化的时候,我们要用"把"字句。但是,这个规则比较抽象,生活中哪些动作会带来事物的哪些具体的形态变化呢?如何使用这个句型来表达呢?这时候,如果使用带有图片或动画演示的多媒体教学课件,就能直观形象地加深学生对这个句型的认知了。在下列案例中①,教师通过图片和师生问答引入这一句型。

师:在课文里,我们借到教室以后,是怎么布置教室的?

生:我们把桌子摆成了一个大圆圈。

师:【展示图片】(见图5)

图5 教室布局

师:桌子一开始摆成圆圈了吗?【手势指第一张图】

生:没有。

师:但是我们布置教室的时候,又摆了桌子【做出摆桌子的动作】,让桌子发生变化,变成了大圆圈【手势指第二张图】,所以我们可以用"成"表示这个变化。

---

① 教学内容选自杨寄洲主编的《汉语教程(第2册下)》第十二课《为什么把"福"字倒贴在门上》,见杨寄洲. 汉语教程(第2册下)[M]. 北京:京语言大学出版社,2006:64-81.

【教师在黑板上写"我们把桌子摆成了一个大圆圈"】

接下来,教师在教学课件中,结合例子,呈现这个句型结构(见图6)。然后,教师在教学课件中设计图片描写的练习,要求学生结合括号里给出的动词,使用"我+把+NP1+V+成+NP2"完成图片描写(见图7):

S	(没/不应该/…)	把	NP₁	V成	NP₂
我们	/	把	桌子	摆成	大圆圈
你	/	把	"大"字	写成	"太"字
大卫	没有	把	"大"字	写成	"太"字
老师	不应该	把	"大"字	写成	"太"字

图6 句型结构

图7 使用句型描述图片

在"把"字句的课堂教学中,教师还常使用教学短视频,帮助学生根据表达需要,灵活、正确地使用不同的"把"字句句型。例如,教师使用多媒体播放一段3—5分钟与烹饪相关的视频(见图8),带领学生使用"把"字句描述视频中的动作。比如说:把锅洗干净;把土豆切成丝;把肉煮熟;把碗放在桌上……在进行"把"字句操练的同时输入与做菜、烹饪有关的词汇,为后面活动做准备。

图 8　烹饪视频讲解截图

在上述教学案例中,教师先以课文内容做导入,先以例句讲解句型,再用带领学生做机械操练、模仿练习,最后安排成果检验的趣味活动,完成准交际情境任务,基本遵循"演示—操练—结果"的"3P"教学法模式。在这个过程中,多媒体的教学课件与句型操练有效地结合在一起,丰富了课堂教学的信息和内容,也让枯燥、繁复的语法教学变得清晰、易懂,不仅能够很好地帮助学生认知"把"字句的使用特点,也能通过多媒体演示和生动的交际活动,及时检验学生的学习效果。

(三) 多模态学习与多媒体教学课件设计

目前,制作多媒体教学课件已经成为国际中文教师的一种基本技能。不过,教师在制作多媒体课件时,还存在着不少问题。比如说,有些多媒体课件过于简单,只是将纸质书本转化为电子书本;有些又做得很"花哨",一味地追求吸引人眼球的漂亮外观,过多地使用一些不必要的图片和视频材料,让学习者感受到太多的视听觉的刺激,而转移了他们对学习主题的关注。虽然,多媒体教学课件的运用能增加教学的互动,丰富学习的信息,有助于实践"以学习者为中心"的教学理念,但是如果过于从教学技术层面上关注教学课件的界面和内容,而不是从认真了解学习者本身或学习的本质这个角度,去思考多媒体课件的设计和应用,那么教学效果将会适得其反。

近年来,"多模态理论"开始受到国际中文教学界的关注,不少人提出要基于多模态学习理论,进行多媒体课件设计,这为科学严谨地设计和应用多媒体教学课件提供了新的思路。所谓"模态"(Modal),指的是"人类通过感官(如视觉、听觉等)跟外部环境(如人、机器、物件、动物等)之间的互动方式"①。一般认为,人类拥有视觉、听觉、触觉、嗅觉、味觉等5个基本感官,或者5个"模态"。人类是通过这些模态来实现与外部世界互动和信息交流的,可以说,人与人之间的互动都是多模态的。从人类学习的本质来看,实现"构建意义",或者说构建一个学习者自己所理解的意义,是学习的终极目标。这个"意义"需要学习者通过多模态的交互通道,与教材、教学行为等外部环境的互动才能建构起来。因此,多媒体教学课件的设计需要建立在多模态学习的理论基础上,这样才能真正从"学习者为中心"的立场出发,高质量地设计多媒体教学课件,在整体上把握教学内容,有效整合不同的知识点,实现视听觉元素的科学统一。

基于多模态学习理论,有学者②提出了简洁性、适当性、同步性、反馈性和交互性等5条多媒体教学课件的设计原则。具体来说,第一,要根据教学对象、教学内容、教学环境来设计简洁统一的课件,要适当选择媒体的类型和数量,不要一味地追求复杂和多元,因为这符合多模态学习理论所主张的降低学习者认知负荷的要求。第二,要熟悉视听觉元素的性质,比如注意文本的字体、字号、颜色、间距、对齐等设计,还要注意视听觉之间的科学搭配,在时间和空间上保持有声信息与相对应的无声信息之间的同步,避免出现因为音画不协调、图片不连续带来的认知负荷增加的问题。第三,多模态学习理论告诉我们,每个模态在一定时间内的认知能力是有限的,因此,要在课件教学中设计一些练习和问题,让学习者有时间"反思",及时将新旧知识结合起来消化,这样能促进他们有意义地学习;多模态学习理论也认为学习者的情感和动机会影响他们的学习,因此,教师在设计多媒体教学课件时,应该尽量设计一些真实的语言互动情景,增加一些互动活动或游戏,这种具有启发性的教学刺激可以提升学习者的学习兴趣和情绪,提高学习效

---

① 顾曰国. 多媒体、多模态学习剖析 [J]. 外语电化教学,2007 (2).
② 黄晓生,李晓琴. 基于多模态学习理论的多媒体课件设计 [J]. 南昌高专学报,2012 (2).

率,最终实现自主的"意义建构"。

二、语料库在国际中文教学中的应用

当前,国际中文教育正处在一个重要的转折期,亟需加强国际中文教育的基础资源集成与服务。这就包括了大型的数据库和语料库的建设与应用,它们是进一步开发国际中文教育各种产品的物质基础和宝贵资源[①]。就语料库来说,我们目前使用比较多的是国家语委的"现代汉语语料库"、北京大学的"CCL 语料库"、北京语言大学的"BCC 语料库"、中国传媒大学的"媒体语言语料库(MLC)",这些都是母语语料库。在汉语作为第二语言领域,我们还经常使用北京语言大学的"全球汉语中介语语料库(QQK)""HSK 动态作文语料库",暨南大学华文学院的"留学生汉语中介语语料库",以及中山大学的"国际汉语教材语料库"等等。这些语料库已经广泛应用到国际中文教学实践与研究中,基于大规模真实语料的定量分析和定性分析相结合,构成了主流的实证性研究范式。这些语料库性质、内容和服务领域各有不同,下面我们主要谈谈"HSK 动态作文语料库"和"国际汉语教材语料库"的应用情况。

(一)"HSK 动态作文语料库"的应用

由北京语言大学建设的"HSK 动态作文语料库"是母语为非汉语的外国人参加 HSK(高等)作文考试的答卷语料库。它最早于 2006 年年末上线,最初的 1.0 版本收集了 1992—2005 年的部分外国考生的作文答卷,拥有 400 万字的语料规模。近 20 年年来,"HSK 动态作文语料库"致力于为全世界汉语教学与研究提供服务,不断丰富语料库规模,优化语料库安全性能,于 2008 年推出了 1.1 版,语料总数达到 11 569 篇,语料规模扩充到 424 万字。2018 年 1 月又重建语料库系统,推出了"HSK 动态作文语料库(2.0 版)"[②]。

"HSK 动态作文语料库"自上线以来,一直向海内外用户免费开放。这个语料库对所收集的 HSK(高等)的原始作文答卷从字、词、句、篇、标点符号等 5 个层面做了穷尽性的偏误标注,再加上它具备了完善的检索功能,

---

① 崔希亮. 国际中文教育的十二个重点研究领域[J]. 国际中文教育(中英文),2023(1).
② "HSK 动态作文语料库(ver2.0)"的网址:hsk.blcu.edu.cn.

不仅可以对语料库中具体的字、词、短语、句子进行检索，也可以根据具体的检索条件，比如考生国籍、作文题目、证书等级、考试时间、考试分数等进行检索，使用起来非常方便。例如，以日本学习者的"把"字句偏误语料为例进行错句检索，可以看到以下界面（见图10-2）①：

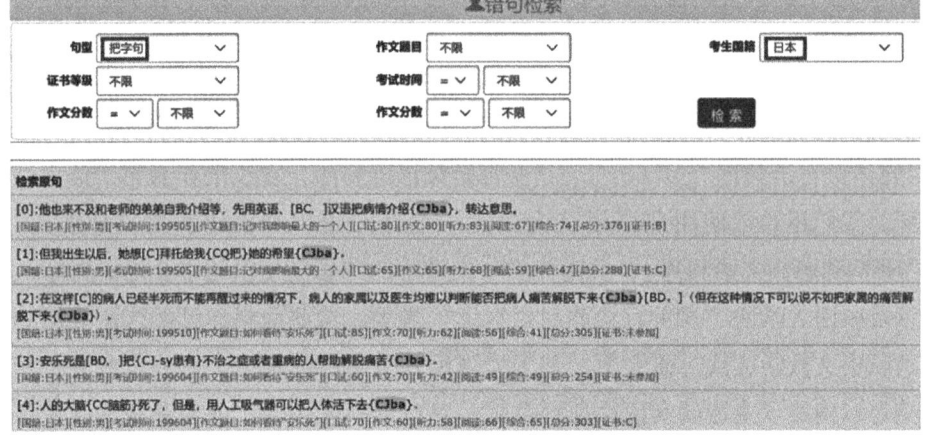

图 10-2　"把"字句偏误错句检索

该语料库也提供了比较强大的词语搭配检索以及特定条件检索功能，可以用来检索有两个标志词的特定句式、半固定结构和复句。用复句检索以"或者……或者……"为例，可以看到以下界面（见图10-3）②：

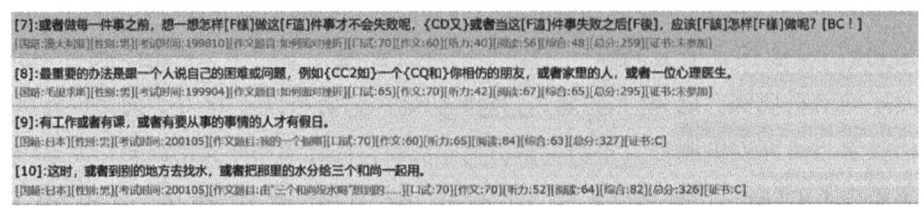

图 10-3　复句"或者……或者……"的语料库检索截图

此外，"HSK 动态作文语料库（ver2.0）"的使用者可以方便地查询并下载原始作文语料和语料的标注版全文，还可以利用语料库对全部语料所做的

---

① 张宝林．"HSK 动态作文语料库 2.0 版"的设计理念与功能［J］．语料库语言学，2021（1）．
② 张宝林．"HSK 动态作文语料库 2.0 版"的设计理念与功能［J］．语料库语言学，2021（1）．

统计分析，了解语料库的总字数、总词数、作文题目总数和总篇数，也可以了解字、词、句、篇、标点符号的各类偏误数据。

"HSK 动态作文语料库"集成了较大规模的真实语料，又配备了强大的检索和统计功能，主要服务于对外汉语教学与相关研究。从 2008 年开始，基于该语料库的相关研究明显增长。"HSK 动态作文语料库"最主要的应用价值体现在汉语习得偏误研究上。在该语料库的支持下，10 多年来发表了很多分年份、分国别、分语言水平、分语言要素的汉语偏误研究成果。比如，"把"字句习得考察[1]、字形特征对汉字文化圈中高级水平学习者书写汉字的影响[2]、新加坡考生初等手写汉字偏误分析[3]、韩国学生"把"字句偏误研究[4]、越南留学生语篇偏误分析[5]等，不仅深化了汉语习得研究，使汉语教学更具有针对性，也增强了汉语教材和练习编写与设计的科学性。

(二)"国际汉语教材语料库"的应用

1. 服务于中文教材的编写和研发

建设汉语教材语料库，主要目的就是要做到"从教材中来，到教材中去"，为优秀的汉语教材的编写和研发提供支持与服务。汉语教材的问题长期困扰着国际中文教育的发展，是公认的"三教"问题之一。近年来，在国际中文教材的本土化与国别化趋势的推动下，国内外出版的教材虽然数不胜数，教材类型也不断丰富，但是教材整体编写质量不佳，"公认的好教材以及可选适切的教材还不够多……教学一线选择一套合适的教材并非易事，特别是海外"[6]。而一套优秀的汉语教材，在编写上要认真考虑很多方面的因素，包括教材的编写理念、内容设计、生词解释、生词复现率、课文选材、

---

[1] 张宝林. 回避与泛化——基于"HSK 动态作文语料库"的"把"字句习得考察 [J]. 世界汉语教学，2010 (2).

[2] 黄伟. 字形特征对汉字文化圈中高级水平学习者书写汉字的影响——基于"HSK 动态作文语料库"的观察 [J]. 世界汉语教学，2012 (1).

[3] 梁一平. 新加坡考生初等手写汉字偏误分析及建议——基于 HSK 动态作文语料库 [D]. 太原：山西大学，2023.

[4] 潘天萍. 韩国学生"把"字句偏误研究——基于 HSK 动态作文语料库和全球中介语语料库 [D]. 北京：北京外国语大学，2024.

[5] 农悦馨. 基于 HSK 动态作文语料库的越南留学生语篇偏误分析 [D]. 南宁：广西大学，2020.

[6] 李泉，宫雪. 通用型、区域型、语别型、国别型——谈国际汉语教材的多元化 [J]. 汉语学习，2015 (1).

练习安排、教材装帧等等。特别是语言要素的频率、分级和文化点的选用非常重要。要在教材编写中准确、科学地呈现语言要素，这就需要先基于汉语教材语料库，制定出可靠的分级汉字表、词汇表、语法点表和文化项目表。这是"汉语教材语料库"建设的主要内容，也是服务于教材编写的重要依据。

中山大学国际中文教材研发与培训基地在已建成的"国际汉语教材资源库"基础上，构建了"国际汉语教材语料库"，这是汉语教材语料库的主要代表，它的首要工作就是完成《国际汉语分级字表》《国际汉语分级词汇表》《国际汉语分级语法点》和《国际汉语分类文化项目表》的编制，为汉语教材的科学编写提供有力支撑。在编制《国际汉语分级字表》时，他们从"国际汉语教材资源库"中选用了 3 212 册通用汉语课堂教材，从里面选出频率较高的汉字，再根据它们出现频率的高低，同时，再参考汉字与词汇的关系以及《汉语国际教育用音节汉字词汇等级划分》等其他字表，通过计算机比对，最终将用于汉语教材编写的汉字分成 1—4 个等级，建议一级汉字用于零起点教材，初级教材汉字尽量只从一、二级汉字中选取，中级教材尽量只从一、二、三级汉字中选取，而高级教材中的汉字在编排上相对自由，但也要尽量覆盖四级汉字。这个基于教材语料库的字表还建议要慎用超纲字（最好不超过 35%）。同样地，基于教材库中 3 212 册教材语料，并参考其他资料，统计、分析出主要词汇的出现频率，编制完成《国际汉语分级词汇表》，共包含 4 个级别 8 531 个词汇；提取、标注显性的教学语法点，对它们进行频率统计和排序，研制出《国际汉语分级语法点》，共包含 245 个语法点，按难度递增分为 4 个等级。特别是，该基地利用"国际汉语教材语料库"，成功编制了《国际汉语分类文化项目表》，将语言教学中的文化项目分成 4 个层次，第一层包括中国国情、成就文化、日常生活和习俗、交际活动、思想观念等 5 个一级项目，第二层列出 38 项，第三层 179 项，第四层 61 项。这个文化项目表尽可能地将教材中出现的文化项目进行系统编排，这为国际中文文化教学的总体设计、课堂教学、教材设计与测试提供了依据和参考。

2. 应用于中文教材的评估与难度测定

一本/套汉语教材编写完成后，我们需要从针对性、科学性、实用性和趣味性，以及教材设计理念的新颖性、课文语言表达的地道性、示范性和交际价值等多方面，对教材编写和难度等级划分进行评估与测定。当然，这些都是教材评估的基本原则，在实践层面上，我们应该通过什么方式来进行教材评估和难度测定呢？这就需要借助教材语料库提供的研究语料，重点对教材中的字词、成语、语法点、练习、文化项目等内容进行科学量化的评测。"国际汉语教材语料库"在这方面提供了不少有益的服务。

在教材评估上，我们需要在数量众多的汉语教材中选出质量优秀、能满足多元化汉语教学需要的好教材。近年来本土化汉语教材编写成为趋势，海外中文教学中不仅使用本土化教材，也使用"一版多本"的汉语教材。所谓本土化的汉语教材，可以理解为汉语作为外语的教材，它们是在海外本土开发的适合当地人使用的教材，体现了当地教育体制、社会文化制度、学习者的母语特点。而"一版多本"的教材，指的是在一种教学媒介语版本的基础上，开发出来的其他媒介语版本的汉语教材，比如说，《新实用汉语课本》在原来的英语版的基础上，又出版了法语、西班牙语、日语、韩语、泰语和阿拉伯语等多个语种的版本，这是典型的"一版多本"的汉语教材。那么，面对这么多可选择的教材，它们各自有什么特点？哪些是实用、好用的优质教材？汉语教材如何针对不同地域需求进行优化？这些都需要在教材语料库的基础上进行对比分析研究。有研究[1]曾经在"国际汉语教材语料库"的基础上，对比了《新实用汉语课本》和《当代中文》这两种"一版多本"教材[2]，并且还与其他的海外汉语教材进行对比。主要考察了这些教材在语音、词汇、语法、文化等方面的本土化特征，得出了不少有价值的发现。比如，在语音上，两类教材都大量采用"母语相同音"和"相近音+区别"，而"相近音+方法"的比例不高。在词汇上，两类教材都选择了不少富有本土特色的词汇，但在本土化词汇的数量和范围，"一版多本"教材不如海外教材那么丰富。在语法上，海外教材注重对已有语法对比和习得成果的借鉴，还在语法点的注释、讲解和选择上体现了本土化的特点，在这方面"一版多本"还有不少不足之处。在文化上，海外教材对于本土化文化内容的选择更加多样、丰富，而且分布广泛；相比之下，"一版多本"的教材在文化改编上方法比较单一浅显，不够全面，存在着某些违背当地文化习俗的内容。总的来说，这些研究发现，都离不开教材语料库的数据保障。只有依靠教材语

---

[1] 周小兵，陈楠."一版多本"与海外教材的本土化研究[J].世界汉语教学，2013（2）.
[2] 其中《新实用汉语课本》选择了7个语种，《当代中文》选择了9个语种。

料库提供的翔实可靠的第一手教材信息,"一版多本"的教材才能发现存在的不足,才能更好地根据海外不同地域汉语教学的需求和特点,在语音、词汇、语法讲解和文化教学内容上进一步提升教材编写的针对性、准确性和有效性。

一套优秀的中文教材应该体现合理的难度等级区分,应当符合特定阶段学习者的水平和学习进阶的需求。汉语教材的词汇、文本难度过大或者过小,都会影响汉语学习者的学习动机和效果。在教材难度测定上,使用者常常要用到教材语料库和相关的分析软件。比如说,有研究者采用数据挖掘技术,以"国际汉语教材语料库"中的课文语料作为数据基础,开发出一种用来测评汉语作为第二语言教学的文本语料难度的软件工具——"汉语分级阅读指难针"[①]。这个软件工具从文本定级、词汇反馈和例句查询3个方面,提供汉语文本的难度评估与改编反馈。特别是在"例句查询功能"的设计中,"汉语文本指难针"根据词汇分级标注生成词表,依据"全球汉语教材库"中15 000多册教材信息数据,精选了其中3 212册/种最具代表性的教材数据,搭建了一套完整的检索系统。使用者只需要根据自己的需求,输入某些特定的词语或语法点,就能找到典型教材中包含了这个词汇或语法点的句子或语篇,还能明确某些超纲词在教材语料库中的实际使用情况。可以说,"国际汉语教材语料库"能够与量化计算、自动分词等技术手段结合起来,衍生出服务于教材语料难度分析的软件,进而为汉语教学素材选取与改编提供量化反馈,为汉语教材相关研究提供实证数据,促进智能化的汉语教材评估、研究和编写。

三、智能技术在国际中文教学中的应用

(一)智能技术助力创造国际中文智慧教育环境

1. 国际中文线上智慧教育环境:"国际中文智慧教学系统"

发展国际中文智慧教育,首先要利用信息化和智能化的技术,创造出不同于传统课堂教学场景的智慧教育的环境。如何将智能技术融入具体的教学情境中,实现高效的人机共融交互呢?北京语言大学于2020年开始建设的"国际中文智慧教学系统"对此做了一些探索。"国际中文智慧教学系统"是

---

① 该软件工具原名"汉语文本指难针",由于它采用的基准语料都是阅读文本的真实语料,且考虑到阅读分级用途,2018年该工具正式更名为"汉语分级阅读指难针"。

一个集成了人工智能等先进信息技术的语言教育平台，它能为全球中文学习者和教师提供全周期、全流程、智能化的语言教学与学习的产品及服务。目前，它已发布了 2.0 版本。这个智慧教学系统在教学理念上，坚持以教师为主导，注重精讲多练，营造交际环境，实施建构式教学；同时，坚持以学生为中心，强调联通互动，推行个性化学习和行为式学习。在教学设计上，它主要利用教学资源和语言智能技术赋能国际中文教育，探索第二语言教学和学习新模式。

"国际中文智慧教学系统"的主要亮点就是以"融课件"为核心。那么，什么是"融课件"呢？"融课件"首先体现在多元化教学资源的融合上。"融课件"建立了将传统教材、多媒体课件和学习软件等多方面教学资源融合在一起的教学资源库。它集成了以北京语言大学 BCC 为核心的超大规模的母语语料库①，这可以方便查找真实语料，帮助学习者认识到语言学习应该学什么，应该学习语言生活中经常使用的哪些地道的表达；它还包括了非母语语料库，比如北京语言大学的"HSK 动态作文语料库"和"全球中介语语料库"，教师可以通过了解学习者的常见偏误，以及不同的母语特点和学习者特点，在教学中因材施教；"融课件"的教学资源库包括了教材库和其他多种素材库，比如北京语言大学"汉语语音点查询系统"等，它们可以辅助建构教学和评测内容，调用各类慕课资源作为语言文化课的补充内容。AI 智能技术在"融课件"的资源加工上发挥了重要作用。AI 通过对资源的自动分类、自动生成以及对资源的精确检索和标引，能够提供准确的学情、教情的动态数据。

在强大的教学资源库的支持下，"融课件"将 AI 智能技术应用于教师课件制作上，既能按照规定流程，辅助教师制作、优化教学课件，也能通过一键生成的方式制作课件，这大大提升了课件制作的效率。在新型的全程教学过程中，教师能够通过"融课件"构建互动语言学习的环境；通过任务和环境，开启个性化的教学和学习。在教学前，教师通过"融课件"设计实施学前测试，高效的智能出题便于对学生进行科学的分班分类；在授课前，教师

---

① BCC 指的是"北京语言大学语料库中心"（BLCU Corpus Center，简称 BCC）。这是一个以汉语为主、兼有英语和法语的在线语料库，是服务语言本体研究和语言应用研究的在线大数据系统，也是一个可以全面反映当今社会语言生活的大规模语料库。BCC 的汉语语料库网址是：http://bcc.blcu.edu.cn。

通过二维码分发制作好的融课件，学生扫码学习内容，开启互动学习；课程当中，"融课件"可以帮助教师因材施教，进行个性化的学习内容推荐。这个平台所推荐的"融课件"通过AI技术，能在学生使用过程中根据学习者的不同需求和水平，进行自适应的推送；所推送的"融课件"还有角色扮演、分组讨论的功能，使得线下生生互动、师生互动的学习方式在线上学习中也能得到应用。课后，学生能主动在平台上上交已完成的作业，教师可以利用平台做统计分析，通过平台来批改"融课件"作业；同时，"融课件"具有AI智能评判的功能，比如手写评判，可以对手写汉字进行自动评定；发音评判和朗读评判，可以对学生的发音和朗读自动进行语音与流利度、准确度的评测。教师能够通过平台观察，进行及时的学情预警。总的来说，以AI赋能高效教学的"中文智慧教学系统"是当代国际中文智慧教育领域具有先进性的智慧教育实践应用的代表。

2. 国际中文线下智慧教育环境："语合智慧教室"

智慧学习环境是实现信息时代教与学变革的基础，也将为国际中文教育的创新发展注入新的活力。近年来，"智慧教室"作为智慧学习环境的典型代表之一，也被逐渐引入国际中文教育领域。"智慧教室"不同于多媒体教室、多媒体网络教室，它处在当前数字教室发展的最前沿。典型意义的"智慧教室"以"SMART"概念模型（见图10-4）为基础，是一个物理环境与虚拟环境相融合的学习环境。这个新型课堂环境充分运用物联网、云计算、大数据和泛在网络等新兴信息技术，以增强师生间实时交互（Real-time Interactive）为核心，能够呈现丰富的教学内容（Showing），方便获取个性化的学习资源（Accessible），进行智能化的教学情景感知（Testing）和环境管理（Manageable）。[①]

作为"智慧教室"在国际中文教育领域的新尝试，中国教育部中外语言交流合作中心与海外教育文化机构于2022年开始合作建设"语合智慧教室"。它以"一师一屏三课"为特点，提供了互联网时代一种全新的中文教学解决方案。"语合智慧教室"配备中文教师或助教（国内"智慧教室"的主讲教师和国外"智慧教室"的助教，即"一师"），智慧教学屏（即"一屏"），以及中文学习、中国概况和中华文化3类课程（即"三课"）。师生

---

① 程敏. 信息化环境中智慧教室的构建［J］. 现代教育技术，2016（2）.

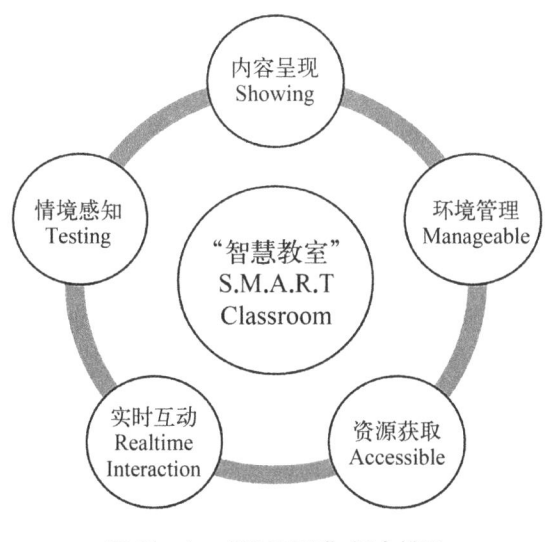

图 10-4 "SMART" 概念模型

可以通过智慧大屏,进行实时、异地、双向互动的智慧教学,在网络和虚拟空间为海外学生创造身临其境的中文学习环境和中国文化实地体验的感受。"语合智慧教室"支持各种教学的应用场景,比如在语言课中,除了传统的讲授式教学外,还可以开展互动式教学,支持学生的角色扮演、小组互动,甚至可以组织辩论会;在体验课中可以开展演示式教学,学生可以直观地跟随教师的演示进行模仿;在小组预习和复习活动中,它可以创造同在教师身旁或线上线下混合的讨论式学习。除了中文教学以外,"语合智慧教室"还可用来开展课程研发、教学研讨、教师培训,组织夏冬令营及 HSK、YCT 中文考试等多样化活动。

(二)智能技术助力智慧教学与智慧学习的发展

进入智能化时代的国际中文教育,要在教育理念上产生深刻变革,教学质量与学习效果出现质的飞跃,这都将取决于教学主体思想与行为的转变,他们是国际中文教育持续变革的重要推手。数字新技术推动下的国际中文教育,就是要极大地释放国际中文教师和学生的创新性与自主性潜力。以数字新技术助力智慧教学,将使得教师从繁复的机械性劳作中解放出来,更多地投入到教学创新和对学生的人文关怀中去;而数字新技术助力智慧学习,则将帮助学生获得极大的泛在学习的条件,从而能自主地根据自身学习的需求去获取学习资源和帮助。

（三）数字化技术在国际中文教育中的新应用

当前，国际中文教育数字化发展已经初具规模，形成了不少基于大数据、云计算、物联网与人工智能的中文教育新资源，为中文教学带来了极大的便利。除了以"中文智慧教室"为代表的数字教室外，还开发了以《长城汉语》《体验汉语 VR 视听说教程（中级）》为代表的数字教材，"中文联盟"提供的丰富优质的微课资源则是数字课程的典型。此外，还推出了融媒体词典《JUZI 汉语》，这是一款基于工具书的学习型应用软件。它体现了典型的融媒体词典的特点：一是实现多种词典资源与相关媒体的融合，不仅集成了《商务馆学汉语词典》《新时代汉英大词典》，以及基于多种汉语语料库编写而成的《新时代中文学习词典》等多部优质词典（总收词规模达 17 万条，共 700 万字），内容严谨权威，还包括了 2 万多张图片、动图以及 3 000 多段视频；二是实现了编撰者与用户之间的融合，《JUZI 汉语》基于语料库提取词语的常用搭配和结构，词典可呈现每个词的语法功能。学习者可以人机结合构建语义关系网络，能够自主地扩大词汇量。此外，《JUZI 汉语》还以图释词，配例丰富，浅显易懂；并且附有辨析、练习、学句等多种扩展内容，方便学习者自主使用（见图 10-5）。

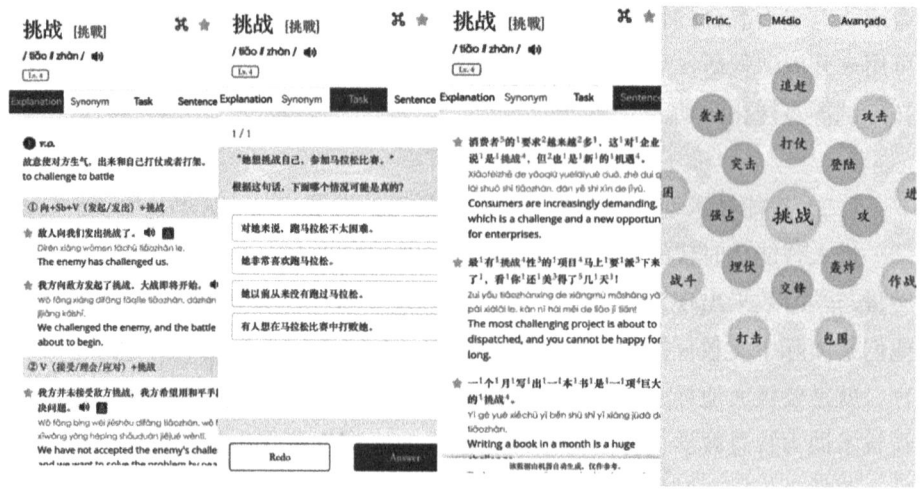

图 10-5 《JUZI 汉语》应用软件的释词界面

在数字技术支持下，国际中文教学还开发了许多全新的中文教学的数字平台和可以在移动终端上使用的中文学习应用软件。比如在中文写作方面，教师和学生可以使用"国际中文写作批改平台"。这是一个中文智能作文批改系统，是目前中国国内唯一基于人工智能、大数据、语言和内容评测的写作系统，也是首个基于语义的内容评阅系统。① 教师和学生可以在该系统中上传作文，点击"机器评阅"按钮，系统将智能化地批改习作，在写作提升中，还能够按段修改习作。用户可以根据原文点评、习作提升中的提示，完成习作的修改（见图10-6）。这一系统的应用，不仅可以极大地提升教师作文批改的效率，它的细致及时的批改反馈还能有效地促进学习者在中文写作上的自我学习、自我发展。

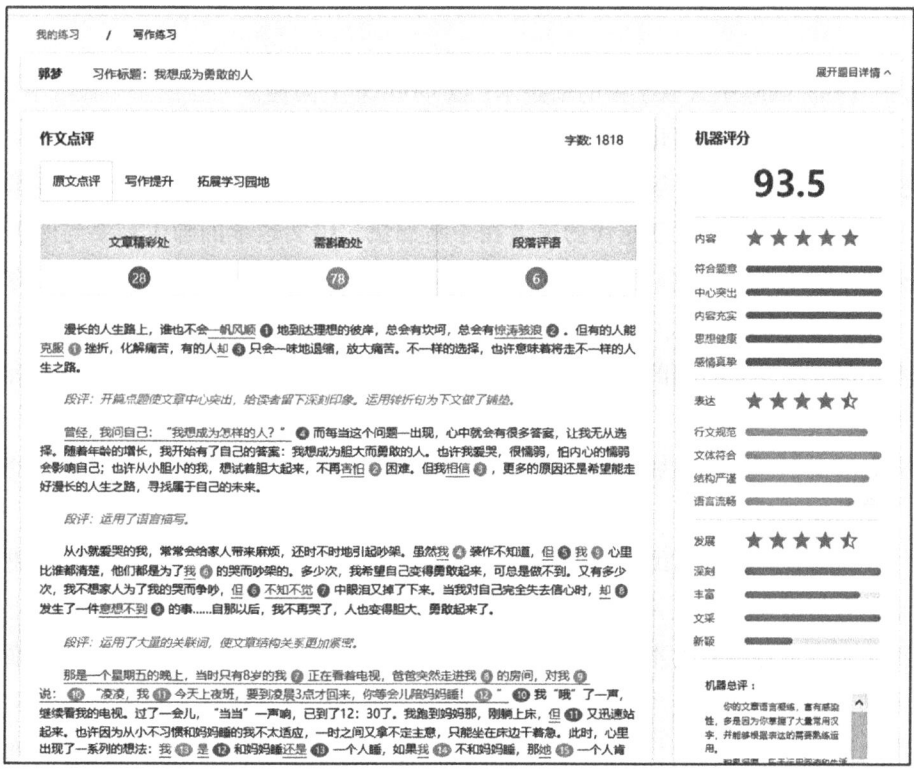

图 10-6　中文习作的智能批改

---

① https://www.znpigai.com/pv1/help/help.html?_1708232060408.

对于中文学习者来说，他们还有许多方便的中文移动学习软件可以选择，其中包括"e学中文""SAIT汉语"等。值得一提的是，2019年上线的"全球中文学习平台"①也为用户提供了手机软件。它利用人工智能和互联网等先进技术手段，针对不同年龄、地域的学习者，包括非母语学习群体，提供了丰富的个性化的中文学习资源和工具。比如说，它的"译学中文"功能不仅可以使用领先的语音合成技术，提供多语种与中文的互译，还能实施语音评测纠错，方便提高学习者的中文发音水平；它的"场景对话"功能拥有丰富的视频资源，可以模拟真实场景，提供包括日常购物、校园生活、运动健身等数十个生活场景的沉浸式学与练；此外，它还有"中文1 000句""识字闯关""中华文化"等模块。"全球中文学习平台"以提供免费学习资源为主，体现了智能化和个性化、公益性和开放性相结合的特点。

（四）国际中文教学中的新技术：以 ChatGPT 为例

我们正处在数字化、信息化和智能化技术方兴未艾的时代中。国际中文教育虽然已经踏上了运用智能技术、发展智慧教育的新征程，但是数字技术的发展日新月异，更新迭代的速度在不断加快，中文教学的师生需要与时俱进地不断学习、消化、吸收、应用这些新技术，才能有效推动国际中文教育的新发展。2022年底以来，大模型、人工智能生成内容等许多新概念、新技术汹涌而来，对我们的社会发展产生了强烈的冲击，也让我们对人工智能有了全新的认知和期待。如今，它们已快速地进入教育领域，尤其是 ChatGPT②强大的文本理解和生成功能引发了包括国际中文教育在内的外语教学领域的广泛关注和讨论。

ChatGPT 是生成式人工智能技术的代表，它是一种依靠人工智能技术驱动的自然语言处理工具，它能够在预训练阶段大规模语料统计和预测的基础上，生成自然语言文本，也就是说能够生成问答，还能像人类聊天一样，根据聊天的上下文与使用者进行互动，甚至还能完成撰写邮件、视频脚本、文案，翻译，编写代码，写论文等任务。随着最新版本的推出，它的信息准确

---

① 全球中文学习平台的网址：https://www.chinese-learning.cn/#/web。
② ChatGPT 的全称是 Chatbot based on Generative Pre-trained Transformers，可以理解为"基于GPT的聊天机器人"。其中，GPT（Generative Pre-trained Transformer）指的是"生成式预训练变换模型"，这是一种自然语言处理模型。

性、对话能力、推理和解决问题的能力进一步增强。现阶段，对于中文教学来说，它可以帮助教师自动生成教学大纲、课程计划，并生成相应的教案内容；甚至可以参与到备课环节中，帮助教师完成信息检索、课件制作、课堂场景模拟、语言翻译辅助等任务，并在课堂教学中扮演数字导师的角色，协助教师实时地回答学生的问题。对于中文学习而言，ChatGPT 已经可以在中文教学中为学生提供个性化的知识辅导，帮助他们开展自主学习，提升获取中文知识的效率。学习者还可以自由使用"Talk-To-Chat""Voice Control for ChatGPT""Speak to ChatGPT"等扩展程序来使 ChatGPT 具备"朗读"（语音合成）和"听懂"（语音识别）中文的能力，帮助学习者实现语言技能自主操练的目的。ChatGPT 还可以为学习者提供即时化的反馈，及时纠偏并分析可能的原因。

有研究[①]已开始系统地思考 ChatGPT 在汉语作为外语教学中的应用及实践，提出了 ChatGPT 在国际中文教育领域中的"两大类"的应用体系架构。"两大类"分别指"教学资源"和"课堂教学辅助"。在中文教学资源开发上，ChatGPT 能辅助教材、练习、扩展阅读等材料的编写，能够为教师提供教案框架、讲义和活动方案；还能自动生成教学所需的图片，并提供相关的音视频资源；ChatGPT 对于多媒体教学资源、网络教学资源、教学软件与应用程序和网站、学习平台和管理系统等方面的建设，也有很大的应用价值。但是对于中文教学来说，它最大的应用价值体现在包括语言教学、文化教学和考试辅导在内的 3 个课堂教学辅助领域中。我们以 ChatGPT 在语言教学中的辅助性为例来看看它的应用范围。ChatGPT 在中文课堂语音教学辅助方面，能够为学习者提供语音输入范本，能够结合语音评测系统，为学生提供及时反馈，还能为学生提供语音操练建议。在词汇教学方面，ChatGPT 能够对词语本身进行意义、词性、结构类型和感情色彩等多角度分析；教师可使用 ChatGPT 辨析近义词，分析词语搭配，根据特定词语生成例句，还能预测学生在词汇学习中可能出现的偏误；在语法教学方面，教师可以利用 ChatGPT 对汉语的句法、语义和语用 3 个方面句子，归纳解释语法规则，修改病句；ChatGPT 还可以辅助教师和学生进行跨语言对比。ChatGPT 对汉字教学也有

---

① 宋飞，郭佳慧，曲畅. ChatGPT 在汉语作为外语教学中的应用体系及实践［J］. 北京第二外国语学院学报，2023（6）.

一定的帮助，它能够区别形近字并标注其读音；可以通过指定汉字，生成包含了该汉字的词汇和句子，这有助于学习者从多种角度认读与识别汉字。在中文听说技能训练上，ChatGPT 能够按照国别化、个性化学习特点和课堂教学内容生成听力文本，能够基于文本设计有针对性的、新颖有趣且富有挑战性的听力练习。ChatGPT 也能作为语伴，帮助学习者进行汉语口语训练，并能在口语课堂中为学生充当智能翻译。在阅读技能训练上，ChatGPT 可以生成有针对性的阅读素材并设计相应的阅读练习；它还可以分析阅读文本，比如归纳阅读内容的中心思想、段落大意和思想情感，提取和梳理文章结构；还能对阅读内容中的超纲生词或语法点进行注释。生成文本是 ChatGPT 的强项，它在中文写作教学中，可以帮助学生搜集或创编写作的主题或题目，可以为学生提供写作素材、写作建议以及作文模板，甚至可以根据特定需要自动生成作文文本。此外，ChatGPT 在文化教学和考试辅导方面也能发挥很好的课堂教学辅助作用。

当前，人工智能技术的发展一日千里，以 ChatGPT、DeepSeek、Grok3 等主流人工智能大模型掀起了新一代生成式人工智能大模型的轮番竞赛，推动着国际教育领域构建"人机共教"的新生态。在"人机共生"的时代，国际中文教育正在努力推动智慧化转型。生成式人工智能技术的赋能，将有效破解国际中文教学的核心痛点，创新教学模式，提升语言教学实效，并为中华文明现代阐释创建新型载体，推动国际中文教育智能化、融合化、全球化的新生态的建构，进而在促进国际人文交流、深化国际理解方面，发挥国际中文教育更为积极的作用。

 **本章思考题：**

1. 多媒体技术在国际中文教学中有哪些主要的应用类型？
2. 请注册登录北京语言大学的"HSK 动态作文语料库"（http://hsk.blcu.edu.cn/Login），了解它的主要功能和特点。
3. 请介绍一个你熟悉的国际中文多媒体资源库，谈谈它的主要功能和特点。
4. 在国际中文教育中，智慧教育有哪些主要的特征？
5. 以 ChatGPT 为代表的人工智能技术将在当下和未来的语言教育中发挥什么样的作用？

本章主要参考文献：

1. 崔希亮. 国际中文教育的十二个重点研究领域［J］. 国际中文教育（中英文），2023（1）.
2. 姜丽萍，黄月. 基于汉语教材的语法资源库建设与应用［J］. 海外华文教育，2021（2）.
3. 刘利，刘晓海. 关于国际中文智慧教育的几点思考［J］. 语言教学与研究，2022（5）.
4. 任海波. 关于中介语语料库建设的几点思考——以"HSK 动态作文语料库"为例［J］. 语言教学与研究，2010（6）.
5. 宋飞，郭佳慧，曲畅. ChatGPT 在汉语作为外语教学中的应用体系及实践［J］. 北京第二外国语学院学报，2023（6）.
6. 张宝林."HSK 动态作文语料库 2.0 版"的设计理念与功能［J］. 语料库语言学，2021（1）.
7. 郑艳群. 智能时代国际中文教育研究的基本框架［J］. 电化教育研究，2023（12）.
8. 周小兵，薄巍，王乐，李亚楠. 国际汉语教材语料库的建设与应用［J］. 语言文字应用，2017（1）.
9. 祝智庭，贺斌. 智慧教育：教育信息化的新境界［J］. 电化教育研究，2012（12）.

后　　记

　　历经 3 年多的编写，《国际中文教学概论》即将由上海大学出版社付梓出版了。本教材作为华东师范大学国际汉语文化学院"本科生语言与文化系列教材"中的一本，主要是供高等学校汉语国际教育专业本科学生，以及对国际中文教学抱有兴趣的其他专业学生或相关人士使用。本教材设计之初，虽然主要是面向有志于从事中文作为第二语言教学的国际学生群体，但在教材编写过程中，有专家曾建议相关内容也应适用于中国本科专业学生。考虑到近年来就读本专业的国际学生的汉语水平整体有所提高，因此，教材在行文表述上力求做到简洁流畅、专业规范，而并未特意向国际学生群体倾斜。

　　经过多年的建设，目前国内已出版多部适用于汉语国际教育专业本科生的教学通论或导论性教材，且多为学界知名专家领衔编著，权威性、代表性不容置疑。然而，现有教材多为 2019 年"国际中文教育"正式命名前出版，讲究内容体系完整、知识覆盖面广泛，但受限于概论课程的课时容量，易出现教学内容广度与深度难以兼顾的矛盾，且教材内容难以及时更新以反映国际中文教育发展的最新动态。有鉴于此，本教材在借鉴前贤成果的基础上，力求在编写上体现以下几个方面的特点：第一，突出概论型课程的基础理论特色。教学概论课是国际中文教师迈入教学专业的首修课，既要概括展示国际中文教学的主要面貌，又要为学生提供本专业基础的理论知识，是培养具备"教学理论实践化、教学实践理论化"能力的反思型专业中文教师的第一步。因此，本教材注重课程的理论特性，扼要解析包括语言学理论、教育心理学理论、第二语言习得理论、文化学理论与国际中文教学之间的关系。第二，注重理论与实践的结合，做到重要理论知识易理解、可实践。本教材在相关教学理论、习得理论的讲解中，配备了必要的教学案例或示例，或在章节练习中提供情景任务，帮助学习者透过理论讲解去实操体验，提升他们的理解能力、反思能力和批判能力。第三，在内容编写上紧随学科发展前沿，扼要概括了国际中文教学理论与实践所取得的新成就，更在教材中积极引入最新的发展和研究成果，让学习者感受到当下乃至未来国际中文教学发展的重点和方向。第四，在内容编写上做到概括精到。我们纳入了概论课教学最主要的内容，共分10章，分别涉及国际中文教学的发展、学科属性与研究框架建构，国际中文教学的学科理论基础，国际中文的教学方法与模式，国际中文要素教学，国际中文技能教学，国际中文习得研究，国际中文课堂教学与管理，国际中文教材编写，国际中文的测试与评估，以及包括数字化技术在内的现代教育技术在国际中文教学中的应用等方面。第五，教材分章节按照本章导读、正文、课后思考和主要参考文献的体例进行编写，编写结构完整规范。

华东师范大学的汉语国际教育专业（原名对外汉语专业）在国内外享有盛誉，它既在全国高校中首批开设，又是国家一流本科专业建设点，其软科排名多年来居于全国第二。《国际中文教学概论》源自该专业开设的核心课程——"对外汉语教学通论"（2020年更名为"国际中文教学概论"）的教学实践。该课程沿袭了徐子亮、毛世桢等教授所开创的教学体系，我从中深受启发，获益良多。此次教材编写得到了徐子亮教授的热心关注，并欣然为教材出版作序，我深感荣幸和鼓舞。本教材在酝酿和编写过程中，被纳入2020年度国际汉语文化学院"课程—教材"建设项目，获得2022年度华东师范大学精品教材建设专项基金，以及2024年度国际汉语文化学院教材出版资助。它的出版离不开国际汉语文化学院领导的关心和支持，尤为值得一提的是，文娟副院长从始至终给予了翔实的指导，吴勇毅、张建民、丁安琪等教授也提供了诸多帮助，我在此向他们表示诚挚的感谢！教材成稿之初，在内容和格式上尚存有多处纰漏舛误，幸赖上海大学出版社编辑农雪玲老师慧眼指瑕、悉心校对，几经修正，才得以完善。在此，我对农雪玲编辑和美编老师的专业严谨，致以衷心的感谢。

《国际中文教学概论》的出版是对我个人相关教学研究工作的一个阶段性总结，我期待它能为国际中文教学概论性课程的发展发挥积极的作用。需要承认的是，本教材是在繁忙的日常教学及多项科研项目并行的 3 年间完成的，我虽竭尽所能，只是个人学识有限，又囿于时间精力，文中难免存在不尽完善之处，恳请读者见谅，也欢迎学界同仁多提宝贵意见。

2025 年 6 月 25 日于上海华东师范大学